**工业和信息化高职高专"十二五"
规划教材立项项目**

消费者行为
分析

Analysis of Consumer's
Behavior

冯丽华 ◎ 主编

刘建廷 焦建萍 范伶俐 刘金玉 ◎ 副主编

市场营销类

21世纪高等职业教育财经类规划教材

Marketing

人民邮电出版社

北 京

图书在版编目（CIP）数据

消费者行为分析 / 冯丽华主编. -- 北京 ：人民邮
电出版社，2012.9（2024.2重印）
　21世纪高等职业教育财经类规划教材. 市场营销类
ISBN 978-7-115-28603-1

　Ⅰ．①消… Ⅱ．①冯… Ⅲ．①消费者行为论－高等职
业教育－教材 Ⅳ．①F713.55

　中国版本图书馆CIP数据核字(2012)第181154号

内 容 提 要

　　当今中国消费市场生机勃勃，消费者在市场中的地位越来越重要。正是在这种背景下，消费者行为学作为一门新兴的应用类学科，得到了迅速发展和广泛普及。

　　本书共 11 章，主要内容包括消费行为概述，消费者心理活动分析，消费者个性心理特征分析，消费者需要、动机与购买行为关系，消费者的学习与行为，消费者购买决策，消费者态度与消费行为，外部环境与消费行为，群体的消费心理与消费行为，口碑传播、流行与创新扩散，购物环境与消费心理。

　　本书可作为高等院校应用型本科和高职院校市场营销类、工商管理类等相关专业的教材，也可作为初学者的入门参考书。

21 世纪高等职业教育财经类规划教材·市场营销类

消费者行为分析

◆ 　主　　编　冯丽华
　　副 主 编　刘建廷　焦建萍　范伶俐　刘金玉
　　责任编辑　刘　琦

◆ 　人民邮电出版社出版发行　　北京市丰台区成寿寺路 11 号
　　邮编　100164　电子邮件　315@ptpress.com.cn
　　网址　http://www.ptpress.com.cn
　　北京天宇星印刷厂印刷

◆ 　开本：700×1000　1/16
　　印张：16.75　　　　　　　　　2012 年 9 月第 1 版
　　字数：370 千字　　　　　　　2024 年 2 月北京第 14 次印刷

ISBN 978-7-115-28603-1

定价：32.00 元

读者服务热线：(010)81055256　印装质量热线：(010)81055316
反盗版热线：(010)81055315
广告经营许可证：京东市监广登字 20170147 号

随着市场经济的迅猛发展和经济全球化步伐的加快，中国居民的收入大幅度增加，居民的消费能力也不断增强，消费市场的规模持续扩大，消费结构不断变换和升级，成为经济增长的最重要的动力。当今中国消费市场生机勃勃，消费者在市场中的地位愈显重要。顾客位于营销的核心地位，企业的一切活动都应该围绕市场来进行，也就是围绕消费者来进行。市场营销的关键在于建立起稳固的顾客关系，市场营销始于对顾客需要和需求的理解，从而确定最适合服务的目标市场，制定合理的营销策略和价值理念，并以此来吸引、保持、获得更多的目标顾客，收获更多市场份额和企业利润。

竞争使琳琅满目的商品被推向了市场，而随着消费者有了更多的选择余地，消费者对产品和服务的要求变得越来越成熟、越来越追求自我，消费行为也表现出复杂性、多变性、层次性和发展性。这给消费行为的研究带来了压力和挑战。因此，企业经营和管理者要用科学系统的方法研究和把握消费者的心理及行为的变化规律，生产或提供适应目标消费者需要的新产品或服务，这是工商企业生存和发展的首要任务。正是在这种背景下，消费者行为学作为一门新兴的应用类学科，得到了迅速发展和广泛普及。

本书从消费者购买决策过程入手，全方位剖析了影响消费者购买决策与购买行为的因素：首先是影响消费行为的个人因素，包括消费者的心理过程、消费者的需要和动机、消费者的学习、消费者的态度以及年龄、性别等对消费者购买行为的影响；其次是影响消费行为的环境因素，包括社会环境和物理环境两方面。社会环境包括社会文化、社会阶层、参照群体、家庭等方面，物理环境是指购物环境和情景两方面。编者从 1992 年起从事消费者行为学的教学实践和科研工作，在这本书中编者将多年对这门学科的想法和研究成果进行系统整理和充实，集结成册出版，力求对一线教学能起到实践指导作用。

本书中既有深入浅出的理论分析，又有具体生动的营销实例，是一本融理论性、实用性与实践操作性于一体的教材。为便于教学和学生自学，本书设置了学习目标、案例导入、本章小结、实践实训、练习与讨论和案例分析等多个栏目，以适应教师讲、学生参与、师生互动、提高技能的新型教学理念和教学方法。以便学生进一步对所学知识进行消化、巩固和拓展。

本教材构思新颖、内容简练，既可作为财经类本、专科学生的教材，又可作为企业营销人员的培训教材和参考读物。

感谢陈晓敏、张捷灏、邵守波、张少华的帮助。本书在编写过程中，查阅了大量的文献资料，在此对所有作者表示衷心的感谢。由于编者水平有限，书中的粗疏和不足之处，敬请各位同仁、广大读者批评指正。

最后，谨向一切为本书提供帮助和支持的朋友们表示衷心的感谢。

编　者
2012 年 5 月

目 录

目　录

第1章

消费行为概述

学习目标

- 了解消费者行为学的若干基本概念；
- 熟悉消费者行为学形成阶段，研究消费者行为的意义；
- 熟悉消费者行为学研究的具体内容；
- 掌握目前广泛采用的消费者行为研究方法具体运用。

案例导入

星巴克的成功营销

星巴克是全球著名的咖啡连锁店，1971年成立，星巴克从一间小咖啡屋发展成为国际最著名的咖啡连锁店品牌的一个秘诀就是其灵活的经营智慧。30多年来，星巴克始终对外宣称其整个政策是：坚持走公司直营店，在全世界都不要加盟店。

星巴克严格要求自己的经营者认同公司的理念，认同品牌，强调动作、纪律、品质的一致性；"我们的店就是最好的广告"，星巴克的经营者们这样说。星巴克认为，在服务业，最重要的行销管道是分店本身，而不是广告。如果店里的产品与服务不够好，做再多的广告吸引客人来，也只是让他们看到负面的形象。星巴克不愿花费庞大的资金做广告与促销，但坚持每一位员工都拥有最专业的知识与服务热忱。"我们的员工犹如咖啡通一般，可以对顾客详细解说每一种咖啡产品的特性。

通过一对一服务的方式，赢得信任与口碑。"这是既经济又实惠的做法，也是星巴克的独到之处。注重员工在品牌传播中的重要性，开创了自己的品牌管理方法，将本来用于广告的支出用于员工的福利和培训。这对星巴克"口耳相传"的品牌经营起到了重要作用。

充分运用"体验"，星巴克一个主要的竞争战略就是在咖啡店中同客户进行交流，特别重视同客户之间的沟通。每一个服务员都要接受一系列培训，如基本销售技巧、咖啡基本知识、咖啡的制作技巧等。要求每一位服务员都能够预感客户的需求。

另外，星巴克更擅长咖啡之外的"体验"，如气氛管理、个性化的店内设计、暖色灯光、柔和音乐等。就像麦当劳一直倡导售卖欢乐一样，星巴克把美式文化逐步分解成可以体验的东西。

"认真对待每一位顾客，一次只烹调顾客那一杯咖啡。"这句取材自意大利老咖啡馆工艺精神的企业理念，是星巴克快速崛起的秘诀。注重"one at a time"（当下体验）的观念，强调在工作、生活及休闲娱乐中，用心经营"当下"这一次的生活体验。星巴克还极力强调美国式的消费文化，顾客可以随意谈笑，甚至挪动桌椅，随意组合。这也是星巴克营销风格的一部分。

在设计上，星巴克强调每栋建筑物都有自己的风格，应让星巴克的风格融合到原来的建筑物中去，而不是破坏建筑物原来的设计。每增加一家新店，他们就用数码相机把店址内景和周围环境拍下来，照片传到美国总部，请总部帮助设计，再发回去找施工队。这样下来，星巴克始终保持着原汁原味。

中国上海的星巴克，以年轻消费者为主。在拓展新店时，他们费尽心思去找寻具有特色的店址，并结合当地景观进行设计。位于城隍庙商场的星巴克，外观就像座现代化的庙；而靠近黄浦江的滨江分店，则表现花园玻璃帷幕和宫殿般的华丽。夜晚时分，透过巨大的玻璃窗，看着霓虹闪烁、流光异彩的街头，轻轻啜饮一口味道纯正的咖啡，这是一种多么"雅"的感觉体验。紧张忙碌的生活中，人们都渴望着放松和悠闲。如果你的产品和服务满足了人们的这一需求，使他们拥有了一份美妙而娴静的体验，就会吸引更多的消费者。

问题：
1. 分析星巴克成功的原因。
2. 通过市场调查说明我国餐饮企业需要哪些改进。

什么是消费者行为？为什么要研究消费者行为？如何研究消费者行为？对于营销人员来讲，消费者行为研究对其企业营销决策有何影响和帮助？现在的营销管理者都必须关注并且认真掌握这些基本问题。本章将在界定消费者行为概念的基础上，系统阐述消费者行为与企业市场营销之间的内在关系、消费者行为研究的历史与方法，是学习以后各章的基础与指导。通过对消费者行为学的研究对象和内容入手进行分析，然后对消费者行为学产生的市场基础、学科基础、发展趋势进行介绍，最后阐述费者行为研究的理论来源及实用的研究方法。

1.1　消费者行为学的研究对象

为了理解消费者行为学研究时象的特定含义，便于学习和研究必须搞清下面几个相关的概念。

1.1.1　消费与消费者

1. 消费

消费是社会经济活动的出发点和归宿。它是生产、分配、交换一起构成社会经济活动的整体，是社会经济活动中一个十分重要的领域。具体地说，消费是人们消耗物质资料和精神产品以满足生产和生活需要的过程。消费既包括生产消费，也包括生活消费。生产消费指生产过程中工具、原材料、燃料、人力等生产资料和活劳动的消耗。它包含在生产之中，是维持生产过程连续进行的基本条件。而生活消费是人们为了自身的生存与发展，消耗一定的生活资料和服务，以满足自身生理和心理需要的过程，如吃穿住行、娱乐休闲的消费都是生活消费。消费者行为学研究消费的主体——消费者，就必须涉及消费，这里消费者行为学主要研究生活消费。

2. 消费者

人是消费的主体，每一个人都是消费者，而且每一次的消费行为看上去似乎都是那么的简单、反复、平淡；可是消费者背后却有复杂的心理和行为，甚至有时候这种心理或行为反应发生之后，就连消费者自己都无法弄懂自己。这就是我们消费行为研究的奥妙和内在魅力所在。它吸引了无数的社会学、心理学、人类学、经济学、营销学等学科领域的学者和实际工作者的研究兴趣。

首先给消费者一个定义是必要的。"消费者"这个术语常被用来描述两种不同类型的消费主体：个体消费者和组织消费者。个体消费者是指购买和使用产品或服务的个人或住户，个体消费者购买商品或服务是为了自己或家庭成员的使用，或者是将其作为礼物赠送给亲朋好友。在这种情况下，购买商品是为了个人的最终消费。因此，这类消费者也常被称为最终用户或终极消费者。组织消费者是指那些为了维持其组织的运行而购买和使用产品或服务的企业、政府等。为了维持组织的运行，企业需要购买原材料、零配件、水电、办公用品等用来生产和销售它们自己的产品或服务。政府需要购买办公用品或软件系统来执行它们的公共管理职能；学校、医院等机构则必须从外部购买供应品为其服务的公众提供其所需要的公共产品。

本书的讨论研究将主要集中于个体消费者。个体消费者是最广泛存在的一类消费者，因为它涉及每一个人，而不管其年龄和背景如何，也不管其社会地位和生活方式、财富的拥有以及其在具体的消费过程中所扮演的角色如何，他们都是不折不扣的消费者。此外，也包含购买决策过程的不同参与者，在现实生活中许多消费者行为过程都会有不同的参与者。

识别或区分购买决策过程中的不同参与者是有重要意义的。各种参与者对于产品最终赢得消费者的认同、接受和重复购买，直至能给企业带来持续竞争优势的顾客关系和品牌关系的建立、维持和发展，都是至关重要的。因此在本书中，参与消费者购买决策过程的倡议者、影响者、决策者、购买者和使用者都将是研究和讨论的对象。

1.1.2 消费者行为

1. 消费者行为的含义

关于什么是消费行为，目前国内外并没有统一的定义。美国市场营销协会（AMA）把消费者行为定义为感知、认知、行为以及环境因素的动态互动过程，是人类履行生活中交易职能的行为基础。在这一定义中，至少包含了三层重要的含义：①消费者行为是动态的过程；②它涉及了感知、认知行为以及环境因素；③消费行为涉及交换。

首先，这个定义强调消费者行为是动态过程。这意味着作为个体的消费者和作为个体的消费者群如儿童消费者群、青年消费者群、中年消费者群、老年消费者群，他们会随着社会历史的变迁和社会经济的发展变化而发生着或小或大、或慢或快的变化。例如"80后"、"90后"消费群体，他们是在20世纪80～90年代出生的一代，物质生活相对优越，同时深受互联网文化的影响，使他们具有与"60后"、"70后"不同的消费行为。

消费者行为的动态性表明企业不能期望用一个固定的营销战略模式对所有的时期、对全部的产品、目标市场都适用，企业必须根据企业资源状况、市场环境、消费者的需求变化来制定目标市场营销战略。

其次，这个定义告诉我们，消费者行为不仅仅是一个行为过程，它还包含了感知、认知、行为以及环境因素的互动作用。也就是说，企业要想理解消费者，把握住消费者的消费脉搏和趋向并制定适宜的营销战略，必须了解他们的现实心理活动状态：他们在想什么，对市场营销的感觉如何，他们将要产生什么行为，与环境因素是如何互动的过程。

最后，这个定义强调消费者行为是一个涉及交换的行为。消费行为是与商品或服务的交换过程紧密联系在一起的。企业市场营销的作用就是通过系统地制定和实施营销战略和策略，创造良好的交换环境和力量促成与消费者的交换。

企业研究消费者行为是为了与消费者建立和发展长期的交换关系，形成顾客忠诚。因此，它需要了解消费者活动全过程。在获取阶段，企业需要了解消费者是如何获取产品和服务信息的，需要分析影响消费者选择商品和服务的因素有哪些。在使用阶段，企业需要了解消费者是如何消费商品的，以及商品在用完和消费之后是如何被处置的。因为消费者的消费体验以及消费者处置旧商品的方式，均会影响消费者下一轮是否购买该企业的产品。在研究消费阶段时，人们关注消费者如何获取一种商品和服务，他们从中得到什么体会这是十分重要的。随着人们对消费者行为研究的深入，人们越来越深刻地认识到，消费者行为是个整体，是一个过程，获取或者购买只是这一过程的一个阶段。所以当前研究消费者行为，既要了解消费者获取商品和服务之前的需要、评价与选择的活动，也应重视在获取商品后对商品的使用和处置活动。只有这样，对消费行为的理解才会更深刻、更全面。

2. 消费者行为的特点

消费者行为有许多特点，但是可归纳为以下几点：

① 从交易的商品看，由于它是供人们最终消费的产品，而购买者是个人或家庭，因而它更多地受到消费者个人人为因素诸如文化修养、消费习惯、收入水平等方面的影响；产品的花色多样、品种复杂，产品的生命周期不确定的缩短；替代商品较多，因而大多数商品的价格需求弹性较大。

② 从交易的规模和方式看，消费品市场购买者众多，市场分散，成交次数频繁，但交易数量少。因此绝大部分商品都是通过零售商销售商品，以方便消费者购买。

③ 从购买行为看，消费者的购买行为具有很大程度的可诱导性。这是因为消费者在决定采取购买行为时，一是具有自发性、感情冲动性；二是消费品市场的购买者大多缺乏相应的商品知识和市场知识，其购买行为属非专业性购买，他们对产品的选择受广告、宣传的影响较大。由于消费者购买行为的可诱导性，企业营销任务之一应注意做好商品的广告、指导消费，一方面当好消费者的参谋，另一方面也能有效地引导消费者的购买行为。

小案例

美国一家公司曾研制成一种便鞋，特点是轻便、舒适、走路无声，故起名为"安静的小狗"。为了解市场反应，公司采用了免费试穿的方式，规定试穿 8 周后将鞋收回，也可在 8 周后付 5 美元将鞋留下。结果大多数试穿者都选择了将鞋留下。此后，公司将这种鞋全面投放市场并大获成功。多年后，美国成年消费者中 90% 的人都熟知该品牌产品。该公司应用的是什么消费行为学原理？

分析提示：公司将鞋以免费试穿的方式放出去，这样会有一定数量的人回去试穿，这样就有了顾客基础，这是利用人爱占小便宜的心理。即使不满意也没什么损失，最多就是在 8 周后再送回去。而在穿了 8 周之后，鞋本身的特点，能引起人们的热评也不是难事。有了顾客基础后，再将这种鞋全面投放市场，取得成功也就成了理所当然的事了。东西要卖出去，得让人们熟知才行，与其花大价钱去做广告，在广告中说这鞋有多好还不如让人们自己去发现鞋的好。这其实比做广告的效果好多了。人们总是不会轻易相信广告中所说的，但是有从众心理，集群效用得以利用。

1.1.3 消费心理与消费行为

1. 消费心理

消费心理是指消费者在消费过程中发生的心理活动。即消费者根据自身需要与偏好，选择和评价消费对象的心理活动。

人作为消费者在消费活动中的各种行为无不受到心理活动的支配。例如，消费者购买决策：是否购买某种商品，购买何种品牌、样式的商品，何时何地购买、采用何种购买方式以及怎样使用等等，其中的每一个环节、每一个步骤都需要消费者做出相应的心理反应，进行分析、比较、判断和决策。这一过程中消费者所有的表情、动作和行为都是复杂的心理活动的自然表露。所以说，消费者的消费行为都是在一定心理活动支配下进行的，消费心理是消费行为的基础。消费者行为学作为系统地研究消费者行为的科学，必将消费心理作为其研究对象。

2. 消费行为与消费心理

只有通过人的消费行为活动才能把商品或服务从市场上转移到消费者手中，实现交换。所以消费行为比消费心理更具有可见性和现实性。消费者的心理活动只有作用于消费行为时，才能实现商品或服务的交换，才能使营销者的活动获得经济效益。但是任何一种消费活动都既包含了消费者的心理活动，又包含了消费者的消费行为。消费者行为学不仅注重研究消费者的具体活动，也应注重研究消费者心理活动。也就是说准确把握消费者的心理活动，是准确理解消费行为的前提，企业经营者只有针对消费者心理采取有效的市场营销策略，对消费心理进行干预、激发，使得消费者产生消费欲望，才能取得理想的市场营销销售效果。

3. 消费者的心理构成

通常来说，人的心理现象可以分为心理过程、个性心理和心理状态三个部分。

心理过程是指人的心理形成及其活动的过程，它包括认识过程、情感过程和意志过程。认识过程是人们认识事物现象的心理活动过程，它包括感觉、知觉、记忆、想象和思维。由于客观事物与人存在某种联系，人在认识客观事物的过程中，总会产生一定的态度和主观体验，引起满意、喜爱、厌恶、恐惧等，这就是情感过程。人对客观事物不仅感受、认识，还要处理、改造，人自觉地支配行动以达到预期目标的心理活动过程称为意志过程。

个性心理是心理学研究的另一个方面的问题，它包括个性倾向性和个性心理特征。个性倾向性是个性结构中最活跃的因素，是一个人进行活动的基本动力，主要由需要、动机、兴趣、信念、理想和价值观等构成。个性倾向性决定着人对现实的态度，决定着人对认识活动的对象的趋向和选择。个性心理特征是指一个人身上经常地、稳定地表现出来的心理特点，主要是能力、气质和性格，它集中反映了个人心理的独特性。人们的心理特征是千差万别的，有些人聪明伶俐、足智多谋，有些人能歌善舞，这是人的个性差异在能力方面的表现；有些人寡言少语、稳健持重，有些人开朗健谈、直爽热情，这是个性差异在气质方面的表现；有些人在待人接物中，表现得谦虚礼貌、不卑不亢，而有些人则显得轻浮傲慢或者虚伪狡猾，这是个性差异在性格方面的表现。

心理状态是指心理活动在一段时间里出现的相对稳定的持续状态，它既不像心理过程那样变动不羁，也不像心理特征那样稳定持久。但人的心理活动总是在觉醒状态（注意状态）、睡眠状态下展开的，这些不同的心理状态体现着主体的心理激活程度和脑功能的活动水平。

我们可以把人的心理现象的各个方面用一个结构图加以表示，如图 1-1 所示。

- 心理学 ——→ 心理现象
  - 心理过程
    - 认识过程——感觉、知觉、记忆、思维、想象
    - 情感过程——喜、怒、哀、乐、爱、憎、惧、恶
    - 意志过程——目的、决心、意志
  - 个性心理
    - 个性倾向性——需要、动机、兴趣、理想、信念、价值观
    - 个性心理特征——能力、气质、性格

图 1-1　心理现象结构图

心理现象的各个方面不是孤立的，而是彼此相互关联共同存在于统一的心理活动之中。其中心理过程研究了人心理活动的共性规律，个性心理则体现了每个人心理活动的特色，研究的是个性的规律，而心理状态则是心理活动的背景状态，它不能单独存在。

已经形成的个性心理特征又制约着心理过程，并在心理过程中表现出来，使每个人的心理过程都具有独特的色彩。由此可知，心理现象中的各个方面都是相互紧密联系、不可分割的，必须把两者结合起来进行考察。

1.2　市场营销对消费者行为的影响

生活在现代社会中的人们，置身于由众多企业精心设计和实施的诸如产品、包装、价格、广告和促销等各种各样的市场营销刺激之中。一方面，企业的营销活动为消费者提供了他们所需要的产品，使其消费需求得到满足，丰富了人们的生活，改变了人们生活方式，提高了人们的生活质量。另一方面，在许多情况下，由于企业与消费者之间的信息不对称，企业的营销活动也给消费者的利益造成了损害。特别是那些社会责任感不强、道德意识薄弱、道德败坏的企业，在营销活动中甚至有意误导、欺诈消费者，肆意污染、破坏环境，不仅损害了消费者个体的利益，也给整个社会带来了负面的影响，全社会消费者应给予抵制和反击。相信消费者权益的力量会越来越强大。因此，企业营销就不能仅仅关注企业、消费者个体需求的满足，还应关注它对人类、对整个社会的影响。

1.2.1　市场营销对消费宏观的影响

企业市场营销过程中与其他宏观、微观因素之间交互作用，必然会对其他的因素形成直接或间接的影响。在宏观层面上，市场营销会对其他的消费者外部环境因素，如社会文化、参考群体、消费者权益保护、消费文化、家庭等产生重要影响。下面仅就与消费者行为有直接关系的流行文化、社会利益、消费者权益保护三个方面的影响进行讨论。

1. 流行文化

营销在创造和传播流行文化上的影响是不容忽视的。流行文化（popular culture）是一个含义非常广泛的概念，它既可以表现为美术作品、音乐、电影、体育运动、书籍、热点人物等为大众市场消费的文化产品形式，也可以表现为某种思想观念或物质产品被作为一种"符号"在消费者中被广泛采用的一种社会流行现象。在所谓"消费时代"，在人们的消费欲望动机中，商品的实用功能价值逐渐降低到次要地位，符号或象征价值却日趋重要。人们购买商品和品牌则是为了表现自我个性的符号象征，成了人与人之间相互认同或区分的标记。在这种情况下，消费商品也就符号化了，所有商品产品变成文化商品，从而使消费成为一种文化。

营销创造和传播的流行文化已构成了今天人类社会生活的一部分。如影视流行文化、服装流行文化、饮食流行文化等，无一不是市场营销创造的结果。

在许多时候，一些由企业精心打造的品牌形象本身实际上也成了与某种特定社会文化、民族文化紧密联系在一起的、不可分割的一部分。正因为如此，每当人们看到可口可乐的时候，都会很自然地联想到美国；每当人们看到奔驰的时候，联想到的是德国；每当人们看到索尼的时候，联想到的是日本；每当人们看见海尔时想到的是中国制造。因为这些品牌及其所蕴含的丰富的文化内涵，都已成了它们各自所在国家的文化的一部分。

此外，营销利用影片虚拟的人或动物形象，如迪斯尼的米老鼠、芭比娃娃、哈利·波特、变形金刚等都是或曾经是某种流行文化的主体。它们赢得更广泛的消费者认同，并与之建立一种深厚的感情关系，产生一种强烈的情感依赖。

2. 社会利益

市场营销作为一个社会和管理的过程，必然会涉及消费者的长远利益或社会利益。现实中，企业与消费者之间的利益冲突是客观存在的：在企业创造的价值中，让渡给顾客的越多，留下来分配给股东和其他利益相关者的就越少；反之亦然。同时，在企业营销活动的行为取向上，企业在市场中取得成功的目标也往往会和诚实经营、通过向消费者提供安全而有效的产品或服务以使他们的福利最大化的期望发生冲突。因此，没有约束的营销，势必导致大量的营销滥用现象。例如，不顾环境保护的要求而肆意排放污染物质、大量使用不可分解包装，不顾社会伦理道德进行过度的性和暴力的渲染，在影视作品中对青少年和儿童施加消极的文化价值观念的影响，等等，在我们的现实生活中可谓是司空见惯。

因此，对于营销行为必须要有一定的限制或约束。这无非有两条途径：法律约束和道德约束。虽然法律约束是重要的，但是营销的生命力在于创新，因此法律不可能预见和规范所有的营销行为，它需要道德约束的补充。现在，国外已有一些专业机构正在致力于制定一些专门针对企业营销行为的道德规范。

事实上，从长远来看，自觉地遵守商业道德规范，对于企业自身也是有利的。因为，消费者的信任和满意会转化成对企业或其品牌的忠诚。一个愿意并积极地以实际行动承担社会责任的企业，才有可能在公众心目中树立良好的形象。

3. 消费者权益保护

一般而言，自律性质的道德约束是一种软性约束，它不像法律规范那样具有强制性。如果没有法律规范的约束，消费者的权益也将难以得到有效的保障。1962 年，美国总统肯尼迪在国会咨文中宣称消费者享有四项基本权利，即安全权、知情权、选择权、索赔权。这一权利宣言为开始于 1964 年的美国消费者运动搭建了合法的舞台。美国国会制定和颁布了一系列的保护消费者权益的法律，各州政府和地方政府也纷纷颁布了相应的法规。其中包括《儿童保护法案》（1966），《联邦香烟标签和广告法案》（1967），《消费产品安全法案》（1972），《消费商品定价法案》（1975），《玩具安全法案》（1984），《营养标签与教育法案》（1990）等。

1993 年，我国全国人民代表大会常务委员会通过了《中华人民共和国消费者权益保护法》，它是我国第一部专门以保护消费者为立法宗旨的法律。该法不仅规定了消费者所拥有的权利，而且对各级政府及行政机构在保护消费者权益方面的职责、经营者义务、消费争议的解决途径等多个方面作出了规定。可以说，它是我国消费者保护的根本性法律。除此之外，《中华人民共和国商标法》（1982 年颁布，1983 年修改）、《中华人民共和国食品卫生法》（1982 年颁布，1985 年修改）、《中华人民共和国药品管理法》（1984 年颁布，1990 年修改）、《中华人民共和国产品质量法》（1993），《中华人民共和国反不正当竞争法》（1993），《中华人民共和国广告法》（1994），《中华人民共和国价格法》（1997）等法律均在各自范围内对消费者权益的保护作出了规定。各级工商行政管理局依据 1998 年国务院办公厅的有关文件还成立了专门的消费者权益保护的行政机构，加大了消费者权益保护的行政执法力度。虽然立法保护、行政保护和新闻监督中的舆论保护都是重要的，但从根本上说，消费者权益保护的自身力量应加强。

1.2.2 市场营销对消费微观的影响

影响消费者行为的因素很多，但企业能够直接控制运用的变量因素却只有产品、服务、价格、渠道、促销等变量或营销工具。如何善用这些营销工具，把握消费者对特定营销刺激的反应是一件很重要的事情。如果这些反应是消极的，或者不能达成一致，那么，销售业绩、营销效率和效益不论从近期或长期来看，势必都会受到限制。

消费者的感官系统在营销的刺激下，首先会产生一定的感情反应，如爱与恨、喜欢与不喜欢、高兴与生气等。仅在一定的感情反应状态下，消费者才有可能采取购买的行为上的反应。大多数所谓冲动型的购买，就属于这一种情况。决定一种积极的感情状态能否直接导致购买行为的一个关键因素是消费者的参与水平。消费者对某种产品的参与水平越低，积极的感情反应就越容易引起直接购买行为。超市中的购买 70% 左右属于这类，因为它所销售的大多数商品是一些价格不太昂贵、又经常购买的日用消费品。对于这类商品，消费者的参与水平一般较低。

在一定的感情与认知的基础上，消费者会对营销刺激（商品、品牌、包装、广告等）形成一定的态度，如形成一定的偏好，或者产生强烈的购买欲望等。如果其他条件具备，积极的条件将导致购买行为的反应。积极的态度也会导致更多的认知反应，如搜集更多的自己喜欢的产品或品牌的信息，进行更多的解释，记忆中围绕某个品牌建立的知识结构也更全面和完善，认知度也就得以提高。消费者已经形成的态度还会影响消费者的感情反应。因为态度会为消费者喜欢什么或不喜欢什么、拒绝什么或接受什么提供一个标准。此外，行为反应也会影响消费者的感情、认知与态度。由于行为反应的重要性，分析消费者的行为反应过程与规律，对其进行有效管理，以帮助消费者克服各个行为环节的障碍并最终达成交易。

1.3 消费者行为学的研究内容和体系

1.3.1 消费者行为学的研究内容

研究内容是由研究对象决定的。消费者行为学的研究对象是个体消费者，因而，消费者行为学的研究内容也就限制在个体消费者内在因素、外部因素、购买决策、购买行为及相互反应上。关于消费者行为学的研究内容，代表性的表述如下。

霍金斯认为，消费者行为学是研究个体、群体和组织为满足其需要而如何选择、获取、使用、处置产品、服务、体验和想法，以及由此对消费者和社会产生的影响。传统上，消费者行为研究侧重于购买前和购买后的有关活动，上述关于消费者行为学的界定较之传统观点更宽泛。它将有助于引导我们从更宽广的视角审视消费者决策的间接影响，以及对买卖双方的各种后果。

Frank R · Kardes 指出：消费者行为学研究的是人们对产品、服务及其营销活动的反应，如图 1-2 所示消费者反应及其构成。

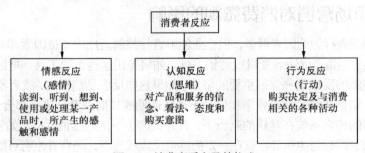

图 1-2 消费者反应及其构成

消费者行为学研究的内容主要是消费者及其行为反应，目标是深化对消费过程的认识和理解，帮助企业做好营销战略与策略。为此，消费者研究扩充到消费者购买前、购买中和购买后的所有活动，如心理、对营销刺激的反应、影响域、影响力度、消费决策制定、产品评价及购买后处置等。从社会层面来说，消费者行为研究不仅为营利性组织服务，也为非营利性组织服务，如社会营销、道义、公平等。

本书的重点是消费者行为研究的内容、结论，为企业营销决策服务，使真正了解自身市场的营销管理者，能够开发出更好的产品、服务，能够更加有效地向消费者推销其产品、服务，并能设计出行之有效的营销方案，为企业的产品、服务培育持续的市场竞争优势。

1.3.2　消费行为学体系结构

消费者行为的实现，自身需要是原动力，外部刺激起到催化剂作用。从营销角度研究消费者行为，主要是掌握消费者如何认知企业与商品，消费者个性、动机、态度对购买决策和购买行为的作用机制，消费者所处的社会、文化、家庭、群体怎样影响其行为，影响力度有多大，消费者自身如何认识和平衡这种影响，在自身内在需求与外部刺激的共同作用下怎样做出购买决策，消费者使用产品或服务获得怎样的体验，对消费者以前的信念与态度起到强化还是弱化作用，同时消费者把购买后的满意状态和对产品或服务的处置结果反馈给社会、企业和个人，由此新一轮的消费行为又开始了，消费活动周而复始地循环。消费者行为的上述运行机制，正是本书的体系结构，可用图 1-3 来表示。

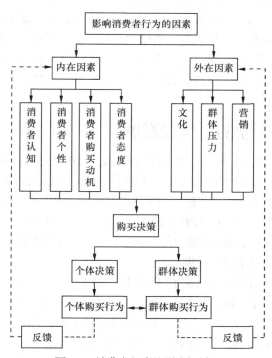

图 1-3　消费者行为的形成与循环

基于图 1-3 对消费者行为的认识与判断，本书在体系结构上共包含四大部分，第一部分为导论，阐述了营销与消费者行为之间的关系，指明了研究消费者行为的作用，对消费者行为学进行了概要性的介绍，引出了本书的整体框架。第二部分主要是对影响消费者行为的因素进行了全面的介绍，首先讨论了影响消费者行为的内部因素，包括消费者感知、学习、记忆、个性、价值观念与生活方式、动机、态度等因素；其次探讨了影响消费者行为的外部因素，分别讨论了个体文化、亚文化、跨文化、家庭、社会阶层、参照群体等因素是如何影响消费者行为的。第三部分重点介绍了个人和群体的购买决策过程，在讨论消费者个人购买决策的基础上，对家庭、组织等群体的购买决策进行了研究。第四部分对营销创新与消费者行为进行了探讨。

1.4　消费行为学的形成发展和研究意义

在人类社会中，人们对于消费者行为的关注和对某些消费行为的经验描述，有着十分悠久的历史。我国春秋末期的著名自由商人范蠡（又名陶朱公）已从分析消费需要入手，以"计然七策"经营商业；荀子提出生产要"养人之欲，给人以求"，讲的就是满足人们的消费需要。《燕京杂记》中载："京师市店，素讲局面，雕红刻翠，锦窗绣户。"有的店铺招牌高悬，入夜家家门口点起了五光十色的锦纱灯笼，把街面照得如同白昼；有的店铺摆挂商品宣传字画，张挂名人书画，附庸风雅，以此来升华店铺的品位与提高顾客的回头率。西方哲人亚里士多德则十分关注人们各种形式的"闲暇"消费，以及由此对个体和社会产生的影响。同样，亚当·斯密所信奉的"看不见的手"的原理，也是建立在对个体消费者行为的观察和某些假设之上的。消费者行为学作为一门独立的学科体系，其有关研究却经历了漫长的理论与实践的积累和演变过程。

1.4.1　消费行为学的形成及发展

关于消费者行为的专门研究，则始于 19 世纪末 20 世纪初，消费者行为作为一门独立的科学，则不足 40 年的历史。简要回顾消费者行为研究的发展历程，旨在勾勒该学科领域发展的历史脉络。任何一门学科的形成都要有基础、背景和原因，发展要有条件、标志和趋势，消费行为学也不例外。最早产生于 19 世纪末 20 世纪初的美国，是在产品经济充分发展、市场问题日趋尖锐、竞争日益加剧的过程中形成和发展起来的，大体上可以分为以下三个时期。

（1）消费行为学萌芽时期。从 19 世纪末到 20 世纪 30 年代，关于消费心理与行为的理论开始出现，并得到了初步的发展。早期的消费行为学与广告理论联系紧密。1895 年，美国明尼苏达大学的心理学家盖尔使用问卷调查的方法，研究消费者对于广告的态度，以及对于广告中所宣传产品的态度，从消费者的态度中分析广告影响消费者的效用。盖尔在 1900 年出版了广告心理学方面的著作，介绍了一些如何使广告引起消费者注意和兴趣的技巧。

此时，一些专家、学者根据企业销售实践活动的需要，着手从理论上研究商品的需求与销售问题。1901 年 12 月 20 日，美国心理学家斯科特在美国西北大学作报告时，提出了广告工作应成为一门科学，心理学可以在其中发挥重要作用的见解，被认为是第一次提出了消费心理学的问题。1903 年，斯科特汇编了十几篇论文出版了《广告论》。1908 年美国社会学家罗斯出版了《社会心理学》，着重分析了个人和群体在社会生活中的心理与行为。1912 年，德国心理学家闵斯特·伯格又出版了《工业心理学》一书，着重阐述了商品销售中广告和橱窗陈列对消费者的影响，研究了广告面积、色彩、文字、编排等因素与广告效果的关系，并且注意到了商品宣传在销售方面的作用。

在这一阶段，消费者行为研究的范围比较狭窄，研究方法从经济学或心理学中简单地移植而来。无论经济学家或心理学家，在研究有关销售与广告问题时关注的焦点都不是现实中的消费者。经济学家把消费者看成理性的经济人，即假设消费者以效用和满足的最大化为目标，只有在慎重的考虑之后才会作出消费决策。而且采用纯演绎推理的方法得出结论。心理学家则依赖苛刻受控条件下的实验，分析消费者行为。因此，当时的研究结论与现实中的消费者行为往往相去甚远，并没有被应用于市场营销实践中，也未引起社会的广泛重视。

（2）消费行为学应用时期。这一阶段开始于 20 世纪 30 年代的经济大危机。1929～1933 年的经济大危机使得生产过剩，产品大量积压，企业为了促进销售、降低产品积压，纷纷加强了广告、促销方面的力度。企业对消费行为研究成果表现出越来越浓厚的兴趣。在广告界，运用心理学原理与方法探测广告对消费行为的影响日益普遍，由此广告心理学得以发展。与此同时，关于消费心理研究不断发展，为第二次世界大战以后消费者行为研究的发展奠定了基础。

第二次世界大战以后，西方主要发达国家生产技术水平提高较快，市场商品激增，产品更新换代加快，花色品种不断翻新，消费者的需求和愿望也在不断变化，其购买行为更加捉摸不定，企业开始重视和加强市场调研，预测消费趋势。与此同时，很多专家、学者对于消费者的需求、购买动机以及消费习惯等进行了较为系统的研究，并寻求各种方式刺激消费需求。例如，美国广告研究基金会公布了 80 多个商业机构对购买动机的研究结果，引起了各方面的瞩目，从而使消费者动机的研究盛行一时。在这之后，对消费者在商品的活动中所表现的品牌忠诚性、参照群体影响、风险知觉及潜意识广告等方面的专题研究也达到了前所未有的水平，从而大大拓展了消费心理研究的内容，消费行为学逐渐形成为一门完整的学科。从 20 世纪 50 年代开始，心理学在各个领域的应用取得了重大成果，这引起了不同学科专家、学者和实际工作者的强烈反响和广泛关注，更多的心理学家、经济学家、社会学家都转入这一领域研究，并相继提出了许多理论，如美国著名心理学家马斯洛提出的"需要层次理论"。西方最权威的经济学家凯恩斯总结出造成经济危机的"三大心理规律"：第一，消费倾向递减；第二，消费增量与收入增量之间的边际效应；第三，个人消费偏好。凯恩斯还指出刺激经济最活跃的动力因素来自"个人的多血质和成就动机精神"。凯恩斯关于消费心理与经济危机关系问题研究的学说，对于推动西方各国建立以消费者为核心的经济指标体系发挥了很大作用。

进入 20 世纪 60 年代，消费心理学的研究得到迅猛发展。美国的一些大学和研究

13

生院心理学系、社会学系、经营管理系都讲授消费心理与行为课程，此时，不仅研究消费心理的人员增多，研究质量也大为提高。

（3）消费行为学创新时期。从 20 世纪 70 年代到现在，消费心理学的变革创新时期。

这个时期西方国家高科技的投入使产品更新换代加快，新产品令消费者目不暇接。捉摸不定的消费时尚，无规律可言的消费流行，给产品推销工作带来了挑战。相关人员不得不对消费者心理进行深入的、多角度的、跨学科的研究。

在这一时期，有关消费者行为的研究论文、调查报告、专著不仅在数量上急剧增加，而且在质量上也越来越高。许多新型的现代学科，如计算机科学、经济数学、行为学、社会学等也被广泛运用于消费者行为研究中。例如，用信息处理方法，把消费者看做一个积极的消费决策人。消费者在购买行为中，会根据所获得的信息进行分析选择，从而做出正确的购买决策。比较著名的是恩格尔等人，考虑了影响购买决策的内部、外部各种因素，在 20 世纪 70 年代提出了一个完整的消费者决策模式。在恩格尔的模式中，考虑了个体内部因素以及社会环境、商业环境对消费者产生的影响，这就将消费者购买过程的各个环节清晰地勾勒出来，同时研究方法从一般的描述、定性分析发展到定性分析和定量分析相结合。在一些专题研究过程中，多种方法与技术协调并用，比如运用计算机技术进行数据处理、建立动态模型等。

1.4.2　研究消费者行为的意义

从消费者行为学产生和发展的历程中我们可以看出，这门学科是市场经济发展的产物，深入开展研究消费者的心理与行为，无论过去、现在还是将来都有非常重要的实践意义。就我国目前国情而言，我们认为研究消费者行为学的意义与作用有以下几个方面。

（1）有利于国家提高宏观经济决策水平，改善宏观调控效果，促进国民经济协调发展。

在市场经济条件下，市场作为经济运行的中枢系统，是国民经济发展的晴雨表。处于买方地位的消费者，对市场的稳定运行，进而对国民经济的协调发展具有举足轻重的作用。消费者心理与行为的变化会直接引起市场供求状况的改变，从而对整个国民经济产生连锁式的影响。它不仅影响市场商品流通和货币流通的规模、速度及储备状况，而且对生产规模、生产周期、产品结构以及劳动就业、交通运输、对外贸易、财政金融、旅游乃至社会治安等各方面都会造成影响。

近年来的改革实践还表明，消费者心理与行为是影响改革进程和国家宏观调控效果的重要因素。重视和顺应消费者心理与行为，改革方案就能为广大消费者接受和支持，各种调控措施也才能达到预期效果。相反，忽视或违背消费者行为趋向，就有可能引起决策失误，导致宏观调控无力，甚至失灵。例如，国家为抵御 1997 年亚洲金融风暴、2008 年金融危机、欧洲债券信用危机的影响，采取各种措施启动市场、刺激消费、扩大内需，出台了若干阶段性相应宏观政策。

（2）有助于企业根据消费者需求变化组织生产经营活动，提高市场营销活动效果，增强企业竞争能力。

市场不是抽象的，而是由许许多多的消费倾向、消费需求、消费偏好、互不相同的消费者和消费群体构成的。所以，"先研究消费者，再研究产品"是企业营销的一个永恒的原则。在市场经济中，谁能把握住消费者，谁就能在激烈的市场竞争中占据优势，取得良好的经济效益和社会效益。因此，只有研究和应用消费者行为学，以消费者的需求为依据设计、开发、生产产品，才能取得市场经营的主动权。同时，商业企业的经营活动，表现在商品购进、储存、销售等环节。如果能够在消费者行为学的指导下，购进适合消费者需要的各类商品，按顾客心理改进销售现场布局、商品陈列、接待顾客方式等，并按消费心理与行为规律和特点开展促销、广告、宣传活动，就能加快销售、降低成本，实现更好的经济效益，增强企业的市场竞争能力。

（3）有助于消费者提高自身素质，科学地进行个人消费决策，改善消费行为，实现文明消费。

消费就其基本形式来说，是以消费者个人为主体进行的经济活动。消费活动的效果既要受社会经济发展水平、市场供求状况及企业营销活动的影响，更要受消费者个人的决策水平和行为方式的制约。而消费决策水平和行为方式又与消费者自身的素质有直接的联系。现实生活中，消费者由于商品知识不足、认知水平偏差、消费观念陈旧、信息筛选能力较低等原因，造成决策失误、行动盲目、效果不佳甚至利益受损。因此，从消费者角度而言，加强对消费者行为的研究是十分必要的。通过传播和普及有关消费者行为的理论知识，可以帮助消费者正确认识自身的心理特点和行为规律，全面了解现代消费者应具备的知识、能力素质条件，掌握科学消费决策的方法，由此提高消费者的消费决策水平，使消费决策更加合理。

1.5　消费者行为学研究的理论基础与基本方法

1.5.1　消费者行为学研究的理论基础

消费者行为学作为一门应用性很强的新兴的边缘学科，在形成和发展过程中不断地吸收、消化和发展其他相关学科的研究成果，做到博采众长、兼容并蓄但又创新发展，不仅丰富和扩展了其他相关学科的理论知识，而且也形成了自己独特的学科体系。消费者行为是一个复杂的过程，对它的研究涉及多门学科，如心理学、社会心理学、社会学、人类学等多门相关学科，为消费者行为学的形成与发展提供了必要的理论基础。

1. 心理学

心理学是研究个体心理活动和行为规律的科学。心理学关于人类认知活动心理过程的研究成果，为研究消费者的信息加工过程提供必要的理论依据，有助于研究人员了解并解释许多消费者学习行为和品牌偏好现象，如广告如何才能吸引消费者的注

15

意，营销信息如何为消费者理解并记忆，消费者的品牌忠诚如何形成等。而消费者行为学对消费者信息加工过程的研究也加深了对人类认知活动的理解，扩展了心理学关于人类认知规律的应用范围。心理学在人类个性心理特征方面的研究成果，有助于研究人员对消费者购物行为模式差异的理解，进而为研究消费者的需要、动机、态度和行为提供重要的心理学理论基础；而消费者行为学对消费者信念、态度和行为的研究则丰富了心理学对个性心理特征的认识。心理学经过长期的发展，已形成众多的分支学科，可从不同的角度为消费者行为学研究提供知识基础和理论支撑。以生理心理学为例。生理心理学的许多研究成果已广泛应用于消费者行为研究领域，如利用脑电波变动规律来分析和预测消费者对广告的反应等。

2. 社会心理学

社会心理学是研究个体和群体在与社会交互作用过程中的社会心理、社会行为及其发展规律的科学。社会心理学所揭示的个体社会心理和社会行为规律是研究消费者社会动机、社会认知和社会态度的重要理论依据；社会心理学对人际关系、人际沟通和社会影响等社会交往心理和行为的研究，有助于研究人员理解营销信息在消费者之间传播的过程、消费者之间互动的方式及其对消费者信念、态度和行为的影响等人际交往行为；社会心理学在群体心理和行为领域的研究成果为研究消费者行为的群体压力和群体影响、意见领袖的营销信息传播作用以及营销活动中的从众现象等问题提供了必要的理论基础。而消费者行为学对于社会群体影响下的消费者心理和行为规律的研究也进一步丰富了社会心理学的理论内涵，推动了社会心理学应用领域的扩展。

3. 社会学

社会学是研究社会现象、社会问题以及社会发展规律的科学。社会学在社会组织、社会结构、社会功能、社会变迁和社会群体等重要问题上的研究成果，对于研究人员了解和分析社会环境中的消费者心理和行为具有极其重要的理论意义和实践价值。消费者总是生活在特定的社会环境当中，社会政治制度的变迁、社会文化与亚文化的习俗及其影响、社会阶层之间的消费模式差异、社会群体规范的制约作用和社会角色的扮演要求等社会现象与社会问题对于消费者心理和行为具有深刻的影响。

4. 人类学

人类学是从历史的角度研究人类及其文化的科学。而消费者的心理与行为不可避免地受到特定的历史传统和文化习俗的影响。人类学跨文化比较的研究方法，对于考察和分析不同文化背景的消费者心理和行为具有重要的应用价值，为跨文化消费者行为研究提供了有效的分析方法和研究手段。人类学对民俗、宗教、传说等文化传统和民间习俗的研究更是为研究和探索消费者特定心理与行为的文化渊源提供了重要的依据。

1.5.2　消费者行为学研究的基本方法

消费者行为学是以行为科学研究的一般方法作为基础，吸纳、借鉴、创新和发展心理学、社会学、人类学和经济学等多门相关学科的研究方法，形成自己的研究方法体系。消费者行为学研究的基本方法有询问法、观察法、实验法和投射法等几种。询问法、观察法和实验法等几种方法常用于对消费者行为的定量分析，而投射法多用于消费者行为的定性分析。就研究目的而言，投射法通常用于探索性研究，询问法和观察法更多地运用于描述性研究，而实验法主要适用因果性研究。但为了同样的研究目的，多种研究方法也经常并用。

1. 询问法

询问法又称访谈法，是指研究人员采用询问的方法，直接或间接地了解消费者心理状态和行为趋向的一种研究方法。询问法是消费者心理和行为研究中最常用的基本方法，它最大特点在于促进研究人员和消费者之间的人际沟通。根据询问方式的不同，询问法可分为直接询问和间接询问两种。直接询问是指研究人员和消费者面对面地进行交谈，而间接询问则指研究人员借助书面问卷或电子邮件等工具对消费者进行的询问。根据询问内容的不同，询问法可分为结构性询问和非结构性询问两种。结构性询问是由研究人员依据事先确定的询问项目和询问次序，要求消费者按照顺序依次作答；非结构性询问则是指研究人员仅凭粗略的访谈纲要与消费者进行自由交谈。根据与消费者接触方式的不同，询问法可分为当面访谈、电话访谈和邮寄问卷等三种。

（1）当面访谈。当面访谈是指研究人员通过与消费者面对面的交谈和询问进而了解消费者心理状况和行为趋向。当面访谈既可以是研究人员对单个消费者的个别口头询问或交谈，也可能是通过座谈会等形式邀请多个消费者在一起交谈或接受询问。当面访谈具有以下的优点：其一，可以启发、激励被访者进行合作，或者帮助被访者正确理解并回答问题，有利于提高被访者回答问题的比率。其二，可以根据被访者的态度、心理变化以及其他非语言信息，相应地扩大或缩小访谈的范围或者询问的问题，具有较强的灵活性。其三，可根据被访者的具体心态和现场情景，判断访谈所获资料的真实性。但是，当面访谈也存在相应的缺陷：一是对研究人员的综合素质和访谈技巧要求较高；二是对访问人员的工作管理和访谈进程不易控制；三是与被访者的接触比较困难，调研成本高，无法在较大范围内展开调研。

（2）电话访谈。电话访谈是指研究人员利用电话等通信工具与消费者交谈或进行询问来达到了解消费者心理活动和行为趋向的目的。电话访谈的优点在于：一则，获取相关信息资料速度快，调研成本低；二则，覆盖面广，特别适用于研究人员与被访对象之间受时间或空间距离限制的情况，或者被访对象无法或不便面对研究人员的场合；三则，被访对象可能愿意回答一些不便面谈的问题，更有可能做到畅所欲言。而电话访谈的不足在于：其一，受到电话设施和话费的限制，只能适用于通信条件较为发达的地区；其二，受到通话时间的限制，无法深入了解情况或者询问复杂的问题；

其三，无法针对被访对象的性格特点进行引导，也无法利用图表、照片等背景材料来说明问题，难以提高被访对象回答问题的比率，难以判断访谈材料的真实性。

（3）邮寄问卷。邮寄问卷是指研究人员将调查问卷寄给消费者，通过对消费者填好寄回的问卷进行分析来了解调查对象的心理状态和行为趋向。邮寄问卷的主要优点有：一是调研的范围广，成本低；二是研究对象有充分的时间填写问卷，不受研究人员的影响；三是往往采取匿名的方式，有利于对某些敏感性问题的调研。邮寄问卷的主要缺点在于：一是问卷回收率低；二是信息反馈时间长；三是无法判定是否由研究对象亲自填写问卷，以及所提供的信息是否真实，等等。

2. 观察法

观察法是指研究人员通过对消费者外显行为的直接观察与记录来分析消费者心理活动，揭示消费者行为规律的一种研究方法。观察法不是直接向消费者询问，而是利用研究人员的感觉器官或者借助先进的技术、设备，来记录与考察消费者的行为或活动，因而消费者往往并未感觉到在受调查。

（1）观察法的类型。观察法可从不同的角度加以分类。根据观察时间的长短，观察法可分为长期观察和短期观察两种。长期观察又称时间序列观察，是指在一段较长的时间内持续对特定消费者的行为或活动进行观察与记录，从中了解和把握消费者行为变化规律。短期观察又称横断面观察，是指在某一特定的时间内对特定消费者的活动或行为进行观察与记录，进而研究某些特殊的消费心理及其行为。

根据观察者参与的程度，观察法又可分为参与观察和非参与观察两种。参与观察是指研究人员直接参与消费者的活动并对特定消费者的行为加以观察与记录。这种方法有利于了解消费者活动与行为的过程，分析原因，研究规律，获得较为深入的信息资料，但因研究人员置身于活动之中，观察的客观性可能受到影响。非参与观察是指研究人员并不直接参与消费者的活动，而是以旁观者的身份对特定消费者的行为或活动加以观察和记录。非参与观察有利于保证观察过程的客观，但却难以深入，往往停留在表面现象的观察上。

根据观察形式的不同，观察法还可分为现场观察和实际痕迹观察两种。现场观察是指研究人员到达现场实地观察和记录特定消费者的行为或活动，如销售现场观察、使用现场观察等。实际痕迹观察是指研究人员并不直接观察特定消费者的行为，而是对消费者实际留下的痕迹或者消费者行为的后果进行观察和记录。例如，通过对某个社区消费者使用过旧饮料瓶的回收与分析，得以了解当地消费者对饮料的品牌偏好。又如，通过对家电维修点的调查，可了解消费者对家电电器的使用状况及其品牌评价。

（2）观察法的特点。观察法的主要优点：其一，研究人员对特定消费者的观察通常是在观察对象并不知晓的情况下进行的，观察对象没有心理负担和外部压力，心理的表露就较为自然，所获得的观察资料也更加真实、可靠；其二，研究人员的观察过程并不需要发生与观察对象的语言交流或人际往来活动，有利于排除语言等相关因素的干扰；其三，观察法操作简便、易行，灵活性也较强。

观察法的缺点主要有：首先，研究人员所能观察的往往是事物的表面现象或观察对象的行为表征，难以发现事件的原因或观察对象的心理活动；其次，观察活动参与的人员数量较多，所需的时间较长，难以进行大范围的消费者行为调查；再次，观察资料的充分、真实与可靠程度取决于观察人员的业务水平和综合素质，合格的观察人员有时难以寻觅。

┃ 小案例 ┃

美国的营销学者曾在一家超级市场的方便食品、酒类、糖果、洗涤用品等柜台边进行了 500 小时的观察。从消费者进入这些柜台的通道开始，直到离开为止，观察消费者的各种活动，作了 1 500 余条记录。他们通过对观察记录的分析，研究消费者的构成、决策等。例如，男性和女性所占的比例，儿童和成人所占的比例；几个人在一起时，谁是影响者，谁是决策者；消费者在购买前对商品包装、商标、价格的注意程度等。

分析提示：这是一个典型的观察法的实例。观察者没有干扰被观察者的正常活动，并能敏锐地捕捉各种现象，准确、详细地记录下来，以便于及时整理和分析。可见，观察法一般适用于以下情形：调查者所关注的行为是公开的；这些行为经常且重复出现或者是可以预测的；行为发生在相对较短的时间跨度里。

---

3. 实验法

实验法是指研究人员在人为控制或预先设定的条件下，有目的地通过刺激而引发消费者的某种反应并加以分析和研究的一种方法。运用实验法研究消费者行为，可以按照预定的研究目标来设计整个实验过程，控制实验环境及相关变量，分析和探索变量之间的因果关系，揭示消费者心理活动和行为规律，因而也是因果性研究的常用方法之一。根据实验场所的不同，实验法可分为实验室实验和现场实验两种。

（1）实验室实验。实验室实验是指在专门的实验室内借助有关仪器设备，或者模拟现场环境或实地条件而进行的研究。由于控制条件设定、操作程序固定和实验过程可以重复等特点，实验室实验的结果还是较为准确的，可以有效地揭示消费者心理变化和行为趋向的原因及其规律。例如，在实验室内运用图片、文字等工具，选择不同的时段，来测试消费者对商业广告回忆的比率，等等。但实验室实验不可避免地要受到人为控制因素的影响，难以反映消费者真实的消费活动和购买行为，研究结果难免与实际情况存在一定的差距。

（2）现场实验。现场实验也称自然实验，是指在现实的营销环境中，通过有目的地设定或变更某些条件而给消费者以一定的刺激或诱导，进而研究消费者的心理活动和行为规律。现场实验依托的是现实的营销环境，通过有目的地创造或变更某些营销条件来分析与研究消费者可能的反应，做到科学实验与正常的消费活动同步进行，因而具有较强的现实意义。比如，选择某个具有代表性的商场，在特定的时间内，或者改变产品包装，或者变动产品价格，或者推出新的促销措施，来观察和分析消费者的反应。但现实营销环境情况复杂，对某些变量难以实施有效的控制，不可避免地会影响实验结果的准确性和可靠性。同时，现场实验往往持续的时间长，耗费的成本高，还可能影响到实验商场的正常营销活动。

4. 投射法

投射法是利用无意识的刺激反应而探询个体内心深层心理活动的一种研究方法。投射法不是直接向消费者明确提出问题以求回答，而是给消费者一些意义并不确定的刺激，通过消费者的想象或解释，使其内心的愿望、动机、态度或情感等深层次的东西在不知不觉之中投射出来。因为消费者通常不愿承认或者并未意识到自己的某些愿望或动机，却乐于分析或探索他人的心理活动，他们在探索或推断他人的想法、动机或态度时，往往会不知不觉地暴露或表明自己的心理活动。常用的投射法有语言联想法、造句测验法、主题感知测验法和角色扮演法等几种。

（1）语言联想法。语言联想法是通过向消费者提供一张列有意义不相关联单词的词汇表，要求消费者见到表上单词立刻说出最先联想到的其他词汇，再分析和比较消费者作出反应的词汇和反应时间，从而推断消费者对刺激单词的印象、态度和动机。语言联想法又可分为自由联想、控制联想和连续联想等几种。自由联想要求消费者随意、自然地说出联想到的词，如看到"饼干"可能联想的其他任何词汇；控制联想要求消费者按照某种要求说出联想到的词，如看到"电视机"所联想到的某种品牌；连续联想则要求消费者说出第一个联想词后，连续说出第二个、第三个联想词。

（2）造句测验法。造句测验法是向消费者提供一些不完整的句子，要求消费者即刻造成完整的句子。例如，给出"买冰箱要买____牌的冰箱"，"口渴时最想喝的是____饮料"等句子，要求消费者填充完整。通过对消费者所填写内容的分析，研究人员可以了解消费者的愿望或偏好，进而推断消费者对某种产品或品牌的评价或态度。在对消费者的品牌偏好或产品态度调研方面，造句测验法要比语言联想法更加有效。

（3）主题感知测验法。主题感知测验法又称 TAT 法（Thematic Apperception Test），是先让消费者观看一些内容隐晦不清或意义模棱两可的图画，而后由消费者根据每张图画编一个故事，并加以解释。这些主题感知图画本身并没有特定的含义，由消费者来讲出图画的意义，就会将消费者的主观意志和情感流露强加在图上。研究人员就可根据消费者投射到这些图上的意义，分析消费者的心理活动，推断消费者的需求、动机、情感和态度等心理倾向。

（4）角色扮演法。角色扮演法是由消费者扮演某种角色，对某一特定的事物或者某种特定的行为表明自己的态度或者作出评价。角色扮演法不是要求消费者直接表明自己对某种商品或某项活动的态度，而是通过消费者对他人动机或态度的描述或评价投射出自己真实的动机和态度。角色扮演法的经典案例是对速溶咖啡购买动机的研究。当速溶咖啡以省时、方便为促销诉求而投放市场时，并没有得到消费者的认同。通过问卷法向消费者直接进行调查，所获得的信息是消费者不喜欢速溶咖啡的味道，进一步调查却发现消费者实际上无法说明速溶咖啡和新鲜咖啡在味道上究竟有什么不同。后来，改用角色扮演法，编制两张购物单，购物单所列购物项目完全相同，只不过其中的一张注明新鲜咖啡，而另一张标明速溶咖啡，向参加测试的两组妇女分别展示这两张购物单，要求她们描述购物家庭主妇的特征。调研结果发现，购买速溶咖啡的家庭主妇被认为懒惰和不会持家，而购买新鲜咖啡的家庭主妇则被评价为勤劳、富有经验和善于持家。其原因在于，在当时的美国社会文化背景下，家务劳动是家庭主妇的职责，以速溶咖啡来替代新鲜咖啡是一种逃避家务劳动的偷懒行为，这也是消费者不接受速溶咖啡的心理动机。这种深层次的购买动机是难以通过问卷法而询问出来的，而只有在参加测试的妇女在评价购买速溶咖啡的家庭主妇时，才不知不觉地将自己的观点和态度投射上去。角色扮演法的应用，揭示了消费者不愿购买速溶咖啡的深层次心理原因。由此改变了广告的内容，得到了很好的营销效果。

 **本章小结**

本章作为全书的开篇，主要对消费者行为学的若干基本概念进行了讨论。消费者行为学作为一门应用性学科在近百年内才形成，经历了萌芽时期、应用时期和变革创新时期三个阶段。研究消费者行为的意义是有利于增强企业竞争能力，有利于消费者优化自身的消费行为。

消费者行为学的研究对象是通过对消费者心理活动及其行为过程的观察、记述、分析和预测，探索消费者行为的规律性，以便适应、引导、改善消费者行为，为企业制定营销战略和策略提供依据和有益的经验。为此，消费者行为学的具体内容可以分为以下几个方面：①消费者行为学概述；②消费者的心理现象与行为研究；③外在环境因素对消费者行为的影响；④企业营销组合因素对消费者行为的影响；⑤消费者购买行为模式；⑥消费者购买决策过程分析等方面。

消费者行为学是把心理学、经济学、社会学、社会心理学等多种学科综合应用于消费者行为研究的一门边缘学科。消费者行为学的性质决定了它的研究方法多种多样，目前广泛采用的消费者行为研究方法主要有观察法、问卷法、实验法和投射法等。

 **实践实训**

实训课题 1-1

实训目的：在实践中感受消费者的行为变化及影响因素。

通过自己或自己特别熟悉的人（如父母、同学、好朋友等）的一次比较重要的消费活动（如为家里购买家用电器、为参加面试而去购买正装、外出旅游选择线路及旅行社等），试从以下方面进行消费行为分析。

实训题目：

（1）这次消费活动的目的是什么？

（2）在这次消费活动中，什么因素促成了该次交易的最终完成？

（3）在这次消费活动中，消费者周围的人都起到了什么作用？

练习与讨论

1. 如何理解广义消费者和狭义消费者？

2. 什么叫消费者行为？它有哪些特点？

3. 消费者行为学的产生与发展经历了哪几个阶段？

4. 学习消费者行为学应掌握哪些实用的研究方法？

5. 请用现场实验法，在调查后设计一张某超市牙膏销售额分析表。

6. 如果采用询问的方法不能测知消费者心理或有可能得到虚假的结果，那么你有没有其他办法较为准确地测知消费者的心理？

7. 如果某企业要你为一种新产品确定目标消费者，你将根据哪些方面来进行市场细分？请具体列出来。

第 2 章

消费者心理活动分析

- 了解感觉、知觉的概念、分类；
- 熟悉感觉、知觉的特性；
- 掌握影响知觉的因素、记忆的心理过程；
- 了解注意、思维的概念、分类以及记忆、注意、想象在消费心理中的强化作用；
- 影响消费者情绪与情感的主要因素；
- 消费者意志品质的基本内容。

案例导入

"我"

作为时尚一族和事实上的消费大军，我国年轻人的消费习惯与支配这些习惯背后的文化因素，一直是营销专家们悉心研究的课题。研究结果表明，近 10 年来，我国年轻人的个性、文化、价值观发生了很大的变化，这些变化体现在语言、着装、爱好等方方面面。

反映到语言上，我国年轻人口头最常见的一个字既不是"酷"，也不是"靓"，而是"我"字。这种个性的张扬，在当今的广告词中随处可见。例如，佳得乐汽水："我有，我可以"；安踏运动鞋："我选择，我喜欢"；中国移动全球通的广告词就两个字：

"我能"。可口可乐公司选择2004年雅典奥运会男子110米栏冠军刘翔所做的"要爽由自己"广告也大获成功。

为何"我"字大行其道？心理学原理告诉我们，"我"字当头，首先这一点颇能迎合当今年轻人勇于参与、敢于实践的心理特点；其次，"我"字的出现，可以拉近青年消费者和厂商之间的距离，最大限度地达到我中有你、你中有我的宣传效果，从而变厂家的宣传活动为青年消费者的"自觉"购买行动。

无独有偶，"你"字的运用亦有异曲同工之妙。比如，娃哈哈果奶那句著名的广告词："今天，你喝了没有？"，其深层次用意无非是挖掘消费者潜意识中的"我"字，从这个意义上讲，这里的"你"，其实就是消费者用以表达自身购买欲望的"我"字。

问题：

通过市场广告信息收集，你还能列举出哪些带"我"字的广告词？这些广告词背后的商业用意何在？此案例对你有什么启发？

消费心理活动是消费行为产生的基础，对消费行为的研究分析必须从消费心理分析开始。本章介绍普通心理学的一些基本概念并进行扼要的讲解，结合消费心理的过程进行阐述。

24

2.1　消费者心理活动的认识过程

消费心理活动，包括心理过程和个性心理两个方面。心理过程，指人的心理活动的过程，是人的心理活动的一般的、共有的过程，是人的心理活动的基本形式。心理过程包括认识过程、情感过程和意志过程，它们是统一的心理过程的不同方面。消费心理活动过程，包括消费者心理的认识过程、情感过程和意志过程。

心理学研究的结果表明，人脑对客观世界的认识是从感觉和知觉开始的。感觉和知觉是人的心理活动的基础，也是消费心理的基础。消费心理活动的认识过程是通过顾客的感觉、知觉、记忆、注意、思维和想象等心理活动实现的。

2.1.1　消费者感觉与消费行为

1. 感觉的概念

（1）感觉。感觉是外界客观刺激直接作用于感觉器官所引起的认识反应，是我们日常生活中最常见的心理现象，形形色色的事物必然会在人们的头脑中产生不同的反映，而人们对客观事物的认识，是从感觉开始的。人们通过自己的感觉器官，去作用于感觉器官感受客观事物的属性。外界任何事物都有着许多个别属性。一个西红柿就有许多个别属性：鲜红的颜色、清新的香气、酸甜的滋味、光滑的表皮等。西红柿的这些客观属性，作用于人们的眼、鼻、舌等感觉器官时，人们就会产生各种感觉。消费行为的过程并不仅仅是购买商品和使用商品的过程，还包括购物前对商品信息的认识，进入营业环境后对购物场所的感觉，对其他商品信息的感觉，对营销人员的感觉等。因此，消费者所感觉的对象是多方面的，有些感觉与商品消费有直接关系，有些感觉与商品消费只是间接的关系。

感觉是一切复杂的心理活动的基础，它为人的高级的心理过程——知觉、思维等提供材料。人们只有在感觉的基础上，才能对事物的整体和事物之间的关系做出更复杂的反应，获得更深入的认识。在商品购买活动中，感觉对顾客的购买行为具有很大的作用。消费者的感觉，是商品外部的个别属性作用于消费者不同的感觉器官而产生的主观印象，它使消费者获得有关商品的各种信息及其属性的资料，是消费者接触商品的最简单的心理活动过程。

（2）感觉的类型。人的感觉主要有五种类型，分别是视觉、听觉、嗅觉、味觉、皮肤觉，其中皮肤觉是一种综合性的感觉，细分为温觉、冷觉、触觉和痛觉。

① 视觉是依靠人的眼睛来实现的一种感觉。视觉包括对色彩、亮度、灰度的感觉，色彩感觉给人们以最丰富的感性世界，让我们感到这世界是那么光彩艳丽。

② 听觉是依靠耳朵等听觉器官来实现的。在现实生活中，听觉获得的信息量可能不如视觉多，但其重要性与视觉是相当的。在商品消费过程中，听觉所起的作用也是十分重要的。音乐、影视、戏曲表演等艺术形式的享受，离不开人的听觉器官。听觉信息也是传递商品信息的重要渠道。感官上的听觉，是指人们对声音的频率、音量大小、音色的感觉。人们听到声音产生感觉之后，能够形成音乐的印象，或者能够理解这声音中所包含的内容，那就是说对声音有了知觉。

③ 参与嗅觉的主要器官是人的鼻子，并且，嗅觉与味觉这两种感觉是紧密相关的。在日常的用语中，常把气味分类方法用于嗅觉类型的划分。与消费行为密切相关的气味主要是香味，也有少量的其他气味，如豆腐乳气味、大蒜气味、皮革气味、煤气气味等。严格地讲，这些气味应该属于臭的气味，但是由于人的想象和思维活动参与了感觉的过程，有些人把臭豆腐、大蒜甚至于皮革的气味想象成刺激食欲的东西，"臭味"也就在人的头脑中变成"香味"了，不过对于不喜欢这些气味的人来说，仍然是属于臭的气味。

香味的类型主要分四种：花香、醇香、芬香和人工香型。其中花香给人带来的愉快最受人们的欢迎。花香的真正来源应该是天然的鲜花所散发的有香气的物质，高档的香水、香料商品，必须是直接从天然鲜花中提取出来的香味物质。醇香是人们对于像美酒这样一类物质的气味产生的感觉，除了美酒之外，像香蕉、苹果、梨等水果也会产生甘醇的香气。芬香是含有芬香性化学物质的东西所散发的气味，如食用油的香气、烹调食物时所用的调料散发的香气、芬香族有机化学物所散发出来的香气等，都是属于这一类型的香气。人工香型是指以人工的方式所合成的带有香味的香型，这一类香气较难用习惯上的用语来描述。有一部分人工香型可以代替天然的花香和醇香等，有一部分人工香型具有独特的香味并且没有毒性，可以用于化妆品、洗涤用品甚至于食品添加剂的生产。

④ 味觉的感觉器官主要是舌头，部分咽喉也参与对味觉的感觉。味觉的主要类

型有四类：酸、甜、苦、咸。其他的味觉类型是在这四大类的基础之上，综合或者复杂化而形成的，如辣的味道是在温度觉、痛觉和部分咸的感觉基础上综合形成的。

⑤ 皮肤觉是人的皮肤对事物的感觉。皮肤是人体面积最大，也是较为复杂的一个感觉器官，人的皮肤层基本上都分布了相应的感觉系统，包括了温觉、冷觉、触觉、痛觉等感觉类型。

温觉是皮肤中的神经系统对热能产生的感觉，冷觉是皮肤对冷的东西所产生的感觉。冷觉和热觉是一个相对的概念，人们以自己的体温为参照，温度高于体温的东西或热能，人们就感觉到热，温度低于体温时就会感到冷。人的温度觉，既是一种重要的防御系统，也是保持身体处于舒适状态的感官系统。因为温度觉的存在，人们要求自己的周围有一个比较舒适的温度环境，并因此形成了满足舒适温度环境的巨大消费市场，如电风扇、空调、季节性服装等。前两者为工作环境、居住环境、娱乐环境及其他公共环境创造满意的温度范围，后者为消费者个人维持满意的温度环境，免受酷暑和寒冷给人们带来的不适甚至痛苦。

触觉这种感觉类型很奇特，功能也很强，在日常生活中起着重要的作用，在消费行为中也发挥出独特的功能。在触觉中以手部位置使用最频繁，所以触觉在日常用语中被称为"手感"。比如服装消费，消费者会摸一摸服装的质料，以自己的手感来衡量服装的质量，有些消费者的手感偏好于细腻、平滑的服装质料，有些消费者偏好于粗糙、硬性挺括的材料。家具消费或其他大件商品消费中，人们也会考虑商品表面的手感，有人喜欢手感光洁的家具，有些消费者喜欢手感粗糙的家具。

日常用语中还有"质感"一词，这是思维活动参与感官过程所形成的对商品质量的判断，质感已经不是简单的感觉活动，而是复杂的知觉活动及更高级的心理活动。质感是在触觉、视觉、听觉等感官基础上形成的。

痛觉也是一种感觉类型，常在皮肤上表现，这种感觉比较复杂，有的学者将其称为知觉（包括了高级心理活动），这种感觉主要在人们防御伤害时起重要作用。在消费心理行为中，痛觉的主要意义也在于防御各种伤害，避免不合适的商品给身体造成的不舒适。对于工商企业和研究人员而言，了解痛觉的意义在于减少不良商品给消费者带来的痛苦与不舒适。比如一些伪劣、粗制滥造、不合尺寸的鞋子、服装等，骗取消费者使用之后，经常出现痛苦的感觉；伪劣的家电商品，因漏电电击给顾客身体造成极大的痛苦；一些劣质的化妆品，使用之后会造成消费者皮肤的痛苦感等。工商企业必须杜绝令消费者产生痛苦的商品流入市场。

感觉是消费者认识商品的起点。在购买活动中，消费者对商品的第一印象是十分重要的。对于商品的认识和评价，消费者首先相信的是自己的感觉，"耳听为虚，眼见为实"说的正是这个道理。正因为如此，有经验的厂商在设计、促销自己的产品时，总是千方百计地突出其与众不同的特点，增强产品的吸引力，刺激消费者的感觉，加深消费者对产品的第一印象，使消费者产生"先入为主"、"一见钟情"的感觉。例如，某商场购进一批玻璃雕花酒杯，造型美观、质量优良，但销售量却很低。后来，一位聪明的销售员在酒杯里斟上红色液体，使无色透明的酒杯顿时显得晶莹剔透，一下子吸引了很多顾客，于是销售量大增。

2. 感觉的特点

感觉具有适应性、对比性、补偿性和联觉性，感觉的运用对顾客的心理具有重要影响。

（1）感觉的适应性。不同客体的刺激对人所引起的感觉各不相同，而且不是所有的刺激物都能引起人的感觉，刺激只有达到一定的强度和范围时，才能产生感觉。我们把能够引起感觉持续一定时间的刺激量称为感觉阈限，其中能够引起感觉的最小刺激量叫绝对感觉阈限，能够引起差别感觉的刺激物的最小变化量叫差别阈限。如表 2-1 所示是五种基本感觉的绝对阈限。

表 2-1　　　　　　　　　　　　　五种基本感觉的绝对阈限

感 觉 类 型	绝 对 阈 限
视觉	夜晚晴朗时可看见 50 千米处的一支烛光
听觉	安静环境中可于 6 米处听见手表秒针走动声
味觉	可尝出在 7.5 升水中加入的 1 茶匙糖的甜味
嗅觉	可闻到在三居室中洒一滴香水的气味
触觉	密蜂翅膀从 1 厘米高处落在面颊上即有感觉

感觉要受感觉阈限的制约，感觉阈限也受到人们适应性的影响。适应性是指刺激物持续不断地作用于人的感觉器官，从而产生顺应的变化，使感觉阈限升高或降低。由于感觉适应性有视觉适应、嗅觉适应、听觉适应、肤觉适应和味觉适应等，因此在市场营销活动中，厂商和营销人员经常运用感觉的特性来增大商品对顾客的刺激，可以引起顾客对商品的注意，达到促进商品销售的目的。

（2）感觉的对比性。对比性指不同刺激物作用于同一感觉器官而产生感觉的对比现象。不同刺激物同时作用于同一感觉器官而产生感觉的对比现象是同时对比，例如，白色对象在黑色背景中要比在白色背景中容易分出，即所谓"黑白分明"；红色对象置于绿色背景中则显得更红，"红花还靠绿叶衬"。不同刺激物先后作用于同一感觉器官而产生感觉的对比现象是即时对比，例如，有人喝了苦药后再喝白开水，淡而无味的白开水也有点甜的味道。因此，在广告设计或商品陈列中，亮中取暗、淡中有浓、动中有静等手法正是对比效应的应用，它有助于吸引消费者的注意力。

（3）感觉的补偿性。某种感觉有缺陷，可以由其他感觉来补偿。例如，一个苹果看上去有小疵点，但吃起来却香甜可口，可以弥补外观的缺陷。这一现象可以运用于商品销售策略上。如果商品存在某种缺陷，销售者可以强调商品其他更多、更重要的优点，增强消费者的购买信心，使其"爱屋及乌"。

（4）感觉的联觉性。这是指一种刺激产生多种感觉的心理现象。例如，人们对色彩最容易产生联觉。颜色之所以分冷色和暖色，并非颜色本身有温度，而是因为我们对颜色的主观感觉存在差异。类似的还有因颜色不同而产生的远近感、轻重感等。比如，冷色会引起寒冷的感觉（蓝、青、紫等色）；暖色引起温暖的感觉（红、橙、黄等色）；远色有远退的感觉（蓝、青、紫等色）；近色有接近的感觉（红、橙、黄等色）；轻色引起轻盈的感觉（白、淡黄、浅绿等色）；重色引起沉重的感觉（黑褐、深蓝等色）。另外颜色在不同的国家和地区，由于文化的差异，其象征意义也不同。比如，在中国红色象征热烈、喜庆；绿色象征生机、和平、安全；黄色象征温暖、富贵、豪华；蓝色象征晴朗、豁达、深远；白色象征纯洁、轻快、真挚；黑色象征沉重、神秘、悲哀等。因此颜色也是商品包装和商品广告中最重要的元素之一。它不仅能强烈地吸引人的注意力，而且很容易引起人的联想和诱发人的情感，对人们的消费行为产生重要影响。

3. 感觉对消费心理行为的影响

（1）感觉使消费者获得对商品的第一印象。感觉是一切复杂心理活动的基础。消费者只有在感觉的基础上，才能获得对商品的全面认识。感觉在消费者购买商品活动中起着重要的作用，感觉使他们对商品有初步印象，而第一印象的好与坏，往往决定着消费者是否购买某种商品。

（2）对消费者发出的刺激信号强度要适应人的感觉阈限。消费者认识商品的心理活动，首先是从感觉开始的。由于每个人感觉阈限不同，有的人感觉器官灵敏，感受性高，有的人则承受强。企业在做广告、调整价格和介绍商品时，向消费者发出的信号强度应当适应他们的感觉阈限。刺激信号强度过弱不能引起消费者的感觉，达不到诱发其购买欲望的目的；如果刺激强度过强又会使消费者承受不了，走向反面。

（3）感觉是引起消费者某种情绪的信道。客观环境给予消费者感觉上的差别，会引起他们不同的情绪感受。例如，商场营业环境布置优劣、商品陈列的造型和颜色搭配、灯光、营销人员的仪容仪表等，都能给消费者以不同的感觉，从而引起不同的情绪。

2.1.2 消费者知觉与消费行为

1. 知觉的概述

（1）知觉。知觉是人脑对直接作用于感觉器官的客观事物的各个部分和属性的整体反映。对商品来说，它是顾客在感觉基础上对商品总体特性的反映。例如，一个西红柿就是由一定的颜色、形状和味道等属性组成的。人们首先感觉到西红柿的这些个别属性，看到它的大小、形状，在综合这些方面印象的基础上，形成对西红柿的整体印象，就形成了对西红柿这一事物的知觉。

知觉以感觉为基础，但并不是感觉数量的简单相加，它还受过去经验的制约。人们正是凭借过去的经验，才能根据对当前对象的知觉确定事物，即把感觉到的许多个别因素整合成为整体形象。人们对客观事物知觉的深浅、正确与否、清晰程度，以及知觉的内容是否充实、全面，不仅受客体和人们已有的知识经验的影响，还要受到人的需要、兴趣、情绪和个性倾向等因素的影响。例如，顾客对能满足其心理需要的某种商品的知觉会比较全面、细致和深入，对不适合其心理需要的商品，知觉往往比较片面、简单和肤浅。知觉不是被动地感知事物，而是一个积极能动的反映过程。知觉是各种心理活动的基础，它能刺激人们的需要和为满足需要进行实践。在商品购买活动中，顾客只有对某种商品掌握一定知觉材料，才有可能进一步通过思维进而做出相应的决策。

（2）知觉的分类。

① 根据知觉反映的事物特性，可分为空间知觉、时间知觉和运动知觉。这三类知觉均较复杂，空间知觉反映物体的空间特性（如物体大小、距离等）；时间知觉反映事物的延续性和顺序性；运动知觉反映物体在空间的移动。

② 根据反映活动中某个分析器所起的优势作用，可分为视知觉、听知觉和触知觉等。

（3）知觉的特征。知觉是消费者对消费对象的主动反应过程，这一过程受到消费对象的特征和个人主观因素的影响，从而表现出某些独有的活动特征，具体表现在以下几个方面。

① 知觉选择性。人们在进行知觉时，常常在许多对象中，优先把某些对象区分出来进行反映，或者在一个对象的许多特性中，优先把某些特性区分出来，予以反映，这说明知觉的客体是有主有次的。这里的"主"是指知觉的对象，"次"是指不够突出或根本没被注意到的背景。

② 知觉整体性。知觉对象是由许多部分综合组成的，各组成部分分别具有各自的特征。但是人们并不会把对象感知为许多个别的、孤立的部分，而总是把对象知觉为一个完整的整体，即知觉整体性。例如，顾客购买服装时，绝不会只注意服装的面料、颜色或者款式，而总是把各种因素综合在一起，构成一个选料恰当、剪裁得体、款式新颖、做工讲究的服装整体感知印象。

③ 知觉理解性。人们在感知客观对象和现象时，能够根据以前获得的知识和经验去解释它们，即知觉的理解性。这一特征是通过人在知觉过程中的思维活动而实现的。人的知识和经验越丰富，对事物的感知就越完整越深刻。例如，具有电子专业知识的顾客在选购家用电器时，通过阅读商品说明书并进行调试比较，就能理解商品的原理、结构、性能、特点和品质，并做出正确的评判和选择。

④ 知觉恒常性。当物体的基本属性和结构不变，只是外部条件（如光源、角度、距离等）发生一些变化时，自己的印象仍能保持相对不变，这就是知觉的恒常性。例如，当客人向我们道别远去时，虽然身影越来越小，但我们并不因此而感到客人的身体真的在缩小。知觉恒常，能使人们正确地反映客观事物，并不会因某些条件的变化而改变对原有事物的反映。

2. 知觉中的错觉

错觉不同于幻觉。错觉是在外界刺激下产生的，其实质是人对刺激的知觉表现出主观性和歪曲，即人对客观事物的不正确的知觉。而幻觉是在没有外界刺激的情况下产生的，是人的一种虚幻的知觉。

在某些情况下，人对客观事物的知觉会产生各种错觉现象，如大小错觉、图形错觉、时间错觉、空间错觉和视觉错觉等。其中最常见的是视觉错觉现象。视差、经验和情绪都可能造成错觉。

3. 影响知觉的因素

知觉对刺激物的理解同样受到个体因素、刺激物因素和情境因素的制约和影响。

（1）个体因素。一系列的个体因素会影响消费者对刺激物的理解，这些个体因素包括个体性别、社会阶层、动机、知识、期望和经验（是第一次看还是长期接触）等。例如，性别差异会影响个体对广告中裸露镜头的情绪反映。

（2）刺激物因素。影响知觉的刺激物因素包括以下几种。

① 符号。符号包括词语、图片、音乐、色彩、表格、气味、手势、商品和价格等，因此，符号是刺激物的一部分。符号不仅传播传统意义上的商品信息，还能增加文化附加价值的含义。一种产品要想成为商品被消费，首先就要转化为能在现代信息社会中流通的符号，而当这种符号以特定的产品语言实际表达出来，同时还要以其"意义"价值为人们所认可的时候，这种产品就能顺利地被人接受了。例如，法国香水已成为奢侈生活方式的象征符号。

② 语言。语言作为刺激物的一部分对刺激物的最终理解亦产生重要影响。

同样的语言在不同情境和不同文化背景下的含义有时会截然不同。如"降价销售"这句话，在很多情况下，消费者可能会从字面意义上理解成商品价格降到正常价位以下销售。然而，如果将这句话用于女时装的销售上，消费者可能会认为这些时装已经或即将过时。因此，区分字、词的字面含义与心理含义十分重要。目前，一些学者发展起了一门叫做心理语言学（psycholinguistics）的学科，专门研究涉及字、词理解的心理因素。其中的一些成果对于如何增进消费者对刺激物的理解颇有帮助。

③ 次序。假设甲是你和你的朋友均不认识的一个人，现在有人分别向你们俩描述甲的个性特征，所描述的这些特征完一样，但次序相互颠倒，那么，这种描述次序上的不同是否会导致你和你的朋友对甲形成态度上的差异？答案是肯定的。次序对理解的影响，会产生两种效应，一种是首因效应，另一种是近因效应。首因效应是指最先出现的刺激物会在理解过程中被赋予更大的权重，而近因效应是指最后出现的刺激物会更容易被消费者记住，并在解释中被赋予更大的权重。在刺激物呈现或信息传播过程中，到底是出现首因效应还是出现近因效应，很可能因情境而异。对企业来说，通过市场调查或市场测试了解是否存在次序影响是很有必要的。

（3）情境因素。一些情境因素，如饥饿、孤独、匆忙等暂时性个人特征，以及空气、在场人数、外界干扰等外部环境特征，均会影响个体对信息的理解。可口可乐公司负责广告的副总经理夏普（sharp）指出："不在新闻节目中做广告是可口可乐公司的一贯政策，因为新闻中有时会有不好的消息，而可口可乐是一种助兴和娱乐饮料。"夏普所说的这段话，实际上反映了企业对"背景引发效果"的关注程度。某些学者的初步研究也表明，出现在正面性节目中的广告获得的评价也越正面和积极。

4. 知觉对消费心理和行为的影响

（1）知觉的选择性帮助消费者确定购买目标。如果消费者带着既定购买目的到商场，就能积极能动地在琳琅满目的商品中选择所要购买的商品，这是由于购买目标成为符合他们知觉目的的对象物，感知很清楚。其他商品，相对而言成为知觉对象的背景，或者没有注意到，或者感知得模模糊糊。

（2）利用错觉在造型艺术中的特殊作用。错觉的产生，可能由于知觉对象被背景或参照物所干扰，也可能由于人过去经验的影响。常发生的错觉有线条长度错觉、方向错觉、图形大小错觉、形状错觉等。企业掌握错觉原理并在广告宣传、橱窗设计、包装装潢、商品陈列等市场营销活动中加以运用，利用消费者产生的错觉，进行巧妙的艺术处理达到一定的心理效果。例如在狭小的营业场所，在一面或两面墙上安装镜子，会使顾客对空间产生非常丰满的视知觉。

（3）知觉的理解性与整体性在广告中的应用。知觉的整体特征告诉人们，具有整体形象的事物比局部的、支离破碎的事物更具有吸引力和艺术性。因此在图画广告中，把着眼点放在商品的整体上比单纯把注意力集中在商品上效果更为突出。例如一幅宣传随身听的路牌图画广告，画面是一位健美的男青年身着运动衫和牛仔裤，头戴耳机，腰间挎着"随身听"，骑在自行车上微笑前行，两旁绿叶清风。这幅广告说明"随身听"与消费者生活密切联系，可减轻旅途疲劳，提高情趣，高雅不俗。在这幅广告中运用了知觉的理解性和整体性原理，比只画上"随身听"配上文字说明效果好得多。

（4）知觉的恒常性促进商品销售。通常有相当一部分顾客是品牌的忠诚者，因此知觉的恒常性可以成为顾客连续购买某种商品的一个重要因素。企业可以通过名牌效应实行品牌策略带动其他商品的销售。

2.1.3　消费者的记忆与消费行为

1. 记忆的概念

记忆是过去的经验在人脑中的反映，或者说是人脑对过去发生过的事物的反映。汉语中"记忆"一词本身，是先记再忆，说明记忆是对过去经历过的事物的反映。人们在日常生活、工作或社会实践中，凡是感知过的事物、思考过的问题、体验过的情绪、演练过的动作都可以成为记忆的内容。人脑具有对过去经验反映的机能，是因为主体接受了客体的刺激以后，会在大脑皮层上留下兴奋过程的痕迹。这些痕迹在日后遇到一定的条件，就被重新"激活"，在人脑中重现已经消失的刺激物的映像。可以说，记忆是人脑的一种机能，它的生理学基础是大脑神经中枢对某种印迹的建立和巩固。

例如，从前见过的人，现在不在面前，我们能想得起他的姿态相貌，见到他时能认得出来，这就是记忆。在生活实践中见过、学过、做过的事情，以及体验过的情绪，都可以成为我们的经验而保持在我们的头脑中，在以后生活的适当时候回想得起，或当他们再度出现时能认得出，凭的都是这些记忆。

2. 记忆的分类

（1）按记忆的阶段分类。

20 世纪 50 年代中期以后，许多心理学家都倾向于用信息论解释记忆，并把记忆分为三个阶段，即感觉记忆、短时记忆和长时记忆。

① 感觉记忆，也被称做瞬时记忆。在这种记忆中的材料保持的时间大约是0.25～2秒。其特点是持续时间短、瞬息即逝，容量较小。如电视中播放的商品广告，有的10秒钟广告单字达80个，使消费者难于记忆，效果不甚理想。

② 短时记忆。短时记忆中材料保持的时间约为5～20秒，最长不超过1分钟。感觉记忆中的材料如果受到主体的注意，就会转入短时记忆阶段。商业广告要想使消费者越过感觉记忆阶段，就必须利用种种方法和手段，引起消费者的注意才能达到预期的广告效果。

③ 长时记忆。指1分钟以上直至多年甚至保持终生的记忆。长时记忆是对短时记忆加工复述的结果，有时富有感情的事物由于印象深刻也能一次形成。商业广告要想使广告内容成为消费者长时记忆的材料，从而达到创造需求的目的，其方法就是重复向消费者传播，加深消费者大脑中的痕迹。美国的许多产品如可口可乐、肯德基等商品名称在我国家喻户晓、妇孺皆知，就是多次重复播放广告的结果。在其背后，隐藏着运用心理学记忆原理的技巧。

（2）按记忆的内容分类。

① 形象记忆：以感知过的事物形象为内容的记忆叫形象记忆。例如，我们去参观一个工业新产品展览会，会后对一台台新机器的形状的记忆，就是形象记忆。

② 逻辑记忆：以公式和规律的逻辑思维过程为内容的记忆叫逻辑记忆。例如，有人认为"凡是流行的，都是好的"。这些人不顾一切追求时尚，他们的消费理念就是受逻辑记忆的影响而形成的。

③ 情绪记忆：以体验过的某种情绪或情感为内容的记忆叫情绪记忆。例如，对以前参加过的新产品发布会的热烈气氛及个人心情的记忆，就是情绪记忆。

④ 运动记忆：以做过的运动或动作为内容的记忆叫运动记忆。例如，我们对舞蹈的记忆，就是动作记忆。

3. 消费者记忆的心理过程

消费者对过去经验的反应，是要经历一定过程的，心理学研究表明这一过程包括识记、保持、回忆和认知四个基本环节。

（1）识记是人们为获得客观事物的深刻印象而反复进行感觉、知觉的过程，也就是通常所说的"记住"。顾客在购买活动过程中就是运用视觉、听觉和触觉去认识商品，在大脑皮层上建立商品各因素之间的联系，留下商品的痕迹，从而识记商品。

（2）保持就是巩固已经获得的知识、经验，使识记的材料能较长时间地保持在脑中。例如，顾客把在识记过程中建立的商品诸因素之间的联系，作为经验储存在脑子里，这就是保持的过程。

（3）回忆是指这些曾经记忆的信息即使不出现在面前，也能在自己的头脑里重现这些信息内容。例如顾客在购买某种商品时，为了进行比较，往往在脑海中重现曾经在别处见过或自己使用过的同种商品，这就是回忆的过程。

（4）认知是过去感知过的事物重新出现时，能够感到听过、见过或经历过。例如，以前曾听过的乐曲，当别人再演奏时能听出来以前曾听过，就是认知。

以上记忆中的识记、保持、回忆和认知四个环节是相互联系和相互制约的。没有识记就谈不上对经验的保持，没有识记和保持，也就不可能有对感知过的事物的回忆或认知。识记和保持是回忆和认知的前提，认知和回忆又是识记和保持的结果，并能进一步巩固和加强识记和保持。

记忆在人的心理活动及实践活动中起着十分重要的作用。由于记忆，人们才能保持、积累经验，从而形成各自的个性心理特征。研究表明，人的知觉如果没有记忆参与就不可能实现，没有记忆也就不可能有思维活动。就人的实践活动而言，没有哪一种活动不需要记忆这种心理现象的参与。记忆对人的实践活动具有动力作用，工商企业在商品的设计、包装、营销中利用消费者记忆的规律、特点，有助于提高企业知名度，有助于商品的推广，提高企业效益。

4．遗忘

与保持相反的记忆特性是遗忘，这是由于在记忆过程中存在着另一个重要的心理机制即遗忘。遗忘是指对识记过的事物不能再认或回忆，或者表现为错误的再认或回忆。遗忘是和记忆保持相反的过程，其实质是由于不使用或受别的学习材料的干扰，导致记忆中保持的材料丧失。遗忘可能是永久的，即不再复习时就永远不能再认或重现。例如，许多文字或电视广告，倘若不加注意和有意识记，很可能会完全忘记。但遗忘也可能是暂时的，消费者叫不出自己熟悉的商品名称，想不起使用过的商品的操作程序，都属于暂时性的遗忘。关于消费者遗忘的原因，心理学家提出两种假设，即衰退说和干扰说。

衰退说认为遗忘是由于记忆痕迹得不到强化而逐渐减弱、衰退以至消失的结果。干扰说则认为遗忘是因为在学习和回忆之间受到其他刺激干扰的结果。他们认为记忆痕迹本身不会变化，它之所以不能恢复活动，是由于存在着干扰。干扰一旦被排除，记忆就能恢复。这个学说最有力的证据就是前摄抑制和后摄抑制。前摄抑制是指先前学习的材料对后学习的材料的干扰作用。后摄抑制是指后学习的材料对先前学习的材料的干扰作用。在消费者购买活动中，前摄抑制和后摄抑制的影响是十分明显的。

德国心理学家艾宾浩斯对遗忘现象进行了系统的研究，发现了遗忘发展的规律：即"遗忘进程不是均衡的"，"遗忘的发展是先快后慢"。这个结果表明：遗忘的进程不仅受时间因素制约，也受其他因素制约。对识记者来说最容易遗忘的是没有重要意义的，不引起兴趣的，不符合需要的，在工作学习中不占主要地位的那些材料。

5．影响记忆效果的因素

（1）明确目的有助于记忆。心理学中根据识记有无明确目的，将识记分为无意识记和有意识记。无意识记是事前没有确定识记目的，也不用任何有助于识记方法的识记。有意识记是明确了识记目的，并运用一定方法的识记。一些研究结果表明，在其他条件相同的情况下，有意识记效果比无意识记效果好得多。例如，消费者想购买电脑，那么他们就会多方搜集有关信息，并注意记忆，这样就会明显地记住有关电脑的市场信息资料。

（2）理解有助于记忆。理解是识记材料的重要条件。建立在理解基础上的意义识记，有助于识记材料的全面性、精确性和牢固性，其效果优于建立在单纯机械识记基础上的机械识记。这是因为材料本身的意义，能反映出事物的本质，也反映出材料与学习者已掌握的知识及经验的联系。这样，所学的新材料就会被纳入学习者已掌握的知识系统中去，因此记忆效果就好。在某些商业广告宣传中，广告注意把新产品与消费者所熟知的事物建立起联系，则潜移默化地提高了记忆效果，原因就在于利用了理解有助于记忆的原理。

（3）活动对记忆的影响。当识记的材料成为人们活动的对象或结果的时候，由于学习者积极地参加活动，记忆效果会明显提高。在商品销售活动中，如果能把消费者引进对商品的使用活动中，则会明显地调动他们的活动积极性，从而加深对商品的记忆，扩大销售。例如，服装让消费者试穿，家用电器当场操作，玩具现场演示，化妆品试用，小食品当场品尝等都是商场用来促销的方法。

（4）不同系列位置对记忆的影响。识记对象在材料中的系列位置不同，被人们遗忘的情况也不一样。一般来讲，材料的首尾容易记住，中间部分则容易遗忘。据美国加利福尼亚大学波斯特曼的试验，在一般情况下，中间项目遗忘的次数相当于两端的3倍。例如，电视播放的商业广告，消费者在连续接受大量消费信息后，往往对开始和最后的信息记忆深刻，中间内容则记忆不清。同样道理，在播电视连续剧前或插播的大量广告片，消费者也只能记住前面的2～3个，或者后面的1～2个。因此，识记对象其先后次序不同对消费者的记忆效果有明显的影响。

6. 记忆效果的测量

市场营销研究人员非常关心消费者对品牌的记忆效果。如果不严格区分的话，消费者的记忆效果有时被称为认知效果，对品牌的记忆便称为"品牌认知"，即消费者对品牌名称、企业名称、商品标志、品牌特定符号、专有产品名称等方面的认知状态，或简称为品牌知名度。

因为测量方法的不同，品牌知名度可分为未提示知名度和提示知名度。两者的效果对于营销策略的制定有不同的意义。

未提示知名度，指未经提示消费者对品牌的回忆率。有的研究人员将其再细分为第一知名度和总体未提示知名度。第一知名度是消费者在没有任何线索的条件下回忆品牌的第一反应，这一指标能够更准确地反映品牌之间的竞争力；总体未提示知名度是多次追问之下对品牌的回忆效果。

提示知名度，是指提示后消费者对品牌的回忆率。

如果提示知名度与未提示知名度的数值相同，表示前者的竞争力弱于后者。计算公式如下：

$$品牌知名度 = \frac{对品牌部分或全部回忆起来的人数}{回答总人数}\%$$

当前市场营销活动中，品牌形象塑造经常运用形象代言人或广告模特，品牌认知包括消费者对形象代言人或广告模特的认知，广告模特的社会声誉与行为品德对品牌认知有一定程度的影响。与广告有关的认知指标包括：广告认知度（以广告传播品牌形象时，消费者对广告内容的认知状态）和广告美誉度（以广告传播品牌形象时，对广告是否满意的情绪性反应）。

2.1.4　消费者注意与消费行为

1. 注意的概念

与认识过程的其他心理机能不同的是，注意本身不是一种独立的心理活动，而是伴随着感觉、知觉、记忆、思维和想象同时产生的一种心理机能。商品的个别属性被直接反映，就可能引起顾客的注意。所谓注意就是人的心理活动对一定对象的指向和集中。指向是指心理活动的对象和范围。人在注意时，心理活动总是有选择地接受一定的信息，这样才保证了注意的方向。集中是指心理活动倾注于被选择对象的稳定和深入的程度。集中不但使心理活动离开了一些无关的对象，而且也是对多余活动的抑制。注意这种心理现象是普遍存在的。例如，工人开动机器生产，要全神贯注在操作上；战士射击打靶，要屏气凝神瞄准目标；学生听课，要聚精会神地听老师讲课。人只要是处于清醒状态，就没有不产生注意心理活动的。生活中品尝食物味道，闻闻气味等也都是注意活动。注意与人们的一切心理活动密不可分，它伴随人们的认识、情感和意志等心理活动过程而表现出来。

2. 注意的分类

根据产生和保持注意有无目的和意志努力的程度，注意可分为无意注意和有意注意。

（1）无意注意。无意注意并不是没有注意，是指事先没有预定的目标，也不需要做意志努力，不由自主地指向某一对象的注意，因此无意注意也可以叫做不随意注意或被动注意。引起无意注意的因素主要有两类：一是客观刺激物本身的特点，包括其刺激的强度、刺激新异性、刺激物之间的对比关系等，如色彩鲜明、有动感的广告，造型新颖、色泽鲜艳的商品容易引起顾客的无意注意；二是人的主观状态，包括人的兴趣、需要、态度和情绪状态等。

（2）有意注意。有意注意是指有预定目的并需要经过意志努力的注意。如学生在吵闹的环境中看书，司机在马路上开车，顾客在琳琅满目的商品中专心致志地选择自己想买的商品，都属于有意注意。有意注意的产生与保持，主要取决于顾客购买目标的明确程度和需求欲望的强烈程度。

（3）有意注意与无意注意的区别。第一，目的性不同。有意注意有明确的预定目的，自觉性强；无意注意自觉性差。第二，持久性不同。有意注意需要做一定的意志努力，因而比较稳定；无意注意没有意志的参与，保持的时间短，也容易转移。第三，疲劳性不同。有意注意时，神经细胞处于紧张状态，因而容易出现心理疲劳；无意注意时，神经细胞时而紧张时而松弛，因而不容易产生心理疲劳。第四，有意注意受主体的主观努力所制约，无意注意被刺激物的性质和强度所支配。

有意注意和无意注意的区别说明，无意注意与有意注意不是截然分开的，它们互相联系并常常在一定条件下互相转化，共同促进顾客心理活动的有效进行。只有有意注意，人就很容易疲劳，效率不能维持；只有无意注意，人就容易"分心"，心理活动不能指向某一特定事物，事情难以做好。因此，要强调两者的合理相互转换。

3. 注意的特征

注意有两个基本特征，即指向性和集中性。注意的指向性特征显示人的认识活动有选择性，就是人们对认识活动的客体进行选择，每一个瞬间，心理活动都是有选择地指向一定的对象，同时离开其余对象。例如，消费者在市场上，他们的心理活动并不能指向商店内的一切事物，而是长时间地把心理活动指向商品。注意的集中性，就是把心理活动贯注于某一事物，不仅是有选择地指向一定事物，而且是离开一切与注意对象无关的东西，并对局外干扰进行抑制，集中全部精力去得到注意对象鲜明、清晰的反映。例如，消费者在选购商品时，其心理活动总是集中在要购买的目标上，并且能离开其他商品，对场内噪声、喧哗、音乐等干扰进行抑制，以获得对所选购商品清晰、准确的反映，决定购买与否。如当信息量加大时，心理活动因人的反应容量的限制而只能有选择地接受一定的信息对象。一项调查表明，大多数消费者在半天所遇到的 150 个广告中，只注意了 11～12 个广告，而能够知觉到这些广告内涵的更是寥寥无几。

4. 注意的功能

（1）选择功能，就是选择那些与行为有意义的、符合活动需要的外界影响，避开和抑制那些与当前活动不一致、与注意对象竞争的各种影响。

（2）保持功能，就是注意对象的映像或内容在主体意识中保持，延续到达到目的为止。

（3）对活动进行监督和调节的功能，就是对活动进行调节和监督，在同一时间内，把注意分配到不同的事物上。有人做事爱出错、马虎、走神，实际上是心理监督机能不够健全所致。

5. 注意对消费心理和行为的影响

（1）利用有意注意和无意注意的关系，创造更多营销机会。多元化经营可以调节顾客购物中的注意转换。现代化零售商业企业的功能已大为拓展，集购物、娱乐、休闲，甚至精神享受之大成，满足全方位消费需求，使消费者的购物活动，时而有意注意，时而无意注意，时而忙于采购，时而消遣娱乐。这种多元化经营显然有利于延长消费者在市场的滞留时间，创造更多的销售机会，同时也使消费者自然而然地进行心理调节，感到去商场购物是一件乐事。

（2）发挥注意心理功能，引发消费需求。正确地运用和发挥注意的心理功能，可以使消费者实现由无意注意到有意注意的转换，从而引发需求。例如，贵州茅台酒在1915 年巴拿马万国博览会上获金奖，注意在这里立了头功。博览会初始，各国评酒专家对"其貌不扬"、包装简陋的中国茅台酒不屑一顾。我国酒商急中生智，故意将一瓶茅台酒摔碎在地上，顿时香气四溢，举座皆惊，从此茅台酒名声大振，成为世界名酒。我国酒商的做法，符合强烈、鲜明、新奇的活动刺激能引起人们无意注意的原理，取得了成功。

（3）利用注意规律来设计广告、发布广告，引起消费者注意。在广告宣传中，要使广告被消费者所接受，必然要与他们的心理状态发生联系。失败的广告就在于没有引起消费者的注意。有的广告用词一般，内容空泛，如"产品生产历史悠久、质量可靠、畅销全国、机件优良、性能稳定、操作方便、使用安全、信守合同、交货及时、代办托运、协助安装、实行三包、欢迎订购"。罗列许多概念化词句，讲了半天，消费者还不知道商品的品牌、名称和型号，这样的广告就难以引起消费者的注意。应根据广告媒体的类型，设计能够引起消费者注意的广告。

要使广告引起消费者注意，可运用下述方法。

① 利用大小。形状大的刺激物比形状小的刺激物容易引起注意，尤其介绍新产品的广告，应尽可能刊登大幅广告。例如，有些在报刊上刊登的广告，除有图文并茂的特点外，一般占用版面的 1/3，有的甚至占用整版，这样极容易映入读者眼帘。当然，这并不等于广告篇幅增加两倍，就能引起读者加倍的注意，不存在这样的直接增加关系。

② 利用强度。洪亮的声音比微弱的声音容易引起注意。有些电视节目播出商业广告时，音量突然增加，正是利用强度理论。但要注意刺激强度不能超过消费者的感觉阈限，否则亦会走向反面。

③ 运用色彩。鲜明的颜色比暗淡的颜色更容易引起消费者注意。一般地讲，黑色比白色更引人注目。现在，虽然彩色广告处处可见，但是黑白对比鲜明的广告同样可以给人以新鲜的感觉。

④ 利用位置。在自选商场，商品举目可望，而和人的胸部或眼部平行的位置是最能引起消费者注意的商品陈列位置。印刷在报纸上的广告，什么位置最能引起消费者的注意呢？据国外的调查结果表明：上边比下边、左边比右边更容易引起读者的注意。

⑤ 利用活动。活动着的刺激物比静止的刺激物更容易引人注意。例如，夜晚反复变化的霓虹灯广告，比静止的更引人注目。

⑥ 运用对比。对比度越高越容易引起人们的注意。例如，明亮和昏暗、大型和小型轮流出现，比单一出现更容易引起消费者的注意。

⑦ 利用隔离。在大的空间或空白的中央放置或描绘的对象容易引起注意。例如，有的报纸整个版面都是印刷广告，效果不甚理想，因为消费者的注意力被分散了，造成视而不见的后果。如果在整版广告中央设计广告物，反而能够引起注意。

2.1.5　消费者想象与消费行为

1. 想象的概念

想象是指用过去感知的材料来创造新的形象，或者说想象是头脑改造记忆中的表象而创造新形象的过程。它是人所特有的一种心理活动，是在记忆的基础上，把过去经验中已经形成的联系再进行组合，从而创造出并没有直接感知过的事物的新形象。想象是指人脑改造记忆中的表象而创造新形象的过程，如人脑中的"嫦娥奔月"、"大闹天宫"等想象的内容有许多是"超现实"的，但决不是凭空产生的。

想象分为无意想象和有意想象两大类。没有预定的目的、不自觉的想象叫无意想象；有预定目的、自觉的想象叫有意想象。其中根据语言描述、图样示意在大脑中形成的形象称再造想象；不依别人的描述，而根据自己的愿望，独立地在头脑中形成的新形象称创造想象。

2. 想象活动要具备的三个条件

（1）想象的依据必须是过去已经感知过的经验，这种经验可以是个人的感知，也可以是前人、他人积累的经验。

（2）想象必须依赖人脑的创造性，对表象进行加工。

（3）想象必须是新形象，是主体没有感知过的事物。如交通工具的创造发明，木船、帆船、轮船、汽车、火车、飞机、宇宙飞船、航天飞机等，都是人脑创造出来的现实中原本不存在的事物的形象。这些创造发明的新奇形象，归根结底还是来自对客观现实的感知。如汽车、火车是用轮子代替动物的腿，飞机是用机翼代替鸟类的翅膀，二者虽有本质区别，但人们所以能够创造出这些工具，还是受了动物运动的启发后加以想象而发明的。例如，神话小说《西游记》中的孙悟空、猪八戒的形象，生活中并不存在，是作者把人与猴、人与猪的形象经过加工改造后而创造出人们并没有直接感知过的孙悟空、猪八戒的新形象。想象虽然是人人都具备的一种心理活动，但表现在每个人身上却有所不同。不同类型的顾客，想象力不同。从想象与现实的关系看，想象也有幻想、空想和未来的理想等多种表现形式，但无论如何绝不能轻视消费者想象的重要作用。

3. 想象对消费心理和行为的影响

引发消费者的美好想象。消费者在评价、购买商品时常常伴随有想象活动。想象对于发展和深化顾客的认识，推动顾客的购买行为具有重要作用。顾客在评价和选购商品时，常常伴有想象活动。例如，顾客在选购衣料时，会把衣料搭在身上，对着镜子边欣赏、边想象。在模拟居室环境中展示成套家具，易激发顾客对居室美化效果的想象。当顾客在购买过程中遇到自己从未使用过的商品时，就需要借助营销人员的介绍，通过想象来加深对商品功能的理解。

只要消费活动存在，消费者的想象就必然会发挥作用。因而，商品的设计与生产，都必须切实注意到消费者的这种心态，使商品无论在功能设计上还是外观式样上都能引发消费者的美好想象，使其导致购买行为的发生。

2.1.6 消费者思维与消费行为

1. 思维的概念

思维是人脑以已有的知识为中介，对客观事物本质特征的概括反映。它是大脑运用分析、综合、比较、抽象、概括等一系列活动，把握事物的特征和规律，在既定经验的基础上，认识和推断未知事物的过程，它是人的认识活动的最高阶段。通过思维，人们可以发现事物的本质属性和内部联系，这些仅靠感知是不能达到的。

2. 思维的分类

根据思维活动的性质和方式，我们一般把思维分为动作思维、形象思维和逻辑思维三类。

（1）动作思维。动作思维也叫实践思维，是以实际动作来解决直观、具体问题的思维，它是在实际的活动中进行的。消费者在实际的购买活动中，需要有动作思维的参与。例如，消费者通过对茶叶的品尝，可以感觉到各地的茶叶有不同的特色，并思考为什么它们有不同的特色，经过思考，消费者了解到，除了茶叶的产地不同、品种不同等原因外，还有一个重要原因就是加工方法不同。茶叶有一种共性——吸附性。人们利用这种特性给予不同的加工配制，使茶叶具备了各种不同的色、香、味、形。

可以看出，消费者在对商品的认识过程中，不仅通过感觉和知觉了解商品的个性，而且还运用思维的方法把握商品的内在构成、制作工艺、内外质量，以及推测商品未来的使用效果，从而获得对商品更为深刻的认识。

（2）形象思维。形象思维是指利用事物的直观表象来进行分析、比较、综合、抽象、概括等内部的加工，从而解决问题。如消费者在购买家具时，会把眼前家具的颜色、款式与自己居室的颜色、摆放位置是否协调等进行形象思维，从而影响其购买行为。

（3）逻辑思维。逻辑思维也叫抽象思维，是利用概念、判断和推理的方式解决问题的思维。消费者的购买活动同样离不开抽象思维的参与。例如，掌握电子专业知识的顾客，对 MP5、iPad 等商品的原理、结构、性能、特点、发展趋势的认识和理解，就是一个抽象思维的过程。

顾客的思维活动虽然都是按照分析、综合、比较、抽象、概括的规律进行，但每位顾客在思维的广阔性、深刻性、独立性、灵活性、逻辑性和敏捷性等方面，都会表现出种种差异来。例如，思维独立性强的顾客，往往不易接受来自别人的提示或广告宣传的诱导，而喜欢自己独立决策。与此相反，有的顾客缺乏独立思维的能力，喜欢"随大流"，根据他人的意见来购买。

3. 思维的意义

人们对客观事物的认识不会停留在一般感知水平上，而要通过分析、比较、综合、抽象、概括等思维活动来透视事物的本质。分析是消费者分别把握事物个别属性，具体认识事物的各个属性。比较是通过特定事物与其他同类事物加以对照，找出共性与差别。综合是指消费者在对商品个别属性分析的基础上，把问题的各个方面结合起来进行研究，从整体上认识商品。抽象是在上述过程的基础上区分事物本质与非本质，并抽出事物本质的过程。判断是依据事物表面现象与实质的内在联系，确定事物的本质，进一步得出结论，形成理性认识。

4. 消费者思维的特点与购买行为

消费者在购物时往往要经过紧张的思维活动。一方面，由于所要购买的商品在满足需要上的特性不同，或者是为了实现购买还必须克服某些困难；另一方面，由于消费者个体的差异，在思维方式上又表现出不同的特点。

（1）思维的独立性。有的消费者在购物中有自己的主见，不轻易受外界的影响，而是根据自己的实际情况权衡商品的性能和利弊等，独立做出购买决定；而有的消费者缺乏思维独立性与批判性，容易受到外界的影响，随波逐流，易被偶然暗示所动摇。

（2）思维的灵活性。有的消费者能够依据市场变化运用已有的经验，灵活地进行思维并及时地改变原来的计划，做出某种变通的决定；有的消费者遇到变化时，往往墨守成规，不能做出灵活的反应或不能变通。

（3）思维的敏捷性。有的消费者能在较短的时间内发现问题和解决问题，遇事当机立断，能迅速做出购买决定；相反，有的消费者遇事犹豫不决，不能迅速地做出购买决定而错失良机。

（4）思维的创造性。有的消费者在消费活动中，不仅善于求同，更善于求异，能通过多种渠道收集商品信息，在购买活动中不因循守旧、不安于现状、有创新意识、有丰富的创造想象力。

可见，消费者经过对商品的思维过程而做出的购买行为是一种理智的消费行为，是建立在对商品的综合分析基础上的。正因为不同消费者的思维能力有强弱的差异，从而使得他们具有不同的决策速度与行为方式。

需要指出的是，思维和语言有着密切的联系。人的思维主要是借助于语言来实现的，语言成为思维的工具。因此，在营销活动中营销人员得体的语言，会拉近与消费者的思维距离，使营销活动取得满意的效果；反之，则会使消费者产生逆反心理，影响营销效果。

2.2 消费者心理的情感过程

消费者是活的有机体，并处于复杂变化的社会环境之中，因此，在消费者对商品或服务的认识过程中，不是完全机械的。消费者会产生满意或不满意、高兴或不高兴等心理体验，构成各有特色的对商品或服务的感情色彩，这就是消费者购买心理的情感过程。它是伴随消费者认识活动而产生的另一种心理活动过程。

2.2.1 情绪和情感与消费行为

1. 情绪和情感的含义

情绪和情感是人们对判断客观事物是否符合自己的需要时所产生的一种主观体验。短时间的主观体验叫情绪，长时间的主观体验叫情感。消费者在从事消费活动时，不仅通过感觉、知觉、注意、记忆等认识了消费对象，而且对它们表现出一定的态度。

凡是能满足消费主体需要的，就引起肯定态度，产生喜悦、满意、愉快等内心体验。凡是不能满足消费主体需要的，或违背消费主体意愿的，就引起否定态度，产生悲哀、愤怒、憎恨、回避等内心体验。这些内心体验就是情绪或情感。可见，消费者的情绪与情感也是由客观事物引起的，但它反映的不是客观事物本身，而是客观事物对主体的意义，是客观事物与人的需要之间的关系。

情绪和情感是人对客观事物的一种特殊反映形式，情绪反映不具有具体的现象形态，但可以通过消费者的动作、语气、表情等方式表现出来。

2. 情绪和情感的关系

在日常生活中，人们对情绪和情感并不做严格的区别。但是在心理学中，情绪和情感是既有区别又有联系的两个概念。

从严格意义上讲，情绪一般指与生理的需要和较低级的心理过程（感觉、知觉）相联系的内心体验。例如，消费者选购某品牌小轿车时，会对它的颜色、造型、性能、价格等可以感知的外部特征产生积极的情绪体验。情绪一般由当时特定的条件所引起，并随着条件的变化而变化。所以情绪表现的形式是比较短暂和不稳定的，具有较大的情景性和冲动性。某种情景一旦消失，与之有关的情绪就立即消失或减弱。

情感是指与人的社会性需要和意识紧密联系的内心体验，包括理智感、荣誉感、道德感、审美感等。它是人们在长期的社会实践中，受到客观事物的反复刺激而形成的内心体验，因而与消费者情绪相比，具有较强的稳定性和深刻性。在消费活动中，情感对消费者心理和行为的影响相对长久和深远。例如，对审美感的评价标准和追求，会驱使消费者重复选购符合其审美观念的某一类商品。

消费者的情绪和情感之间又有着密切的内在联系。情绪的变化一般受到已经形成的情感的制约，而离开具体的情绪过程，情感及其特点则无从表现和存在。因此，从某种意义上可以说，消费者的情绪是情感的外在表现，情感是情绪的本质内容。正由于此，在实际生活中二者经常作同义词使用。

3. 消费者情绪和情感的分类

（1）根据情绪发生的强度、速度、持续时间分类。

我国古代把人的情绪分为喜、怒、哀、乐、爱、恶、惧七种基本形式。现代心理学一般把情绪分为快乐、愤怒、悲哀、恐惧四种基本形式。在现实生活中，消费者的情绪也是从这些基本形式中表现出来的。就同一种情绪而言，所具有的强度在不同场合也有一定的差别。根据情绪发生的强度、速度、持续时间的长短和稳定性方面的差异，可以将消费者情绪的表现形式划分为以下五种。

① 心境。这是一种比较微弱、平静而持久的情感体验。它具有弥散性、持续性和感染性等特点，在一定时期内会影响人的全部生活，使语言和行为都染上某种色彩。心境状态形成的原因是多种多样的。如消费者的生理特点、生活经历、事业的成败、人际的交往，以及某种自然气候、环境景物等主、客观因素，都可能成为导致某种心境产生的原因。在消费活动中，良好的心境会提高消费者对商品、服务的满意程度，推动积极的购买行为；相反，不良的心境会使人对诸事感到厌烦，或拒绝购买任何商

品，或专买用以排愁解闷的商品。心境往往由对人有重要意义的情况所引起而滞留在心理状态之中。企业营销活动中，要加强营销环境的改善，建立一种轻松愉快的氛围，并且要尽力培养营销人员成为乐观、富于感染力的人，以自己的情绪感染消费者，引导和帮助消费者进行消费。

② 激情。这是一种迅速爆发而持续短暂的情绪体验。如狂喜、暴怒、绝望等。激情具有瞬息性、冲动性和不稳定性的特点。激情爆发时，人在激情状态下，总是会伴随有内部器官活动的变化和有明显的外部表现，如咬牙切齿、面红耳赤、拍案叫绝、捶胸顿足等，有时还会出现痉挛性的动作或言语紊乱。消费者处于激情状态时，其心理活动和行为表现会出现失常现象，理解力下降，自控能力减弱，以致做出非理性的冲动式购买举动。

激情往往是由对人具有重大意义的强烈刺激所产生的过度兴奋或抑制所引起的。积极的激情可以激励人们去克服困难，成为正确行动的强大推动力；消极的激情具有抑制作用，会使人对周围事物的认识与自控力降低，不能预见行为的结果，不能评价自己的行为及其意义。

对于消费者来说，激情的发生通常是由于购买活动中的重大刺激所引起的。为避免激情的发生，一方面，消费者在不良激情爆发之前，应有意识地控制自己或通过转移注意等方法，在一定程度上控制激情的爆发或减弱它的程度。另一方面，工商企业在营销活动中，要尽最大努力为消费者提供优质服务和适销对路的优质产品，促使消费者产生积极的激情，愉快地进行购物活动，并且要最大限度地消除消费者的消极的对抗情绪，更好地进行营销活动。

③ 热情。这是一种强有力的、稳定而深沉的情绪体验，如向往、热爱等。它虽不如激情强烈，但较激情深厚而持久；它虽不像心境那样广泛地影响情绪体验，但较心境强烈、深刻而稳定。热情具有持续性、稳定性和行动性等特点，它能够控制思想和行为，推动人们为实现目标而长期不懈地坚持努力。

消费者的热情总是指向某一个具体的目标，在某种热情的推动下购买某种产品。如一个古玩收藏者可以压缩其他各方面的支出，而收藏自己喜欢的古玩。在市场营销活动中，要充分利用各种手段与方法，提供消费者需要的商品与服务，唤起消费者的热情。

④ 挫折。这是一种在遇到障碍又无法排除时的情绪体验。如怨恨、懊丧、意志消沉甚至麻木等。挫折具有破坏性、感染性的特点。消费者处于挫折的情绪状态下，会对厂商的营销策略采取抵制态度，甚至迁怒销售人员或采取破坏行动。销售人员要明察这些现象的原因，文明经商。

⑤ 应激。应激是出乎意料的紧张情况所引起的情绪状态。在面对突如其来的事件，以及比较危急的情况下，或者要求必须立刻采取选择行动之时，往往会出现应激状态。在应激状态下，人可能有两种表现。一种是使活动抑制或完全紊乱，甚至可能发生感知、记忆的错误；另一种情况是，多数人会将各种力量集中起来，以应付这种紧张情况。就一般而言，短时的应激能提高人对环境适应能力，但长时间处于应激状

态则不利于工作的正常进行。因此，在营销活动中，应尽量避免不必要的应激状态的出现，并且在面对应激时，做到保持头脑清醒，保证营销工作的顺利进行。

（2）根据情绪表现的方向和强度分类。

① 积极情绪。如喜欢、满足、快乐等。积极情绪能增强消费者的购买欲望，促成购买行动早日实现。

② 消极情绪。如厌烦、不满等。消极情绪会抑制消费者的购买欲望，阻碍购买行动的实现。

③ 双重情绪。许多情况下，消费者的情绪并不简单地表现为积极或消极两种，如满意和不满意，信任和不信任等，而经常表现为既喜欢又怀疑，基本满意又不完全称心等双重性，例如，消费者对所要购买的商品非常喜爱，但价格偏高而感到有些遗憾。双重情绪的产生，是由于消费者的情绪体验主要来自商品和销售人员两个方面。当二者引起的情绪反应不一致时，就会出现两种相反情绪并存的现象。

（3）根据情感的社会内容分类。

① 道德感。道德感是个人根据社会道德准则评价自己或他人的言行、思想、意图时产生的情感体验，是一种高级形式的社会情感，直接体现了客观事物与主体的道德需要之间的关系。在购物活动中，消费者总是按照自己所掌握的道德标准和自己的道德需要来决定自己的消费标准与消费行为，如果消费者挑选或购买商品时，受到销售人员热情接待，就会产生赞赏感、信任感和满足感等属于道德感的肯定的情感，并以愉快、欣喜、兴奋等情绪形态反映出来。同时，营业人员应有严格的职业道德训练，有高尚的职业道德，热情礼貌地接待消费者，提供良好的销售服务活动，不能通过有失职业道德的手段，如掺假使假、以次充好、短斤少两等去获得利润。

② 理智感。理智感是人的求知欲望是否得到满足而产生的高级情感。理智感与人的求知欲、好奇心、热爱真理等相联系。它不是满足低级的本能的需要，而是满足高级的社会性需要，是一种热烈追求和探索知识与真理的情操。例如，消费者对某个高科技产品进行认识活动时，有时会产生好奇、求知、自信、疑虑等情感，从而产生购买并使用这些商品的兴趣。理智感对顾客购买过程中的情绪变化起着重要作用。有研究表明，喜欢逛商店的消费者，有相当一部分是带着对商品知识的求知欲去的，因此，营销人员应恰当地给消费者解释商品的特点，充分展示商品，给消费者当好参谋，消除消费者对商品的疑虑，促使营销活动顺利实现。

③ 审美感。这是人根据美的需要，对一定客观事物进行评价所产生的心理体验。审美感是由一定的对象引起的，包括自然界的事物和现象、社会生活、社会现象及各种艺术活动、艺术品等。审美感具有直觉性。物体的颜色、形状、线条和声音在审美感的产生中起重要作用，但对审美感起决定作用的还是事物的内在本质。审美感还受人的主观条件的影响。人们的审美感受、审美需要、审美标准、审美能力的不同，对同一个对象的美感体验就不同。在消费者的购买活动中，任何商品都可能引起美的情感体验。但是由于消费者的各自不同的心理背景和美感能力，他们的社会地位、爱好情操、文化修养和实践经验等方面的差异性，必然使他们在购买的过程中对于商品和

43

服务表现出不同的美感。即使对同一商品，也会由于对美的内涵和形式有不同的理解和体验，从而产生不同的美感和评价。例如，同一个对象，有的人对它的感觉是美的，有的人则不认为美，这是受了审美标准和鉴赏能力的影响。审美标准受到主体美学修养、爱好、情操、社会地位的影响而产生差别，但在同一群体中往往持有基本相同的审美标准。例如，消费者对时尚、新潮商品的普遍追求，说明同一群体成员有着近似的美感。消费者在购买过程中产生的对某种商品或现象的美感，实际上是肯定的态度，是一种高级的社会性情感，它往往以满意、愉快等情绪色彩反映出来。消费者这种审美感的程度高低，也是直接影响其情绪的强弱变化的因素。

在企业的商品设计和营销活动中，一方面要提供时尚的、符合人们消费心理趋势的、符合人们共同的审美情趣的消费品；另一方面，要设计出符合不同消费者的不同审美要求的消费品，不仅使产品外在的如造型、颜色、包装等方面的特点满足消费者的审美要求，而且要使产品的内在成分、品质与功能等符合消费者的求实需求，力求商品的内在美。

▌ 小案例 ▌

近年来，在美国西部的一些城市中，风行一种以中国绣花鞋作为生日礼物向女性长辈祝寿的活动，而且越来越盛。第一次用它作为生日礼物的是一位名叫约翰·考比克的美国青年医师，当时，他在中国旅行，出于好奇心将绣花鞋带回美国，分别在母亲60岁寿辰、姑母70岁寿辰和外婆85岁寿辰的时候，各献上一双精美、漂亮的中国绣花鞋作为祝寿的礼品。这三位长辈穿上"生日鞋"时，都感到非常舒服和非凡的惬意，她们称赞约翰·考比克送来的是"长寿鞋"、"防老鞋"、"防跌鞋"。

此事不胫而走，从而使美国西部各地的人们纷纷仿效，争相购买。于是，中国绣花鞋便成为市场的抢手货，绣花鞋上的花色图案更是千姿百态，各显异彩。

现在，绣花鞋已似乎可以献给每一位女性。一些很小的孩子也常常在长辈的教诲下，将绣花鞋献给年轻的女性长辈。有一位8岁的美国小女孩，在她17岁的未婚姑姑生日时，送给姑姑一双绣花鞋，上面绣有17朵色彩不同的花。绣花鞋的特殊意义，由此可见一斑。

分析提示：

（1）本案例主要反映了顾客对商品情感的需要和社会象征性的需要。

对商品情感的需要，是消费者要求商品蕴涵浓厚的感情色彩，能够体现个人的情绪状态，并通过购买和使用商品获得情感的补偿、寄托。将绣花鞋作为生日礼品送给长辈，这是一个载体，体现了晚辈对长辈的尊敬和祝福，从而促进了亲朋好友情感的交流。

对社会象征性的需要，是消费者要求商品体现和象征一定的社会意义，使购买和使用该商品的消费者能够显示出自身的某些社会特性。晚辈送给长辈的绣花鞋，象征长寿、尊敬，从而使长辈获得心理上的满足。基于以上两种消费需要，所以中国绣花鞋畅销美国。

（2）在本案例中，顾客是在追求安全健康和美感的动机驱使下采取购买行为的。

现代消费者越来越注重自身的生命安全和生理健康，把保障安全和健康作为消费支出的重要内容。绣花鞋让女性消费者穿起来非常舒服，被称为"防老鞋"、"防跌鞋"，因此它是健康的安全的。绣花鞋上的花色图案更是千姿百态，各显异彩，非常漂亮，使消费者获得了美的体验和享受。顾客就是在追求安全健康和美感的动机驱使下购买了中国绣花鞋。

2.2.2　消费者的情绪、情感

1. 情绪和情感的两极性

人的情绪和情感是极其复杂的，它反映了人的内心活动多样性和复杂性，但不论何种情绪和情感都有一个明显的特征——两极性，即在情绪和情感的体验中往往有两种相对立的状态。这种两极性有多方面的表现。

从情绪和情感的性质上来说，表现为肯定和否定的两极，喜与怒，爱与恨，满意与不满意，都是一种肯定与一种否定，一般说来，需要得到满足就产生肯定情绪，需要未得到满足就产生否定的情绪。当然有时也有例外。情感的两极性是指处于两种位置上的、性质相反的情感，而在这两极之间，情绪和情感还有强度的变化。如喜，可从适意、愉快，到欢乐、大喜、狂喜；怒，可从不满、愠、怒、愤，到大怒、暴怒。

从情绪和情感的作用来说，表现为积极的和消极的或增力的和减力的两极。积极的情绪可以增强人的活动能力，消极的情绪则会降低人的活动能力。处于肯定的积极的情绪，一般人的反应倾向是接近对象，拥有对象的行为，而处于否定的消极情绪，一般反应是倾向于离开对象，回避对象的行为。从这个角度讲，情感与人的动机和行为密切相关。因此，情绪和情感会对消费行为产生很大的影响。不过，由于消费者的情绪和情感，特别是情绪容易受到各种主、客观因素的影响与制约，因而两极性的特征是可以彼此转化或互相融合的。

2. 影响消费者情绪和情感的主要因素

在购买活动中，消费者情绪和情感的产生和变化主要受以下因素影响。

（1）消费者心理准备状态的影响。消费者的心理准备状态对于情绪与情感有直接的激发作用，并且被激发起来的情绪情感又反作用于原来的心理准备，二者共同推动消费者的购买活动。一般而言，消费者的需要水平越高，购买的动机越强烈，情绪的兴奋程度就越高，而且购买动机转化为购买行为的可能性也就越大。从整个市场的角度看，这种关系一直存在。市场上的商品越稀少，人们的需要越是强烈，消费者购买越迅速，商品上市之后销售的速度就越快。如果消费者的心理准备不足，难以在短时间内调动起购物的情绪，购买行为也就难以实现。这就是企业要在新商品推广之前，进行大量广告促销宣传的原因。这种做法有利于消费者购物前积累一定的心理准备，商品上市后消费者的情绪已经被调动起来了。

但消费者心理是复杂的，如果需要水平很高，而商品与消费者的期望相差太远，消费者的情绪将产生很大的反差，由兴奋情绪变为失望情绪。服务人员在遇到这类消费者时，应该善于理解消费者的这种情绪，绝不可强行推销，以免增加消费者对厂商与产品的厌恶感。

（2）消费者不同的个性特征。消费者的个性特征主要包括：个人的气质类型、选购能力和性格特征。这些个性特征也会影响消费者购买活动的情绪体验。例如，某消费者选购能力差，在众多的商品中就会感到手足无措，这时候，怕麻烦的情绪袭上心头，就会产生放弃购买的心理。

（3）商品特性的影响。人的情绪和情感总是针对一定的事物而产生的。消费者的情绪首先是由其消费需要能否被满足而引起和产生的，而消费需要的满足是要借助于商品实现的。所以，影响消费者情绪的重要因素之一，是商品的各方面属性能否满足消费者的需求。

具体表现在：第一，商品命名中的情感效用。厂家在商品命名中给商品取一个具有独特情绪色彩的名称、符号来满足消费者某方面的需要，就容易激起消费者的购买欲望。例如，百事可乐、白玉牙膏、乐口福麦乳精、蒙牛牛奶等，符合我国消费者图吉利的思想，很容易被消费者所接受。第二，商品包装中的情绪效用。消费者选购商品时，首先看到的是商品的包装，包装对消费者购买商品起到很大的作用，影响其购买意愿。精美恰当的包装就是一幅动人的广告。

（4）购物环境的影响。心理学认为，情绪不是自发的，它是由环境中多种刺激引起的，从消费者购买活动来分析，直接刺激消费者感官、引起其情绪变化的因素主要有购物现场的设施、照明、温度、声响，以及销售人员的精神风貌等。购买现场如果宽敞、明亮、整洁、整体环境优雅，会引起消费者愉快、舒畅、积极的情绪体验，反之，会引起消费者厌烦、气愤的情绪体验。

（5）服务人员的表情与态度。服务人员的表情，以"微笑"对顾客的影响最为重要。在服务行业，微笑服务已经成为基本的服务原则，要求服务人员接待顾客的时候，热情待人、礼貌服务，以饱满的情绪和微笑的面容接待每一位顾客。

微笑服务使服务人员表现得较为亲切，顾客愿意与这样的服务人员接触，从他们手里购物觉得比较放心。微笑可以较好地化解顾客与服务人员之间的矛盾。当顾客向服务人员有意挑剔甚至刁难时，服务人员的微笑服务可以消除顾客的不满，避免双方矛盾的恶化。微笑服务给人们留下的情感记忆较为深刻。微笑是愉快情绪的自然流露，人很难装出一副微笑的表情出来。服务人员要微笑地接待顾客，必须使自己的内心真正地处于愉快的状态，这样就要求服务人员从本性上提高自己的素养，从内心上热爱本职工作，诚心诚意地尊重顾客，对任何顾客都保持欢迎的态度，能够随时随地以愉快、饱满的心情来接待每一位顾客。微笑服务促使服务素养的提高，这是微笑服务带来的另一个好处。正因为微笑服务有这么多的好处，我们大力提倡在整个营销活动中的微笑服务。

总之，消费者的情绪、情感既有稳定的持续表现，也有冲动、起伏的表现。在消费者活动中，其情感的产生与变化可以促使购买行为的实现，也可以阻碍购买行为的进行。究其原因，这种影响与情感本身的两极性及其弥散性有密切的关系。当具有一种兴奋、快乐、激昂的积极情感时，能使消费者产生"助长"效应而提高他们的购买能力；而烦恼、沮丧、悲哀的消极情感，就会降低和削弱消费者的活动能力。

2.3　消费者的意志过程

消费者的心理功能并不只限于对商品和劳务的认识过程和一定的情感体验，更主要的是要有计划地实施购买决策。消费者保证其不受干扰、努力去实现预定的购买目标而采取的一系列活动，就是消费者的意志心理过程。

2.3.1　意志

1. 意志的含义

意志是人为了达到一定目的，自觉地组织自己的行为，并与克服困难相联系的心理过程。人的活动是有意识、有目的、有计划来实现的。消费者在购买活动中有目的地调节自己，努力克服各种困难，从而实现既定购买目标的心理过程，就是消费者的意志心理过程。

消费者在经历认识过程与情感过程以后，是否能够采取实际的购买行动，还有赖于消费者心理活动的意志过程，它是消费者由确定购买动机转变为购买行为的心理保证。

2. 消费者意志过程的基本特征

（1）有明确的购买目标。所谓目标，就是预想的行动结果。消费者在购买过程中的意志活动是以明确的购买目标为基础的。因此，在有目标的购买行为中，消费者的意志活动体现得最明显。通常为了满足自身的特定需要，消费者经过思考预先确定购买目标，然后自觉地、有计划地按购买目标去支配和调节购买行动。消费者购买目标越明确，就越能够自觉地去支配和调节自身的心理状态和外部动作，完成购买活动也就越迅速坚决。

（2）与排除干扰和克服困难相联系。现实生活中，消费者为要达到既定目标而需要排除的干扰和克服的困难是多方面的。这些困难既有顾客思想方面的矛盾、冲突和干扰，也有外部环境的障碍和阻挠。顾客克服困难，排除干扰的过程就是意志行动过程。顾客克服的困难和排除的干扰越多，说明他的意志越坚强。

例如，时尚与个人情趣的差异，支付有限与商品价格昂贵的矛盾，销售方供货慢和服务质量差所造成的障碍，申请消费信贷与贷款利息高的矛盾等。这就需要消费者在购买活动中，既要排除思想方面的矛盾、冲突和干扰，又要克服外部社会条件方面的困难。所以，在购买目标确定后，为达到既定目标，消费者还需做出一定的意志努力。

（3）调节购买行动的全过程。意志对行动的调节，包括发动行为和制止行为两个方面。前者表现为激励和推动发起积极的情绪，推动消费者为达到预定购买目标而采取一系列行动；后者则抑制和阻止与预定目标相矛盾的行动。这两方面的统一作用，使消费者得以控制购买行为发生、发展和结束的全过程。

消费者在为实现购买目标采取的意志行动的过程，通常就是排除干扰和克服困难的过程。在意志行动过程中，消费者要克服的困难或排除的干扰是多种多样的，这些困难或干扰既有内在因素造成的，也有外在因素造成的。例如，有的消费者喜欢购买名牌商品，但是有限的经济收入却不能满足其要求；有的消费者选择到满意的大件商品，但又遇到商场不能送货上门的问题。这就需要消费者通过意志努力，来完成购买行动。

3. 消费者意志过程的阶段

消费者的意志过程具有明确的购买目标和调节购买行为全过程的特征，而且这些特征总是在意志行动的具体过程中表现出来。通常，消费者意志过程可以分为三个行动阶段。

（1）做出购买决定阶段。这是消费者意志开始参与的准备阶段。这一阶段包括购买目标的确定、购买动机的取舍、购买方式的选择和购买计划的制定，实际上是购买前的准备阶段。消费者从自身需求出发，根据自己的支付能力和商品供应情况，在商品品种多样、价格不等的情况下，必须根据需要广泛收集商品信息，比较权衡，排除干扰，做出最符合自己目标和意愿的购买决定。购买目标确定后，还要制订购买计划，确定如何购买、何时购买、何处购买等问题。

（2）执行购买决策阶段。执行购买决策阶段是意志行动过程的关键阶段，这一阶段是把购买决策变为现实的购买行动的阶段，需要消费者做出更大的意志努力，自觉地排除和克服各种因素的干扰，以便顺利地完成购买活动。在这一转化过程中，仍然可能遇到来自外部和内部的困难和障碍，如商品的质量、价格、款式、家庭成员之间的意见分歧、商家之间的竞争、消费热点开始转移、新型号产品已经上市等。这些都可能会动摇消费者原有的购买决定。因此，消费者或者要以意志力自觉地排除干扰，实现购买，或者是调整目标，制定和执行新的购买决策，以便顺利完成购买活动。

（3）评价购买决策阶段。这是消费者意志行动过程的最后发展阶段。通过对商品的使用，消费者还要体验执行购买决定的效果，如商品的性能是否好，使用是否方便，外观与使用环境是否协调，实际效果与预期是否接近等。通过上述体验，消费者将评价购买这一商品的行动是否明智。这种对购买决策的检验和评判直接影响到消费者今后的购买行为：或者是重复购买，成为这种商品的"回头客"；或者是拒绝再次购买。

消费者在购买商品时所产生的认识过程、情感过程和意志过程，是消费者购买心理过程统一的、密切联系的三个方面。在消费者购买心理活动中，认识、情感、意志这三个过程彼此渗透、相互作用、不可分割。情感依靠感知、记忆、联想、思维等活动，同时，情绪又左右着认识活动。积极的情感可以促进消费者认识的发展，消极的情感可能抑制认识活动。认识活动是意志的基础，认识活动又离不开意志的努力，对待商品的情感可以左右意志，可以推动或者阻碍购买的意志和行为。意志又能够控制情绪，进行客观冷静的分析。认识过程、情感过程、意志过程三者之间互相制约、互相渗透、互相作用的过程是动态的。当消费者对某一商品的购买完成之后，又将根据新的需要，进入新的认识过程、情感过程和意志过程中，如此循环，以至无穷。

2.3.2　消费者的意志品质表现

意志品质是消费者意志的具体体现。在购买活动中，我们常常可以观察到消费者的购买行为带有各种显著的特征。例如，果断或犹豫、沉着或草率、迅速或彷徨、冷静或冲动等。这些都反映了消费者意志品质的差别。消费者的意志品质与其个性心理特征密切相关，归纳起来主要表现为以下几个方面。

1. 自觉性

自觉性是指消费者对购买活动的目的和动机有清楚而深刻的认识，并受坚定的信念和世界观所控制，使行动达到既定目的。富于自觉性的消费者在购买活动中不盲从、不鲁莽，不易受广告信息和购物环境的影响。因为他们的购买目的和行动计划往往经过了深思熟虑，并且对实现目的的重要性、正确性及手段做出了周密的考虑和安排，因而购买行为会坚定和有条不紊。而缺乏自觉性的消费者在购买活动中，缺乏信心和主见，易受别人的暗示或影响，购买行为无计划性。

2. 果断性

果断性是指消费者能够迅速分析购买过程中发生的情况，不失时机地做出购买决策并坚决执行决策。果断性是以自觉性为前提的。富于果断性的消费者在购买活动中，能够根据所获得的信息迅速做出决定，而且决定一旦做出，如果没有特殊情况，则不会轻易改变。而缺乏果断性的消费者在购买活动中，常表现出优柔寡断，缺乏主见，从而坐失良机。

3. 自制性

自制性是指消费者善于控制自己的感情，支配自己的行动，保持充沛精力去克服困难争取胜利的能力。富于自制性的消费者在购买活动中，能够自觉、灵活地控制和支配自己的情绪，约束自己的购买行为，即使在众人鼓动下，也会冷静权衡是否应该购买。缺乏自制性的消费者在购买活动中，往往容易感情用事，在缺乏理智思考的情况下，草率地做出购买决定。

4. 坚韧性

坚韧性是指消费者以坚韧的毅力、顽强的精神克服困难，完成各种艰巨复杂的购买任务的能力，即通常所说的毅力。富于坚韧性的消费者在购买活动中，一旦制订了购买计划，做出了购买决定，他就会千方百计地去完成，不怕困难和麻烦。特别是在完成长期的购买计划的行为上，更能反映出人的坚韧性。而缺乏坚韧性的消费者做事只有三分钟的热情，在购买活动中稍遇挫折就垂头丧气，半途而废。

总之，自觉性、果断性、自制性和坚韧性是人们意志品质良好的表现。良好的意志品质对消费者更好地完成购买活动是十分重要的。营销人员只有更好地认识和了解消费者的意志品质，才能在营销活动中采取相应的措施而适应其需要。

经过对消费者的认识过程、情感过程和意志过程的分析，我们可以看到，消费者购买商品的心理活动实际上是三个过程的统一。一方面，认识过程的深度对意志过程中克服困难的努力程度有影响；反过来，意志过程对深化和加强认识过程也有影响。例如，消费者对商品认识肤浅，感受不深，因而不能做到"知之深，爱之切"，在做出购买决定时，就容易犹豫、反复。同时，消费者在认识商品过程中，总会遇到各种困难，对商品的观察、记忆、思考等都需要意志努力，通过意志过程，就可以促进消费者的认识有更广泛、更深入的发展。另一方面，情感过程的情绪状态对意志过程中克服困难的努力程度有影响。反过来，意志过程对情感过程的情绪变化和发展也会产生影响。例如，如果没有积极的情绪状态，消费者就难以顺利地实现既定的购买目的。而通过意志过程又可控制和调节消费者的消极情绪，解除各种心理障碍，从而使情绪向好的方向发展。

由此可见，认识、情感和意志三个心理活动的过程，既按照它们的一般程序发展，又是互相影响、彼此渗透、相互交叉地进行。一般来说，消费者完成了一次购买行为，其心理活动过程也就随之基本结束。之所以说是"基本"结束，是因为消费者在使用商品的过程中所发生的情感体验、新的认识等方面，还将影响下一次的购买行为。

➔ 本章小结

消费者的心理活动过程是消费者在购买行为中发生的心理活动的全过程，是消费者的各种心理现象对客观现实的动态反映，它包括认识过程、情感过程、意志过程三个方面。作为相对独立的心理要素，三个过程有着各自独特的作用机制和表现形式，但在消费者心理活动的过程中，它们又互相影响，彼此渗透。

消费者购买商品的心理活动，一般是从对商品的认识过程开始的，它是消费者购买行为的前提，主要包括感觉、知觉、记忆、想象、思维、注意等心理活动。

人们的消费活动是一个充满情感色彩的过程，情感过程反映的是客观事物与人的需要之间的关系，是对客观事物所产生的一定态度和体验。创造良好的营销氛围，诱发消费者的情感，有利于购买行为的实现。

在消费者的购买活动中，从消费心理的产生、变化到消费行为的实施，除了有一定的生理机制作为基础外，还需要一定的心理机能作为保证，努力排除各种内外干扰因素的影响，自觉实施购买目的，这一心理过程就是意志过程。

➔ 实践实训

实训课题 2-1

实训目的：调查了解消费者的心理变化

实训题目：调查 10 名同学或朋友，要求他们列出知道的所有手提电脑、手机品牌，每位被调查者喜欢哪些品牌，不喜欢哪些品牌，以后买或更换时准备选择什么品牌。

实训课题 2-2

实训目的：消费者情绪对消费的影响

实训题目：以个人或小组为单位，在每个人心情不同的时候（如高兴时、郁闷时）去不同的消费场所（如大型商场、小区的便利店）消费，记录下来或回忆以前的消费情形。结合本章内容，比较他们的区别，总结出消费者情绪对消费行为的影响。

 练 习 与 讨 论

1. 结合自己购物实例说明消费者由认知商品到购买商品的心理活动特点。
2. 企业应如何运用感觉、知觉规律促进产品销售？
3. 用一个购物实例说明记忆的基本过程。
4. 购买活动中，影响消费者情绪、情感的因素有哪些？
5. 讨论消费者意志品质对消费行为的影响。

第 3 章

消费者个性心理特征分析

学习目标

- 了解个性、气质、性格、能力和兴趣的概念；
- 了解气质、性格、能力和兴趣的分类；
- 理解个性的含义及其结构；
- 熟悉能力及与知识技能的关系，消费者在购买过程中经常运用的能力；
- 熟悉不同气质、性格消费者的购买特点；
- 掌握消费者的兴趣和能力对购买行为的影响；
- 掌握气质与性格关系，性格对消费行为的影响；
- 在管理实践中灵活运用个性理论和方法。

案例导入

彪马品牌创造新辉煌

德国品牌彪马是 1998～2005 年运动服饰市场销售额和利润增长最快的品牌，成长率连续 6 年超过两位数字。令人惊讶的是，2002 年彪马在美国的广告经费仅为 390 万美元，而同年，耐克的广告支出为 1 亿 2 000 万美元，锐步的支出为 4 530 万美元。

20 世纪八九十年代，彪马曾经一度在营销和销量上远远落在耐克、锐步和阿迪达斯等运动服装巨头后面。当时，彪马被看做落伍的品牌，百货公司纷纷将彪马运动鞋放到了廉价货柜上，1993 年彪马到了破产的边缘。

1994 年，年仅 30 岁的 Jochen Zeitz 被任命为公司的 CEO，他同时也是当年欧洲最年轻的上市企业总裁。在 Jochen Zeitz 的带领下，彪马依靠游击营销战术成为世界运动服装市场的"爆发型品牌"。1993 年~2001 年，彪马的营业额增长了近两倍。2002 年美国运动服饰市场总值 78 亿美元，而彪马的销量同比增长了 48%，达到 1 亿 2100 万美元。彪马公司被《品牌周刊》评为 2002 年"年度最佳营销品牌"。在此之前，除了那个小小的美洲豹，丝毫看不出这个品牌和耐克、阿迪达斯的区别，经销商也是把同样的产品摆放在了不同的销售终端上。Zeitz 一上任就指出："个性是我们的生存关键，我们要做消费者最想要的运动生活方式品牌，不然我们根本不可能和耐克等巨头竞争。"

当时，差不多所有企业在对消费者进行细分时采用的都是传统的人口统计学方法，按照消费者的年龄、学历、收入等标准来划分。彪马公司全球品牌管理总监托尼·博特伦却认为："一位 19 岁日本中学生的生活态度和品牌偏好度可能跟一名 30 岁的纽约黑人一样。思维态度和生活方式是影响彪马消费者最重要的因素，创造一种属于彪马的、独特的品牌态度也是我们品牌营销的核心。我们将运动定义为一种积极的生活方式，希望彪马的消费者即使是变成了 70 岁的老奶奶仍然是这种生活方式，同时也是品牌的忠实顾客。"

彪马就是要牢牢地抓住"最先尝试者"（Early-Adopter）。根据营销学理论，所有消费者都可以根据他们对新产品、新技术的接收时间和接受程度分为"创新者"（Innovator）、"最先尝试者"（Early-Adopter）、"早期从众者"（Early Majority）、"晚期从众者"（Late Majority）和"落后者"（Laggard）。其中，"最先尝试者"大约占总数的 13.5%，他们一般都是某一个市场或领域的"意见领袖"，可以帮助将品牌或产品推荐给"从众者"和"落后者"。

彪马并不是按照价格来区分品牌的产品线，而是考虑哪些产品是"为最先尝试者设计的"，哪些是"为从众者设计的"，为"最先尝试者"设计的产品更具有超前和时尚的概念。产品的分销渠道也是如此，彪马根据不同产品线的特点，让前卫设计产品出现在一些时尚小店，而那些主流一些的产品则在 Foot Locker 这样的运动服饰专卖店销售。紧接着，彪马与超级名模及瑜珈培训师克里斯蒂·特林顿合作，推出专门为女性瑜珈运动设计的 Nuala 系列，在西方掀起了一股练习瑜珈的热潮。在彪马的努力下，现在经常可以看到麦当娜这样的时尚人士足蹬彪马休闲鞋，手中却挽着路易·威登奢华手袋。2003 年，彪马与宝马公司 Mini 品牌建立了产品和品牌合作关系。彪马公司专门设计了一款以宝马 Mini 为原型的"Mini-Motion"系列运动鞋在世界范围销售。宝马公司则用彪马运动鞋的空气网孔等技术设计 Mini 新车型的座椅，并在 Mini 的外部印上彪马著名的美洲豹。2005 年，彪马公司宣布，通过与宝马 Mini 的跨界合作，彪马成为了 2005 年 F1 夺标呼声最高的宝马—威廉姆斯车队的服饰供应商。

问题：

1. 彪马依据何种标准对消费市场重新细分？它的细分的核心是什么？
2. 彪马是如何将消费者的个性与品牌个性相结合的？

人的心理活动是在个体身上发生的。个体心理活动不仅体现了人的心理活动的共性规律，也体现了不同个体的个性心理特点。消费者在购买活动中所产生的认识、情感和意志等心理过程，体现了人的心理活动的一般规律。而消费者不同的购买行为，主要是由消费者不同的个性心理特征决定的。因此，除了研究消费者一般的心理活动过程外，还要研究其特殊的个性心理特征，这样才能更好地掌握消费者的心理。

3.1 个性心理特征概述

3.1.1 个性的概念

个性也称做人格，个性一词来源于拉丁语 persona，原意是指戏剧演员在舞台上带的假面具，以后被心理学引用。个性一词最初出现时，含有四种不同的意义：一个人在生活舞台上呈现给其他人的公开形象；别人由此知道这个人在社会生活中所扮演的角色；适合于这个生活角色的各种个人品质的总和；角色身份的特定性和异他性。

可见，人的个性既包括呈现在他人面前的外部自我，也包括由于种种原因不能显示出来的内部自我。

现代心理学对个性的定义是：个人在先天素质的基础上，通过社会影响而形成的稳固的心理特征的总和，是人在心理活动中表现出的经常的、稳定的、本质的心理特征。

心理学研究认为，人的个性是在生理素质基础上，在一定社会历史条件下通过社会实践活动逐步形成和发展起来的。因此，个性是先天因素与后天因素共同作用的结果。生理素质是人通过遗传获得的与生俱来的特点，主要包括感觉器官、运动器官、神经系统等方面的特点。生理素质是一切心理活动、个性特征产生的物质基础，是形成个性差异的重要原因之一。后天因素是人的个性心理的社会属性，人的后天环境、生活经历、社会影响等方面对人的个性心理的形成、发展和转变具有决定性作用。

3.1.2 个性心理结构

个性心理主要由个性倾向性和个性心理特征两方面构成。其中，个性倾向性是人对社会环境的态度和行为的积极特征，表明一个人经常憧憬什么、企图什么、探求什么、坚信什么、喜欢什么、嫌弃什么和什么驱使他去活动等，主要表现在心理活动的选择性方面，包括需要、动机、兴趣、信念、理想等。个性心理特征是人的心理特点的独特结合，即每个人不同的能力、气质和性格的独特结合，就构成了一个人不同于他人的心理风貌和品格。能力即完成某些活动的潜在可能性的特征，气质即心理活动的动力特征，性格即完成活动任务的态度和行为方式方面的特征。它们反映和保证了典型的个人生理活动及行为差异的基本质量水平。个性是一个社会范畴，它是许多科学研究的对象。例如，社会科学研究社会政治经济关系对个性形成的影响；普通心理学研究人的心理活动中个性心理特征的实质及其形成的规律；而消费心理学研究个性，则是把心理学中关于个性的基本理论应用于消费领域，研究消费者各种购买心理和行为差异产生、发展和变化的一般规律，揭示消费者的类型，并依据不同的类型因人而异地进行有效服务，使购买活动在和睦融洽的气氛中顺利进行。

3.1.3　个性的特点

1. 整体性

个性是一个统一的整体结构，是人的整个心理面貌。每个人的个性倾向性和个性心理特征并不是各自孤立的，它们相互联系、相互制约，构成了一个统一的整体结构。

2. 稳定性

个性是指一个人比较稳定的心理倾向和心理特征的总和，它表现为对人对事所采取的一定的态度和行为方式。一种个性特征在其身上一经形成就比较稳定，不论在何时何地，处于何种情况下，人总是以他惯用的态度和行为方式对待。"江山易改，秉性难移"，形象地说明了个性的稳定性。

3. 独特性

每个人的个性都是由独特的个性倾向性和个性心理特征所组成的，即使是双胞胎，他们在遗传方面可能是完全相同的，但个性品质也会有所差异，因为每个人在后天的实践环境中，条件不可能绝对相同，而且即使是生活在同一家庭中的兄弟姐妹，大的环境相同，但个人的微观环境也是有差异的。因此，每个人的个性都反映了自身独特的，与他人有所区别的心理状态。

4. 社会性

人不仅具有自然属性，同时也具有社会属性。一个人如果离开了人类，离开了社会，人将无法形成正常的心理，更谈不上个性的发展。生物因素只给人的个性发展提供了可能性，而社会因素则使这种可能性转化为现实。个性作为一个整体，是由社会生活条件所决定的。

3.2　消费者的气质

3.2.1　气质的概念和特点

1. 气质的概念

"气质"一词常见于文学作品或人们的交谈之中，用来描述一个人的风格、风度，某种职业特点等外在表现。例如，"这位姑娘显得十分有气质"，"他表现出了一位艺术家的非凡气质"等。文学作品中涉及到的气质是指人的性情、秉性、脾气等，而心理学中涉及的气质是指个体心理活动的全部动力并为个体所特有的心理特征。

现代心理学认为，气质是指与生俱来的典型、稳定的心理特征，气质主要表现出人的心理过程两方面的特点：一方面是心理过程的动力特点，即心理过程的速度、稳定性和强度。例如，知觉的速度，思维的敏捷性，注意集中时间的长短，情绪的强弱，意志努力的程度等。另一方面是心理过程的倾向性特点，即心理活动是倾向于体察外部事物，还是倾向于内心活动。例如，有的人倾向于体察外部事物，善于从外界获取新的印象，有的人则倾向于内部活动，经常体验自己的情绪，分析自己的思想。

气质类型是人生来就具有的，它仿佛使人的全部心理活动染上了独特色彩，使内容相同的活动显示出不同的气质特点。婴儿出生后，就会表现出明显的气质差别，如有的爱哭闹，四肢活动较多，有的较安静，较少啼哭。心理学家指出，这些差异说明人的气质特点主要是由于神经系统的先天性造成的。

2. 气质的特点

由于气质是由人的高级神经系统的生理特点决定的，因此人的气质的表现不受个人的活动目的、动机和内容的制约，在不同性质的活动中，一个人的气质往往表现出相对稳定的特点。一个具有某种气质特点的消费者无论购买什么商品，也无论出于怎样的动机或在什么场合，都会在各种不同的消费活动中表现出相同的行为特点，而且气质类型相同或相近的消费者常常有近似的行为特点。

当然任何事物都不是绝对的，许多实验研究表明，气质在教育和生活条件的影响下能够发生缓慢的变化。首先，神经系统在环境刺激和外界条件下进行活动，具有可塑性。在生活环境和教育的影响下，气质可以被隐藏或得到相当程度的改变。例如，有一位女中学生自幼孤僻胆怯，动不动就伤心啼哭，学校常让她参加一些社会工作，并委托她担任一些活动的组织筹划工作，在长期教育的影响下，这位主要是带有抑郁气质特点的女学生，在许多方面都成功克服了胆怯孤僻，学会了更好地控制自己的情绪。其次，从个体心理的发展角度来看，气质往往随年龄增大而有所改变。遗传因素对气质的影响会随着年龄的增长而减少，而环境、教育对个体影响，以及个体主动适应社会学习等方面对气质的影响却越来越大。例如，青少年时期，人们往往会表现得好动、热情，情绪易冲动；中年以后人在行为活动中则趋向沉着、深刻和安静。

3.2.2 气质的类型

气质是个古老的概念，长期以来，心理学家对气质这一心理特征进行了多方面研究。自从公元前五世纪古希腊医生希波克拉底首先提出气质体液说以后，相继产生了各种气质学说，如体型说、血型说、倾向说、激素说、高级神经活动类型说等。但最具有代表性的还是希波克拉底的体液学说和巴甫洛夫的高级神经活动类型学说。

1. 体液学说

希波克拉底在自己的临床实践中提出人体内有血液、黄胆汁、黑胆汁和粘液四种体液，这四种体液的比例不同，就会形成不同的气质类型。在体液的混和比例中，血液占优势的人属于多血质，黄胆汁占优势的人属于胆汁质，粘液占优势的人属于粘液质，而黑胆汁占优势的人属于抑郁质。这四种分类的生理基础带有朴素唯物主义的性质，缺乏科学性。然而这四种类型符合人的现实表现，因而一直沿用至今。这四种气质类型在行为方式上的典型表现如下。

（1）多血质。典型特征是活泼好动、反应迅速、喜欢交往、兴趣广泛、注意力易转移、情绪易起伏波动等。

（2）胆汁质。典型特征是直率热情、精力旺盛、易于冲动、性情急躁、心境变化剧烈等。

（3）粘液质。典型特征是安静稳重、反应缓慢、沉默寡言、善于忍耐、注意力稳定难以转移、情绪不易外露等。

（4）抑郁质。典型特征是敏感、孤僻多疑、行动迟缓、感情体验深刻、善于觉察到他人不易觉察的细节等。

以上是四种气质类型的典型表现。而现实中的人多是几种类型的结合，其中以某种类型特点占优势；具有典型气质特点的是少数。

2. 高级神经活动类型学说

俄国生理学家巴甫洛夫利用条件反射学说揭示了高级神经活动的规律性和神经过程的基本特征，对气质作了科学的阐述，使气质理论建立在科学的基础之上。

巴甫洛夫的研究发现，高级神经活动具有强度、灵活性、平衡性三种特点。根据这三个特点，巴甫洛夫把高级神经活动的类型分为四种。首先，他按照神经过程的力量，把神经活动分成强型和弱型，然后又将强型分为强而平衡型和强而不平衡型两类，再将强而平衡型分为灵活和不灵活两种，这样就构成了高级神经活动的基本类型。这四种基本类型的特点如下。

（1）强而不平衡型（兴奋型）。这类人的神经素质反应较强，但不平衡，兴奋过程和抑制过程都很强，且兴奋过程比抑制过程相对占优势，容易兴奋而难于抑制，所以在很强的刺激作用下，易产生神经分裂。

（2）强平衡灵活型（活泼型）。这类人的神经素质反应较强，而且平衡，既容易形成条件反射，也容易改变条件反射，行动迅速活泼，一旦缺乏刺激就很快无精打采。

（3）强平衡而不灵活型（安静型）。这类人的神经素质反应迟钝，但较平衡，容易形成条件反射，但难于改造，是一种行动迟缓而有惰性的类型。

（4）弱型（抑郁型）。这类人的神经素质反应较弱，但较为平衡，兴奋速度较慢，容易形成条件反射，但难于改造，也是一种行动迟缓而有惰性的类型。

高级神经活动类型与气质类型具有一定的关系。巴甫洛夫指出：兴奋型相当于胆汁质，活泼型相当于多血质，安静型相当于粘液质，抑郁型相当于抑郁质，具体的对应情况如表 3-1 所示。

表 3-1　　　　　　　　　高级神经活动类型与气质

高级神经活动的特点和类型	气 质 类 型
强而不平衡（兴奋型）	胆汁质
强平衡而灵活性高（活泼型）	多血质
强平衡而灵活性低（安静型）	粘液质
弱平衡且灵活性低（抑郁型）	抑郁质

另外，需要指出的是，气质并不决定人活动的内容和方向，因此，气质类型无所谓好坏。我们不能认为，某种气质是好的，某种气质是不好的，一般来说，每种气质都有积极的方面，也都有消极的方面。所以它对人心理活动的进行和个性品质的形成具有一定的积极或消极作用。

3.2.3　消费者气质类型与购买行为的内在联系

气质是人典型而稳定的个性心理特征，因此，对人的行为活动方式影响深刻。特别是气质的四种类型在购买活动中能充分表现出来，从而形成了各具特色、丰富多彩的购买行为。我们以气质类型理论为依据，分析判断消费者的心理活动和行为表现，提供有针对性的营销服务，促进其购买决策的形成，以完成销售任务。

1. 多血质类型消费者

这类消费者的购买行为表现是：对广告、营销人员等外界刺激反应灵敏，接受得也快，对购物环境及周围人物适应能力强，但情绪容易受外界感染，也往往随着环境的改变而转变自己的观点。他们一般表达能力较好，表情丰富，行动敏捷，而且善于交际，乐于向营销人员咨询所要购买的商品，甚至言及他事。因此，对这类消费者施加影响比较容易起作用。接待这种类型的消费者，营销人员要不厌其烦地有问必答，应尽量帮助他们缩短购买商品的过程，当好他们的参谋。

2. 胆汁质类型消费者

这一消费者的购买行为表现是：情绪变化激烈，面部表情丰富，如果购物时需要等待或是营业员的言行怠慢，会激起烦躁的情绪甚至激烈的反应。他们喜欢购买新颖奇特、标新立异的商品，一旦被商品的某一特点所吸引，往往会果断做出购买决定，并立即购买，不愿花费太多的时间进行比较和思考，而事后又往往后悔不迭。接待这种类型的消费者，营销人员要眼疾手快，及时应答，并辅以柔和的语言和目光，使消费者的购物情绪达到最佳状态。

3. 粘液质类型消费者

这类消费者的购买行为表现是：情绪稳定，心理状态极少通过外部表情表现出来，善于控制自己，自信心较强，不易受广告宣传、商品包装以及他人意见的干扰影响，喜欢通过自己的观察、比较，做出购买决定，对自己喜爱和熟悉的商品会产生连续购买行为。接待这种类型的消费者，营销人员应有的放矢，避免过多的语言和过分的热情，以免引起消费者的反感。

4. 抑郁质类型消费者

这类消费者的购买行为表现是：情绪变化缓慢，观察商品仔细认真，而且体验深刻，往往能发现商品的细微之处，购买行为拘谨，神态唯诺，不愿与他人沟通，决策过程缓慢、多疑，既不相信自己的判断，又对营业员的推荐介绍心怀戒备，甚至买后还会疑心是否上当受骗。接待这种类型的消费者，营业员要小心谨慎，细心观察，适当疏导，打消他们不必要的顾虑，使他们在平和愉快的气氛中购物。

3.3　消费者的性格

3.3.1　性格的概念和特征

1. 性格的概念

性格是个性中表现出来的鲜明的、最重要的心理特征，它决定着人活动的内容和方向，它是一个人最本质、最核心、最有代表性的生动体现。从心理学角度看，所谓性格是指人们在对待客观事物的态度和社会行为方式中，经常表现出来的稳定倾向。如果一个人对现实的态度在类似的情况下经常出现，并逐渐得到巩固，而且与之相适应的行为方式成为习惯，那么这种比较稳固的对现实的态度和与之相适应的习惯化了的行为方式所表现出来的心理特征，就是性格。

人的性格不是一朝一夕形成的。作为一种稳定的态度和与之相适应的习惯化了的行为方式，它是在主客观的相互作用中，伴随着世界观的确立而形成的。客观事物的各种影响通过主体的认识、情感和意志活动在个体的反映机构中保存、固定下来，构成一定的、特有的行为方式。因此，性格一旦形成就比较稳定，并贯穿在他的全部行动之中，在类似的情境中，甚至在不同的情境中都会表现出来。那种一时的、情境性的、偶然的表现，不能被看做一个人的性格特点。例如，一个平常工作一贯认真细致的人，也会偶尔出现失误和差错；一个平时处事果断的人，偶尔也会表现得优柔寡断。只有那些经常的、习惯性的表现，能从本质上表现出一个人的个性的特征，才是一个人稳固的性格。

2. 性格与气质的关系

性格与气质既相互联系，又相互区别，它们均属较稳定的个性特征范畴。

（1）性格与气质的主要区别。

① 形成的客观基础条件不同。气质的形成直接决定于人的高级神经活动类型，具有自然的性质；而性格的生理基础则是神经类型特点和后天因素所引起的各种变化的"合金"，也就是说，神经类型不能预先决定性格，也不能直接决定性格。

② 稳定程度不同。气质具有先天性，受遗传素质的影响，虽然也受到外界因素的影响，但其变化极为缓慢，具有较强的稳定性；而性格是后天形成的，是在人与周围环境的相互作用中逐步发展而形成的，虽然也具有稳定性特点，但与气质相比，比较容易改变，具有较强的可塑性。

③ 气质类型无所谓好坏，而性格特征有好坏之分。气质类型仅仅标志人与人之间的个别差异，每一种气质类型都有积极的一面和消极的一面，而且同一种气质的人会以同样的方式表现在各种活动中，不受活动内容的影响，因此，气质不具有社会评价意义。而性格反映的是一个人的社会特征。人在社会中生活，与各种事物、各种人发生一定的关系，其态度和行为总会对各种关系造成一定的影响，或有益于社会和他人，或有害于社会和他人。因此，性格标示着人的行为方向和可能的结果，必然有道德评价的意义。

（2）性格与气质的联系。

① 气质可以按照自己的动力特征影响性格的表现方式，使性格带有一种独特的色彩。例如，同样是对人友善的性格，多血质的人表现为亲切关怀，胆汁质的人表现为热情豪爽，粘液质的人表现为诚恳，抑郁质的人表现为温柔。

② 气质可以影响性格形成和发展的速度。例如，自制力的形成，胆汁质的人往往需要经过极大的克制和努力，而抑郁质的人则比较自然和容易。

③ 性格可以制约气质的表现，也可以影响气质的改变。例如顽强坚定的性格可以克制气质的某些消极方面，使积极方面得到充分发展。一个意志坚强、认真负责的外科医生，假如他是属于胆汁质的，就会在手术过程中时时告诫自己切不可急躁冲动、鲁莽行事，而保持沉着稳定、耐心细致的态度和方式完成手术。

在性格与气质的关系中，气质只反映活动的进行方式，而性格则引导着活动的方向，并调节、改变气质因素使活动达到预定的目标。因此，性格是个性心理特征的核心。

3. 性格的特征

性格反映了一个人一定的独特性，它是由多个侧面和不同的层次构成的复杂综合体。总体来看，构成这种复杂心理现象的结构特征主要有以下四个方面。

（1）性格的现实态度特征。

对待事物和现实的态度能够反映一个人的性格特征，它主要体现在三个方面。

① 对社会、集体和他人的态度上的差异，如热情或冷淡、大公无私或自私自利、富于同情心或冷酷无情、诚实或虚伪。

② 对事业和工作态度上的差异，如耐心细致或粗心大意、勇于创新或墨守成规、勤劳或懒惰。

③ 对自己的态度上的差异，如谦虚自制或骄傲任性、自信或自卑、严于律己或放任自己。

（2）性格的意志特征。

性格的意志特征是指在意志作用下，人对自身行为的调节方式和水平方面的个人特点，是人对现实态度的另一种体现，性格的意志特征主要体现在四个方面。

① 行为目标明确程度的特征，如做事是有计划性的还是盲目的，积极主动的还是消极被动的。

② 对自己的行为自觉控制水平的特征，如主动控制、自制力强，还是凭一时冲动、放任自流。

③ 在紧急或困难条件下表现出来的意志特征，如沉着、镇定、果敢、顽强或惊慌失措。

④ 对待长期工作的意志特征，如恒心、严谨或马虎、无毅力等。

（3）性格的情绪特征。性格的情绪特征是指人们在社会活动及行为中经常表现出的情绪倾向及特点。性格的情绪特征主要体现在三个方面。

① 程度方面。对同一件事，有的人情绪反应强烈，体验深刻，而有的人则情绪反应微弱，体验肤浅。

② 稳定性方面。有些人稳重善于自制，而有些人则极易冲动。

③ 持久性方面。有些人情绪活动持续时间长，留下的印象深刻，而有些人情绪活动持续时间短，几乎不着痕迹。

（4）性格的理智特征。性格的理智特征是指人们在感知、记忆、想象和思维等认识过程中所表现出来的个人稳定的品质和特征。例如，在感知方面是主动观察型，还是被动观察型；在记忆方面是主动记忆，还是被动记忆；在想象方面是幻想型还是现实型；在思维方面是善于提出问题，创造性地解决问题，还是回避问题，依赖现实而缺乏创造性。

3.3.2　性格与消费者行为

消费者的性格特点会在商品信息搜集、购买准备、商品购买的过程，以及使用和消费商品时反映出来，在这些消费行为过程中，以消费者在购物场所表现出来的性格与企业的关系最为密切。性格在消费行为中的具体表现可以从不同角度来分析。

1. 从消费态度方面划分

（1）自由型。这类消费者一般有较好的经济收入，购买能力较强，选购商品的品种和花色较多，比较注意商品的外观；与服务人员接触时态度比较随便，能接受服务人员的推荐和介绍，但不会依赖服务人员的意见和建议，一般有较好的购买技巧。

（2）顺应型。这类消费者的性格比较随和，一般没有特殊的癖好，消费观念属于大众型，随着时尚的变化而变化，受同事邻居朋友等社会群体因素的影响较大，也能够比较容易接受广告与其他促销手段的宣传,在购物场所愿意接受服务人员的诱导和推荐。

（3）保守型。这类消费者的性格一般比较内向，怀旧心理较重，留恋过去的商品式样和商品风格，对于新商品有一定的抵制态度，常常抱有怀疑的想法，对于消费新商品的人也有一些偏见和看法。

（4）节俭型。这一类消费者由于经济能力的限制，生活非常简单但有条理，重视消费计划，不重视商品的外表，也不重视商品的品牌与名气，但非常重视商品的内在质量，重视搜集商品的各种信息，便于从中挑选物美价廉的商品，对于服务人员的推荐和介绍一般保持较为客观的分析态度，经常按照自己的购物经验来购买，所以习惯于在中低档商店购买商品。

除以上四种性格类型外，消费者在购物场所还会表现出一定的典型性格特征，表 3-2 是营销人员总结出来的消费者性格类型，以及所采取的相应营销策略。

表 3-2　　　　　　　　　　　　　消费者性格类型与营销策略

消费者类型	行 为 表 现	营 销 策 略
辩论型	对销售人员的介绍持有异议，从中找错，购买决定谨慎、缓慢	出示商品，使顾客确信商品是好的；介绍商品知识
带气型	刚刚生气，心情不好；稍遇到惹人恼怒的事，就会一触即发，勃然大怒；行动就像事先预备好的	避免争论，坚持基本事实，根据顾客要求，出示各种型号商品
果断型	知道自己要的是什么样的商品，自信，对其他商品不感兴趣	销售人员说话简洁，不与顾客争论，自然销售，恰当时机注入意见
犹豫型	敏感、不自在；顾虑多，对自己的判断没把握，恐怕考虑不周出差错	对顾客友好、尊重，实事求是地介绍有关商品的优点，帮助顾客做出决策
疑虑型	不相信销售人员的话，不愿受人支配，要经过谨慎地考虑才能做出决定	出示商品，让顾客看看、触摸，并以制造商品的品牌作后盾
实际型	对有实际根据的信息感兴趣；对销售人员介绍的差错敏感，注意看品牌	突出介绍品牌，并根据制造商品的真实情况，提供详细信息

性格是心理与行为特征的综合反映，并且在将来的心理与行为中也会反映出来，所以厂家进行推广活动或商品形象塑造，都要进行消费者性格调查。从理论上讲，企业应该生产适合于每一位消费者形象与身份的商品，但在实践中这是难以实现的，所以通行的做法是一个消费群体中提取几种主要的性格类型，在这几种性格类型的基础之上，塑造几种、至多十几种商品形象，按照现代营销的策略，选择性格相似的形象代言人作为这些商品形象的宣传工具。

2. 从购买方式角度划分

（1）习惯型。这类消费者往往根据以往的购买和使用经验或消费习惯采取购买行动。当他们一旦熟悉并接受某一品牌的商品后，会经常购买，不容易改变自己的观点、看法，购买行为习惯化，受社会时尚和潮流影响较小。

（2）慎重型。这类消费者大都沉稳、持重，遇事冷静、客观，情感体验深刻，情绪不易外露。在选购商品时，喜欢根据自己的实际需要并参照以往的购买经验做出决定，受外界影响小，不易冲动，具有较强的自我控制能力。这类消费者在购物之前，往往会广泛搜集有关信息，经过慎重的权衡和考虑，并经过认真的比较和选择之后，才会做出购买决定。

（3）挑剔型。这类消费者大都具有一定的商品知识和购买经验，因此选购商品时主观性强，不愿与他人商量，善于发现不易被人注意到的细微之处。有些人对营业员或其他消费者有相当敏感的戒心，选购商品极为小心，有时甚至很苛刻。此类消费者大多数属于内向和孤僻性格的人。

（4）被动型。这类消费者多数都不经常购买商品，因而缺乏商品知识和购买经验，对商品没有固定的偏好，选购商品时缺乏自信和主见，常有不知所措的言行表现，希望得到别人的帮助。所以，营销人员的宣传和推荐往往会对其购买行为产生较大影响。

上述按消费态度和购买方式对消费者及其行为的分类，只是为了便于营销人员了解性格与人们消费行为的联系，以及不同消费性格的具体表现。以上营销人员根据消费者个性心理特征对消费者行为的影响的分析及归类是粗略的。现实生活中消费者的心理和行为是复杂的，也并非如此典型化，即使是在同一类型中，由于消费者的性别、年龄、职业、经济条件、心理状态、空闲时间和购买商品的种类等方面不同，以及购买环境、购买方式、供求状况、营业员的仪表和服务质量等方面有差别，都会引起消费心理及行为的差异。因此，营销人员必须结合营销活动的现实环境及具体的消费者个性特征来研究人们的消费行为，为营销人员的工作服务。

3.4　消费者的兴趣

3.4.1　兴趣的概念和特点

1. 兴趣的概念

兴趣是指一个人积极探究某种事物的认识倾向。从心理学的角度看，兴趣属于人的个性心理结构中的个性倾向性，是人对客观事物的选择性态度，是由客观事物的意义引起肯定性的情绪和态度而形成的。所以，按照自己的兴趣所完成的事情是最令人愉快的事。

兴趣不是天生的，它是在需要的基础上产生和发展起来的。在现实生活中，由于人们的需要是多种多样的，所以兴趣的内容也十分广泛。但是，由一般生理性需要引发的兴趣是暂时的，需要得到满足，兴趣就会消失或转化。而建立在心理性需要基础上的兴趣，是较为持久的兴趣，一般是随着认识的不断加深，兴趣会更强烈、更浓厚。

兴趣也与注意密切相关。如果我们对某一事物有兴趣，常常表现为特别注意它，对事物的了解也就越多。有时也表现为某事物引起我们的注意，由此引发了好奇，产生了兴趣。可以说，凡是能引起人们兴趣的事物必然引起人们的注意，但引起人注意的事物，却不一定引起人们的兴趣。

2. 兴趣的特点

（1）兴趣的倾向性。兴趣的倾向性是指人的兴趣所指向的客观事物的具体内容和对象。人们的任何兴趣都是针对一定的事物而发生的，至于人们兴趣的对象是什么却是因人而异，差别极大。常言道"人各有所好"指的就是这个意思。例如，有些人对音乐艺术有很大的兴趣，有些人对体育活动有浓厚的兴趣，有些人对饮食有很大的兴趣，许多女性对逛街购物有极大兴趣，而绝大部分男性却对此提不起丝毫兴趣。各种商品对不同兴趣的消费者有不同吸引力。

（2）兴趣的广阔性。兴趣的广阔性是指人的兴趣所指向的客观对象范围的大小。有些人对什么事都容易产生兴趣，即我们常说的兴趣广泛；有些人则把自己局限在一个小天地里，很少关注其他事物。人的心理充分发展是与兴趣的广阔性相联系的。历史上许多卓越人物具有令人惊讶的渊博知识，就是因为他们具有广泛的兴趣。但兴趣的广阔性不是说人们对各种兴趣都是同等的，而是在多种兴趣中，有中心兴趣。广阔的兴趣与中心兴趣相结合，对人的实践活动有重要影响。

（3）兴趣的稳定性。兴趣的稳定性是指人的兴趣持续时间的长短。兴趣是个性的重要组成部分，人的个性具有稳定性的特点，因而兴趣也具有稳定性的品质。一个人必须有持久的、稳定的兴趣，才能经过长期的钻研，获得系统而深刻的知识。有的人有多种多样的兴趣，但不能持久，一种兴趣迅速地被另一种兴趣所代替，最终难以有多大的成就。消费者对发生兴趣的商品，可能购买并可能形成稳定消费习惯。尽管消费者产生兴趣的程度不同，但是每一种程度的兴趣都会不同程度持续一段时间。

（4）兴趣的效果性。兴趣的效果性是指兴趣对人们的实际活动产生的推动力。有些人兴趣的能动性比较强，一旦对某一事物产生兴趣，就会迅速地把兴趣变成行动，产生出一定的效果，而有些人的兴趣却缺乏推动活动的力量，只停留在期望和等待的状态中，不能产生实际的效果。

▌小案例▐

据《香港市场》杂志报道，现时北美洲非常盛行一种"坏孩子装"，这是一些著名时装设计师的杰作。他们的创作原则是：打破一切穿衣规则，不仅错配衫裤，而且不考虑服装质地、面料、花纹和颜色，总之穿上后一切会显得杂乱无章，不修边幅，越看不上眼，越显出"坏孩子装"特色，虽然服装价格昂贵，人们却趋之若鹜，尤其在年轻人中更是一种潮流。

在日本，随着出口主导型经济向内需主导型经济的转变，消费时尚也出现了一些变化和倾斜，比如，以前那种崇尚节俭、量入为出的消费观念正在淡化，而吃光用尽、借消费的行为渐成时尚，突发性、随意性消费不断上升。又如东京少年身穿肥大宽松衣裤，足蹬滑板，滑行于街头的现象也成为时尚的追求，这表明，消费时尚的流行不仅有社会因素的影响，还受到个性心理因素的推动。

问题：由上述实例，你得到什么启发？你认为消费流行受哪些因素的影响？

3.4.2　兴趣的分类

1. 按照兴趣所包含的基本内容来划分

按照兴趣所包含的基本内容来划分，可以分为物质兴趣和精神兴趣。

（1）物质兴趣是由对物质的需要所引起的兴趣，比如消费者在衣、食、住、行等方面，需要物质满足和物质更新，就自然会对所涉及的商品和服务感兴趣。

（2）精神兴趣是由精神需要引起的兴趣。精神需要越高级，精神生活越充实，人就越富有朝气。这些消费者往往对科技信息、文化娱乐、工艺美术、社会交际等产生极大兴趣。

2. 按照兴趣产生的起因来划分

按照兴趣产生的起因来划分，可以分为直接兴趣和间接兴趣。

（1）直接兴趣是由人们参与或关注的某项活动或事物本身所引起的兴趣，主要表现在主体对客体的喜爱或追求上。比如消费者置身其中的展销会，有些他们所喜爱的商品会吸引他们去购买。这种直接兴趣又被称为情趣，比如人们对某个电影、电视剧会因情感作用而产生直接兴趣。

（2）间接兴趣是由某项活动的结果或宣传媒介作用引发了需要所产生的兴趣。在通常情况下，人们对这种事物本身并不感兴趣，比如有的消费者基于对健身祛病的认识而产生了购买健身器的欲望和兴趣。由于这种兴趣的成分倾向于意志参与作用而使人们热中某项活动，因此，间接兴趣也被称为志趣，如为升学晋职而引起对外语学习的兴趣等。

3. 按照兴趣持续时间的长短来划分

按照兴趣持续时间的长短来划分，可以分为暂时兴趣和长时兴趣。

（1）暂时兴趣是在人们的行为活动中因某种因素而产生但又即刻消失的兴趣。比如人在街上行走时被一阵锣鼓声吸引，近前一看是摊贩推销，刚才的兴趣便消失殆尽。

（2）长时兴趣也称稳定兴趣，是人们对某项事物或活动在长久向往、长期追求的心理状态下所产生的兴趣，主要反映在学习、生活、消费等方面。与暂时兴趣相比，这种心理向往尤其是人们进行某项艰苦活动的强大动力和精神支柱。

以上是兴趣的三种分类方法，主要是从其内涵性、倾向性、时间性这三个角度来考虑划分的，具体到每个人身上，将反映出综合性、混合性及复杂性的特点，生动地体现出人的个性差异。但是，兴趣的产生和发展并不是一成不变的，通过实践和教育的作用，兴趣会产生质和量的迁移和变化。

3.4.3　消费者兴趣的主要类型

就人的一般性兴趣而言，按照不同的标准可以划分为不同的类型。这里分析的是消费者在购买行为中表现出来的兴趣类型。

1. 品牌型

这类消费者崇尚商品的品牌，特别是名牌，因为名牌代表较高的商品质量。这类消费者走进商场认准品牌，买了就走，很少左顾右盼。

2. 质量型

这类消费者注重商品的质量，要求商品经久耐用、质量过关，他们不太重视商品的装潢、包装、色彩和商标。

3. 美感型

这类消费者对于商品有一种天然的审美需要，注重商品的装潢设计，对具有美感的商品表现出极大的兴趣。

4. 时尚型

这类消费者对于社会上流行或时新的商品感兴趣，在服装和化妆品等方面表现得尤为突出。

5. 色彩型

这类消费者的兴趣表现为对某种颜色的偏爱，商品及其包装的色彩对这类消费者挑选商品有很大影响。

6. 娱乐型

这类消费者的兴趣在物质生活基本满足后，倾向于精神生活享受。对音乐、休闲、旅游等社会性娱乐活动等兴趣浓厚。

3.4.4 兴趣与消费者购买行为

兴趣在人的生活中有极大的意义，是人们从事实践活动的强有力的动力之一。在购买活动中，兴趣对促进消费者的购买行为有着明显的影响力，主要表现在三个方面。

1. 兴趣有助于消费者为未来的购买活动做准备

兴趣是人们积极探究某种事物的认识倾向。所以，人们做某件事的兴趣越浓厚，行动积极性就越高。当消费者积极为购买活动做准备时，他的思想就会活跃起来，注意力也放到与活动有关的事物上来，往往在其生活中会主动收集有关商品的信息资料，到各家商场比较同类商品，从而积累一定的商品知识，为未来的购买活动做好准备。

2. 兴趣能使消费者易于做出购买决定，促进购买行动

消费者在购买感兴趣的商品的实际过程中，由于兴趣所致，一般总是心情愉快，注意力集中，以积极认真的态度去进行。当购买活动受阻时，兴趣还有助于消费者克服困难排除阻力。加上在选购前，消费者已对该商品有了一定的了解，因而能使消费者缩短决策过程，尽快做出购买决定并加以执行。

3. 兴趣可以刺激消费者对某种商品重复购买或长期使用

消费者一旦对某种商品产生持久的兴趣和信任，就会发展为一种个人偏好。国外许多研究报告指出，兴趣是影响消费者偏爱某种品牌商品的主要因素。如极端偏爱，

表示消费者持续购买某一品牌的商品，甚至会千方百计地克服购买困难而不改用其他品牌商品。专家们认为，这种极端偏爱实际上是一种消费习惯，它是兴趣稳定性的极端表现。因此，这种特殊的偏好，往往能促使消费者在长期的生活中习惯使用某种商品，从而形成重复性、长期性的购买行为。

3.5　消费者的能力

3.5.1　能力的概念和形成因素

1. 能力的概念

心理学认为，人无论从事何种活动都要具备一定的相关能力。要成功地完成任何一项活动，必须同时具备完成该项活动的能力。

所谓能力，是指人们顺利完成某种活动时所必须具备的、并且直接影响活动效率的个性心理特征。

对能力的理解应注意两点：首先，能力是顺利完成某种活动的主观条件。从事任何一项活动都需要一定的条件，这些条件既有客观方面的，也有主观方面的。能力就是人们成功地完成一项活动的主观条件。例如，消费者只有具备观察能力、记忆能力和思维能力等，才能保证购买活动的顺利进行。其次，能力总是与人的活动相联系的，并直接影响人的活动效率。因为人的能力总是存在于人的活动之中，并通过活动表现出来。只有从一个人所从事的某种活动中，才能看出他具有某种能力，并从活动的效率和效果看出其能力的大小、强弱。

2. 能力的形成因素

能力是在遗传素质的基础上，通过环境与教育的作用，在实践活动中逐步形成和发展的。具体地说，能力的形成和发展与以下因素有关。

（1）遗传因素。

遗传就是父母把自己的性状结构和机能特点遗传给子女的现象。遗传因素是能力发展的自然前提，离开这个物质基础就谈不上能力的发展。著名科学家高尔顿调查了 1786 年～1868 年间英国的首相、将军、科学家、音乐家和画家等 977 人的家谱，发现他们的亲属中成名的有 332 人，而在对 977 名普通人家谱的调查中发现，只有 1 人成名。同样，其他的一些心理学家通过对遗传因素的研究也发现了类似的结果。

（2）环境因素。

环境是指客观现实，包括自然环境和社会环境。一般认为，遗传提供了心理发展的可能性，而可能性转化为现实性需要环境因素的配合。心理学的研究表明，环境对人的早期能力、智力发展有重大影响，家庭条件对人的能力形成与发展起着很重要的作用，许多学者都强调早期教育的重要性。

（3）教育因素。

教育是人们接受知识和智慧并且发展个人能力的桥梁。通过教育提高人的知识水平和文化修养，可以改变人的思维方式和操作方式。如果因材施教能培养人的特殊才能。

（4）社会实践因素。

人的能力是人在改造客观世界的实践活动中形成和发展起来的。不同职业的劳动，制约着能力的发展方向与水平。例如，有经验的染色工人能分辨出 40 种以上的色调不同的黑色，这种能力与其长期从事该领域的实践活动有关。

（5）心理因素。

人的主观能动性与人的能力发展也有密切联系。具有近似的先天条件与环境条件，又从事同样的实践活动的人，能力的提高也可能不同，这主要取决于个人的心理因素。许多研究表明，远大的理想、浓厚的兴趣、顽强的意志，以及坚强的性格等可以大大促进能力的发展。

3.5.2　能力的分类

1. 按照能力的倾向性，可分为一般能力和特殊能力

（1）一般能力，是指那些从事一切活动都需要的基本能力，如注意力、记忆力、想象力、思维力。一般能力适用于广泛的活动范围。

（2）特殊能力，是指从事某些特殊活动需要具备的能力，又称为专门能力，如音乐节奏能力、绘画能力、体育运动能力、鉴赏能力等。特殊能力只在特殊活动领域内发生作用。

一般能力与特殊能力是密切联系、相辅相成的。在完成活动中，它们共同起作用。任何特殊能力的发展都离不开一般能力，而且特殊能力的发展也对一般能力有所提高和促进。心理学中把各种能力的独特结合叫才能。

2. 按照能力的功能，可分为认知能力、操作能力和社交能力

（1）认知能力，是指个体学习、研究、理解、概括和分析的能力，它是人们成功完成活动最重要的心理条件。如知觉、记忆和思维。

（2）操作能力，是指操作、制作和运动的能力，如劳动能力、体育运动能力。

（3）社交能力，是指人们在社会交往活动中所表现出来的能力，如组织能力、适应能力、言语能力等。

3. 按照能力的创造性程度，可分为模仿能力和创造能力

（1）模仿能力，是指仿造现已存在的某种事物的能力，如仿效他人的言行举止，临摹字画。

（2）创造能力，是指产生新思想、发现和创造新事物的能力，如设计新产品。

3.5.3　消费者的购买能力构成

购买活动是一项范围广泛、内容复杂的社会实践活动。消费者的购买能力是为了尽量达到满意甚至完美的消费效果而形成的一种能力。追求消费过程最大的满意度与快乐，是人们自觉消费的原则，消费能力是基于这种原则而形成的，任何一位消费者都会自觉地培养消费能力，尽可能使自己在消费行为中得到最大的快乐与满足。消费者在购买过程中达到最大满意和快乐，需要具有多方面的能力。而人的能力反映在购买行为上，主要是对商品的识别能力、评价能力，以及对商品信息的理解能力和选购商品时的决策能力等。

一般把这些能力的协同表现称为消费者的购买能力。可将消费者在购买活动中经常运用的购买能力分为基本消费能力和特殊消费能力。

1．基本消费能力

（1）感知辨别商品的能力。

感知辨别能力是指消费者识别、了解和认识商品的能力。它是消费者深入认识商品的前提，也是形成对商品第一印象的条件，因此，可以说感知辨别能力是消费者购买行为的先导。

由于消费者在生理机能、心理机能和生活环境方面的不同，以及在商品知识和购买经验的差异，使他们对商品的感知辨别能力存在较大差异。同一件商品，有的消费者就其外形和内部结构迅速、准确地感知，并形成相应的看法，反映出较强的洞察事物能力，而有的消费者则难以辨别和准确感知。

比如在手感方面，有的消费者手感细腻，摸一摸衣服的面料，就能判断出这件衣服面料的质量，是什么料子做出来的，市场上的价格大致是多少；而缺乏手感的消费者，要凭手感来判断衣服面料的质量，无疑是两眼一摸黑。消费者的感知辨别能力对最终的消费体验构成直接的影响，感知辨别能力强，无疑提高了消费者的期望水平，在一定意义上，增加了消费者对商品的挑剔程度。

（2）分析评价商品的能力。

反映在消费者收集商品信息，分析评价商品信息的来源，评价他人的消费行为，评价购物环境等方面。评价能力是消费技能中比较复杂的一种技能，既包括获得信息、分析信息，也包括以自己的标准来判断信息。分析评价能力强的消费者，收集商品信息时相对主动一些，对广告有比较全面而正确的认识，对购物环境一些正常的和不正常的促销手段有明确的判断能力。消费者是在用自己的评分标准来评价计划购买的商品，所谓"货比三家"，就是说消费者进行多种商品的比较之后，才做出自己的评价和评判，选择最满意的一家购买商品。而有些消费者的评价能力相当差，不能对商品信息或相关因素进行这样的评价。

（3）购买决策能力。

主要反映在选择商品时能否正确地做出决策，购买到让自己满意的商品类型。

消费者对该商品的卷入深度、对该商品的认识程度、使用该商品的经验，以及使用该商品的习惯，是影响决策能力的首要因素。消费者对该商品的卷入越深，对该商品的认识越多，一般购买决策的过程就越快一些，而消费者本人使用该商品的经验多一些的话，会在很大程度上加快消费者的购买决策速度，提高购买决策的能力。

消费者的性格特点、气质类型和思维特点，是影响决策能力的重要因素。有的消费者一见到新式样的商品就能立即做出购买的决定，决策能力很强；有的消费者犹豫不决，难以做出决定。这在很大程度上取决于消费者的性格特点和气质类型等。在特殊的购物环境中，消费者的购买决策能力明显受环境影响。

（4）记忆力和想象力。记忆力和想象力也是消费者必须具备和经常运用的基本能力。消费者在选购商品时，经常要参照和依据以往的购买、使用经验及商品知识，这就需要消费者具备良好的记忆能力，以便把过去消费中感知过的商品、体验过的情感、积累的经验在头脑中回忆和再现出来。想象力是消费者以原有表象为基础创造新形象的能力。丰富的想象力可以使消费者从商品本身想象到该商品在一定环境和条件下的使用效果，从而激发美好的情感和购买欲望。

2. 特殊消费能力

特殊能力首先是指消费者购买和使用某些专业性商品所应具有的能力，通常表现为以专业知识为基础的消费技能。例如，对高档照相器材、专用体育器材、古玩字画、钢琴、电脑、轿车以及音响等高档消费品的购买和使用，就需要相应的专业知识以及分辨力、鉴赏力、检测力等特殊的消费技能。倘若不具备特殊能力而购买某些专业性商品，则很难取得满意的消费效果，甚至无法发挥应有的使用效能。

在现实生活中，有些消费者盲目攀比或追随潮流，如不通音律而购置钢琴，不掌握驾驶技术而购买轿车等，结果都因缺乏专业技能而陷入尴尬境地。由于特殊能力是针对某一类或某一种特定商品的消费而言的，而商品的种类成千上万，因此，消费者的特殊能力也有多种多样的表现形式。有的人精通电脑，有的人擅长摄影，有的人熟悉汽车专业知识，有的人掌握了专项运动技巧，有的人能够分辨音响效果的细微缺陷，有的人则对古玩字画具有极高的鉴赏力，诸如此类，无论具备何种特殊能力，都有助于消费者取得最佳消费效果。

除了适用于专业性商品消费外，特殊能力还包括某些一般能力高度发展而形成的优势能力，如创造能力、审美能力等。在实践中，有些消费者具有强烈的创造欲望和高度的创造能力，他们不满足于市场上已有的商品和既定的消费模式，而力求发挥自身的聪明才智，对商品素材进行再加工和再创造，通过创造性消费展示和实现自己的个性与追求。例如，近年来许多女性消费者不愿购买款式雷同的成衣，而热中于选择布料自己动手设计、制作服装，在充分显现独特个性与品位的同时，体现出较高的创造能力。在满足物质需要的基础上，通过商品消费美化生活环境及美化自身，是现代消费者的共同追求。有些具有较高品位和文化修养的消费者，在商品美学价值评价与选择方面显示出较高的审美情趣与能力，这种能力往往使他们在服饰搭配、居室装饰布置、美容美发、礼品选择等方面获得较大的成功。

3.5.4 消费能力的表现

消费能力在选择商品、消费决策以及消费体验过程必然有所表现，尽管人们的消费能力有高有低，但是总会以一定的方式表现出来。我们把消费能力由高到低分为四种类型，即成熟型、熟练型、略知型和缺乏型。

1. 成熟型

这一类消费者对所购商品不仅非常了解，而且有长期的消费经验，对商品的性能、价格、质量、生产情况等方面的信息非常熟悉，他们还有可能是特定商品种类的专家，在很长的时间内对该商品有强烈的兴趣和爱好，因此这些消费者的消费经验完全有可能超过购物场所中的营销人员，对商品的了解和熟悉程度也比营销人员要强得多。比如一个音响发烧友对音响器材品牌的了解程度，远胜于一个刚刚参加工作的或对音响器材兴趣较少的营销人员。

成熟型消费者在购物时，完全注重于商品的质量，包括商品内在质量和外观质量；注重从总体方面综合性地评价商品的各项性能；他们注重自己亲身对商品性能的感受，比较理智地接受商品广告的宣传或服务人员的推荐。成熟型消费者因为消费经验丰富，能够比较准确地预测市场的变化。经济条件好、购买能力强的成熟型消费者，经常成为特定商品的消费榜样。

2. 熟练型

熟练型的消费者对特定商品种类具有比较丰富的消费经验，对商品的价格、质量、性能等方面比较熟悉，但是如果要让他们真正来鉴定商品某一方面的特点时，他们偶尔出现"吃不准"的情况，感到自己还没有真正把握。熟练型消费者购买商品一般不需要别人的参谋，但在有些情况下，因为自己感到"吃不准"，而可能偶尔请人参谋一下。他们一般不反对服务人员和广告宣传所提供的有关的商品信息，同时也会主动分析和判断这些商品信息，并不完全听从各类宣传介绍。相对于成熟型消费者来说，熟练型消费者的消费技能略为逊色，成熟型消费者毕竟是少数，而熟练型消费者所占的人数远远比前者要多。

3. 略知型

这一类消费者属于略微具备一些商品方面的知识，或仅仅掌握少量的商品信息，自己没有消费经验或消费经验较少，主要是通过其他人的介绍、广告的宣传以及厂商的其他宣传途径来了解商品的，但了解的程度不深，甚至听说过该商品但是从来没有见过。

略知型消费者进入购物环境之前，没有相应的购物准备或购物准备很少，购物动机可能不明确，甚至没有购物动机，经常在促销当中形成购买动机或促成购买行为。因为他们对商品的了解不多，所以比较愿意听取服务人员为他们介绍商品的各项特点，更希望有其他顾客现场购买，通过他人反映商品的特点，证实商品的品质，便于自己做出分析和评价。如果服务人员的态度热情而又诚恳，给他以信赖的感觉，那么他会很快形成购买动机，如果服务人员及购物环境给他留下的印象不好，那么他很可能不再有购买动机了，至多以一个冷静的旁观者对待服务人员而已。

4. 缺乏型

缺乏型消费者是指他们在某类或某种商品的消费方面，不具备基本的消费能力，没有基本的消费信息。比如创新的商品，消费者本人从来没有接触到这种商品信息，以至于不具备购买和消费这种商品的能力。

对所有商品都缺乏消费能力的消费者很少见，如初生的婴儿或生活能力很差的人，这一类消费者实际上由他们的家人或其他人员代替他们选择购买商品，因此要研究替他们决策或购买的那一部分人。

有一种特殊的缺乏型消费者，即消费者出于良好的消费愿望，但缺乏消费商品必要的知识，致使消费目的走向误区，出现错误的甚至是严重后果的消费结果。比如有些望子成龙的父母，给未成年的子女购买大量的高级营养品和滋补性药品，有些营养品与滋补品含大量的激素成分，孩子服用之后，造成早熟、身体畸形现象。

消费者能力分成熟型、熟练型、略知型和缺乏型，只是一个相对的概念。每一位消费者可能在某一类商品的消费上表现为成熟型，而在另一类商品的消费上又表现为缺乏型。这种因人而异的现象，与个人生活环境、生活经验，以及消费兴趣、个人是否有意识培养消费能力等因素有关，其中消费者的兴趣和主动培养消费能力的意识起着重要的作用。

3.5.5 消费能力的培养

消费者通过有意识地学习商品信息、了解商品知识、逐渐积累消费经验等途径，会慢慢形成消费能力。从个人消费能力形成的方式上看主要分三类：消费经验积累方式；消费知识积累方式；消费兴趣驱动方式。

前两种方式基本上是被动形成的消费能力。比如消费经验的积累，一般是消费者有了一定的消费经验，在此后的购物行为中会参照以前的经验。如果以前购买和使用商品的经验很满意，会继续保持购买的愿望，如果以前的体验不如意，消费者可能改变原来的购买选择，"吃一堑，长一智"。知识积累方式主要是指消费者在有意无意之中，接受广告的宣传、听相关群体的介绍和推荐、在各种场合接触到商品的信息等，逐渐对该商品有了一定的了解，对购买和使用该商品的情况有了一定的知识。

兴趣驱动方式是形成消费技能的主动自觉形式，在这种情况下，消费者一般都会主动搜集商品信息，当他们得到了难于搜集到的商品信息或购买商品时，有可能表现出如痴如醉的心理状态。他们会主动通过各种方式学习商品的知识，在共同的兴趣和爱好影响下，这类消费者会主动交流商品使用的知识和消费能力，各类爱好者协会进行的内部信息交换就属于这种情况。兴趣驱动式的消费者为了得到某种满意的消费体验，会压制或牺牲其他方面的消费并且乐此不疲，他们可能是特定商品消费的真正权威，是真正成熟的消费者，外界许多因素难以改变他们的消费行为，一些欺骗性的促销手段对他们难以奏效。

为了长远提高企业的经营效益，企业逐渐开始意识到培养消费者能力在企业可持续发展中的意义。有些企业采取引导消费者形成特定消费能力的办法，使消费者的兴趣相对集中于特定的商品类型，当消费者能力提高之后，这些消费者会主动自觉地选择固定的商品品牌或商品类型。

国内一些企业在广播、电视、报纸等媒体上，详细介绍辨认优质商品的方法，识别假冒伪劣商品的标志等，以提高消费者在辨别商品方面的能力，真正达到保护品牌商品、保护消费者利益的目的。比如我国当前汽车配件市场的假货现象十分严重，使用假冒汽车配件，极易引发车毁人亡的恶性交通事故。有一家汽车配件企业在全国大型城市建立"汽车会员俱乐部"，参加汽车会员俱乐部的成员都可以免费得到市场上大部分配件的宣传手册，这些宣传手册对于会员识别假货、选择正宗的购买渠道具有重要作用，在培养汽车配件用户、打击假冒伪劣商品、维护合法市场环境和提高消费能力方面具有重大的意义。

3.6　消费者的特殊心理反应

消费者在购买活动中，之所以做出各种各样不同的决策，采取不同的消费行为方式，除了与所持态度等一般心理特性密切相关之外，还会因某些外部刺激方式及程度的不同，产生逆反心理、预期心理等特殊心理反应。

3.6.1　消费者的逆反心理

1. 消费者逆反心理的表现

逆反心理就是因作用于个体的同类事物超过了所能接受的限度，而产生的一种相反的心理体验，是个体有意脱离习惯的思维轨道而进行反向思维的心理倾向。

逆反心理是一种普遍的、常见的心理现象，并广泛存在于人类生活的各个领域的不同层面，当然也大量地存在于消费者的消费活动中。消费者在从事消费活动时，不断接受来自商品本身、广告宣传及厂商的各种各样的消费刺激。倘若某种刺激持续时间过长、刺激量过大，超过了消费者所能承受的限度，就会引起相反的心理体验，产生逆反心理。

在现实生活中，由于消费者刺激的内容不同，消费者的逆反心理也有多种不同的表现形式。常见的逆反心理现象有以下几种。

（1）感觉逆反。消费者的感觉器官持续受到某一消费对象的刺激，会引起感受力下降，形成感觉适应。此时，倘若继续增加刺激量，就会引起消费者厌倦、腻烦等心理体验，对刺激物产生抵触、排斥的心理。例如，连续品尝甜食会降低对甜的感受，产生味觉适应；大量闻香水会减弱对香气的感受，形成嗅觉适应；长时间观看同一商品的色彩，会使色彩的感受力下降，形成视觉适应。

（2）广告逆反。在广告宣传中，表现手法单一化、雷同化等不适当的表现形式和诉求方式也会形成过度刺激，降低消费者的兴趣和注意力，并引起消费者的逆反心理。如同一时间连续播放几十则广告，会造成消费者的心理疲劳；过分渲染、夸大或吹嘘，会引起消费者的怀疑和不信任感；表现内容庸俗低级，以噱头吊胃口，会招致消费者的厌烦、抵触，以致产生"广告做得好不一定是好货"、"广告宣传越多越不能买"的逆反心理。

（3）价格逆反。价格在诸多消费刺激中具有敏感度高、反应性强、作用效果明显的特点。价格涨落会直接激发或抑制消费者的购买欲望，两者的变动方向通常呈反向高度相关。但是，受某种特殊因素的影响，如市场商品供求短缺引起的心理恐慌，对物价上涨或下降的心理预期，对企业降价销售行为的不信任等，也会引起消费者对价格变动的逆反心理，导致"买涨不买落"、"越涨价越抢购"、"越降价越不买"的逆反心理。

（4）政策逆反。政府制定的经济政策，特别是对消费者收入水平、购买力及购买投向有直接影响的宏观调控措施，如工资、价格、利率、税收等的变动，是消费刺激的重要组成部分。在不成熟的市场经济条件下，由于市场运行不规范，宏观调控措施的心理反应经常与政府意图相悖，以致做出与调控方向相反的行为反应，使调控难以达到预期效果。

除了上述各方面外，消费者的逆反心理还有其他许多表现形式，如购买现场的说服逆反、名人权威的示范逆反、社会公众的舆论逆反、消费时尚的流行逆反、消费观念与方式超前或滞后逆反等。

2. 消费者逆反心理的成因

现实生活中，导致消费者逆反心理形成的原因是多方面的，其中既有需要欲望、个性思维方式、价值观念等个人心理因素，也有群体压力、社会潮流等外部环境因素。例如，具有求新需要的消费者往往富有好奇心，喜欢追逐新奇，渴望变化，因而容易对传统、陈旧、一成不变的消费刺激产生逆反心理；而争强好胜的心理要求经常驱使一些消费者无视各种限制规定，有意采取相反的举动；具有高度自主性、独立性和叛逆性格的消费者，更愿意坚持自我、不受约束，并经常逆社会规范潮流而动；崇尚传统、因循守旧的消费者则固守过时消费观念，对新产品、新的消费方式抱有本能的排斥心理。有的消费者外部压力越大，抵触情绪越强，越有可能采取反向行动；有的人则当大多数人持逆反心理时，采取追随和从众的方式，以逆反行为与大多数人保持一致。各种导致逆反心理的因素，有时会各自起作用，有时也会交织在一起综合发生作用。

3. 消费者的逆反行为模式

逆反心理对消费者行为具有直接影响。在一定条件下，消费者由于某种刺激因素，产生逆反心理倾向，其消费行为也会向逆反方向进行。这种逆反行为与正常的消费行为有着明显差异。

通常情况下，正常心理作用下的消费行为是消费者受到内部或外部因素的刺激，从而产生需要，引发动机，驱动行为的结果；逆反心理作用下的消费行为则完全不同。如果输入的刺激因素超过消费者所能承受的限度，引起反感、抵触、排斥的心理体验，消费者就会在逆反心理的驱使下，改变行为方向，进行相反的新的决策过程。

逆反心理与行为是客观存在的一种消费者心理现象，这些心理很容易导致与企业营销方向相反的作用效果，因而必须高度重视。

由于逆反心理具有可诱导性，如果善于巧妙利用，可以使其向有利于企业促销的方向转化，甚至会取得其他手段无法达到的特殊效果。掌握消费者逆反心理的特点及其活动规律，根据各种不同的逆反行为表现采取相应的心理策略。

首先，企业可以根据消费者的感受限度，调节消费刺激量和强度，避免逆反心理的产生。

其次，对处于萌芽阶段的消费者逆反心理，及时采取引导和调节措施，力求得到扭转。如果出现大规模逆反行为，企业可以发挥消费带头人的作用，促成这种局面的转化。

另外，企业也可以考虑有意设置刺激诱因，激发消费者好奇的逆反心理，促成预期的逆反行为。需要指出的是，逆反心理对于人们的消费行为，仅在一定条件和程度上起支配作用。在许多情况下，逆反心理与正常心理之间具有复杂微妙的交错关系，并共同对消费者的行为产生作用。因此，过分强调逆反心理，一味依赖和利用逆反心理来诱导消费者、推动商品销售，是不适当的。

3.6.2　消费者的预期心理

预期心理就是指人们在一定经济环境的作用下，根据自己掌握的有关经济形势和经济变量的信息，对自身物质利益的得失变化进行预测、估计和判断，并据此采取相应的消费对策和参与投资、商品交换等经济活动的心理及行为现象。这种现象普遍地存在于社会经济生活中，也极其广泛地存在于消费者的消费活动中。预期是消费者行为过程的一个重要环节，它是消费者实施消费决策的先决条件，同时也体现了消费者心理与行为的共性特征及一般规律。

预期作为消费者行为的基础性环节，在不同的社会环境下，其表现形式、作用方式及影响后果都存在着显著的差异。在现代市场经济条件下，随着市场高度发育和买方市场的确立，消费者作为市场运行的主体已经居于支配性的主导地位，其消费活动的选择范围也大大扩展。同时，影响市场运行变化的经济变量日益增多并趋于复杂化，社会信息化水平也迅速提高，这些使得消费者赖以制定消费决策和选择消费行为的预期心理得以空前发展，并且由个别、发散的心理及行为活动扩展成为大规模的群体性社会心理及行为现象，由对市场局部性的、相对而言微弱的影响，发展成为全局的，并且具有巨大作用的冲击力量。

长期以来，预期心理作为客观存在的消费心理现象，无论在表现形式或作用方式上均未能得到充分展示。随着我国改革进程的推进和市场化程度的提高，消费者逐步成为市场的主体，这种主体意识不断增强，使消费者的选择自由度和选择能力趋于扩大，预期心理也由潜在状态转化为显现状态，其影响作用日益突出。但就我国的现状看，消费者自身的成熟程度与心理承受能力较低，预期心理的形成机制和表现形式都不太成熟，所以其作用程度和影响后果往往表现不完整，并会对社会生活和正常经济秩序造成冲击。这是我们需要加以注意的。

 **本章小结**

面对同一种消费刺激，即使处于同一社会环境下，不同的消费者也经常会表现出相异的反应和行为，其主要原因来自个性心理因素的差异。个性是指个人在先天素质的基础上，通过社会影响而形成的稳固的心理特征的总和，是人在心理活动中表现出的经常的、稳定的、本质的心理特征。

个性整体反映个人的精神面貌和心理状态特征，体现每个人的本质特点。个性基本上包括两个方面的内容：一是个性心理特征，它是个人经常的、稳定的、本质的心理活动特点，包括气质、能力和性格，反映典型的个人生理活动及行为差异水平；二是个性倾向性，它主要是指个人需要、兴趣、理想、信仰及世界观等决定个人行为态度表现的诸因素，是个性发展的潜在动力和制约力量。

本章还阐述了消费者的气质的概念、气质的类型及不同的气质类型的消费者购买行为的表现。性格是个性中表现出来的最鲜明、最本质的生动体现。根据不同的性格在消费行为中的表现，应当采取相应的营销策略。兴趣是指一个人积极的探究某种事物的认识倾向。消费者的兴趣的主要类型有品牌型、质量型、美感型、时尚型、色彩型、娱乐型，兴趣对促进消费者购买行为的实现有重要的作用。消费者的能力也是影响购买行为的因素之一。消费者的能力由基本消费能力和特殊消费能力构成。消费能力的表现有成熟型、熟练型、略知型和缺乏型。消费者的能力是可以培养的。营销中特别要对消费者特殊心理反应加以注意。

 实践实训

实训课题 3-1

实训目的：依据消费者个性特征，采取相应的营销手段。

实训题目：每年的 3.15 消费者权益日或者商家周年店庆的日子，各大型零售企业都会为了改善服务态度、提高服务质量而进行一系列活动。如果某商家向顾客发出意见要求被调查者写出自己遇到这种事是怎样做的。其中有这样几种答案。

（1）耐心诉说。尽自己最大努力，慢慢解释退换商品的原因，直至得到解决。

（2）自认倒霉。向商店申诉也没用，商品质量不好又不是商店生产的，自己吃点亏，下一回长经验。

（3）灵活变通。找好说话的其他售货员申诉，找营业组长或值班经理求情，只要有一人同意退换就可望解决。

（4）据理力争。绝不求情，脸红脖子粗地与售货员争到底，不行就向报纸投诉曝光，再得不到解决就向工商局、消费者协会投诉。

这个调查内容能否反映出顾客个性特征的本质？上述四种答案各自反映出顾客

的哪些气质特征？请将您的做法写出来，并分析其个性心理特征，按照小组的形式在一起讨论。

 练 习 与 讨 论

1. 什么是能力？在购买活动中，消费者应具备哪些一般能力？
2. 简述消费者能力形成和培养。
3. 消费者购买行为中的性格表现如何？
4. 对不同气质消费者的销售策略有哪些？
5. 兴趣对促进消费者的购买行为有哪些影响？
6. 应对逆反心理策略有哪些？

第4章

消费者需要、动机与购买行为关系

学习目标

- 了解消费者需要的特点，消费者需要的基本内容；
- 熟悉消费者需要对消费者行为的影响；
- 熟悉消费者需要发展趋势；
- 了解消费者购买动机与购买行为之间的关系；
- 掌握消费者购买动机的作用与变化；
- 掌握消费者购买决策的有关理论，购买决策的全过程；
- 掌握消费者行为的模式。

案例导入

创造消费需求

市场中产品的销售量不断增长，是因为企业的产品或服务迎合了消费者的需求并满足了他们的欲望。以往企业常犯的一个错误就是只根据自己的主观意愿虚拟出所谓的消费者，而不是依据对市场的调查与研究后做决策。如今消费者选择商品的准则不再基于"好"或"不好"这一理性观念，而是基于"喜欢"或"不喜欢"的态度观念与心理体验。

有着 100 多年历史的宝洁公司，如今其主要产品深受中国老百姓喜爱并已在中国市场占有最大份额。宝洁公司成功的关键就是，宝洁产品能够以情入手，循循善诱地不断"教育"消费者，将健康的生活方式、全新的健康理念和可信的健康用品，一齐送给消费者。

你听："中国人，你好了吗？" —— 这是宝洁这些年来天天向我们发出的善意的问候。"你洗头了吗？" —— 我来帮你洗。"你会洗头吗？" —— 我来教你洗。"你洗得好吗？" —— 我告诉你怎样洗得更好。

宝洁，就像一位温柔的妻子，依附在丈夫的身边，不仅好言相劝，而且身体力行；不仅耳提面命，而且从善如流。宝洁在获得经济效益的同时，获得的社会效益也是空前的，更是长远的。因为，在这一切努力的背后，是消费者生活观念、生活习惯的改变，是人们健康意识和水平的提高，是整个社会文明程度的增长。

问题：

1. 调查市场举例说明某中外知名品牌的化妆品是如何受到消费者青睐的？
2. 你认为国内消费者购买化妆品或洗涤用品主要受到哪些因素的影响？

消费者为什么购买某种产品，对同一营销活动刺激有着不同的反应，在很大程度上是与消费者的需要与动机密切联系的。

在影响消费行为的众多心理因素中，需要和动机占有重要的地位，并与消费行为的产生有着密切的联系。这是由于人们的消费行为都是有目的性的活动，这些目的的实现是为了满足人们的某种需要或欲望。需要是消费行为的最初原动机，动机则是消费行为的直接的驱动力。正因为如此，长期以来消费者的需要与动机一直都是消费者心理与行为研究的重要领域。

4.1 消费者的需要

4.1.1 需要与消费者需要

1. 需要

需要一词最简单的狭义解释，是指个体生理上的一种匮乏状态，如果这种匮乏状态达到一定程度，体内出现失衡，个体本身就会感到需要的存在。这是需要一词在生理上的意义。在现代心理学上，需要已被扩大用来表示心理上的匮乏状态，如友爱的需要、归属感的需要、被人尊重的需要等。需要是个体由于缺乏某种生理或心理因素而产生的内心紧张，从而形成与周围环境的某种不平衡的状态。

需要是推动人们活动的内在驱动力。同时，它以一定的方式影响人们的情绪体验、思维和意志，使人根据需要的满足与否而产生肯定与否定的情绪，形成各种不同的动机，促使人们进行各种活动，如图 4-1 所示。

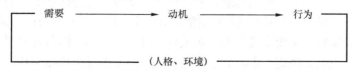

图 4-1 需要与动机、行为的关系

2. 消费者需要及其构成

消费者需要，即人们为了缓解或解除生理或心理的匮乏状态而对商品或服务的需要。消费者需要是包含在人类一般需要之中的。

在市场营销活动中，由其影响因素的复杂性决定，消费者需要不是一个笼统的概念，而是由各种相关因素构成的组合体，具体包括以下内容。

（1）消费者构成，即产生需要的消费者的总体数量及性别、年龄、职业、收入水平、消费习惯等基本特征。

（2）消费品种与总量，即消费者实际需要何种商品，商品的性能、质量、价格、款式，以及所需消费品的总量大小。

（3）消费市场区域，即需要表现为整体市场的、分市场的以及市场的空间分布如何。

（4）消费时机与时限，即需要发生的时间、场合及其持续的期限是突发的、短暂的，还是常规的、长年性或季节性的。

（5）消费实现方式，即消费者通过何种方式满足需要，如选购、订购或租用；分期付款、预付定金、现款交易或赊购；代运或自取等。

（6）环境，包括经济、法律、社会文化等宏观环境对消费者需要的影响和制约，以及企业的营销策略等对消费者需要的诱导、激发与制约。

4.1.2 消费者需要的特征

对消费需要进行分析，可以看出需要一般具有如下共同特点。

1. 消费需要的对象性

需要总是指向某种具体的商品或服务——对象。如口渴了就要寻找水源，饿了就要寻找食物等。对于消费者来说，需要总是指对某一种商品或服务的需要，这就是需要的对象性。但是，对于任何一种特定的需要来讲，常常有着多种不同的对象目标可供选择。如要解渴，既可以喝开水或者瓶装水，也可以选择果汁、可乐或其他饮料，或其他可以止渴的饮品或食品。这就是需要的选择性。影响消费者选择对象的因素很多，除个人经验外，个人的喜好、文化的规范、价值观、经济收入水平和对象的可接近性都是主要的影响因素。

2. 消费需要的多样性

这是消费者需要的最基本特征之一。它首先表现为不同消费者的需要各不相同，千差万别。由于消费者的个体自然生存状况和社会生活背景及内容不同，必然会有不同的需要。其次，就同一消费者而言，需要也是多方面的。消费者不仅需要吃、穿、用、住，还需要娱乐消遣，参加种种活动等，这些都体现了消费者需要的多样性。第三，同一消费者对某一特定消费对象常常同时兼有多方面的需要。例如，既要求商品质量好，又要求其外观新颖美观、具有时代感。消费者需要的多样性创造了许多市场机会，决定了市场的差异性，这是企业进行市场细分和选择目标市场的基础。

3. 消费需要的发展性

一种需要得到满足后，另一种新的需要就会被激活，成为人们行动的主要目标或动力。表现在消费者身上，就是需要不断出现，购买连续进行，这就是需要的连续性。连续性的需要在不断形成和发展过程中，会随着社会生产力水平的进步、社会经济的发展和人民生活水平的不断提高，不断地由低级到高级、由简单到复杂、由物质到精神、由追求数量上的满足向追求质量上的充实发展。某些现在受消费者欢迎的热门货，有可能在一定时期以后变成过时商品而被淘汰；许多潜在的消费需要，不断地变成现实的购买行为。这就是需要的发展性。

4. 消费需要的层次性

人们的消费需要是有层次的，当低层次的、最基本的生活需要，即满足生存的需要被满足以后，就会产生高层次的社会需要和精神需要，低层次需要的满足是高层次需要产生的前提，这就是消费需要的层次性。

5. 消费需要的伸缩性

消费需要层次的高低和程度的强弱随着某些因素的变化而变化，这就是需要的伸缩性。如市场价格上涨时，可买可不买的商品人们不一定去买。而市场供给不足或价格下降时，人们则不管需要不需要都会去抢购。需要随社会环境、经济条件、季节时令的变化也是可以伸缩的。例如，消费者的收入增加时，消费者的需要就会增加，需要的层次就会上升；否则会向相反的方向变化。

6. 消费需要的互补性和互替性

这是消费需要间的两种相关性表现。各种消费需要之间不是孤立的，消费者对一种商品的需要常常与对另一种商品的需要密切相关，这就是消费需要的相关性。这种相关性有正相关和负相关两种形式，即互补性和互替性。如对电脑的需要带动了周边外围设备和多种耗材的需要，对数码相机或摄像机的需要带动了对数码存储卡和电池的消费，这是正相关（互补性），即一种消费需要会促使另一种消费需要产生和扩大。与此相反，在一定时期内人们对鱼的食用减少了对其他肉类的食用，这是负相关（互替性），即一种消费需要抑制了另一种消费需要。

7. 消费需要的可诱导性

消费者的需要是可以加以诱导和调节的，即可以通过环境的改变或外部诱因的刺激、引导，诱发消费者需要发生变化和转移。消费者需要的可诱导性，为企业提供了巨大的市场潜力和市场机会。企业可以通过卓有成效的市场营销活动，使无需要转变为有需要，潜在需要转变为现实需要，未来需要转变为近期的购买行动，从而使企业由被动地适应、迎合消费者的需要，转化为积极地引导、激发和创造需要。

4.1.3　消费者需要的分类和基本内容

1. 消费者需要的分类

（1）按需要在人类发展史上的起源可分为生理需要和社会需要。

（2）按需要对象可分为物质需要和精神需要。

（3）按需要形式可分为生存需要、享受需要和发展需要。

（4）按需要层次可分为生理需要、安全需要、爱和归属的需要、尊重需要和自我实现需要。

2. 消费者需要的基本内容

消费者需要一般都指向对商品的需要，包括以下几个方面的内容。

（1）对商品使用价值的要求。任何消费是针对具体物质内容的，人的消费无论侧重于满足人的物质需要还是心理需要，都离不开特定的物质载体，且这种物质载体必须具有一定的使用价值。因此，消费者需要首先表现为对商品使用价值的要求，它包括商品的基本功能、质量、安全性能、方便程度、供应的数量等。

（2）对商品审美功能的要求。对美好事物的向往和追求是人类的天性，它体现于人类生活的各个方面。在消费者需要中，广大消费者对消费、对审美的追求，是一种持久性的、普遍存在的心理现象，主要表现在对商品的工艺设计、造型、色彩、包装、风格等方面的追求。由于社会地位、生活背景、文化水平等方面的差异，不同的消费者往往具有完全不同的审美观和审美标准，因而也就具有不同的审美需要。每个消费者都是按照自己的审美观来评价商品的，因此同一商品不同消费者会得出完全不同审美结论。

（3）对商品社会象征性的要求。商品的社会象征性，是指消费者要求商品体现和象征一定的社会意义，使得购买、拥有某种商品的消费者能够显示出自身的某些社会特征，得到某种心理上的满足，如提高声望和社会地位、得到社会承认、受人尊敬等的需要。因此有不少消费者在购买商品时，往往对商品的实用性要求不高，却特别看重商品所具有的社会象征性。比如，有的人希望通过某种消费活动表明他的社会地位和身份；有的人则想通过某种消费活动表明他的社会责任感；有的人想通过所拥有的商品提高在社会上的知名度。

（4）对享受良好服务的要求。随着商品经济的发达和人们消费水平的日益提高，服务已不仅仅是一种交换手段，它已成为商品交换的基本内容和条件，贯穿于商品流通的全过程。良好服务可以使消费者获得尊重、情感交流、个人价值认定等多方面的心理满足。随着经济收入水平的提高，消费者会越来越重视购买产品时享受良好服务，因此提高服务品质已成为当今企业竞争的重要手段。

4.1.4 消费者需要的基本形态

在现实生活中，多种多样的消费需要并不都是处于显现的、既存的统一状态，而是存在于各种不同的形态中。存在形态的差异对其激发购买动机的强度以及促成购买行为的方式，有着直接的影响。从消费者需要与市场购买行为的关系角度分析，消费者需要具有以下基本存在形态。

1. 现实需要

现实需要是指消费者已经具备对某种商品的实际需要，且具有足够的货币支付能力，而市场上也具备充足的商品，因而消费者的需要随时可以转化为现实的购买行动。

2. 潜在需要

潜在需要是指目前尚未显现或明确提出，但在未来可能形成的需要。潜在需要通常由于某种消费条件不具备所致，例如市场上缺乏能满足需要的商品，消费者的货币支付能力不足，缺乏充分的商品信息等。然而，相关条件一旦具备，潜在需要可以立即转化为现实需要。

3. 退却需要

退却需要是指消费者对某种商品的需要逐步减少，并趋向进一步衰退。导致需要衰退的原因通常是由于时尚变化，消费者兴趣转移；新产品上市对旧产品形成替代；消费者对经济形势、价格变动、投资收益的心理预期变化等。

4. 充分需要

充分需要又称饱和需要，是指消费者对某种商品的需要总量及时间与市场商品供应量及时间基本一致，供求之间大体趋向平衡，这是一种理想状态。但是，由于消费需要受多种因素的影响，任一因素变化，如新产品问世、消费时尚改变等，都会引起需要的相应变动。因此，供求平衡的状况只能是暂时的、相对的，任何充分需要都不可能永远存在下去。

5. 过度需要

过度需要又称超饱和需要，是指消费者的需要超过了市场商品供应量，呈现供不应求的状况。这类需要通常由外部刺激和社会心理因素引起。例如多数人的抢购行为，对未来经济形势乐观的预期等。

6. 无需要

无需要又称零需要，是指消费者对某类商品缺乏兴趣或漠不关心，无所需求。无需要通常是由于商品不具备消费者所需要的效用，或消费者对商品效用缺乏认识，未与自身利益联系起来。

从上述关于需要形态的分析中可以得到重要启示，即并不是任何需要都能够直接激发购买动机，进而形成消费行为的。现实生活中，有的需要，如潜在需要、零需要、下降需要等必须给予明确的诱因和强烈的刺激，加以诱导、引发，才能达到驱动行为的足够强度。此外，并不是任何需要都能够导致正确、有益的消费行为。有些需要如过度需要就不宜进一步诱发和满足，而必须加以抑制或削弱。因此，不加区分地倡导满足消费者的一切需要显然是不适当的，正确的方法应当是区分消费者需要的不同形态，根据具体形态的特点，从可能性和必要性两方面确定满足需要的方式和程度。

4.1.5　需要对消费者行为的影响

消费者行为是消费者在满足消费需要过程中的一系列心理和生理活动的总称。需要直接影响消费者的心理和生理活动。

1. 需要对消费者心理的影响

（1）需要对消费者情感的影响。情绪或情感与人的需要有着直接的联系。凡是能满足人的需要的事物与现象，就能够使人产生满意、愉快等正面情绪，如优良的产品性能、新颖别致的商品设计、热情周到的服务等。反之，凡是不能满足人的需要或违背人现实需要的事物或现象，就会使人产生不满意、抵触、烦恼等负面情绪，如低劣的产品质量、不良的造型设计、杂乱无章的陈列或色彩搭配等。如果某些现象和对象在一定条件下不与人们的需要发生联系，人们就会漠然置之。例如，不少人对严肃音乐不感兴趣且缺乏了解，就可能对相关的宣传海报熟视无睹。当需要发生了变化，情感也会相应发生变化。

（2）需要对消费者意志的影响。人的意志活动是和行动的目的性相联系的，而行动的目的性又和人的需要相联系。也就是说，有了需要，才会确定满足需要的目标，然后靠意志努力去实现这一目标。这里有两层意思：一是消费者满足需要的购买行为过程中的意愿指向；二是需要目标的实现，有时要依靠意志来保障，即靠意志的努力克服购买中遇到的困难。

（3）需要对消费者兴趣的影响。兴趣和需要有密切联系，兴趣的发生和发展以一定的需要为基础。当消费者对某一商品或服务产生需要时，便会对与该商品或服务有关的信息加以注意，即对该商品或服务发生兴趣。兴趣不仅反映出消费者有需要，而且可滋生出新的需要。

（4）需要对消费者能力的影响。在购买活动中，消费者需要具备多种能力。比如，为了更好地识别并买到称心如意的服装，消费者购买时需要手的感觉能力，摸摸服装的质地是否精良；需要眼睛的视觉能力，观察服装的颜色色差是否满意；还需要同其他服装进行比较、分析，看看哪一种更好，更适合自己的需要。正是有了消费者的需要才使得这些能力得到培养和提高。

（5）需要对消费者认识的影响。需要对消费者认识的影响是明显的，尤其是对消费者知觉的影响。消费者需要对于他选择什么作为知觉对象，以及怎样理解和解释这些对象都大有影响。比如，一个饥饿的人看见模糊不清的东西，就容易感知为与食物有关的形象；对美的需要就会促使消费者注意那些包装精美的商品。由于人们的需要不同，对相同事物的认识也就不同，从而使得消费行为也不相同。个体意识到的需要强度决定消费者对客观事物的感知是主动还是被动。如果消费者对某商品或服务的需要强烈，那么他就会主动去感知这种商品或服务，并进一步提高认识水平；反之，消费者的感知就会很被动，往往是一晃而过，留不下深刻的印象。

2. 需要对购买行为的影响

小案例

海尔的营销维修人员在售后服务中了解到，由于四川的农民喜欢用洗衣机洗土豆、地瓜、甘薯等物，导致他们的洗衣机常常出故障。相关人员及时将产品信息反馈海尔总部，马上组织人员进行技术攻关，解决洗衣机不能洗土豆、地瓜等物的缺陷。不久后，四川各地出售的海尔洗衣机上都贴有"主要供洗衣服、土豆、地瓜、甘薯等物"的标签。洗衣机问世以来，其功能一直被定格在洗衣服上，从没人想到将其功能延伸到洗土豆、地瓜、甘薯等物。其实，洗衣机洗土豆、地瓜并不是什么不可攻克的科技难题。据报道，海尔公司攻克这道难题只用了几个月的时间，投入也不多。

分析提示：对于海尔集团来说，这并不费多大投入的产品革新，却给洗衣机这种"老产品"带来了新的生命，给消费者带来了很大方便，同时也给自己带来了无限商机。由此可见，生活中蕴藏着不少商机。只要我们没有条条框框的限制，一切从现实出发，一切从消费者的需要出发，就一定能从丰富多彩的社会生活中发现很多的商机。

（1）消费需要最终决定购买行为。尽管消费者购买行为的形成过程十分复杂，但它的产生和实现是建立在需要的基础上的，其基本过程是：

消费需要→购买动机→购买行为→需要满足→新的需要……

消费者由于受内在或外在因素的影响，产生某种需要时，就会形成一种紧张感，成为其内在的驱动力，这就是购买动机，它引发人们的购买行为。当购买行为完成，需要得到满足时，动机自然消失，但新的需要又会随之产生，再形成新的购买动机，新的购买行为。由此可见，消费者的购买行为是在其需要的驱使下进行的。从这个意义上讲，最终还是消费需要决定了购买行为。

（2）消费需要的强度决定购买行为实现的程度。一般情况下，需要越迫切、越强烈，则购买行为实现的可能性就越大；反之，消费者的购买行为就可能推迟，甚至不发生。例如，对于一个没有鞋子穿的人来说，第一双鞋的需要最强，也许他走进一家商店，只要看到他能穿的鞋就会买下来，对鞋的式样、颜色、价格、质量等要求并不高。但当他买了鞋以后，他对鞋的需要就不那么迫切了。这时，他如果还要买鞋，就要考虑价格、质量、式样等方面的因素，因而对购买行为的阻力加大，购买行为就不易发生。

（3）需要水平不同影响消费者的购买行为。恩格尔定律揭示，随着家庭收入的增加，人们在食品方面的支出占总支出的比重减小，用于文化、娱乐、卫生、劳务等方面的支出比重增大。这就说明不同消费水平决定了人们对各种不同商品有不同的需要，以此影响消费者的购买行为，使购买趋势发生变化。另外，处于不同消费水平的消费者，在购买同类商品时会出现较大的差异。例如，同是购买衬衣，消费水平较高的人可能花较多的钱购买一件高档衬衣，而消费水平低的人，可能花同样的钱买两件或三件低档的衬衣。

4.1.6　消费者需要的发展趋势

1. 消费者需求行为的一般发展趋势

（1）流行化消费。消费者越来越讲究消费时尚，注重品位和质量，许多产品将呈现流行化趋势。除了极富流行色彩的服装服饰以外，还有通信产品、轿车、电子电器产品、影视作品、文艺作品，甚至食品、饮料等都呈现出流行化趋势。

（2）商品大众化。流行化消费引起商品大众化现象出现。信息的快速传播和技术的不断进步，使得相当多的商品趋向大众化。商品在功能和外观形态上的差异日趋淡化，今天推出的新型服务方式，明天就可能成为标准化服务；今天还是新潮商品，明天就可能成为大众化商品。

（3）消费趋向品牌化。在市场上，一方面产品趋向同质化；另一方面，消费者的需要却趋向个性化。现代消费者的个性化要求越来越强烈，这种差异性需要很难通过物质产品本身满足，而更多是通过个性化的品牌来满足。在激烈的竞争中，个性化的品牌成为经营者树立形象和吸引消费者的一项重要措施。

（4）消费者倾向感性消费。消费者在消费过程中除看重其产品实质功能以外，也看重其附加价值。消费者需要从物质方面向精神方面转化，因此也更注重感觉和体验。

2. 消费者需要的发展与消费业的发展

可以说，消费业的发展，都是为了满足人们不断增长的物质和精神文化生活的需要。改革开放以来，随着市场经济体制的建立和不断完善，人们在满足了原有需要的基础上，新的需要不断产生。以消费者需要为出发点，除了厂商在各类商品的质量、功能、服务、新产品开发等方面不断提高完善以外，一些新兴的行业也不断涌现，特别是消费服务业。下面列举了一些与前述需要分类对照的新兴行业。

（1）满足生存需要的新兴服务行业，比如家政服务、搬家公司、装潢公司、职业介绍所、二十四小时便利店等。

（2）满足活动需要和发展需要的新兴行业，比如各种健身俱乐部、业余爱好俱乐部、各种培训中心等。

（3）满足交往需要的新兴行业，如婚姻介绍所、娱乐消费业（酒吧、网吧、卡拉OK厅、舞厅、茶楼等）等。

（4）满足成就需要的新兴行业，例如艺术创作公司、签约公司等。

4.2 消费者的购买动机

4.2.1 动机的概念与消费者动机的特征

1. 动机的概念

心理学中强调从"动机是引起行为的动力"的角度来研究它，往往把能引起个体活动、维持已引起的活动并促使活动朝向某一目标进行的内部心理倾向和动力称为动机。动机在需要的基础上产生，是指向行为的直接动力，是一种内在的、主动的力量，如图4-2所示。人只要处于清醒的状态之中，其从事的任何活动都要受一定动机支配。

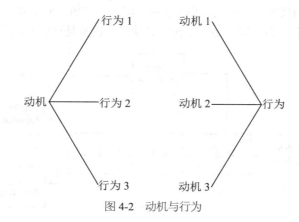

图 4-2 动机与行为

动机是引起行为的内在原因和动力，同样的动机可以产生不同的行为，而同样的行为又可由不同的动机所引起，这种情况在现实生活中经常见到。例如，同样是出于解除饥饿的动机，有的人选择买菜做饭，有的人选择到饭店里点菜点饭，有的人则更愿意去叫外卖。又如，同样是买一辆汽车，这种消费行为可能出于多种动机——节省交通时间，显示身份、地位，满足虚荣心等。

引起某一行为的动机往往并不是单一的而是混合的，甚至可能是相互矛盾的。在这种情况下，可能发生动机冲突。

现实生活中，每个人都同时具有多种动机。有些动机强烈、持久，是主导动机；有些动机微弱而不稳定，是非主导动机。一般来说，人的行为都是由其主导动机决定的。

2. 动机的产生及其影响因素

心理学研究表明，动机的产生除了以有机体的某些内在需要为基础外，诱因的存在也是一个重要条件。所谓诱因是指能够激起有机体的定向行为，并有可能满足其需要的外部条件或刺激物。例如，现在的商家都重视商品精美的包装，是因为精美的包装可以成为很好的诱因，它同顾客潜在的购买需要相结合，很容易转化为购买行为的直接动力。

在动机的产生过程中，需要与诱因是紧密联系在一起的。需要比较内在、隐蔽，是人行为积极性的重要内部源泉；诱因是与需要相联系的外部刺激物，可以分为正诱因和负诱因两种。正诱因使人采取积极的行动，即趋向或接近某一目标；而负诱因则产生消极的行为，即离开或回避某一目标。因此动机的产生一般是由内部需要或者欲望促使有机体产生驱力，这种驱力是无特定方向的一种力量，在碰到适宜诱因的情况下产生动机，指向行为活动的目标，如图 4-3 所示。

3. 消费者购买动机的特征

（1）原发性。动机是消费者受外界条件刺激或影响，以及个体主观需要所形成的心理倾向。不论引起动机的原因是什么，都是主体由于需要而产生的欲望。这种主体

87

欲望与现实世界的具体对象建立了心理联系，即成为动机。无论外界刺激如何变化，如果没有消费者主体的心理活动，则无所谓动机。这就是动机的原发性特征。

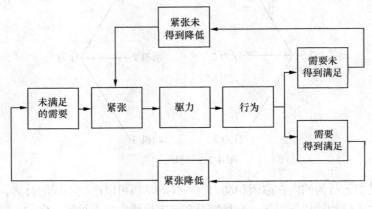

图 4-3 动机的形成机理

（2）内隐性。由于主体意识的作用，往往使动机形成内隐层、过渡层、表露层等多层次结构。而较复杂的活动常常使真正的动机隐蔽起来，这就是动机的内隐性。如某消费者购买钢琴，当别人问起时，他总说是为儿子学钢琴用，但真正的主要动机可能是显示自己的富有。

（3）实践性。动机不是意向，它已经与一定的作用对象建立了心理上的联系。所以，动机一旦形成，必将引起行为，这就是动机的实践性。因此，动机是消费者活动的推动者，有动机产生，就有人的行为活动。

（4）可引导性。消费者的动机是可以引导的。就是说，通过外界的刺激和影响，消费者的购买动机是可以发生变化的，这就是动机的可引导性。例如，消费者原不打算购买或不想很快购买某种商品，但由于受广告的影响，就产生了购买动机及购买行为。因此，生产者和销售者不仅应当满足消费者的需要，还应当引导和调节消费者的需要，使之产生购买动机。

4.2.2 消费者购买动机的作用与变化

1. 动机的作用

心理学认为，动机在激励人的活动方面具有下列作用。

（1）始发和终止作用。动机是人们行为的主动力与根本原因，具有引发个体活动的作用。动机能够引起行为，驱使消费者产生某种行动。当某种动机得到满意的结果，如消费者某方面的需要获得满足之后，便会中止有关的具体行动。但在通常情况下，一个动机获得了满足，另一个动机又继之而起，发动新的行为过程。

（2）导向作用（或选择作用）。动机不仅能引起行为，而且还能使行为指向一定的方向，具有调节、定向和选择的作用。个体消费者可以同时具有多种动机，但这些活动中，有些目标一致，有些相互冲突。如果不能同时满足，它们之间就会发生竞争，竞争的结果是某种最强烈的动机使行为在一定范围内朝向特定的方向，选择性地决定目标，即首先满足人们最强烈、最迫切的需要。当强度高的动机满足后，其他与其竞争的动机便由弱变强，成为行为的决定因素。

（3）维持作用。动机的实现往往要有一定的时间过程。在这个过程中，动机可以贯穿于某一具体行动的始终，不断激励人们，直至动机实现。

（4）强化作用。动机使与其一致的行为加强，反之减弱。满足动机的结果能够保持和巩固行为，叫做"正强化"；反之，减弱和消退行为，叫做"负强化"。在商品经营中，良好的商业信誉和优秀的产品质量，往往会使消费者产生惠顾动机，强化光顾和购买行为。反之，则会导致消费者的不满，从而拒绝光顾和购买。

▌小案例▐

目前在国内外的零售商店中有很多名称各异的廉价商店。比如，美国纽约的"99商店"专营日用杂品、家用小五金等，所有商品均定价99美分。我国昆明有家商店经营各种小工艺品，全部定价0.19元，广告用语是："1角9，任君求"。其他还有2元店，8元店，10元店等。这些商店的经营状况一般都不错，靠薄利多销，利润也算不低。这些廉价店的目标顾客是谁？利用了目标顾客的什么心理？

分析提示：

（1）要抓住顾客的心，必须了解顾客的购买动机。购买动机是推动消费者采取购买行动的内部驱动力。它由两个条件引起：一是内在条件——需要；二是外在条件——诱因。了解顾客的购买动机一要了解顾客是否需要，二要利用诱导手段诱导消费者产生需要。廉价商店就是利用廉价二字吸引消费者的。因此廉价店的目标顾客是以注重商品价格低廉，希望以较少支出获得较多利益为特征的消费群体。

（2）具有这种动机的消费者，选购商品时会对商品的价格进行比较，在不同品牌或外观质量相似的同类商品中，会尽量选择价格较低的品种。这类消费者喜欢购买优惠品、折价品或处理品，有时甚至因价格有利而降低对商品质量的要求。本案例中廉价商店主要运用了消费者追求廉价购买动机的消费心理，从而使这些廉价商店的经营状况一般都不错。

---

2. 消费者动机的变化

当动机引导、激励消费者进行各种活动时，其活动过程并不是一帆风顺的，常常会发生变化，因而对消费者的行为就会产生各种不同的影响。

（1）动机的满足。一旦产生动机的需要得到了满足，它就不再是行为的动机，这时就会有新的动机产生，支配消费者的行为。

（2）动机的受阻。动机形成后，消费者进行活动，却没有达到目的时，称为动机受阻。其动机强度可能降低，也可能上升。这时动机对行为的推动作用往往和需要结合起来，需要迫切，动机强度上升，消费者会加速购买行为；反之，则会放弃购买行为。

（3）动机的更替。当某一动机在激励消费者进行活动时，一种强度更高的动机可能出现，这时消费者可能为满足后一种动机而暂时放弃前一种动机，这就是动机的更替。例如，消费者原打算到商店购买一件衬衫，但却遇到式样别致、颜色漂亮的连衣裙，于是立刻产生了要购买连衣裙的愿望。在新的动机支配下，她放弃了购买衬衫的动机，而购买连衣裙。这种情况在消费者购买活动中经常出现。

（4）动机的冲突。在进行有目的的活动中，消费者经常同时出现两个或两个以上的动机。当两种以上的动机无法确定哪一种占优势地位，或无法同时满足时，消费者难于做出购买决策，这种心理状态称为动机冲突。消费者购买动机冲突通常有三种情况：双趋冲突、双避冲突、趋避冲突。因此，应采取各种积极措施，消除消费者的动机冲突，诱导购买行为的发生。如图 4-4 所示。

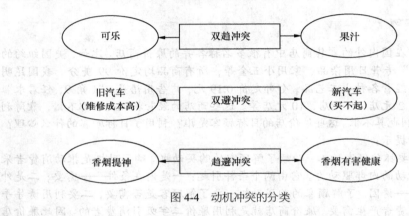

图 4-4　动机冲突的分类

4.3　购买动机的相关理论

关于消费者购买动机的问题，有着各种各样的理论，这些理论在今天理解消费者的购买动机，依然有着很好的借鉴作用。随着社会的发展进步，这些理论也在不断地变化和发展。以下仅就几个典型的购买动机理论做阐述，给营销者提供启迪和帮助。

近代的动机理论更是多种多样，其中比较有代表性的主要有以下几种。

4.3.1　本能论

W·麦独孤是本能论的代表，他列举了人的十几种本能。他主张本能是天生的倾向性，即对某些客体格外敏感，并在主观上伴随着一种特定的情绪。他认为本能是一种有目的的行为，虽然由于学习，引起本能行为的外界情景的性质可以改变，某些行为反应的模式也可以调整，但本能的核心情绪却是不可以改变的。本能论在 20 世纪初叶风靡一时，据伯纳德 1924 年计算，当时提出的有上千种本能，实际上是有什么行为便有什么样的本能与其相应。例如战争是由于好斗的本能，聚敛是由于储蓄的本能。这样的解释显然只是在文字上翻筋斗，因此遭到广泛的抨击。

本能与学习相结合的动机理论。

巴甫洛夫的无条件刺激的强化作用和桑代克的效果律，以及华生的后天习得说，都在肯定本能作用的基础上，重视了练习的效果。斯金纳的操作条件反射理论强调强化的作用，认为任何活动只要随后紧跟着积极的奖励便得到强化，没有奖励，活动便会消失。斯金纳认为本能是一种不能验证的假设，因此他根本否认这个概念。

4.3.2　精神分析学说

弗洛伊德认为人有两大类本能：一种是生存本能，如饮食和性等；另一种是死亡本能，如残暴和自杀等。但这两种本能在现实生活中都不能自由发展，而常常会受到压抑。这些被压抑下去的无意识冲动在梦、失言和笔误等以及许多神经症状中会显露出来，在日常生活中也会以升华或其他文饰的方式出现。

弗洛伊德用本我、自我和超我 3 个层次来解释心理的动力关系。这样，弗洛伊德的无意识动机也就从强调本能转移到了注意社会因素的影响。这种动向，在新精神分析的许多学派中成了动机理论的核心。

4.3.3　驱力理论

1. 驱力理论的基本观点

所谓驱力就是指当有机体的需要得不到满足时，便会在有机体的内部产生所谓的内驱力刺激，这种内驱力的刺激将会引起一定的反应，而这种反应的最终结果则是有机体进行一定的行动，使需要得到满足。简单地说，是由个体生理或心理的匮乏状态所引起的，并促进个体有所行为的促动力量。

美国学者霍尔（Hull）提出的 $E = D \cdot H$ 公式实际上反映了驱力理论的基本观点。公式中，E 表示从事某种活动或某种行为的努力或执着程度，D 表示驱力，H 表示习惯。

霍尔的公式表明，消费者追求某种产品的努力程度将取决于消费者由于匮乏状态而产生的内驱力，以及由观察、学习或亲身经历所获得关于这一产品的消费体验。霍尔特别强调建立在经验基础上的习惯对行为的支配作用。他认为，习惯是一种习得体验，如果过去的行为导致好的结果，人们有反复进行这种行为的趋向；过去的行为如果导致不好的结果，人们有回避这种行为的倾向。

2. 对驱力理论的评价

驱力理论是建立在体内平衡原理基础上的，当个体因物质和能量失衡产生内在需要时，驱力促使他采取行动满足需要，消除紧张。一旦某种行为能有效地消除紧张，该种行为便为个体所习得，从而使个体在下一次面临同样紧张状态时，会产生类似的行为反应。

然而，驱力理论也不是没有局限的，这突出表现在两个方面：一是在缺乏驱力的情况下，有机体仍可能从事某种行为，这一点似乎是驱力理论无法解释的。比如，在并不感到饥饿的情况下，仅仅闻见食物的香味，或听到电视里对美味的描述就可能导致吃喝动机。二是生活中的大量证据表明，生物有机体，尤其是人有一种不懈追求外部刺激的倾向，如登山、探险、猎奇等等。这类现象也是驱力理论难以解释的。迄今为止，针对上述两个问题分别发展起了各式各样的理论，其中诱因论和适度兴奋论最具有代表性。

4.3.4　期望理论

1. 期望理论的基本观点

北美著名心理学家和行为科学家维克托·弗鲁姆于 1964 年在《工作与激励》中提出了期望理论，或称为"效价—手段—期望理论"。

弗鲁姆认为，人总是渴求满足一定的需要并设法达到一定的目标。对于同一目标，由于各人所处的环境不同、需求不同，其需要的目标价值也就不同。同一个目标对每个人可能有 3 种效价：正效价、零效价、负效价，当正效价越高时，激励力量就越大。这个目标在尚未实现时，表现为一种期望，目标对个人的动机是一种激发的力量。因此，激发力量的大小，取决于目标价值（效价，valence）和期望概率（期望值，expectancy）的乘积用公式表示为：

$$M = V \times E$$

式中，M（motivation）表示激发力量，是指调动一个人的积极性，激发人内部潜力的强度；V 表示效价，这是一个心理学概念，是指达到目标对于满足个人需要的价值；E 表示期望概率，是人们根据过去经验判断自己达到某种目标的可能性是大还是小，即能够达到目标的概率。

弗鲁姆的期望理论的基本观点可以归纳如下。

（1）目标对人们激发的力量的大小，取决于目标价值和期望概率的乘积，当目标价值越大且期望的概率很高时，激励的力量便会很大。目标价值大小直接反映人的需要动机强弱，期望概率反映人实现需要和动机的信心强弱。

（2）弗鲁姆提出了怎样才能使激发力达到最好值的期望模式，即个人努力—个人成绩（绩效）—组织奖励（报酬）—个人需要。在这个期望模式中需要兼顾三个方面的关系。

（3）由于人们对某一目标的效价和期望值不尽相同，所以对于不同人来说，效价和期望值之间就可能有多种不同的组合形式，并由此产生不同的激励力量。一般来说，如果效价和期望值中有一项不高，那么目标的激励力量就不大。只有效价和期望值都很高时，才会有较高的激励力量。

2. 对期望理论的评价

期望理论认为，行为大部分是由对想达到的结果的期望——正诱因来牵引的，而不是受内部的推动。消费者选择一个产品或品牌，放弃另一个产品或品牌，是因为期待着这种选择能带来更积极的结果。在期望理论中，驱力是内在生理需要与主观认知的合力，行为是生理驱动与认知驱动共同作用的结果。

在现实生活中，期望理论，对消费者进行有效促销等方面，具有现实的启迪意义。首先，按照期望理论，激发力 = 效价 × 期望值，而促销就是提供一种激发力，其前提是在消费者满意的条件下，所以期望值不应当高于消费者购买后实际感受到的，促销真正发挥作用的应当是效价，应当在效价上做文章。

但是，期望理论也有一定的局限性，它的局限主要在于模式太过理想化，在现实生活中，影响激励的因素不仅只有效价和期望两方面。

4.3.5　认知失调理论

1. 认知失调理论的基本观点

认知失调理论是认知一致性理论的一种，最早是由美国社会心理学家里昂·费斯廷格提出来的。费斯廷格认为，在一般情况下，人们的态度与行为是一致的，但有些时候态度与行为也会出现不一致。所谓的认知失调，是指由于做了一项与态度不一致的行为而引发的不舒服的感觉，例如，尽管有些人很讨厌去讨好别人，但为了得到某些利益，他或许就有可能去刻意地恭维他人。

在态度与行为产生不一致时，常常会使人产生心理上的矛盾感和紧张感，进而会促使人们想办法采取一定的措施去克服这种矛盾感和紧张感。

费斯廷格的认知失调理论的基本观点可以归纳如下。

（1）认知失调是指一个人的行为与自己先前一贯的对自我的认知（而且通常是正面的、积极的自我）产生分歧，从一个认知推断出另一个对立的认知时而产生的不舒适感、不愉快的情绪。

（2）该理论的核心假设要点有两点。第一，失调的存在，促使人们去减少失调，最终实现协调；第二，减少失调压力的大小，是已有失调程度的一个函数。

（3）为了克服这种由认知失调引起的紧张，人们需要采取多种多样的方法，以减少自己的认知失调。例如，改变态度、增加认知、改变认知、减少选择感、改变行为等。

（4）减少失调的效果，将受到两方面影响。第一，在失调中所涉及的认知元素对改变的抵制；第二，那些能提供新的、与现有认知相协调的认知元素的信息的可获得性；第三，能提供新的、与现有认知相协调的认知元素的其他人的可获得性。

2. 对认知失调理论的评价

费斯廷格提出的认知失调理论是认知一致理论中具有代表性的理论，是一种阐释人的态度变化过程的社会心理学理论，在 20 世纪 50～60 年代，成为西方社会心理学研究领域中最有影响的理论之一。

认知失调理论认为人的行为都是有目的性的，以有意识的目的为基础，如果人们预期得不到好处，那么他的行为动机就不会太明显，也无须再做任何的努力。这些观点在现实生活中具有一定的局限性。

4.3.6　马斯洛需要层次理论

马斯洛需要层次理论是研究人的需要结构的一种理论，是美国心理学家马斯洛所首创的一种理论。他在 1943 年发表的《人类动机的理论》一书中提出了该理论。

人有一系列复杂的需要，按其优先次序可以排成梯式的层次，其中包括四点基本假设：已经满足的需求，不再是激励因素。人们总是在力图满足某种需求，一旦一种需求得到满足，就会有另一种需要取而代之。大多数人的需要结构很复杂，无论何时都有许多需求影响行为。一般来说，只有在较低层次的需求得到满足之后，较高层次的需求才会有足够的活力驱动行为。满足较高层次需求的途径多于满足较低层次需求的途径。

马斯洛理论把需求分成生理需求、安全需求、社交需求、尊重需求和自我实现需求五类，依次由较低层次到较高层次。

生理需求：对食物、水、空气和住房等需求都是生理需求，这类需求的级别最低，人们在转向较高层次的需求之前，总是尽力满足这类需求。

安全需求：安全需求包括对人身安全、生活稳定以及免遭痛苦、威胁或疾病等的需求。和生理需求一样，在安全需求没有得到满足之前，人们唯一关心的就是这种需求。

社交需求：社交需求包括对友谊、爱情以及隶属关系的需求。当生理需求和安全需求得到满足后，社交需求就会突出出来，进而产生激励作用。

尊重需求：尊重需求既包括对成就或自我价值的个人感觉，也包括他人对自己的认可与尊重。

自我实现需求：自我实现需求的目标是自我实现，或是发挥潜能。达到自我实现境界的人，接受自己也接受他人。

4.4　消费者动机的激发

人类的基本需要及好奇心等是人们产生消费行为的内在动力，也可以说是主观条件，但如果不具备一定的客观条件，人们的消费行为最终也不会发生。因此，从市场营销工作的角度来讲，不仅要了解人们的消费行为产生的主观原因，还要了解影响消费者购买动机的外在因素及如何激发消费者的购买动机。

4.4.1　影响消费者购买动机的因素

影响消费者购买动机的外在因素很多，这里主要介绍三个方面。

1．商品本身的因素

由于消费者具有不同的爱好、兴趣、个性和经济条件，因此，在购买过程中所表现出来的购买动机也是多种多样的。但是，所有的动机都是在外部刺激之下产生的，并有一定的目标指向，这就是特定的商品和服务。不同的商品特征与一定的购买动机是有内在联系的，商品的功能直接决定消费者的购买动机。从消费者对商品的期望和要求可以看出他们的购买动机，同时从市场销售的各种商品的畅销程度也可以分析、判断出消费者比较集中的购买动机。商品功能的设计上（包括核心价值功能、附加功能和衍生功能）就是要尽量满足目标市场上顾客的需要，因为受市场欢迎的商品一定与消费者的购买动机相吻合。

2. 影响消费者购买动机的社会因素

社会因素主要指一个国家或地区的经济状况、文化因素及社会风气等。

首先，一个国家或地区的消费水平同这个国家或地区的经济水平成正比。只有当整个国家或地区的经济发达时，人们才有足够的购买力。因为任何人的消费行为都需要有一定的经济基础，有支付各种费用的能力。特别是对于一些高消费活动来说，这种经济基础就显得更重要。比如，对于一个旅游爱好者来说，当他的经济收入仅能够维持其基本生活需要时，那么他就不会有更多的财力去支付旅游的开销，也就不能产生外出旅游的动机。经济越发达，国民收入越高的国家和地区，外出旅游的人数就越多；反之就越少。有关统计资料表明，当一个国家或地区的人均国民生产总值达到800 美元～1 000 美元时，国民将普遍产生国内旅游动机；达到 4 000 美元～1 0000 美元时，将产生国际旅游动机。

其次，文化因素可以影响消费者的购买动机。比如，消费者的文化背景不同、所受的教育程度不同，会影响人们对不同品位商品的偏好。另外，随着大众传媒在社会生活中的影响越来越大，它在指导消费、引领时尚方面时时激发着消费者的购买动机。

最后，社会风气也能影响人们的消费动机。同事、朋友、邻居的消费行为往往能够相互感染，或者形成相互攀比心理，使人们产生同样的消费冲动，形成一种效仿消费行为。

此外，消费习俗、参照群体、观念定势、消费理念等社会因素都可以对消费者的购买动机产生影响。

3. 影响消费者购买动机的自然因素

在研究消费者的购买动机时，还有一个不可忽略的因素就是自然因素。自然因素包括的范围很广，既有民族和种族因素，又有地理因素、性别因素、健康因素，甚至体形因素也会对购买动机产生影响。从地理因素来说，比如，我国南方与北方相比，南方潮湿、温暖、四季变化差异不太大，而北方冬季较长、比较干燥、四季变化比较明显，因此，南、北方人在穿、吃、家具等消费方面存在一定的差异。再比如，健康因素也可以影响人们的购买动机。一般地说，身体健康的人或不受遗传病、地方病、职业病等威胁的人，在他们的消费结构中用于保健、安全、药品等方面的费用支出较少，他们也较少有购买这方面商品的动机；反之，则会在保健、药品等方面的费用支出较高，而且他们还要为此积蓄一笔资金，以备将来之需。

4.4.2　消费者购买动机的激发

激发消费者的购买动机，就是要通过提高人们的消费积极性，刺激消费者的兴趣，以促使潜在消费者积极地参与到消费活动中去。因此，企业只有从积极有效地宣传、努力开发有特色的商品、提高服务质量、注重市场购物环境等方面入手，才能有效地激发消费者的购买动机。

1.　注重开发有特色的商品

引用赫兹伯格的双因素论分析，当某种商品的质量、性能、价格等因素能得到满足时，消费者只能处于没有不满意状态；而消费者真正对商品感到满意的是该商品具有的激励因素，如赋予商品某种情感、设计独特、风格优雅等。因此，企业在设计与开发新产品时，要注意突出商品的个性，以商品本身的吸引力来打动消费者。

2.　充分利用广告宣传，向消费者传递信息

广告宣传是最常用的营销手段之一，特别适用于强化企业和消费者之间的信息沟通，高效率地向目标顾客传递有关企业和商品的信息。广告包括广告内容采取哪种形式。广告媒体都要通过文字、图像、色彩、音乐等向消费者传递商品信息，使广告诉求具有吸引力，唤起消费者的兴趣，激发他们的购买欲望。

通过商品广告激发消费者的购买欲望，要注意广告宣传的核心内容是什么。一般来说，广告宣传的核心内容主要包括产品性能、品牌形象、服务特色及价格优势等。比如，价格广告的核心是通过广告宣传传播有关产品价格的信息，激发消费者求廉、求实的动机，提高购买欲望。

3.　利用购物环境和销售人员的服务对消费者购买动机的诱导作用

消费者都是带有一定动机和欲望走进商店的，但进商店的消费者并没有全部实现购买。据日本三越百货公司的调查，进店的顾客只有 20%发生购买行为。这是由于消费者的欲望有两种：一种是"意识的欲望"，即有明确购买目标的消费者；另一种是"潜在的欲望"，即没有明显意识到需要某种商品因而没有做购买预定的消费者。有潜在欲望的消费者，常常由于外界的刺激，潜在的欲望被激发，使他由一个看客变为一个买者。据日本三越百货公司调查，在顾客的购买行为中，有 29%来自"意识的欲望"，有 71%来自于"潜在的欲望"。使消费者在商店里完成由潜在欲望到意识欲望的，与多种因素有关，主要是营销员的仪表、神态、语言及服务等因素，也和购物环境、人流量大小、灯光装饰、商品陈列等因素有关。

4.5　消费者购买动机的类型与表现

4.5.1　消费者购买动机的类型

消费者购买动机的表现十分复杂细微，在有些情况下又表现得非常隐蔽，不易

猜测。但作为购买群体，购买动机又呈现一定规律性，掌握这些规律性然后进行分析。可以从不同的角度，用概括的方法对消费者的购买动机进行分类，一般分为三大类。

（1）生理性购买动机。生理性购买动机主要是先天的、生理的因素所引起的，主要有维持生命延续的动机、保护生命的动机、延续后代的动机和性的动机。

①　维持生命延续的动机。人们为了求得生存，必然产生购买基本生活必需品的动机，食品、服装、住宅等必要的生活资料，以及为获得生活资料而需要的劳动资料的购买，都是在维持生命延续动机的作用下产生的。

②　保护生命的动机。生命对每一个自然人而言都是最宝贵的，没有生命，一切都无从谈起。现实生活中的人们为了能够使自己的生命安全得以保障，并能够逐步提高日常的生活质量、生活舒适度，便产生了购买保健食品、药品、家庭防盗设施，以及家庭、人身保险等动机。

③　延续后代的动机。每个家庭都希望拥有一个聪明健康、活泼可爱的孩子，在此种动机的支配下，人们便会购买婴儿食品、生活用品，以及子女生活、学习的各种商品。

（2）心理性购买动机。心理性购买动机主要是在后天的社会交往中产生或由个体精神需要所引起的，这类动机在实现的途径上，个体之间差异较大。心理性购买动机主要包括情感动机和理智性动机。

①　情感动机。人们为了满足情绪、情感、兴趣、爱好、审美、道德等人类高级需要而产生的购买动机。

②　理智性动机。人们建立在对商品的理性认识的基础之上，通过学习和对知识与经验的积累，形成理智的需要而产生的购买动机。

（3）社会性购买动机。社会性购买动机指消费者由于受到所处的社会自然条件、民族文化背景、政治经济水平、风俗习惯、宗教影响等社会因素引发的消费动机。

4.5.2　消费者购买动机的表现

（1）求实购买动机。这是以注重商品和服务的实际使用价值为主要目的的购买动机。具有这种动机的消费者在购买商品或服务时，特别注重商品的实际效用、功能质量，讲求经济实惠、经久耐用，而不太追求商品外观、造型、色彩、包装或者品牌知名度等。这类消费者在选购商品时大都比较认真细致，受商品外观和广告影响较小。随着人们消费水平的逐步提高，人们的消费习惯、方式有了变化，但求实购买动机仍然是基本的动机并普遍存在。产生这种动机的原因主要有两方面：一是人类生活的基本性质和方式决定了需要的基础性，即使再追求高档享受和虚荣的人也有基本需要，而且其基本需要仍要首先得到满足。二是受传统消费观念和消费习惯的影响，人们崇尚节俭、精打细算、讲求实用、鄙视奢华，从而也促成求实动机的产生。此外，求实购买动机还受人们所购商品的影响。一般来说，购买基本生活资料时，其实用性要求较高；而购买享受资料时，则对其实用性要求降低，求实动机表现得不明显。

（2）求新购买动机。这是以注重商品的新颖、奇特、时尚为主要目的的购买动机。具有这种动机的消费者在购买商品时，特别注重商品的外观、造型、式样、色彩搭配、包装、是否流行等特征，追求新奇、时髦和与众不同，而对商品的使用价值、价格、功效等却考虑不多。具有这种动机的消费者主要集中于两类群体，一是高收入阶层，他们有足够的经济实力去追求商品的新颖、独特；二是富于幻想、接受新思想快的青年群体，他们受广告宣传和社会环境的影响较大，是时装、新式家具、新款手机及各种新式商品的主要购买者。

（3）求便购买动机。这是指消费者以追求商品购买和使用过程中的省时、便利、快捷为主导倾向的购买动机。具有这种动机的消费者正越来越多，这是众多商家、店铺、超市选择建在居民区密集地带，以方便消费者购买生活日用品的一个重要原因。具有这种动机的消费者特别在意能否快速方便地买到商品，讨厌过长的等候，要求购买的商品便于携带、便于使用和维修。他们购买商品就会选择距离自己的居住地较近、购物方便、不用长时间等候的便利店，而且进商场购物往往具有明确的目的性，希望购买到所需商品后尽快离去。

（4）求美购买动机。这是以注重商品的欣赏价值和艺术价值为主要目的的购买动机。具有这种动机的消费者在购买商品时，特别注重商品对人体的美化作用，对环境的装饰作用，对其身份的表现作用，以及对人的精神生活的陶冶作用，追求商品的美感带来的心理享受，因此对商品的造型、色彩、款式、艺术欣赏价值格外重视，"美"是他们最重要的要求，而对商品的价格不太看重。在知识分子阶层、文艺界人士中，具有这种动机的人比较多。他们往往是高级化妆品、首饰、工艺美术品和家庭高档用品的主要购买者。

（5）求廉购买动机。这是以注重商品价格低廉、希望付出较少的代价而获得较多物质利益为主要特征的购买动机。这类消费者对价格特别重视，对价格变化的反应格外敏感，喜欢选购处理价、优惠价、特价、打折价的商品。具有这种购买动机的人，以经济收入较低的人为多。这与消费者本身的经济条件有关，但也不是绝对的。

（6）求名购买动机。这是一种以追求名牌商品或仰慕某种传统商品的名望为主要特征的购买动机。这种消费者对商品的商标、牌号特别重视，喜欢选购名牌产品。此外，这种动机在旅游观光者中表现得比较突出。多数旅游观光者都喜欢在浏览名胜古迹的同时，选购一些反映当地风格特点的土特产和风味食品。对于外国游客来讲，具有中国民族特色的商品对他们有很强的吸引力，往往能激起他们强烈的购买欲望。

（7）储备购买动机。这是以占有一定数量的紧俏、贵重商品为目的的购买动机。当市场上某种商品供不应求出现脱销或者限量购买时，他们便尽可能地多买多储以备将来消费需要。商品价格的波动、为了取得中间差价进行购买储存，低价买进、高价卖出也会促使消费者产生这一动机。

（8）自我表现购买动机。这是一种以显示地位、身份和财富为主要特征的购买动机。这类消费者在选购商品或从事其他消费活动时，不太重视消费支出的实际效用，而格外重视由此而表现出的社会象征意义。具有这类动机的人，商人和社会各界名流中比较多见。

（9）好癖性购买动机。这是一种以满足个人特殊爱好为目的的购买动机。有些人特别偏好某一类型的商品。例如，有些人喜欢运动，有些人喜欢摄影、集邮等。因此，他们会经常购买与其嗜好、兴趣相关的商品。好癖性消费行为一般比较稳定集中，具有指向性与连续性的特点。

（10）惠顾购买动机。这是一种以表示信任而购买商品为主要特征的购买动机。消费者从经验或印象出发，对某种商品、某个厂家、某个商家等产生特殊的好感，信任备至，在购买中非此不买。具有这种动机的消费者是企业最忠实的支持者，他们不仅经常光顾，而且会在其他消费者中起宣传、影响作用。企业应当在自己的经营中努力培养消费者的惠顾动机，不断争取更多的固定消费者。

（11）习惯性动机。这是指消费者由于长期形成的消费习惯而购买商品，是一种较为重要的购买动机。有的人对某种或几种品牌的商品保持稳定的购买习惯，有的人对特定的商品类型保持稳定的消费习惯，还有人对具有某种特性、外形、色彩的商品，保持稳定的购买习惯。

以上列举的仅是现实生活中常见的一些消费者动机。需要指出的是，消费者仅由一种动机而采取行动的情况在现实生活中为数不多，而通常是多种动机共同作用的结果，因此不能孤立地看待上述各种动机。而且各种动机之间也有相关性，某种动机可能引起、带动另外的动机。由几种不同动机混合而成的综合动机中，各种动机的成分比例与细微偏差也各不相同。因此在分析消费者购买行为背后的动机时，应考虑多种复杂因素，否则就无法做出准确的预测。

4.5.3　消费动机与行为的关系

当消费动机实现为消费行为的时候，有些消费动机直接促成一种消费行为，而有些动机要促成多种消费行为的实现，也有可能在多种动机的支配下才促成一种消费行为，因此动机与消费行为之间不完全是一一对应的关系。

人们在饥饿、口渴等状态下，主导动机一般只有一个，即尽快地摄取食物或水分，满足充饥与解渴的生理需要，所促成的消费行为即直接购买食品或饮料。在这种情况下，消费动机与消费行为之间一般表现为一一对应关系。而稍微复杂一点的消费行为，动机与行为之间会出现多重关系。

在消费动机向行为转化的过程中，任何影响、干扰、阻碍、限制消费动机向前发展的因素都称为消费阻力。对于市场营销人员来说，研究消费阻力如同研究消费动机一样重要。在具体的研究工作中，消费阻力研究与消费动机研究是紧密联系在一起的。

消费阻力主要分为内、外两大部分。内部阻力是指消费者自身对动机实现的压制，比如信息太少可能产生的产品风险知觉，以及收入水平低、购买力不足、家庭经济负担重等经济原因产生的动机压抑、消费回避等心理因素。外部阻力是指商品质量和功能、服务及相关因素不符合消费者的期望，或商品与服务本身假冒劣质，消费者自我阻止了消费行为的发生。

如何了解和消除或减弱消费阻力是我们营销商品工作的重要内容。

4.6　消费者购买决策心理

消费者对生活中出现的问题，要根据自己的实际需要确定选择方案，具体确定为什么购买、谁来买、买什么、什么时候买、到哪儿去买、怎样购买，这个决定的过程就是购买决策过程。决策一般应具备如下几个方面的条件。

（1）决策是为了达到某一既定目标。

（2）有几种可供选择的方案。

（3）存在着多种影响方案实施的客观情况。

（4）各种方案在不同情况下出现的效果或盈亏能够估算。

因此消费者购买决策是指在为满足消费者特定需要这一目标指向下，消费者作为行为主体，在购买过程中所进行的评价、选择、判断、决定、购买及买后比较等一系列活动过程。从一定意义上讲，购买行为的全过程实质上是消费者不断进行决策的过程。消费过程中消费者对待商品和服务的态度作为一种心理准备状态，每时每刻都在影响着购买决策过程。

4.6.1　消费者购买决策理论

在解释消费者购买决策方面有多种理论，下面主要介绍四种，这四种学说均起源于美国，在传入我国之后，国内专家、学者与管理人员按本地市场情况进行了修正。

1. 消费者介入理论

20世纪60年代，美国的消费行为专家提出了"消费者介入"这个概念，即消费者主观上感受客观商品、商品消费过程，以及商品消费环境等与自我的相关性。主观上对这些因素的感受越深，表示对该商品的消费介入程度越高，称为消费者的"高介入"，该商品则为"高介入"商品，反之则称为消费者的"低介入"和"低介入商品"。

消费者的介入是购买决策中的心理活动，影响到消费者对商品信息的搜集、对商品性能的认识，并且最终影响到消费者对该商品的态度。因此研究消费者的介入现象，可以从侧面反映消费者对于商品的认知及态度。这一原理也可以反过来解释，即从消费者的态度及认知程度，可以反映出消费者对商品的介入状态。

"消费者介入"这个概念为消费者心理行为研究提供了一种新的思路。企业感兴趣的是,消费者为什么购买了别的品牌而不购买本公司品牌? 消费者决策中到底考虑什么内容? 有了"消费者介入"这个概念,可以从商品类型、信息渠道、介入深度等角度来分析消费者决策,并预测可能出现的购买行为。但总的来说,消费者介入这一学说主要停留在概念使用阶段,进入量化研究的难度较大。

2．边际效用理论

边际效用理论是西方经济学家提出的一种理论,现在已经应用于消费者决策及其行为分析中。概括起来表述如下:当人们消费商品的时候,追求商品带来的最大满意度是人们消费商品的目的和愿望;随着消费品数量的增加,给消费者带来的总的满意度也在增加;在总的满意度增加的同时,每一单位商品给消费者带来的满意度却在减少。比如市场上水果供应量大增,使消费者总体满意度增加;但每增加一单位水果的消费,对于消费者个人来说其满意度增加值却在降低。

从消费者边际效用递减的现象中,市场营销人员应该得到一些启发,开发商品、占领市场一定要用长远的、动态的眼光来看待消费者。一种商品一经开发并投放市场,经营管理者要迅速做好开发下一代新产品的准备,因为不管你的商品如何好、市场占有率如何高,消费者对新商品的适应、对旧商品出现消费心理边际效用递减的现象是不可避免的。一旦消费者体验出现边际效用递减,消费者会从心理上逐渐厌弃这种商品,主动寻找新的、感兴趣的商品,经营者如果不想方设法开拓市场,就会被同类商品的竞争对手夺走消费者。

3．风险知觉理论

消费者在购买商品的时候,经常会面临一些两难的问题:即购买商品带来满足,同时也会带来一些不愿意、不希望的损失或者潜在的危险,甚至会带来一些现实的伤害。这些损失、危险性甚至伤害被消费者清楚地认识到,就是消费者的风险知觉。由于清楚意识到消费商品会带来损失、危险甚至伤害,消费者会尽量减少或避免这些不希望出现的后果。比如,逐渐普及的健康食品知识使很多消费者尽量避免购买那些过多使用色素的颜色亮丽鲜艳的加工食品。

消费者购买前了解到消费商品的风险,必然要尽量减少或消除这种风险。消费行为专家发现,人们减少、消除风险知觉的方法有五种:一是尽量全面地搜集与商品有关的信息;二是尽可能地听取别人的参考意见;三是尽量选择那些知名度高、产品形象和企业形象都很好的商品;四是保持原有的消费行为与品牌忠诚;五是采取从众型购买行为。比如,一位消费者因看到有关某种劣质奶粉的报道,害怕也碰到类似的情形,十分关注并搜集那些经检验合格的优质奶粉品牌信息,然后坚持选择购买其中某种他感到可信的品牌。

4．认知决策学说

这一学说是从认知的角度来解释消费者的决策过程,这一学说强调影响消费者行为内外因素的整体性,而不是仅仅从某一个方面来解释消费者的决策。

当消费者接收到商品信息之后,要经过一个知觉选择的过程才能引起注意;并且不仅消费者的人格、能力、态度、价值观等企业不可控因素影响信息的接收和选择，信息的内容、结构、技巧、发布信息的传播者等企业可以控制的因素也影响信息的接收和选择。消费者对于已经接收到的信息要经过一个记忆、储存的阶段，形成相应的态度，并与个人的行为准则、社会的行为准则等因素一起，整合为购买商品的决策。

从认知的角度来解释消费者的决策，包含有现代心理学和行为学的概念，比较切合于当代消费者的实际状况。这一学说在分析影响消费者的内外因素时，包含的因素比较全面。研究人员使用相应的数学模型与分析技术，可以发现每一要素与消费者最终决策之间的相关性，因此这一学说具有较强的实践操作性。该学说的不足之处，是它带有一定的"以产品为中心"时代的印记，消费者决策过程没有包含消费者的体验与反馈等内容。

4.6.2 消费者购买决策类型

在日常生活中，消费者的购买决策是多种多样的，不仅在不同的消费者之间购买决策存在着差异，就是在同一个消费者身上，在不同条件下其购买决策也存在着差异。消费者的购买决策方式与购买决策类型有关。划分购买决策类型有多种方法。

1. 按照购买决策内容划分

（1）购买原因决策：主要解决为什么要买的问题。比如，为了兴趣爱好，还是为了实际需要；因为价格下调，还是新产品上市等。

（2）购买目标决策：主要解决买具体商品的问题。比如，对产品的型号、款式、颜色、功能、价格、包装等的选择。

（3）购买方式决策：主要解决购买方式的问题。比如，是亲自去现场购买，还是邮购、函购；是现金购买，还是银行卡支付；是一次付款，还是分期付款等方面的决定。

（4）购买地点选择：主要解决到哪里购买的问题。比如，是大商场还是专卖店；是就近购买还是到商业区购买等。

（5）购买时间决策：主要解决什么时候购买的问题，比如，在旺季时还是在淡季时；在工余时间还是在节假日等。

（6）购买数量决策：主要解决买多少的问题。比如，因为实际用量大而多买，还是多买会优惠等。

2. 按照购买决策方式划分

（1）个人决策。指消费者利用个人经验和信息等做出决定的过程。人们日常生活大多数购买行为都是个人决策。也有因为一些特殊情况，如碰到抢购的短缺商品，或者偶遇想购买的商品，来不及用其他决策。

（2）家庭决策。指由家庭成员共同商议，凭借集体的经验和智慧做出购买决定的过程。家庭里的重大购买行为一般都用家庭决策，比如购房、购车等重大购买活动。

（3）社会协商式决策。指购买者通过社会化渠道收集信息，并进行协商，运用社会化的经验和智慧做出集体购买决定。比如，通过人们的口碑和询问懂行的朋友等去获取信息来决定是否购买。

3. 按照决策频数划分

（1）常规性决策。指消费者经常或者例行的购买决策。比如日常用品的购买决策。

（2）非常规性决策。指消费者对偶然发现的或首次出现的非重复性购买的商品的决策，也称为一次性决策。

4. 按照决策方案的风险性划分

（1）确定型决策。指决策选定的方案结果是确定的，决策时对未来购买后的情况已掌握全部资料，没有不确定因素。

（2）风险决策或不确定决策。指决策选定的方案结果存在不可控、不稳定因素的决策，比如股票、证券、期货购买决策。

4.6.3　消费者购买决策过程

消费者的购买决策是在特定心理机制的驱动下，按照一定程序发生的心理与行为活动过程。它可以分为认识问题、寻求解决方案、评价解决方案、做出选择决定并实施和购后评价五个阶段。

1. 认识问题

这是指消费者发现要解决的问题。就购买行为来讲，就是对商品需要的认识，它源于消费者自身的生理或心理需要。当某种需要未得到满足时，满意状态与实际缺乏状态之间的差异会构成一种刺激，促使消费者发现需要的所在，认知需要的内容，进而产生寻求满足需要的方法、途径的动机。需要的形成可能是由于内部刺激引起，也可能是由外部的刺激引起，但关键在于消费者本人的知觉。对自身需要的正确认知，起着为决策限定范围、明确指向的作用，因而是有效决策的前提。

2. 寻找信息

认识问题之后就要寻求解决问题的方案。为了使方案具有充分性与可靠性，消费者必须广泛收集决策所需要的各种信息。在广泛搜寻的基础上对所获信息进行适当筛选、整理、加工，即可建立解决问题的多种方案。

3. 评价解决方案

当消费者根据所接收的信息寻求到几种或更多的解决方案时，还要有一个比较、权衡各种方案的过程，以便从中选出最佳的方案。由于各种方案的利弊不一，评价的标准又因消费者价值观念的不同而不同，通常消费者要依赖于确定方案的基本原则和各种信息反馈来完成。但是无论标准的具体内容如何不同，在形式上都可以归结为：最大限度满足；比较满意标准；最小遗憾标准和风险最小标准。这是评价、比较、择优决定方案的基础。

4. 做出选择决定并实施

在对各种方案进行充分的比较评价之后，便可从中选择最优方案作为实施方案。所谓最优方案，就是所费最少、所得最多、能够最大限度地满足消费者需要的方案。确立最优方案是消费者购买决策中的实质性环节，是直接决定决策正确与否、质量高低的关键。

5. 购后评价

在确定最优方案后，消费者将方案付诸实施，即实际从事购买活动。完成购买后，决策活动仍未结束。为验证所择方案是否最优、所得效用是否最大，消费者还要进行购后评价。购后评价的主要目的是总结经验、吸取教训，为后来的正确决策提供依据。

由上述决策程序可以看出，消费者购买决策是一个完整的过程，这一过程始于购买之前，结束于购买之后。但由于购买商品的特点、用途及购买方式不同，决策的难易程度与所需经过的程序也有所不同，并非所有的购买决策都必须包含以上所有程序。

4.6.4 影响消费者购买决策的因素

消费者购买决策的最后确定，除了受消费者自身因素如需要、动机、个性等的影响外，还受其他外部因素的影响，如他人态度、预期环境因素、非预期环境因素等。

1. 他人态度

这是影响购买决策的重要因素之一，如一个家庭要买一套住房，往往会受到亲戚、朋友、同事等人的影响，从而改变或放弃原来的决定。他人态度对消费者购买决策的影响程度，取决于他人反对态度的强度及对他人劝告可接受的程度。

2. 预期环境因素

消费者购买决策要受到产品价格、产品的预期收益、本人的收入等因素的影响，这些因素是消费者可以预测到的，所以称为预期环境因素。如购买住房，要考虑到将来房价的浮动是上涨还是贬值，个人未来的固定工资收入是否有保障以保证贷款月供，或可能有其他渠道的财富增长以提前还款等。

3. 非预期环境因素

消费者在购买决策过程中除了受到以上因素影响外，还要受到营销人员态度、广告促销、购买条件等因素的影响，这些因素难以预测到，所以称为非预期环境因素，它往往与企业营销手段有关。

因此，在消费者的购买决策阶段，市场营销人员一方面要向消费者提供更多的、详细的有关产品的信息，便于消费者比较优缺点；另一方面，则应通过各种销售服务，促成方便顾客购买的条件，加深其对企业及商品的良好印象，促使消费者做出购买本企业商品的决策。

 **本 章 小 结**

消费者需要是指人们为了缓解或解除生理或心理的匮乏状态而对商品或服务的需要，它是由各种相关因素构成的组合体。消费者需要包含在人类一般需要之中，具有对象性与选择性、多样性、连续性与发展性、层次性、伸缩性、互补性和互替性、时间性与回复性、可诱导性。消费者需要对消费者既有心理上的影响，又有购买行为的影响。研究消费者需要的方法有观察法和调查法。

动机在需要的基础上产生，是指向行为的直接动力。动机在激励人的活动方面具有始发、导向、维持、强化和终止的作用。本章概括介绍了消费者购买动机的类型和表现，消费动机与行为的关系，以及在企业营销中的应用。

国际上比较著名的消费购买决策理论主要有消费者介入理论、边际效用理论、风险知觉理论和认知决策学说。消费者的购买决策是多种多样的，划分购买决策类型有多种方法。消费者的购买决策分为认识问题、寻求解决方案、评价解决方案、做出选择决定并实施、购后评价五个阶段。消费者购买决策的最后确定，除了受消费者自身因素如需要、动机、个性等影响外，还受其他外部因素的影响，如他人态度、预期环境因素、非预期环境因素等。

实 践 实 训

实训课题 4-1

实训目的：训练同学们的即时反应能力和与顾客沟通的能力。

学生分为若干个小组，有的小组扮演商场里的销售人员，有的小组扮演以下三种不同拒绝购买的顾客。小组通过讨论（10 分钟），根据顾客的语言及行为反应，以及面对这样的人该如何与之沟通。

实训题目：

（1）学生分组进行，每组成员 3～4 人。要求每一位学生积极准备产品资料和角色资料。

（2）学生之间找好对手，在规定时间内说服各类持拒绝态度的顾客尽快买到所需之物。

（3）最后由小组代表向全体同学陈述其所应用的诱导心理策略。

（4）评选最佳推销一名，最佳顾客一名。

练 习 与 讨 论

1. 人有哪些需要？需要对消费者购买的行为有怎样的影响？

2. 什么是动机？需要与动机的关系怎样？影响消费者消费动机的因素有哪些？

3. 简述消费者具体购买动机的表现。

4. 消费者购买行为类型有哪些？

5. 消费者购买行为过程分为哪几个阶段？

6. 分析市场上工业用品（如设备、材料）和个人消费品（如服装、电器）的消费行为变化趋势的异同点。

7. 目前的营销者普遍采取种种方式吸引消费者购买自己的产品，甚至利用个人消费者购买行为的情绪性、冲动性诱导消费者购买他们实际并不需要的商品。如何评价这种趋势？

8. 找一个打算最近做一次重要购买的朋友。请他列出做出决策之前参考的所有信息资源的序列表，并表示出哪一种信息对他的决策起了关键性的影响。

第5章

消费者的学习与行为

学习目标

- 了解学习概念、学习的作用；
- 熟悉消费者的学习方法；
- 熟悉经典性条件反射理论、操作性条件反射理论、观察学习理论；
- 掌握消费者的学习基本特征实践运用；
- 了解和熟知消费者知识、消费者经验的相关知识。

案例导入

爱家居培养高端的线上消费者

在网络上，大多数家具企业都瞄准了中低端市场，期望抓住数量最为庞大的普通消费者。而爱家居则将消费群体定位为相对高端的精英群体，比如律师、海归、金融人士等等。

这类群体更精于使用电脑，学习能力和判断能力较强，所以爱家居将重点放在了线上，生产和物流等部分采用外部合作而其他部分则通过线上重点完善。

正因为爱家居没有全国范围内的门店或体验店，所以就用更加完善的售前服务来弥补这个不足。在产品页面，所有的产品细节都将100%还原真实，这至关重要。爱家居创始人殷梦飞介绍说，家具专业拍摄机构拍一张照片至少要200元以上，一个系列拍下来要2万元左右，是一笔很大的开支，但不可节省。

由于走高端家具路线，不以走量为目标，所以爱家居支持寄送布料、板材样品的服务。对于有意向购买的消费者，可以先预付 100 元左右的押金，就可以收到爱家居寄出的实际样品，这样可以让消费者真实地感受到产品的颜色和材质。由于产品定位高档，很多别墅、复式楼的业主也在对象之列，所以经常会有几十万的单子，高的能达到四五十万。对于这样的买家，殷梦飞会邀请他们到中山的公司展厅来实地体验一下，毕竟对于大额订单而言，一次考察的费用并不算多，而且爱家居的产品价格只相当于线下同类产品价格的 1/3 到 1/2。

在包装和物流方面，殷梦飞有着自己的想法："我们的理念就是'利他思想'，消费者的任何问题都是我们的问题。我们的产品大部分都采用木架包装，大大降低损坏几率。而物流费用能占到总售价的 5%～6%，相对比较好接受。当出现售后问题时，我们会帮助消费者联系当地的维修人员，或者补发零件，还会进行赔偿或打折。"

在爱家居的产品中，大概有70%是整装，30%是简单安装。为了让消费者能够更好地了解产品、安装产品，弥补售前体验和售后服务难以本地化铺开的不足，爱家居专门开设了"家居课堂"栏目，以培养消费者的判断能力和动手能力。

在家居课堂中，他们将用最详细的文字、图片和视频来教授消费者怎么辨别产品和安装产品，这种方式比较繁琐，需要付出很多心血，但比在全国范围内铺实体店要容易实现得多。

爱家居的思路很简单，消费者需要知道什么、学会什么，他们就在网页上提供什么，这能很好地弥补线下的不足。于是他们很鼓励购买爱家居产品的消费者自己来安装产品，并认为"对于这些消费者而言，安装也是一种乐趣"。

问题：

1. 爱家居成功的启示。
2. 找一个熟悉的品牌，分析是否有效利用了消费者学习的影响力。

所谓消费者学习是指消费者在购买和使用商品的活动中，不断地获取知识、经验与技能，通过积累经验、掌握知识，不断地提高自身能力，完善自身的购买行为的过程。消费者记忆中的知识是通过学习获得的。营销者对个体的学习感兴趣，原因在于他们通过了解消费者如何学习，以便更有效地向消费者传播有关产品的属性和利益，在何处购买，如何使用，如何维护以及如何处置等方面的信息和知识，进而影响他们的价值观、信念、态度、兴趣、偏好和行为。尽管学习在人们的生活中无处不在，但是迄今还没有一个有关消费者如何学习的一般理论。

目前主要有两种学习理论流派或学习观在营销领域受到广泛的关注：一种是行为学习理论，一种是认知学习理论。本章将在探讨学习本质的基础上，分别讨论消费者的行为学习和认知学习及其对市场营销的启示。

5.1 消费者学习概述

5.1.1 学习的含义

人类如何学习，对于学习理论，世界众多学者在这个问题上并未形成共识，所罗门和阿塞尔等学者倾向于以行为主义的学习观来定义学习。所罗门（Solomon 1999）认为，"学习是指由经验产生的行为中相对持续不断的变化"。阿赛尔（Assail 2000）也强调了经验在学习中的作用，他认为，"学习可以被定义为过去经验所导致的行为变化"。成伯清等人则倾向于以认知主义的学习观来定义学习，他们认为，"学习是一个过程，即通过阅读、观察和思考不断获得新知识. 新经验的发展和变化的过程"。他们强调的是学习过程中发生的心智活动和认知的变化。

与上述两种定义不同的是，霍金斯等人（Hawkins et al.2001）似乎采取了一种更加综合的观点，他们认为，"学习是长时记忆或行为的内容或结构的变化，是信息处理过程的结果"。我们更倾向于接受霍金斯等人的这一学习定义。这是因为，学习既可以导致记忆或认知的变化，也可以导致行为的变化（但并不必然同时导致认知和行为的变化）；而且学习过程既可以是刺激与反应（可观察行为）之间的联结，也可以是纯粹的心智活动（如思考、反省等）。

从市场营销的角度讲，消费者学习是指"个体获得有关购买和消费的知识与经验而导致行为或行为潜能发生较为持久的变化的过程"。依据这一定义，消费者学习具有以下几层含义。

（1）消费者可以通过观察、思考、实践等多种途径学习。这就是说，消费者学习既可以是认知学习，也可以是行为学习。例如，当消费者在考虑某项重大的购买决定（如购买一套商品房）时，可能会收集很多信息的广告，到实地去观察，与销售人员进行交谈，向亲朋好友征询意见，然后将各方意见进行整理、分析、综合评估，最后做出购买的决策。这便是个认知学习的过程。如果消费者面对的是一种价格便宜的新产品（如一种新牌子饮料并且可能还有赠送、折扣之类的促销刺激），他就可能先买回一点尝一尝，通过品尝建立有关这个新品牌的口味等方面的知识。如果这位消费者感觉口味好，他下一次可能还会继续购买这个牌子的饮料；如果感觉口味不好，他就不会再买，从而学习到了如何对待这个牌子的饮料。这种学习便可以看做是一种行为学习。

（2）学习可以带来行为或认知的变化。学习往往伴随有行为的改变。例如，通过接受驾驶培训和反复的训练，消费者可以从不会到会，从不熟练到熟练，进而养成一种良好的驾驶习惯，行为随之发生变化。学习也可以带来认知的变化。例如，一个人科学文化知识的学习多少会直接导致其认知或知识结构的变化。但是，当学习导致行为（或认知）的变化时，并不一定立即产生认知（或行为）的变化。例如，某企业内部推行禁止在工厂区或办公区吸烟的制度（如发现员工违纪吸烟给予一定经济上的惩罚）时，一部分员工刚开始时可能对此并不理解，只是由于制度的威慑，他们改变了在禁烟区吸烟的行为。这个时候他们只是改变了行为，而认知并没有发生变化。当他们养成习惯并经过反思之后，或者经过管理层的反复宣传、教育之后，他们才可能逐渐认识到企业为什么要推行这样的制度和这项制度的意义。这个时候，他们的认知才开始有了变化。所以，在消费者学习过程中，认知变化和行为变化是可以分离的。

（3）消费者学习所引起的行为或认知的变化是相对持久的。无论是外显行为，还是消费者认知，只有发生较为持久的改变，才算是学习。药物、疲劳、疾病等因素均可引起行为的变化，但由于它们所引起的变化都是比较短暂的，故不能视为学习。当然，学习所获得的行为也并非是永久性的，因为遗忘是人所共有或每一个人都会体验到的事实。学习所引起的行为或行为潜能的改变到底能持久到什么地步，要看学习的材料与练习的程度而定。一般而言，以身体活动为基础的技能学习，能维持的时间比较长。对于知识观念的学习，学习内容有时会被遗忘或被新的内容所取代，但它们保持的时间也还是比较长久的。

（4）消费者学习包含从简单到复杂的各种学习过程。对抽象的概念、观念以及如何解决复杂问题的学习，都属于复杂的学习。在复杂的学习过程中，消费者必须是主动的、积极的，并需要付出较大的认知努力。如前述消费者为了某项重大购买决策而进行的认知学习，就是个复杂的学习过程。另一方面，消费者也可能经历简单的、偶然的，甚至是无意的学习过程。例如，当消费者在随意翻阅一本杂志时，即便他的注意力可能主要集中在杂志的文章而不是封面的广告上，但广告的冲击力可能形成对广告中的品牌的记忆。虽然存在简单的学习，但学习以获得新的知识和经验为条件，因此它与人类的本能行为是有区别的。

5.1.2 消费者学习的基本构成要素

尽管存在不同的学习观，但一般学者都认为，要使学习发生，则必须具备某些基本要素或条件。在大多数学习理论中，动机、反应、强化和重复等都被视做学习的基本构成要素。

1. 动机

动机在学习理论中也是个重要的概念。值得提醒的是，动机是以需要和目的为基础的，动机能对消费者学习产生激励的作用。动机越强，消费者学习的积极性就越高，持续的时间也会越长。例如，梦想成为一名优秀的羽毛球运动员的人，他会学习所有他能接触到的有关羽毛球及其运动的知识，并且会利用一切可能的机会进行羽毛球练习。如果他得知一副好的球拍是打好羽毛球所必需的话，他就可能积极地搜寻有关羽毛球拍的品牌价格、质量的信息。相反，不感兴趣的消费者很可能会忽视所有与这项运动有关的信息。特定的目标与个人关联的程度是决定动机能否或如何激励消费者搜寻有关产品或服务的信息和知识的关键。因此，那些试图教育目标消费者他们的产品能最好地满足其需要的营销者，揭示消费者的动机将是其首要的任务。

2. 暗示

动机用来激励学习，而暗示则为动机指向的确定提供线索。在零售商店里，商品的包装、价格、POP 广告、商品的陈列展示等都可以用来暗示消费者，以某种产品去满足其特定的需要。按照气候季节暗示比较奏效，商场的堆头常常利用这种方法。暗示可以形成引导消费者购买行为的力量。营销者必须谨慎地提供暗示，以避免与消费者的期望发生冲突。例如，假设消费者期望品牌的精品时装店，那么这些精品时装的设计师就应该以独家分销的方式销售品牌服装，并且需要在高品位的时尚杂志上做广告。如果暗示被用做引导消费者行为的刺激，那么每一个营销组合因素 4Ps 必须保持协调一致，以增加刺激的整体效果。

3. 反应

消费者根据刺激或暗示采取的行动就是这里所说的反应。如前所述，即使消费者没有外显行为的反应，学习也可能发生。例如，汽车制造商的暗示并非总能够成功地激发消费者的购买行为。然而，如果汽车制造商能够使某个品牌的汽车在消费者心目中建立起良好的形象。当消费者准备购买时，他就很可能考虑这个品牌的汽车，而不是其他的品牌。除产品以外，其他刺激也可以成为积极强化的因素。在法国的一项研究中发现，法国的消费者几乎只认自己满意的汽车经销商和汽车品牌，并把其作为满意的条件。法国消费者往往与当地零售商保持密切的个人关系。这就是说，零售商的服务和品牌是可以成为强化消费者购买行为的因素的。其他的强化因素还有针对老顾客的各种让利（如折扣、赠品）、以优惠价格提供改进或换代产品、来自朋友或同事的积极评价、对老顾客的尊重和认可以及不折不扣地履行承诺等。

4. 重复

消费者购买商品是要搜集各种信息的，并不是以"一对一"的方式与需要建立联系的。事实上，一种需要或动机可以激发许多不同的反应。例如，为了满足强身健体的需要，消费者可以去打乒乓球、篮球或网球；也可以去跑步，或者去跳健身操。暗示虽然可以为消费者的动机和反应提供一定的方向，现实生活中却有许多暗示在争夺着消费者的注意力。由于这一原因，消费者最终如何反应在很大程度上将依赖于以前的学习，即他以前的反应是否得到了强化以及如何被强化。

5. 强化

所谓强化，是指能够增加某种反应在未来重复发生的可能性的任何事物。强化分为正强化和负强化。当一个刺激跟随在一个反应之后，并能提高这个反应的概率时，便产生正强化；当排除一个跟随在某种反应之后的令人不愉快的刺激，便能提高这一反应的概率时，就产生了负强化。与此相对应的强化物，则分别称为"正强化物"和"负强化物"。负强化与惩罚不同，负强化是为了增加某种反应的概率，能给消费者带来愉快和满足，惩罚则是指一种反应导致了不愉快的事件发生（如喷了一种气味难闻的香水后被朋友嘲笑）。当惩罚发生后，消费者就不再做出这种行为。一般来说，消费者对自己的购买行为是有控制的。从产品使用中获得的持续强化（满意）将提高消费者再次购买的可能性。最初，消费者将经历一个决策过程，但随着不断地被强化，消费者最终将建立一种习惯，使该产品的购买程序化，从而大大提高消费者购买相同品牌的可能。

对强化在形成习惯购买中的作用，本奈待和曼德尔（1969）曾有过详尽的论述。他们对近期有过汽车购买经历的消费者进行了研究，他们让被研究者回忆过去购买过的汽车以及在最近一次购买中的信息搜寻行为。本奈特和曼德尔发现，虽然信息搜寻并没有随过去购买汽车数量的增加而减少，但是，如果消费者重复购买相同的品牌，其信息搜寻就会减少。换句话说，单就经验本身而言，只有当经验带来了满意并且产生了对相同品牌的重复购买时，信息搜寻才会减少。因此，过去购买行为的强化是习惯形成的一个必要条件。

对消费者重复刺激既可增加学习强度，又可增加学习的速度。每个人都有体验，某种行为重复的次数越多，他的这一行为就会越老练，也就是俗话所说的"熟能生巧"。类似地，消费者接触某条广告信息的次数越多，他对这条信息的记忆和认知也就越强。

当然重复的影响是和信息的重要性以及所给予的强化紧密联系在一起的。如果广告内容对消费者非常重要，或者广告伴随大量相关的强化刺激，即使该广告只有较少重复，其信息也能很快为消费者所掌握。如果广告中既没有对消费者十分重要的信息，也没有能引起消费者注意，那么重复就是必要的。重复对于提高广告的回忆率和认知度是有积极影响的。但是，如果重复太多，则可能引起广告厌烦。就此而言，广告重复必须把握好一个度。

5.1.3　消费者学习的作用

人的语言、知识、技能、生活习惯、宗教信仰、价值观念，乃至人的情感、态度、个性等无不受后天学习的影响。如果说动物主要受本能的驱使，其行为主要是一种本能行为，那么人类的行为主要就是一种习得行为。习得行为可以通过学习而加以改变，因此习得行为比本能行为更灵活，它能使人类摆脱遗传基因的严格限制，使之能够更好地适应复杂多变的外界环境。从消费者角度来看，学习主要有以下作用。

（1）获得有关购买信息。信息获取本身就是一种学习，而怎样或通过哪些渠道获得信息，获得哪些方面的信息，均需要借助学习这一手段。在现代社会，消费者每天都要接触大量的信息，如有关新产品的信息，产品的新的使用方法的信息，他人使用产品的行为与体验的信息等。消费者或主动或被动地接触这些信息，而其中被消费者接受并能够影响消费者行为或具有行为潜能的可能只有一小部分，但正是这一小部分信息，使消费者的行为不同以往，使其购买决策更富有理性和趋于优化。

（2）促发联想。联想是指消费者由一种事物而想到另一种事物的心理过程。人们一提起冬天，可能就会联想到寒冷；一提起教室，就会联想到黑板、课桌等。联想有两种类型：一是刺激对象之间的联想，如由香烟联想到打火机；二是行为与结果之间的联想，如由吸烟联想到肺部疾病，由雪碧联想到解渴等。联想在消费者行为中有着非常重要的作用，它既能促发消费者的购买行为，又能抑制或阻碍购买行为。很多企业在宣传其产品时，都试图通过语言、文字、画面促发消费者的积极联想，从而激起消费者的购买欲望。同样的刺激或暗示，对于不同的人可能会激发不同的联想，其中一个重要原因是经验和学习使然。经由学习而产生的联想，经多次重复，日久天长，也会形成习惯。比如，新年快到时，许多人会自然地想到给远方的亲朋好友发一封邮件、一张贺卡。

（3）影响消费者态度和对购买的评价。消费者关于某种特定产品或服务的态度，也是经由学习逐步形成的。比如一些消费者偏爱国际品牌冰箱，对国产冰箱产品不屑一顾，在经过观察、比较和接触各种各样信息之后，便逐渐改变了自己的态度，甚至成为某国产品牌的忠实消费者。消费者态度的转变，也是建立在学习的基础之上的。消费者的学习还会影响他在品牌评估时对信息的处理策略。比如，对于初次购买个人计算机的用户，评价和选择计算机时考虑得比较多的可能是处理速度、内存和价格，而其他属性被相对忽视，在积累了一定经验后往往会发现，这些被忽视的属性同样非常重要。这就是说，当消费者经过学习，具有更多的知识和经验后，他对产品的评价和选择标准也可能发生改变。

5.1.4 消费者学习的方法

人们从事社会实践活动的过程就是学习的过程。同样，消费者从事购买活动的过程也是学习的过程，是不断积累知识、丰富经验的过程，是一个由不知到知、由知之不多到知之较多的过程。古人曰："学而不思则罔，思而不学则殆"，就是这个道理。消费者购买活动的每一步都是在学习，从感知商品到购买决策及使用体验，都是学习的过程，可见学习对消费者的重要性。这种重要性体现为三点：一是增加消费者的商品知识，丰富购买经验；二是进一步提高消费者的购买能力，促进购买活动的完成；三是有助于促发消费者重复性的购买行为。根据这三个特点，消费者可以采取不同的方法进行学习，这里介绍几种具体消费者学习的方法。

1. 模仿式学习

即通过获取信息，观摩效仿的方法进行学习，模仿就是仿效和重复别人行为的趋向，它是消费者学习的一种重要方法。一些演艺明星和体育明星的发型、服饰，甚至生活方式，之所以能很快在一些人群中流行开来，就是模仿心理的作用。

模仿可以是有意的、主动的，也可以是无意的和被动的。当被模仿行为具有榜样作用，社会或团体又加以提倡，这种模仿就是自觉进行的。在社会生活中还有很多模仿是无意识的，如小孩模仿大人的行为；经常接触某个群体的成员，就会不自觉地带有该群体的行为特征，等等。其结果是消费者摒弃旧的消费方式，适应新的需求水平。

模仿可以是机械的模仿，也可以是创造性的模仿。例如，上体育课，老师做示范动作，让同学们仿效；模仿也可以是创造性的模仿，每年流行服装是对原有服装的创造性模仿。

2. 试误法学习

试误法又叫尝试错误法，它是消费者通过尝试与错误，从而在一定的情境和一定的反应之间建立起联结。消费者渴了的时候，可以喝茶、可乐或者矿泉水等，也就是说可以做出许多不同的反应，但经过多次尝试，发现自己做出某种特定反应能获得最满意的效果，于是此种反应与这一情境的联结就会得以保存。反之，若做出反应之后伴随的是不满意和烦恼，联结的力量将减弱。通过试误法可以使消费者获得偏好。

3. 认知式学习

即通过对前人经验的总结与学习，辅之以复杂的思维过程所学到的分析与解决问题的能力，用自己的学识和辨别能力，对付不断面临的购买决策问题。在消费过程中，消费者或自觉或不自觉地观察他人的消费行为，并以此指导自己的消费实践。比如，当同事说买的某种牌子的笔记本电脑质量好，效果也好，就可能在头脑中留下印象，在自己需要购置笔记本电脑时就会不自觉地想到同事的那台笔记本电脑，并形成购买意向。反之，如果经过观察发现同事所买的那台笔记本电脑不那么理想，则在购买笔记本电脑时，可能会避免选择该品牌的产品。认知式学习使个体获得更多来自间接经验的知识、观念和技能，它是消费者所采用的十分普遍的学习方法。

> **小案例**

　　小刘的朋友与同事纷纷购车后，小刘也开始动心，准备购买一辆属于自己的轿车。有人给她介绍 1.4 自排的波罗，但波罗车动力不行，使小刘对波罗没有热情。不久，一位朋友向其介绍桑塔那车，价格适中，动力好，但小刘在街上看到几乎都是男士在开桑塔那车，很少有女士驾驶，所以小刘放弃了桑塔那车。经过多次比较，小刘把选定的品牌开始锁定别克凯越和本田飞度。特别是别克凯越，简直是一款无懈可击的靓车。但小刘在网上很快发现，费油是别克凯越的最大缺陷，几乎是飞度两倍的油耗，在将来拥有车的时时刻刻要为这油耗花钱，小刘便又觉得难受。另外，飞度精巧，独特，省油，新推出 1.5 VTEC 发动机的强劲动力，活灵活现的试车报告，令人忍不住向往。最终小刘购买了飞度车。

　　分析提示：决策是指消费者为了达到某一预定目标，要进行相应的评价、选择、判断、决定等一系列活动，在多种以上备选方案中选择最优方案的过程。当小刘意识到自己需要一辆车时，在购车决策过程中，进行大量的信息收集，对各种品牌和信息做广泛而深入的评价和比较，然后结合自身的条件和轿车的特点，最终购买了心中满意的轿车。

5.2　有关消费者行为学习理论

行为主义的学习理论继承了经验主义的哲学传统。经验主义的基本观点是，经验是知识的唯一源泉。体现这一哲学传统的行为主义的学习理论把学习看成是刺激和反应的联结过程，主张用客观的方法研究动物和人的外显行为，认为应把心理学限制在能被观察的范围并致力于发现刺激和反应联结的一般规律，反对研究人的意识、观念等不能观察的心智状态。因此，在行为主义者看来，人类根据自己已知后果的环境刺激采取行动，一个人的行为依赖于他所预见到的行为后果，而学习则是通过适当的刺激—反应机制调整个人行为的过程。根据这一观点，学习与条件反射或训练并没有多少差异：行为改变被看做是外部力量作用的结果。学习可以是消极的，即使用训斥、惩罚的手段劝阻某类行为的发生；也可以是积极的，即使用报酬或奖励制度鼓励一定行为的重复发生。消费者如何学习？这里提供行为主义学派与认知学派的理论来解释这一过程。行为主义学派研究的是主体接触到刺激后所发生的反应变化，提出了条件反射理论和观察学习理论。认知学派强调学习所带来的心理状态的变化，紧密围绕复杂决策的框架展开。

5.2.1 经典性条件反射理论

运用刺激与反应之间某种既定的关系，使个体学会对不同的刺激产生相同反应的过程就叫经典性条件反射，由俄国生理学家巴甫洛夫创立。该理论认为借助于某种刺激与某一反应之间的已有联系，经由练习可以建立起另一种中性刺激与同样反应之间的联系。这一理论是建立在巴甫洛夫著名的狗与铃声的实验基础上的。实验是这样的，在每次给狗喂食之前都要打铃（称为条件刺激），于是在狗的大脑皮层上引起一个兴奋中心，紧接着给狗吃食物（称为无条件刺激），经过多次反复后，狗听到铃声就会分泌唾液（称为条件反射）。这时，学习或条件联系便产生了。具体说，铃声由原来是一个中性的刺激物变成了食物的信号。

由这个实验可以得出个结论，学习就是学会用一种新的方式对以前无关的刺激做出反应。同时，巴甫洛夫还提出，没有强化就根本不会发生条件反射。即便条件反射建立之后，这种神经联系也是有条件的，所以称之为暂时联系。不仅暂时联系的形成依赖于强化，而且它的巩固也依赖于强化。如果无条件刺激不再同条件刺激结合，那么暂时神经联系就会消失，狗再听到铃声也就不再流出唾液来了。

经典条件反射的原理及其所得到的科学事实，可以用于消费者的学习。例如，海上的惊涛骇浪（无条件刺激）总是能够引发人们艰难险阻和恐惧的情感（无条件反射），某品牌（条件刺激）的广告背景就是一幅在惊涛骇浪中奋勇搏击的帆船的图景，二者同时出现，反复多次，则该品牌的形象是：无论是惊涛骇浪，还是艰难险阻，该品牌企业都会勇往直前（无条件反射）。再如，有的幽默广告本身引起情感的反应，开始消费者的情感仅限于对广告自身，但如果反复给消费者看这些广告，那么广告所宣传的品牌同样引起消费者愉快的感受，产生所谓的条件反应或者称为"移情"。在这里，消费者有意无意地习得了对特定品牌商品的积极态度和行为。换句话说，一则令人感到亲切的广告，通过经典性条件反射就可能加强消费者积极的品牌态度，而并不需要表明使用该品牌本身会带来的满足。

115

另外，经典性条件反射原理中的消退理论证明，消退将引起消费者再次购买相同品牌的可能性迅速下降。企业品牌知名度和美誉度的保持或巩固，必须不断用好的产品品质和优质服务来强化，否则知名度和美誉度就会消退，甚至走向反面。

经典性条件反射理论也有它的不足，巴甫洛夫是通过不断重复条件刺激和非条件刺激，在条件刺激和条件反射间建立刺激—反应（S-R）关系的。这是传统的学习方式，即只集中解释了大量的由于刺激而导致的非自愿性反应，而不能解释更为复杂的学习心理与行为之间的关系。

5.2.2 操作条件反射理论

经典性条件反射理论只解释了由刺激所引起的行为。但是，在大部分情况下，人的行为不仅仅是被动的行为，人是可以为了适应环境而能动地采取相应行为的。操作性条件反射理论解释的就是人为适应环境而能动地采取的行为。操作性条件反射理论也称工具性条件反射理论，它是由美国著名心理学家斯金纳提出来的。

斯金纳通过对白鼠进行实验发现，将饥饿的白鼠放置箱中，当白鼠乱窜碰到杠杆时，就会掉下食物，这样反复多次，每触动杠杆，必得食物，于是发展到白鼠主动触压杠杆以求得到食物。如此反复，这种行为就会得到强化，形成条作反射。由于触动杠杆是获取食物的一种手段或工具，因此，这一类型的学习被称为操作性或工具性条件反射。

斯金纳的操作性条件反射与巴甫洛夫的经典性条件反射虽然基本观点一致，即学习是建立在条件反射基础上的，但是二者还是有一定区别的。在巴甫洛夫的经典性条件反射理论中，学习是先有刺激后有反应，或者说，行为反应是由刺激引发的，是一种对刺激的被动的应答活动。而斯金纳的操作性条件反射理论强调，学习是先有行为后有刺激，行为反应是自发出现的，而后才被刺激所增强。在操作性条件反射理论中强调了强化会加强刺激与反应之间的联结作用。

另外，斯金纳将强化分为正强化和负强化两种。正强化是一种积极刺激，它能引起消费者满意的体验。例如，使用一种护肤品使你的脸感觉舒服、温润、有光泽，你就有可能多次购买这种护肤品。负强化是一种消极刺激，那些引起捎费者不愉快反应的刺激物都可以看成是负强化。

操作性条件反射对理解复杂的消费者心理现象具有重要的意义。这个理论把消费者行为视为原先产品使用后的满意感的函数。按照该理论，消费者对自己的购买行为是可以主动控制的，从产品使用中获得的持续强化（反复满意）将会提高消费者再次购买这一品牌的可能性。

在操作性条件反射理论中还提到一种现象，叫做自然消退。它是指某种条件反射形成后，不再受到强化，那么这种反射就逐渐减少，甚至消失。例如，消费者在有奖销售的影响下，购买了某种商品，当他以后再次购买同类商品时，没有受到奖励，就有可能不再购买该商品。另外，消费者对某一种品牌或服务不再有好感，消退过程一终止刺激和预期回报之间的联系就会发生，消退过程使消费者再次购买相同品牌的可能性迅速降低。

5.2.3　观察学习理论

观察学习理论主要是由美国心理学家班图纳所倡导的。根据观察学习理论，人的许多行为是通过观察学习而获得的。所谓观察学习是经由对他人行为及其强化性结果的观察，一个人获得某些新的反应，或使现有的行为反应得到矫正，同时在此过程中观察者并没有外显性的操作示范反应。根据这个定义，观察学习有以下特点：

首先，观察学习并不必然具有外显的行为反应。

其次，观察学习并不依赖直接强化，在没有强化作用的情况下，观察学习同样可以发生。

最后，观察学习不同于模仿。模仿是学习者对榜样的简单复制，而观察学习则是从他人的行为及其后果中获得信息，它可能包含模仿，也可能不包含模仿。

利用观察学习理论可以诱导消费者特别是潜在消费者的反应。

首先，通过广告模特（通常说的榜样）说明产品的肯定的结果，演示产品的使用方法，就可以引起潜在消费者的注意，使他们模仿广告模特使用该产品。例如，宝洁公司的不同洗发香波用文体明星做形象代言人，其目的就是通过这些明星使用产品，引起潜在消费者的注意；或者消费者通过对别人行为的观察，熟悉产品的使用方法。这些都会影响消费者的重复购买行为，或扩大口碑效果。

其次，消费者可以通过观察别人体验营销、体验刺激时情感上的表现，决定自己的行为。

5.2.4　认知学习理论

认知心理学认为，学习是一个解决问题的过程，而不是在刺激与反射之间建立联系的过程。在许多解决问题的情境中，并没有类似建立条件联系时那种可见的强化物，但并不意味没有任何强化。实际上，解决问题本身就是一种很重要的强化因素。

最早研究认知学习现象的是德国心理学家柯勒。在 1917 年柯勒报告了他对黑猩猩的学习研究。在房间中央的天花板上吊着一串香蕉，但是站在地面够不到，房间里有一些箱子，但又不在香蕉下面。开始时，黑猩猩企图通过跳跃去取得香蕉，但没有成功。于是，它就不再跳了，在房间里走来走去，突然在箱子面前站立不动，然后很快地把箱子挪到香蕉下面，爬上箱子，从箱子上跳，取得了香蕉。有时候站在一个箱子上仍够不到香蕉，黑猩猩还会把两个或几个箱子叠起来，取得香蕉。柯勒认为，这就是对问题情景的一种"顿悟"，并且认为黑猩猩解决问题是靠领悟了事物之间的关系，对问题的情景进行改组，才使问题得以解决的，是突然实现的。认知心理学派认为学习不是尝试错误过程，而是知觉经验的重新组织，是突然的顿悟。因此柯勒的学习理论就被称为"顿悟说"。

20 世纪 30 年代，曾在美国加利福尼亚大学的贝克莱学院执教 40 年的心理学家托尔曼又对白鼠的"顿悟行为"做了有名的三路迷津实验研究，看白鼠怎样通过迷津找到食物。实验分预备练习和正式实验两个阶段。在预备阶段，先让白鼠熟悉整个环境，并确定它对自出发点到食物箱三条通道的偏好程度。结果发现白鼠选择第一条通道的偏好程度最高。在正式实验阶段，先在 A 处设阻，结果白鼠迅速从 A 处退回，改走第二通道，随后再在 B 处将第二通道阻塞，此时，白鼠才改走路程最远且练习最少的第三通道。实验时，以随机方式在 A 处或 B 处阻塞，以观察白鼠的反应。结果发现，白鼠能根据受阻情境随机应变，选择最佳的取食物路径。

托尔曼认为，白鼠在迷津中经过到处游走后，已掌握了整个迷津的认知地图，其随后的行为是根据认知地图和环境变化予以调整，而不是根据过去习惯行事的。托尔曼经过一连串的实验以后，给出的结论是，人和动物不仅仅对刺激做出反应，他们也依照自己的知识和目的来行动。

关于认知学习的理论很多，这些理论虽然互有差异，但其共同点是强调心理活动，例如，思维、联想、推理等在解决问题、适应环境中的作用。认为学习是主动地在头脑内部构造定型、形成认知结构的；学习是新旧知识同化的过程，即学习者在学习过程中把新信息归入先前有关结构，又在很大程度上支配着人的预期，支配着人的行为。

简而论之，认知学派对学习的解释是立足于学习者对问题的解决和对所处环境或情境的主动了解。这种主动了解并不像条件联系的学习那样，"盲目地"或机械地重复，而是在不同的情境中使用不同的手段—目的策略。

认知学习理论对理解消费者的购买决策过程有很大的帮助。按照这一理论，消费者的购买行为总是先从认识需要开始，随后再评估满足需求的可选品牌，接着选出他们认为最可能满足他们的产品，最后评估产品满足需求的程度。

5.3 消费者学习的基本运用

了解消费者学习的一些基本特征，可以帮助营销人员掌握消费者学习心理活动的特点和规律，以便有针对性地采取措施，强化消费者对产品、广告、品牌、服务等营销活动的认知度。在学习的基本特征中，对营销人员最有价值的是：学习强度、消退、刺激泛化、刺激辨别和反映环境。

5.3.1 学习强度

学习强度是指习得的行为或反应不被遗忘、能够持续的程度。学习强度受四个因素的影响：学习内容或被学习事物的重要性、强化的水平或程度、重复的水平和产品或品牌的表象。一般而言，接受的信息越多，过程中接受的强化（或惩罚）越多，刺激重复（或练习）的次数越多，信息内容中包含的意象成分越多，学习就越快而且记忆也越持久。

1. 被学习事物的重要性

所学事物对消费者越重要，消费者的学习就越有效率和效果，其持续时间也越长。

一般而言，高介入情形下，消费者会主动获取信息，因此，此时所获得的信息较低介入情形下更为完整。同时，高介入情形下，消费者学习时对强化、重复等因素的依赖程度减弱。然而，在现实企业营销中，企业面对的更多的是处于低介入状态学习的消费者，因此，如何使企业的信息传播更切中要害，更能满足消费者的需要，如何采取有效手段引起消费者对学习对象的注意和重视，是企业营销中永远的课题。

2. 强化

指能够增加某种特定反应在未来重复发生的可能性的任何事物或活动。虽然在缺乏强化的情况下，消费者学习也常常发生，但强化对学习强度的影响是不容忽视的。例如，在很多人看来，脑白金的广告不符合广告播放的规律，但是，正是脑白金连续不断的广告播放，反复的强化，使更多的人记住了这个品牌名称。很多实践证明，强化能极大地影响学习的速度和学习的效果。

强化分为正强化和负强化。好的结果和积极的体验，对人的行为具有积极的强化作用。坏的结果或消极的体验，对人的行为就具有负强化的作用。

怎样从正面强化消费者的行为呢？主要有三点，即制定强化形式、塑造和区别激励。

（1）制定强化形式。在市场营销中，针对消费者的强化形式很多，在这里介绍四种。

① 固定间隔的强化。这是指固定强化之间的时间间隔。因为，人们在强化过去后的时间内反应冷淡，但在下一个强化来临时则反应积极。例如，消费者会在季节性减价的最后一天蜂拥而至打折的商店，但在两次降价的时间内却不再光顾此商店。

② 变动间隔的强化。这是指强化之间的时间间隔围绕着某一均值变动。由于消费者不知道强化什么时间发生，他们必须持续不断地做出反应。例如，许多饭店为了保持较高的上座率，经常采取在一个星期内对不同菜系打折，以吸引顾客就餐。

③ 固定比率的强化。这是指强化只在一个固定数目的反应之后发生。这种强化促使人们持续不断地进行相同的行为。例如，许多商店实行"会员卡"、发放"购物券"等形式，就是通过优惠强化消费者在该商店重复购物的行为。

④ 变动比率的强化。这是指在刺激物的作用下，促使消费者累积更多的消费行为。在一些超市或百货商店热衷于搞不定期的有奖销售、赠送活动，借此吸引更多的消费者来本商店购物。

（2）塑造。一般来讲，塑造是指调整反射条件改变某些行为发生的几率的过程。其目的不是取消这些行为，而是要提高其他行为发生的几率。通常它是通过有效强化不断接近预期反应目标的行为或与预期反应产生相关的行为达到目的的。

很多零售商场进行了类似于塑造的营销活动。例如，设立打折或特价商品专卖区来招徕顾客。一旦消费者进入商店，其购买非特价商品的几率就会比没有进入商店的几率大大提高。家用电器零售商或汽车经销商在其店门前举行大型促销活动，就是为了塑造消费者行为，因为消费者身处商店的停车场或店门前时，要比在家中更有可能进商店购物。同样，厂商的免费试用、免费品尝的销售促进方法也可以使更多的消费者接触商品，亲身体验产品的特性。房地产商的免费看房班车，也是一种塑造战术，将消费者领至购买现场是为了增加购买行为发生的几率。

（3）区别激励。在消费者发生行为前采取的手段叫区别激励。人们通常认为区别激励为行为发生创造了条件。这就是说，区别激励存在于行为发生前并直接影响行为的发生。实际上，区别激励是行为性条件反射理论用来解释在行为发生前采取措施可以有效改变行为的原因所依据的一个基本概念（正如大家记起的那样，强化和其他结果总是发生在行为之后）。例如，麦当劳做广告，凡是购买一个大巨无霸便可以免费得到一份麦乐鸡，这就提高了消费者从麦当劳购买巨无霸的几率。在消费者发生行为之前采取的手段属于区别激励，而不是强化。很多企业在营销激励上都各有特色，店铺的招牌、不同的品牌标志，都是区别激励的例子。

由上述介绍我们可以理解，营销人员为什么一定要清楚"什么才能强化消费者的具体购买行为"。其意义有两方面：一方面要让消费者重复购买，产品必须满足消费者所追求的目标——对产品的利益要求；另一方面，要诱导消费者做出第一次购买，促销信息必须保证恰当的强化，也就是保证产品能满足消费者的需求。

3. 重复

重复能增加学习的强度与速度，即接触某种信息次数越多，人们掌握它的可能性就越大。重复的效果还直接与信息的重要性和所给予的强化有关。曾经并得到了积极的强化，则重复就可以减少。反之，则应提高重复的次数，以强化学习的效果。以广告为例，当某个广告内容并非消费者急需的，又无法向他们提供有刺激的利益承诺和好处，此时，重复也许就成为说服的关键。

广告重复的次数与重复的时机都会影响学习程度和持久性。

4. 消退

消退也可以叫自然消退。它是指撤销对原来可以接受的行为的正强化，即对这种行为不予理睬，以表示对该行为的轻视或某种程度的否定。心理学的研究证实，一旦对于习得的反应所给予的强化减弱，习得的反应不再被运用或消费者不再被提醒做出反应，消退或遗忘就会发生。

遗忘发生的速度与最初的学习强度呈负相关关系。也就是说，学习的内容越重要、强化越多、重复越多、意象越多，学习对遗忘的抵制就越强。营销人员利用广告对17 000 名消费者进行测试，在 48 周的时间内不同的广告重复对于知名和不知名品牌的影响。其结论值得注意：第一，最初的接触或展露影响力最大，第二，高频率的重复（一周一次）比低频率的重复（隔一周一次或每四周一次）效果好，而且，时间越长，这种效果优势越大；第三，相对来说，不知名的品牌从广告中获利更大，即其知名度提高幅度更高。

企业通常希望消费者能对本企业产品品牌、广告等保持长久的记忆和深刻的印象，但如果不注意强化，这种期望是不现实的。这在广告记忆效果调查中得到了很好的验证。在一次对 10 000 多名成人进行的民意测试中发现，有一半以上的人记不起刚过去的 30 天里看过的、听过的或读过的具体广告。遗忘给企业的促销工作带来了很大的困难。

遗忘的改善。营销人员希望消费者不会忘记他们的产品。然而一项对 12 000 个美国成年人的民意测试中，超过半数的人不能记起 30 天前所看到或听到的任何一则广告。消费者的遗忘是一个令营销人员头痛的问题。而了解如何改善消费者的遗忘问题或者说提高他们的记忆潜力应该是一件有意义的事情。促使遗忘减少的方式有很多，例如：①结果反馈法，背诵和复述是一种最好的自我强化；②选择和组织法，即将散乱的识记对象组成有意义的形式进行记忆；③过度学习法，即在掌握识记内容并能准确回忆的情况下，仍然继续学习，以消除可能出现的因紧张而导致的遗忘；④记忆线索法，即将需识记的新信息进行整合加工，以便和旧的信息建立联系形成记忆的线索。

5.3.2　刺激泛化

刺激泛化是指由某种刺激引起的反应可经由另一种不同但类似的刺激引起。例如，一个消费者知道伊利的冰激凌很好吃，就认为新推出的伊利酸奶也好吃，这种情况就是刺激泛化。泛化在营销中是一个非常重要的概念，越来越多的名牌产品运用这一原理进行品牌延伸，且极易获得成功。

在巴甫洛夫的实验中，曾经表征过这种泛化现象。研究表明，泛化的程度与两个刺激的相似性有密切关系，即新刺激与原有条件刺激越相似，泛化越明显。相反，两者差异越大，泛化越小。

现在，刺激泛化原理被广泛地运用到企业的经营活动中，特别是在品牌策略、包装策略和广告策略方面。学习中的这种泛化现象对消费者的品牌学习带来的影响在于，消费者不必对每一个刺激做出反应，只要熟悉名牌中的某一个产品，就可能随之认识它的系列产品。这也正是名牌商品的市场价值所在。例如，我国海尔集团用统一品牌、统一包装、策略成功地推出了一系列产品，如冰箱、空调、洗衣机、热水器等，容易被消费者接受，就是运用泛化原理建立消费者对这些产品的反应。

实际上，世界大多数公司，据粗略统计，大约有 80% 的新产品品牌名称是对已有品牌或生产线的拓延。美国宝洁公司在 20 个月的时间内推出近 90 种新产品，没有一个品牌是全新的。

然而，对于企业来说，刺激的泛化是一把"双刃剑"，一方面，企业可以利用刺激泛化将消费者形成的关于本企业或产品的一些好的情感和体验传递到新产品上去，以此促进新产品的接受和购买，另一方面，关于企业或其产品的不好的信息经由刺激泛化以后，会对企业的营销活动产生不利影响。正如俗话说的"一荣俱荣，一损俱损"。

一个值得注意的问题，刺激泛化现象的存在，给当前市场经济中有的经营者的不法行为提供了机会。表现为：某些经营者在市场活动中采用不正当手段，在包装、装演、商标、品牌名称等方面使自己的产品仿冒名牌产品，以期待消费者对名牌产品的好感泛延到他们的产品上去，诱骗消费者上当受骗。因此执法部门应加大查处力度，予以制裁。

5.3.3　刺激辨别

刺激辨别是指人们将某一刺激与另一类刺激相区分的学习过程，或者说，它是指消费者对相互类似的刺激予以不同反应的学习过程。

刺激的辨别（或识别）与刺激的泛化是具有紧密内在联系的学习现象。我们对新刺激的最初反应通常是接近于对以往类似刺激所做的反应。只有经过这样一个泛化阶段以及随之而来的对有关线索的学习之后，我们才会开始学会将新刺激与旧刺激相区别。

消费者接受新产品的过程基本上也是这样。一般是因为购买者对新产品的第一反应就是弄清楚与该产品最相似的产品是什么。只有弄清楚这一问题，购买者才会将已知产品的某些特性赋予到新产品上，也就是对刺激予以泛化。当然，新产品获得成功仅仅停留在这一阶段还不够，还要使购买者感觉到它具有某些不同于已有产品的独特性。正是这种独特性，使新产品和原来同属一类的其他产品相区分。

另外，刺激辨别要求消费者在品牌学习中避免出现泛化的现象。因为相似性越来越小的刺激都被同样对待，不利于品牌的识别。这时必须对刺激予以区分，以使消费者对它们做出不同的反应。例如，拜耳（Bayer）的阿司匹林与其他品牌的阿司匹林不同，但是消费者不是购买专家，难以清楚地辨别它们的差异。为了使消费者对拜耳阿司匹林的识别，并形成品牌记忆，企业的首要任务就是教会消费者区分拜耳阿司匹林与其他品牌的不同。

刺激辨别在市场中不是个别现象。随着市场竞争加剧，同类产品繁多，产品同质化现象日益突出，产品之间的差异变得越来越小，要让消费者对不同产品做出准确判断，不是一件容易的事情。目前，广告宣传是大多数企业用于帮助消费者进行刺激辨别的主要手段。通过各种传播渠道，引导消费者注意本企业产品的特征，强化差别认识，如产品的一切外部特征，包括品牌、品名、色彩、外观、包装等，最终把自己的产品从同类产品中区分出来。

5.3.4　反应环境

现实中常常出现这样的情况，在需要的时候我们找不到存储在记忆中的相关信息。影响信息提取能力的因素有两个：最初的学习强度与回忆时所处的环境，是否与最初的学习环境具有相似性。最初学习的强度越大，在需要的时候，提取相关信息的可能性就越大。在回忆时提供越多与当初学习该信息时相似的环境线索，回忆就越有效。反应环境对消费者的品牌学习有着基本的意义。通过反应环境有助于唤醒和强化品牌记忆。企业利用反应环境强化品牌记忆时，首先要研究消费者的购买习惯，了解他们购买决策发生的时间与地点，便于营造能唤起消费者记忆的环境线索。例如，一个企业在其口香糖的电视广告中将一幅有趣的画面与该口香糖的品牌的发音配对出现以使消费者对于该品牌产生正面情感，但是广告中没有清楚地显示该口香糖的包装和品牌字样。当消费者在购买环境中面对众多品牌的口香糖时，由于只能看到各种口香糖的外观与包装，而没有与品牌相对应的声音刺激，这样的购买环境很难唤起消费者对特定品牌的记忆。正确的做法是广告在提供品牌声音刺激的同时还应在画面中显示产品品牌的包装画面，这样才能为消费者提供一个完整的刺激环境，帮助消费者唤起记忆。

5.4　消费者知识和经验

消费者是产品和服务的最终使用者。也就是说，他或她购买商品的目的主要是用于个人或家庭需要而不是经营或销售，这是消费者最本质的一个特点。作为消费者，其消费活动的内容不仅包括为个人和家庭生活需要而购买和使用产品，而且包括为个人和家庭生活需要而接受他人提供的服务。但无论是购买和使用商品还是接受服务，消费者的消费性质属于生活消费。消费者的生活消费包括两类：一是物质资料的消费，如衣、食、住、行、用等方面的物质消费。二是精神消费，如旅游、文化教育等方面的消费。消费者的消费方式包括购买、使用（商品）和接受（服务）。消费者在购买时需要知识和经验。

5.4.1　消费者知识

知识作为一个被广泛使用的词，其内涵和外延因使用者不同而异。消费者知识就是指和消费生活方面相关的各种信息。关于消费者知识的内容，集中表现在三个方面，即消费者知道什么？消费者的知识是如何构成的？怎样才能了解消费者的知识水平？

1. 消费者知识的内容

消费者知识的内容包括关于产品的知识、购买的知识、使用的知识。

（1）产品知识。从市场营销的角度看，消费者对产品的了解，首先表现为他对企业产品或品牌的熟知程度。产品或品牌不为消费者所了解，就不会进入消费者的意识域，从而也不会被购买。所以，关于对产品的知识直接表现在，消费者需要购买某类产品时，他是否知道有哪些品牌可供选择。其次，在消费者知道的各种不同的产品品牌中，消费者对它们的属性都有怎样的认识，或者说这些品牌在消费者的头脑中都和什么样的信息具有联结关系，即品牌的形象问题。另外，消费者对产品知识还包括价格知识，即消费者对产品价格水平的了解程度。消费者可能对于某类商品的实际价格非常熟悉和敏感，而对另外一些商品的价格则缺乏了解。例如，一个家庭主妇对于菜市场的各种蔬菜的价格了如指掌，而对一套机械设备的价格甚至没有大致的范围判断。同样，不同消费者也可能对同一类产品的价格表现出令人惊异的差别感知。所有这些特点对企业营销人员来说，都是不能忽视的。

（2）购买知识。购买知识主要指关于购买渠道和购买时机的知识。购买的渠道可以从两个方面来认识：第一，在哪里可以买到消费者所需的产品？包括产品在哪个商店出售、产品在商店内的摆放位置、商店的地理位置。第二，消费者对不同购买渠道的认知。同样的产品可以在不同的购物场所获得，但是由于消费者对于购物场所属性的不同认知，会影响他的选择。如消费者认为环境好的餐馆价格必然贵，大众批发市场的东西质量肯定不高等。

关于购物时机的认识，也呈现多元化的情况。根据自然季节的变化进行购物，是消费者的一般常识；但反季节的销售，会给消费者带来产品价格优惠的信号；刚上市的产品价格是昂贵的，这种看法导致消费者的延期消费。

（3）使用知识。使用知识主要是指关于产品如何使用、有什么功能等方面的知识。

使消费者拥有足够的使用知识很重要。首先，当消费者对产品缺乏使用知识时，其购买该产品的可能性会减少。例如，一些人避免使用电话会议系统，就是因为不知道如何使用。其次，不合适的使用知识还会构成购买障碍。很多产品有多种用途，但消费者不一定都知道，由此就会缩小购买这些产品的消费者人群范围。阿司匹林预防心脏病的用途被发现后，拜尔公司大力宣传，从而使消费者对阿司匹林的需求大幅度上升。再次，即使不充分的使用知识不至于妨碍产品购买，但也可能降低消费者的满意感。不正确的使用会导致产品不能正常发挥作用，甚至导致人身伤害。

2. 消费者知识的结构

学术界对于消费者知识的结构类型进行了很多研究。主要是围绕两种方式进行讨论的，即消费者关于产品的知识是以品牌为中心还是以产品属性为中心构成的。

以品牌为中心的联系网络，指的是在消费者的认知结构中，品牌和那些属性联结在一起。如某个品牌的汽车，可能和安全、节油、舒适、耐用、朴实等属性联系在一起。

以产品属性为中心的联系网络，指的是在消费者的认知结构中，哪些品牌会具有某类属性。如消费者注重汽车豪华的属性，可能就会想到奔驰、宝马、保时捷等汽车品牌。注重安全属性可能就会想到沃尔沃等汽车品牌。

3. 消费者知识的测量

怎样才能了解消费者关于产品知识的状况呢？研究者提供了多种测量手段。从消费者知识的范围来看，可以分为关于消费者客观知识和主观知识的测量；关于消费者产品知识和使用知识的测量；关于消费者品牌知名度和美誉度的测量等。例如，测定产品或品牌知名度通常有两种方法，一种方法是要求消费者列出他所了解的某类产品的所有品牌，例如，要求消费者列出他想得起来的所有牙膏品牌。另一种方法是限定使用情境或利益，要求消费者列出与这种情境或利益相联系的品牌，例如，要求消费者列出最适合作为母亲节礼物的产品或品牌。

5.4.2 消费者经验

消费者经验是来自于消费者亲身感知或体验所获取而储存于消费者记忆中的信息。认知心理学中的研究成果表明：与陌生的信息相比，熟悉的信息更容易从记忆中获取，被认为更实际或更相关。因此，那些品牌经验丰富的消费者对某一品牌的认知比品牌经验缺乏的消费者更全面、更深入。当然由于信息不对称，不同地域的消费者对品牌认知度有很大差异。与中小城市和农村相比，那些生活在大城市中的消费者的品牌经验更丰富，对品牌认知更多一些。消费者积极的经验可能会导致消费者重复购买行为的发生，而消极的经验或许会导致消费者避免购买行为的发生。

消费者经验是如何构成的？不同的经验在消费者行为过程中具有哪些作用？一些研究者对此进行了有趣的探讨。下面介绍消费经验的两种典型形式。

1. 预先消费

预先消费经验包括购买前的搜索。例如，通过网络查寻、与朋友交谈和预算时间费用等。

预先消费也包括对于即将到来的事件的思维、感情和感觉印象。预先消费在实际消费之前的很长时间就开始了。

2. 唤醒和流动

区分消费经验的两个重要的标准是，商品使用的技术水平和挑战水平。例如，商品当技术与挑战很低时，经验就显得很乏味；当商品技术水平很高，而挑战水平很低时，人们具有轻松的经验；当挑战较高而技术水平一般时，消费者会有唤醒的经验；当技术与挑战达到最大化时会产生流动。这就是使流动经验成为备受欢迎的活动的原因。如在组织学习中的使用拓展活动等。消费者经验中仅有一小部分可以归结为流动经验。尽管如此，流动活动是重要的，因为它们代表了巅峰经验。

从市场营销角度讲，消费者产品和服务经验要引起营销管理者特别关注。因为它关系到消费者是否选择该产品。

本章小结

本章讨论消费者学习心理与行为之间的内在关系。学习是人们适应环境的动态过程，消费者购买活动的每一步都是在学习，所以，学习在消费者购买过程中有三个方面的重要作用：一是获得有关购买的信息；二是促发联想；三是影响消费者购买决策的全过程。

消费者的学习有多种方法，在本章中主要介绍了模范法、试误法和观察法。关于消费者如何学习，行为主义学派与认知学派的观点不一样。行为主义学派中的巴甫洛夫经典性条件反射理论认为，借助于某种刺激与某一反应之间的已有联系，经由练习可以建立起另一种中性刺激与同样反应之间的联系。斯金纳操作性条件反射理论认为，如果一个操作或自发反应出现之后，有强化物或强化刺激跟上，则该反应出现的概率就增加；经由条件作用强化了的反应，如果出现后不再有强化刺激跟上，该反应出现的概率就会减弱，直至不再出现。

经典性条件反射理论和操作性条件反射理论虽然基本点是一致的，即学习是建立在条件反射的基础上，但它们还有一定的区别。最主要的区别是，在巴氏的理论中，反应是由刺激引发的，个体处于被动地位；而在斯氏理论中，反应是自发的，不是由外界刺激引起的，所以个体处于主动地位。

观察学习理论主要是由美国心理学家班图纳倡导的。所谓观察学习是经由对他人行为及其强化性结果的观察，一个人获得某些新的反应，或使现有的行为反应得到矫正，同时在此过程中观察者并没有外显性的操作示范反应。利用观察学习理论可以诱导消费者特别是潜在消费者的反应。

认知学派着重强调学习是一个解决问题的过程，而不是在刺激与反射之间建立联系的过程。在解决问题的情境中，并没有类似建立条件联系时那种可见的强化物，但并不意味没有任何强化。实际上，解决问题本身就是一种很重要的强化因素。

消费者的学习有一些基本特征：学习的强度、刺激的泛化、刺激的辨别和反应环境。企业不仅要把握消费者学习的一些基本原理，也要把握消费者学习的基本特征，以便采取有效的营销策略。遗忘是与记忆相对应的概念，指个体对所识记过的内容不能再认，或者表现为错误的再认和回忆。了解记忆机制和遗忘的原因，有助于营销人员改变刺激手段，增强和强化消费者对产品的认识。

消费者关于产品、购买、使用等方面的知识，以及消费者亲身感知或体验所获取而储存于消费者记忆中的信息即消费者经验，对于消费者的购买行为有直接的影响，了解和熟知消费者知识、消费者经验的相关知识，对营销人员十分重要。

126

实践实训

实训课题 5-1

实训目的：培养学生对各种广告认知。

实训题目：找出 3 则基于经典条件反射理论、操作条件反射理论的广告，评价其对消费者认知问题把握的程度。

练习与讨论

1. 什么是学习？学习在购买过程中有哪些作用？
2. 消费者学习的方法主要有哪些？
3. 经典性条件反射理论与操作性条件反射理论有何异同？
4. 什么是观察学习？怎样利用该理论刺激消费者的反应？
5. 运用认知学习原理分析认知因素对消费者行为的影响。
6. 举例分析影响学习强度的因素。
7. 试述刺激的泛化原理和刺激的辨别原理。

第6章

消费者购买决策

📕 学 习 目 标

- 了解消费能力构成；
- 了解影响能力形成与发展的因素；
- 掌握霍华德-谢思消费者购买决策模型；
- 理解顾客满意内容；
- 掌握企业提高顾客满意方法；
- 理解消费者忠诚作用和忠诚测定方法；
- 理解消费者忠诚的培养和提高顾客忠诚的策略。

📕 案 例 导 入

航空公司经营之道

我国很多企业在如何提高顾客满意度这个问题上，总喜欢在减少顾客货币成本上做文章，打价格战，结果谁也赚不到钱，其实不妨借鉴美国西南航空公司的做法，在其他成本上做文章。

美国西南航空公司主要飞国内航线。一次，在一条航线上，竞争对手将 56 美元的机票降到 33 美元，西南航空公司知道，如果自己也跟着降到 33 美元，就是自己的成本价，根本挣不到钱了。西南航空公司没有立刻跟着竞争对手降价，而是做了一个市场调查。在调查中他们发现，飞这条航线的 80%是公务人员，公务人员的机票不是自己掏腰包，是组织给买。此时，西南航空公司决定不去与竞争对手正面打价格战，而是用一种新的营销方法，即凡是乘西南航空公司这条航线上航班的乘客，下飞机以后，凭着飞机票可以免费得到一瓶威士忌酒。这样一来不仅留住了老乘客，而且将竞争对手的乘客也吸引过来了。

问题：美国西南航空公司的营销给你的启示是什么？

6.1 消费者的消费能力

6.1.1 能力概述

人类从事任何活动，都需要一定能力。所谓能力，是指人们顺利地完成某种活动所必须具备的、并且直接影响活动效率的个性心理特征。对能力的理解应注意两点：首先，能力是顺利完成某种活动的主观条件。从事任何一项活动都需要一定的条件，这些条件既有客观方面的，也有主观方面的。能力就是人们成功地完成一项活动的主观条件。例如，消费者在消费活动中需要经常运用注意能力、观察能力、记忆能力、思维能力、想象能力、决策能力等。其次，能力总是与人的活动相联系，并直接影响人的活动效率。因为人的能力总是存在于人的活动之中，并通过活动表现出来。只有从一个人所从事的某种活动中，才能看出他具有某种能力，并从活动的效率和效果看出其能力的大小、强弱。能力也是消费者的一种资源，它会直接影响消费者的购买能力。

6.1.2 影响能力形成与发展的因素

能力是如何形成与发展起来的？它主要受哪些因素的影响？这在心理学史上是一个长期争论的问题。现在普遍认为，能力是在遗传素质的基础上，通过环境与教育的作用，在实践活动中逐步形成和发展的。具体地说，能力的形成与发展与以下因素有关。

1. 遗传因素

遗传就是父母把自己的性状结构和机能特点遗传给子女的现象。前一代人的能力可以通过生物学的方式传给后一代人。遗传因素是能力发展的自然前提，离开这个物质基础就谈不上能力的发展。

2. 环境因素

这里所指的环境，主要是指影响能力形成的后天因素，如营养状况、家庭影响、教育训练条件等。一般认为，遗传提供了心理发展的可能性，而可能性转化为现实需要环境因素的配合。心理学的研究表明，家庭条件对人的能力形成与发展起着重要的作用，许多学者都强调家庭早期教育的重要性。另外，营养也是影响能力发展的一个重要因素，营养不平衡会影响人脑和神经系统的发育。

3．社会实践环境

社会实践环境对能力的形成与发展固然有着重要的影响作用，但是环境，特别是教育，并不是简单地、直接地决定着能力的形成与发展，而是必须以主体的实践活动为中介。人们实践的性质不同，形成的各种能力也不同。从这一意义上说，人的各种能力是在遗传素质的基础上，通过环境与教育的作用，在社会实践活动中最终形成起来的。心理学工作者对从事不同职业的人的感受能力的研究发现，有经验的染色工人能分辨出 40 种以上色调不同的黑色，而一般人只能辨别三四种左右，这种能力显然与其长期从事该领域的实践活动有关。

4．心理因素

人的主观能动性与人的能力发展也有密切关系。具有近似的先天条件与环境条件，又从事同样的实践活动的人，能力的提高也可能不同，这主要取决于个人的心理因素。许多研究表明，如果一个人刻苦勤奋、积极向上、具有强烈的求知欲与顽强的钻研精神，他的能力就可能得到较好的发展。

6.1.3　能力的分类

（1）按照能力的倾向性，可分为一般能力和特殊能力。

① 一般能力。是指人们顺利完成各种活动所必须具备的基本能力，如观察能力、记忆能力、思维能力、想象能力、注意力等。

② 特殊能力。是指完成某种专业活动所必须具备的能力，如音乐能力、绘画能力、鉴赏能力、组织领导能力等。一般能力与特殊能力是密切联系、相辅相成的。在完成活动中，它们共同起作用。任何特殊能力的发展都离不开一般能力，而且特殊能力的发展也对一般能力有所提高和促进。

（2）按照能力的功能，可分为认知能力、操作能力和社交能力。

① 认知能力。是指个体学习、研究、理解、概括和分析的能力，人们通常称为"智力"，它是人们成功地完成活动最重要的心理条件。

② 操作能力。是指操作、制作和运动的能力，如劳动能力、体育运动能力等。

③ 社交能力。是指人们在社会交往活动中所表现出来的能力，如组织管理能力、适应能力、语言能力等。

（3）按照能力的创造性程度，可分为模仿能力和创造能力。

① 模仿能力。是指仿效他人的言行举止而引起的与之相类似的行为活动的能力。

② 创造能力。是指产生新思想、发现和创造新事物的能力。创造能力是成功地完成某种创造性活动所必需的条件。

6.1.4　消费者能力构成

消费者的购买活动是一项范围广泛、内容复杂的社会实践活动。为了使消费者本人在购买过程中达到最大的满意和快乐，消费者需要具有多方面的能力。而人的能力反映在购买行为上，主要是对商品的识别能力、评价能力、对商品信息的理解能力以及选购商品时的决策能力和对自身消费利益的保护能力。一般把这些能力的协同表现称为消费者的购买能力。消费者在购买活动中经常运用的能力主要有以下几种。

1. 对于商品的感知辨别能力

感知能力是指个体消费者在感觉方面，感受能力或感觉的敏锐程度不同。在知觉方面，有的消费者属于综合型，具有整体观和概括能力，但分析能力较弱；有的消费者属于分析型，对细节感知清晰，但对整体的把握能力差；还有的消费者属于分析综合型。每个消费者的感知能力都有一定特点，比如在手感方面，手感细腻的消费者，摸一摸衣服的面料，就能判断出这件衣服面料的质量，是什么料子做出来的，市场上的价格大致有多少心中就有了数；而对于有的消费者来说，凭手感来判断衣服面料的质量和价格，无疑是给自己出了一道难题。再比如知觉分析综合型消费者，在购买微波炉时，很可能对微波炉市场的状况、厂家的状况、消费者的状况、价格状况都了解得一清二楚。

2. 对于商品的分析评价能力

分析评价能力主要反映在对于商品信息的收集，对于商品信息来源的分析评价，对于购物场所的评价，对于商品本身特点的认识和评价能力，甚至对于他人消费行为的评价也包括在这里面。一般来说，消费能力强的人收集商品的信息相对要主动一些，尤其是在高档商品的信息收集方面，他们一般对于广告有比较全面而正确的认识，对于购物场所中的一些正常的和不正常的促销手段有相当的判断能力，也有的消费者对于商品的知识了解得相当多，因此有一定分析评价能力。另外，还要注意这样的一个问题，即评价能力是消费能力中比较复杂、相对来说包括的因素较多的一种能力。这是因为消费者的收入不同、行为方式不同、审美情趣不同，所以对商品的评价能力，特别是评价标准就会出现多种多样的形式，当然也有一个符合社会发展的基本标准或约定俗成的标准。

3. 选购商品时的决策能力

决策能力是消费者购买行为中所需要的主要能力。决策能力反映在选择商品时能否正确地做出决策，购买到让自己满意的商品。消费者决策能力的高低直接受其自信心、性格、气质以及对商品的认知程度、参与水平、使用经验和购买习惯的影响。比如一个性格内向、反应迟缓、意志力较差的消费者，在做出购买决策时容易犹豫不决。比如一个消费者认为家用汽车对他很重要，需要仔细考虑是否购买或者买哪种品牌的。在这种场合下，涉入程度就比较高，他的决策能力就会表现出风险体验较大，但又比较谨慎、利落的特点。在特殊的购物环境中，消费者的购买决策能力会有更明显的表现。比如某商品价格高涨时，顾客出现大量抢购的情况下，平时决策速度快的消费者会及时地做出判断，以最快的速度做出决策是否购买；而在平时购买商品时，购买决策表现为犹豫不决的消费者，面对商品大幅度涨价，很多人又在抢购的现象，就会产生更多的心理矛盾和冲突。

4. 消费者的自我保护能力

当买到一件合格、称心的商品时，既会得到物质上的享受，又会在精神上感到愉快。反之，如果买来的商品是假冒伪劣产品，那么，不仅经济上遭受损失，心里也会感到恼火、沮丧。遇到后一种情况，有的消费者往往只是发发牢骚、抱怨一通，然后自认倒霉，却不知向有关部门交涉、投诉和反映，维护自己的权益。这些就与消费者是否具有较强的自我保护意识和能力有关。那么，作为消费者，如何增强自我保护意识和能力呢？一方面要多学习国家和各级政府发布的有关保护消费者权益的法律法规。近些年来，国家发布了许多有关保护消费者权益的法律法规，消费者要熟悉这些法规，以便在自身权益受到损害时，能运用这些法律武器来保护自己的利益。

┃ 小案例 ┃

20 世纪 70 年代，美国最大的生活日用品制造商强生公司（Johnson）为了增加经营，针对老年人的发质特点，推出了一种新型的洗发香波。公司本意是有针对性地开拓老年市场，但在进行广告促销时，特别强调使用了诸如"干脆"、"营养不足"等词语来描述 50 岁以上老年人头发的特点，并特别指出"此香波极适于年龄在 50 岁以上的老年人"。将市场细分到如此地步，公司对这款产品的销售充满信心。然而没过多长时间，公司发现销售情况极差，这种洗发香波在有些地区甚至一瓶也未售出。为了弄清事实真相，公司做了一次市场调查，结果发现许多老年人和行将进入老年的中年人，不愿购买一种会把自己局限在一个苦恼圈子里的产品。

分析提示：强生公司营销中目标市场明确，产品质量好，但没有考虑到中老年他们心灵深处害怕衰老、抗拒衰老。都在试图掩饰他们的真实年龄，不愿接受自己已在衰老这一事实。因此他们对产品敬而远之。

6.1.5　消费能力形成和发展的条件

1. 教育与培养消费教育对消费技能的提高有重要作用

消费教育一般是工商企业通过各种可能的途径，采用各种方式，有计划、有组织、有目的地对消费者进行影响，如向消费者传递商品的信息、讲解商品知识、传授保养维修方法、示范使用操作技术，等等。通过教育与培养，使消费者掌握挑选、比较、评判、购买及使用等知识和技能，在学习和训练中促进消费技能的提高。企业积极、正确地引导消费，既可以帮助消费者提高消费质量，又可以提高企业的商誉。例如，商品展示，讲授商品的使用、保养、维护、识别等方面的知识，并且接受消费者的现场咨询；商品知识比赛，将传递信息、指导购物和传播知识结合在一起，融知识性、趣味性为一体，以培养消费者、提高消费者技能为目的。还可以通过一些促销方法，如试尝、试穿、试用和体验营销来培养消费者的消费能力。

2. 消费者个人消费实践、消费能力的提高不能离开个人努力和消费实践活动

在一次次的购买活动中消费者不断积累知识和经验，形成和发展自己的消费技能。例如，很多消费者已经掌握了购物讨价还价的能力和方法。例如，正在热销商品

不易讲价，应季商品不易讲价，货品齐全不易讲价，挑毛病易讲价，多买几样东西易讲价，货比三家易讲价。消费实践活动是消费者能力发展的决定性条件，它制约着消费能力发展的水平。

6.1.6 消费者能力的差异表现

消费者的消费能力差异必然使他们在消费活动中表现出不同的行为特点。尽管人们的消费能力有高有低，但是总会在购买活动中以一定的方式表现出来。这就需要企业在经营中针对不同消费者的不同消费技能，提供不同的服务。从购买行为来看，消费者的消费能力由高到低可分为四种类型。

1. 成熟型

消费者对于所购买的商品不仅了解，而且有长期的消费经验，甚至有长年的消费习惯。对于该商品的性能、价格、质量、生产情况等方面的信息非常熟悉，甚至可以说是这一类商品方面的专家，他们的消费经验完全有可能超过购物场所的销售人员，对于商品的了解和熟悉程度也比销售人员要强得多。此类消费者在购买商品的时候，有明确的购买目标，注重从总的方面去综合性地评价商品的方方面面，同时能够很内行地在同种或同类商品中进行比较、选择。这类消费者在选择中又很自信，有时会向销售人员提出关键性问题。在购买过程中不会轻易接受商业广告的宣传、销售人员的推荐，不易受购物场景的影响，决策过程是根据自己的需求而定，考虑问题既理智又富有经验。这一类消费者比较少。

2. 熟练型

消费有比较明确的购买目标，了解较多有关的商品知识，有比较丰富的消费经验，而且对商品的价格、质量、性能等方面比较熟悉，但是如果要让他们真正地鉴定商品某一方面的特点时，他们又会出现"吃不准"的情况，感到自己还没有真正的把握。虽然购买商品一般不需要别人的参谋，但是在感到自己"吃不准"的情况下，偶尔地请别人参谋一下。此类消费者一般不反对商品广告宣传和购物现场销售人员所提供的有关商品信息，但是他们会进行认真的分析、判断、比较。在购买过程中，购买目标明确且能够通过语言清晰、准确地表达自己的购买要求，购买决策过程一般较为顺利，易于为售货员掌握。熟练型消费者所占的人数远远多于成熟型。

3. 平常型

消费者进入商店前已有大致的购买目标，掌握部分有关的商品知识，本人的消费经验平平或较少，了解商品主要通过广告宣传、售货推广亦或是他人的介绍，所以了解商品的程度不深。愿意销售人员给他们介绍商品的各种特点或者在服务中补充他们欠缺的部分知识，而且希望有其他顾客现场购买，反映出商品的各项特点，便于自己做出分析和评价。对于这类消费者，如果销售人员的服务态度热情、诚恳，给他以信赖的感觉，那么就会顺利地完成一次购买活动。如果销售人员及购物环境中的其他因素给他留下不好的印象，那么他很可能取消此次购买亦或改变购买动机。

4．缺乏型

这是相对而言的，或者是消费者对某一具体商品的认知而言。此类消费者缺乏有关的商品知识，没有购买和使用经验，挑选商品常常不得要领，犹豫不决，希望销售人员介绍商品详细。容易受广告宣传的影响，容易受其他消费者或销售人员、购物环境的影响，容易产生"后悔"心理。对于这类消费者，销售人员不要怕麻烦，主动认真地介绍商品；新产品的广告宣传要注意实事求是，以便消费者真正掌握新产品的各项性能，缩短掌握消费技能的时间。在购物中，即使是在同一类型中的消费者，由于性别、年龄、职业、经济条件、心理状态、空闲时间和购买商品的种类、数量等方面的不同，以及购买环境、购买方式、供求状况、销售人员的仪表和服务质量等方面的不同，也会引起消费者行为上的差异。

6.2　消费者购买决策

消费者的购买决策过程，实际就是消费者在购买产品、服务过程中所经历的过程。这一过程有的很复杂，要持续很长的时间；有时则十分简单，在很短时间内完成。一般来说，在复杂的购买行为中，基本都会涉及认识问题、信息收集、评价方案、购买决策、购后行为等阶段，在整个购买决策过程的每个阶段消费者都要依据信息做出若干判断、比较和分析。营销人员不仅需要知道消费者想要满足的需要，以及他们如何将这种需要转换成购买标准，而且要了解消费者如何收集有关选择的各种信息，甚至需要了解消费者如何做出购买决策、喜欢到什么地方购买等，同时也需要了解消费者的购买决策过程及购买原因在不同类型的消费者中是如何变化的。

6.2.1　消费者购买决策分类标准

为了便于全面认识消费者行为，可按照不同标准对消费者进行分类。现实中，可采用的分类标准很多，每种分类方法都可以从不同的侧面反映消费者购买行为特点。

1．按决策的主体不同划分

（1）个人决策。消费者个人利用自己的知识、经验和掌握的信息，凭借个人的智慧而做出的购买决策。例如，日常消费的日用品、肉、蛋、奶等商品，大多都是消费者凭借自身的购物经验，直接做出购买决策的。还有遇到紧迫问题也需要消费者个人决策，如时间和地域的原因消费者来不及和他人商量，要求个人立刻做出购买决策。

（2）家庭决策。家庭内部的一些重大购买行为，有时需要听取家庭主要成员的意见，凭借大家的经验和智慧共同做出购买决策。购物支出占家庭消费支出的比重越大，个人决策的可能性越小，越需要征求家庭各成员的意见。

（3）组织决策。组织决策指组织领导者对组织的活动方案进行选择和制定的过程，它是领导的一项重要职能。在购买过程中依据组织决策层集体的力量做出组织购买决策。例如，企业对设备、大宗原材料的采购，各级政府部门对办公设备的购买等，都属于组织购买决策。

2. 按消费者介入程度的不同划分

（1）常规型决策。常规型决策即指当一个消费问题被意识到以后，经内部信息收集，消费者脑海里马上浮现出某个偏爱的产品或品牌，该产品或品牌随即被选择和购买等这一类的购买决策。常规型购买决策可进一步分为忠诚型购买决策和习惯型购买决策两种。

（2）有限型决策。当消费者对某一产品领域或该领域的各种品牌有了一定程度的了解，或者对产品和品牌的选择建立起了一些基本的评价标准，但还没有形成对某些特定品牌的偏好时，消费者面临的就是有限型决策。它一般是在消费者认为备选品之间的差异不是很大，介入程度不是很高，解决需求问题的时间比较短的情况下所做的购买决策。

（3）扩展型决策。当消费者对某类产品或对这类产品的具体品牌不熟悉，也未建立起相应的产品或品牌评价标准，更没有将选择范围限定在少数几个品牌上时，消费者面临的就是扩展性决策。它一般是在消费者介入程度较高，品牌间差异程度比较大，而且消费者有较多时间进行斟酌的情况下所做的购买决策。

6.2.2 消费者购买决策基本变量

消费者决策过程受心理活动过程支配，难以具体观察和测量，因此，专家们通常采用行为科学中经常使用的"刺激—反应"模型分析方法，通过外部刺激变量与消费者的行为反应之间的联系来判断消费者的决策过程。购买过程分为外部刺激、内心活动和行为反应三个部分，如图 6-1 所示。

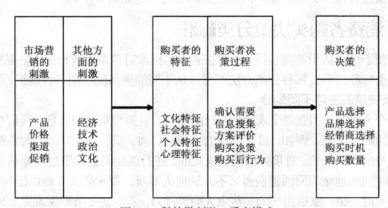

图 6-1 科特勒刺激—反应模式

在消费者购买过程中会涉及基本变量、刺激与反应。有五个基本变量，即刺激、处理过程、影响因素、行为反应与行为结果。每一基本变量又由许多要素构成。在不同情况下，这些基本变量或具体要素之间往往有不同的关系，即可形成不同的购买行为模型。对模型产生原因及模型特点的充分理解，有助于企业把握由自己控制或能加以影响的那部分因素，以适应或充分利用各种行为模型。基本变量的主要内容如下。

1. 刺激因素

消费者行为就是消费者对刺激的反应。个体的需要是从刺激开始的，该刺激可来自个体内部，也可来自外部的诱发。消费者总是先有了某种欲望，然后才会做出行为决定。各种刺激因素影响消费者的心理活动和行为，而反应则是消费者面对刺激因素的心理活动过程和行为过程所表现出来的结果。这样就可用"刺激—反应"公式来表示，刺激因素主要指各种营销刺激和环境刺激因素的变化。

2. 处理过程

处理过程即心理活动过程，是消费者对各种刺激因素的心理反应。心理活动过程是有序的，一般要经过认识过程、感情过程、意志过程三个阶段。认识是行为的基础，意志是行为的保证，感情对认识和意志等心理过程起着强化或弱化的作用，而意志过程是执行决策阶段，又是与外显的消费行为相并行的。

3. 影响因素

在消费者的心理活动过程中，会自然而然地受其他各种因素的影响，从而最终影响决策和行为。影响因素和刺激因素既相互区别又相互联系，就某一心理活动而言，刺激因素激发了这一心理活动，而影响因素则是在这一心理活动开始后起作用的，两种因素都会影响心理活动及其后果。

4. 行为反应

经过外界的刺激、影响及消费者内心的心理活动后，随之就促使消费者将其认识付诸实践，从而产生了购买决策或购买行为。

5. 行为后果

在购买行为发生后，消费者所处环境也随之变化，同时消费者会对该产品进行消费、使用、评价。具体包括：①消费者心理上满意或不满意；②消费经验、知识和能力一般会得到积累和加强；③消费品、货币存量发生变化；④经过一次或多次类似行为，可能改变或培养出某种消费习惯、偏好。

6.2.3　消费者购买决策过程的主要模型

国内外许多的专家、学者对消费者购买决策模型进行了大量的研究，并且提出一些具有代表性的典型模型。

1. 霍华德—谢思模型

在众多模型中最有代表性的是由霍华德与谢思在 20 世纪 60 年代末提出的。该模型认为各种刺激因素能唤起消费者的购买欲望、提供各种信息、影响购买者的心理活动，消费者在刺激因素的影响下，结合以往的购买经验，开始形成一系列评价标准、购买意向等，最终产生某种倾向和态度、产生购买行为。购买结果也会反馈给消费者，影响消费者的心理和下一次的购买行为。

根据霍华德—谢思购买决策模型，在复杂的购买行为中，一般要经过需求确认—信息收集—评价方案—购买决策—购买行动—购后行为阶段，一般情况下，消费者购买产品、服务要经历购买决策过程的全部五个步骤，但并不是所有的消费者决策都会按次序经历这个过程的所有阶段。在有些情况下，消费者可能跳过或颠倒某些步骤，尤其是习惯性的购买行为，由于购买经验极为丰富，有了购买需要后，无须收集信息或比较，就可立即决策并付诸实施。此外，消费者在购买决策过程的任何步骤上都可能决定不购买，决策过程就在那个步骤上提前中止。一般情况下，当消费者对各种产品的性能、价格、品牌、售后服务等各项产品特征进行分析评价后，就会对某种产品形成偏爱，形成购买意图，进而做出购买决定。

（1）需求确认。消费者购买行为是由其需求意识决定的，一旦产生对某种产品或服务的需求意识，购买决策过程便由此开始。消费者对产品或服务需求的产生是一种比较复杂的心理和意识过程，是由消费者理想状态与现实状态之间的差距引起的。需要的产生有时很简单，有时却较为复杂。一般来说，它可以由内部刺激引起，如饥饿使人产生进食的需要，也可以由外部刺激引起，如看到别人买了某种商品，想到自己也需要买等。在这两种刺激的影响下，当消费者意识到一种需要并且准备通过购买某种商品去满足它时就形成了购买动机。

① 缺货。当消费者使用的一种产品需要补充存货时，需求就出现了。此时的购买决策通常是一种简单的惯例的行为，并且经常靠选择一个熟悉的品牌或该消费者忠于的品牌解决这个问题。

② 不满意。消费者如果对正在使用的产品或服务不太满意，例如，当消费者认为他的手机已经过时，需要另行购买时，需求确认就产生了。而广告等手段则可以用来帮助消费者确认什么时候他们有问题和需要做何种购买决定。

③ 新需要。消费者生活中的变化经常导致新需要。比较常见的是，一个人生活方式或工作状态的变化就可以创造出新的需要。例如，当搬家时，就可能需要重新购置一些新的家具；当职务提升时，就可能买一些更高档的服装以使人显得更体面些；有时报酬的增加也会提高个人的期望。

④ 相关产品的购买。需求确认也可以由一种产品的购买激发起来，例如，购买汽车会导致对汽油需求的增加，个人计算机的购买会推动对软件程序或软件升级的需求。

⑤ 新产品。市场上出现了新产品并且这种新产品引起了消费者的注意时也能导致需求确认。因此，营销人员有必要经常向消费者介绍新产品或新服务，并且告诉消费者为什么他们需要该种新产品并强调该产品的便利、时尚及安全等。

⑥ 营销因素。营销商还可以通过各种促销方式，如改变包装和广告宣传等，提供产品相关信息，刺激消费者的购买欲望，从而帮助消费者确认需要。

（2）信息收集。顾客对某种产品或服务的需求意识产生之后，就会对关于这种产品或服务的各种信息感兴趣，会通过媒体的广告、商品的展示、他人的推介、本人的经历等多种途径去收集信息，为自己购买决策提供依据。消费者在信息收集的过程中及在收集到足够的产品信息之后，就会根据自己的经济状况、兴趣爱好等对可供选择的产品进行认真的分析、评价，对比它们的优缺点，并做出最终的购买决定。

消费者信息来源。信息可以从消费者内部、外部或内外部同时收集。内部信息收集是对记忆中原有的信息进行回忆的过程，很大程度上来自以前购买某产品的经验。如果内部收集没有足够的信息，消费者便会通过外部来收集其他相关信息。消费者外部信息来源包括以下几方面。

① 个人接触：家庭、朋友、同事、熟人。

② 商业信息：广告、推销员、经销商、包装、展览。

③ 公共信息：大众媒体、消费者评比机构。这些信息来源的相对丰富程度与影响程度随产品类别与消费者特征的不同而异。每类信息来源对购买决策有着不同作用的影响。商业来源一般起着告知作用，而个人来源则起着认定或评价作用。

影响个人信息收集范围的因素。个人进行信息收集的范围依赖于以下几方面的因素。

① 消费者的风险意识。人们在购买商品时，都会或多或少地感知到风险。一般情况下，对于同一产品来说，由于消费者的个性不同，所感知到的风险也不同，与那些风险意识较低的消费者相比，那些认为风险较高的消费者会在信息收集方面付出更多的努力。同时，随着对购买风险预期的增加，消费者会扩大收集范围，并考虑更多的可供选择的产品。另外，在已收集到足够信息的条件下，一个自信的消费者会对其决策感到非常有把握，而缺乏这种自信心的消费者会在对产品已经了解很多的情况下仍继续进行信息收集。

② 消费者对产品或服务的了解程度。如果消费者对即将购买的产品或服务已足够了解，那么他就无须再另外收集更多的信息了。而且，消费者了解得越多，他收集信息的效率就越高，从而花费的时间就越少。

③ 消费者对产品或服务感兴趣的程度。信息收集的范围与消费者对某种产品感兴趣的程度成正比，即对某产品或服务更感兴趣的消费者会花费更多的时间和精力去收集相关信息。

④ 情境因素。一般情况下，消费者收集相关信息的积极性与当时的情境是密切相关的。有利的情境会激发消费者了解、比较产品的兴趣；相反，在某些特殊情境购买产品，消费者对信息的收集是有限的。例如，汽车在中途坏了，时间和信息受限，司机不大可能花费太多时间去找一个物美价廉的修车场。

消费者选择信息的过程。如果愿意的话，消费者会收集大量有关某产品、服务的信息，但不是信息越多越好。面对同样的情境，不同的消费者会有不同的理解，这是因为他们的个性、经验、需要等影响了他们对情境的知觉，并进而影响了他们对信息的选择。

企业营销人员影响消费者决策的过程，在很大程度上是通过向消费者提供信息来实现的。因此，作为营销人员必须尽力把信息传递给消费者，同时在向消费者传递这些信息时，要尽可能地生动并多次重复，以加深消费者的印象。营销人员非常有必要理解消费者需要的是什么样的信息，他们怎样获得这些信息，以及如何进行信息调查等问题。

（3）评价方案。当今消费者充满了选择，客户将收集到的各种信息进行处理，包括对不同企业生产或提供的同类产品或服务进行互相对比、分析和评估。客户对收集到的信息进行对比、分析有时是反复进行的，尤其在需求属于价值较高的产品或服务时，往往要经过"货比三家"后才会做出谨慎的选择。客户的信息收集和评估选择也都是围绕自己的需求意识进行的，在这个阶段，消费者会将已获得的信息进行分析、整理，并形成一套评价标准，这些标准可能是主观的，也可能是客观的，且随着产品的不同而有所差别，即使对于同一产品来说，不同的消费者对其不同属性的关心程度也不同。消费者会利用这些标准对各种购买方案进行评估和比较，进而做出购买决策。

不同的消费者对商品有不同的评价过程，即不同的人会因为不同的原因去购买同一种商品；购买行为在同一消费者中也是不同的，即同一个人可能出于不同的原因去购物，这取决于每个人的欲望不同或产品使用环境不同。对营销人员来说，重要的一点是要考虑消费者在购买时会在哪些产品中进行选择，了解影响消费者对产品选择的因素是什么。

客观评价标准。包括决策时使用的各种标准（如价格、质量、规格、性能、外观等）。在评价中，并非所有的标准都有同样的作用，有些评价标准之间是相互影响，甚至是相互矛盾的。各种标准属性权重比不同，营销人员应根据各种评价标准的作用针对不同的消费者群采取不同的促销手段。

主观评价标准。它主要指消费者对某事物一贯的赞同或不赞同的倾向性，一般包括：人们对事物的认知、人们对事物喜欢或不喜欢的感觉。例如，消费者对品牌的信任或忠诚。不少消费者在评价商品信息时很大程度上依赖于对某种品牌的信任，这种品牌形象在消费者心中早已根深蒂固。因此，营销人员应该维护好已树立的品牌形象并在激烈的市场竞争中进一步去完善它。

（4）购买决策。在购买过程的某个点上，消费者必须停止收集信息和评价方案并做出一个购买决策。作为方案评价阶段的结果，消费者可以总结出一个购买某种产品的购买决定。购买决策并不等同于真正的购买行为，消费者在购买决定和购买行为之间常常改变主意。在一般情况下，消费者一旦下定决心购买某一产品，就会执行这个决策并确定购买。但往往在消费者即将付诸行动时，也许就会出现某些意料之外的情况，从而改变其购买决定。

消费者改变、推迟或取消购买决定在很大程度上是受到所感受到的风险的影响。价格很高的商品一般都带有高风险，消费者因无法确定购买的回报，便会感到担心。所感到的风险的程度是随所付费用的多少、属性不确定的程度等而变化的。

（5）购买行动。消费者经过产品评估后就开始实施方案评价结果，这一阶段就是购买决策过程的购买阶段。营销人员要特别注意，在复杂型的购买情形下，消费者方案评估的结果可能对某一品牌产生好感和购买意向，但是，真正将购买意向转为购买行动，其间还会受到两个方面的影响。

一是他人态度：消费者的购买意图，会因他人的态度而增强或减弱。他人态度对消费意图影响力的强度主要取决于三个因素。

① 他人否定态度的强度。否定态度越强烈，影响力越大。

② 他人与消费者的关系。关系越密切，影响力越大。

③ 他人的权威性。此人对产品的专业知识了解越多，对产品的鉴赏力越强，则影响力越大。

由于许多产品具有在他人面前自我表现的作用，因而人们在购买时会更加在意他人的看法。他人看法与消费者意见相悖，将会导致消费者犹豫不决，很难在短期内做出购买决策甚至会放弃购买意图。

二是意外因素：消费者购买意向是以一些预期条件为基础形成的，如预期收入、预期价格、预期质量、预期服务等，如果这些预期条件受到一些意外因素的影响而发生变化，购买意向就可能改变。例如，因失业而减少收入，因产品涨价而无力购买，或者有其他更需要购买的东西等，这一切都将会使他改变或放弃原有的购买意图。

消费者的购买意向是否能转化为购买决策，还受所购商品价格的高低、购买风险的大小和消费者自信心的强弱等因素的影响。消费者的购买往往伴随着一定的风险和不确定性，由于消费者无法完全确认各种属性和购买后果，从而会感到不安。相对而言，消费者购买的商品越高档、价值越高时越会感觉有较大的风险性。消费者通常会采取一些措施降低风险，如向朋友收集有关信息、购买知名的品牌或熟悉的品牌、选择可靠的商店以及通过间接体验来确认效果等。决定购买是消费者购买行为过程中的关键阶段，营销者在这一阶段一方面要向消费者提供更多更详细的商品信息，以便使消费者消除各种疑虑，促使消费者坚定地实施购买意向；另一方面要通过提供各种销售服务，方便消费者选购，促使消费者做出购买本企业产品的决策。

（6）购后过程。当客户的购买经历完成之后，便急切地进入了对产品或服务的使用体验阶段。对客户购买决策过程而言，购买经历和使用体验是最重要两个阶段，这两个阶段都属于客户对其要求是否被满足的实际感受过程，直接影响客户对本次购买决策过程是否满意的最终评判。现代市场营销观念最重要的特征之一是重视对消费者购买后过程研究以提高其满意度。消费者的购后过程分为三个阶段。

① 购后使用和处置。消费者在购买所需商品或服务之后，会进入使用过程以满足需要。有时这只是一个直接消耗行为，如喝饮料、看演出等；有时则是一个长久的过程，如家电和家具等耐用消费品的使用。营销人员应当关注消费者如何使用和处置产品。如果消费者使用频率很高，说明该产品有较大的价值，会增强其对购买决策正确性的信心，有的消费者甚至为产品找到新用途，这些都对企业有利。如果一个应该有高频率使用的产品而实际使用率很低或闲置不用，甚至丢弃，说明消费者认为该产品无用或价值较低，或产品不满意，进而怀疑或懊悔自己的购买决定。如果消费者把产品转卖他人或用于交换其他物品，将会影响企业产品的销售量。

② 购后评价。消费者通过使用和处置过程对所购产品或服务有了更加深刻的认识，检验自己购买决策的正确性，确认满意程度，作为以后类似购买活动的参考。消费者的购后满意程度不仅仅取决于产品质量和性能发挥状况，心理因素也具有重

大影响。感受是消费者对已购商品通过自己使用或通过他人评估，对满足自己预期需要的反馈，重新考虑购买了这种商品是否是正确选择、是否符合理想等，从而形成的感受。这种感受，一般表现为满意、基本满意和不满意三种情况。如果购后在实际消费中符合预期的效果，则感到基本满意；超过预期，则很满意；未能达到预期，则不满意或很不满意。实际同预期的效果差距越大，不满意的程度也就越大。消费者购后感受的好坏，会影响到消费者是否重复购买，并将影响到他人的购买问题。即如果消费者对产品满意，则在下一次购买中可能继续采购该产品，并向其他人宣传该产品的优点。如果对产品不满意，肯定不会再买这种产品，甚至有可能退货及劝阻他人购买这种产品。营销专家的调查表明：一个满意的顾客不但自己会再次光顾，而且要向 3 个人介绍其满意之处，而一个不满意的顾客却要把他的不愉快传播给 n 个人（即 3:n 法则）。因此，满意的顾客是企业最好的广告。

③ 购后行为。顾客对产品的评价会形成其对该产品的信赖、忠诚或者是排斥态度，决定了相应的购后行为：信赖产品，重复购买同一产品；推荐、介绍产品给周围人群；抱怨、投诉，直接向生产商索赔；个人抵制，不再购买，并劝阻他人购买；控诉，通过大众媒体和消协投诉，如图 6-2 所示。

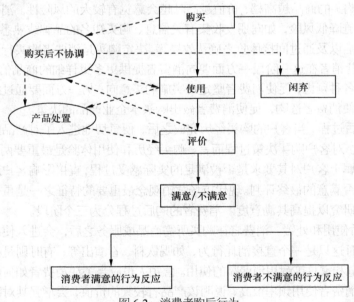

图 6-2　消费者购后行为

企业应当采取有效措施减少或消除消费者的购买后不协调感。例如，有的耐用消费品经营企业在产品售出以后，请顾客留下姓名、地址、电话等，定期与顾客联系，祝贺他们买了一件理想产品，通报本企业产品的质量、服务和获奖情况，指导顾客正确使用产品，征询改进意见，还建立良好的沟通渠道处理来自消费者的意见，并迅速赔偿消费者所遭受的不公平损失。事实证明，与消费者进行购后沟通可减少退货和取消订货的情况，如果让消费者的不满发展到向有关部门投诉或抵制产品的程度，企业将遭受更大的损失，如图 6-3 所示。

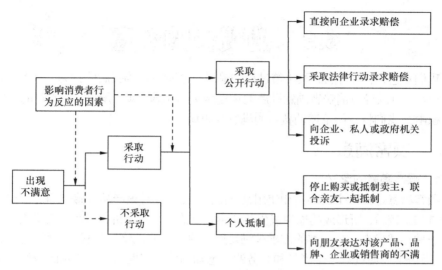

图 6-3　消费者不满意的行为反应

2. 尼科西亚模型

尼科西亚在《消费者决策程序》（1966）中提出了这一购买决策模型。该模型主要包括四个方面：①信息和态度；②消费者对商品进行了解和评价，进而形成购买动机；③消费者做出购买决策及购买行为；④消费者将购买结果记忆、储存起来，供以后的购买参考或反馈给企业。

3. 恩格尔模型

恩格尔模型由恩格尔、科特拉和克莱布威尔在 1968 年提出，又称为 EBK 模型。其重点是从购买决策过程去分析：①环境；②信息加工；③消费者的心理活动过程；④决策过程。恩格尔模型指出，在各种有形和无形因素的作用下，消费者会主动或被动地获取各种信息，依据记忆、经验、评价标准、态度、个性等对其进行过滤加工、评估选择，最终确定方案并产生购买行为，并对购买的商品进行消费体验，得出满意与否的结论，此结论又形成信息与经验，影响未来的购买决策。

6.2.4　消费者购买决策模型的认识

由于影响消费者决策的因素是复杂的，随着时间、地点、环境的变化而不断变化，并非一成不变，因此，消费者的购买决策必然带有明显的情境性特点。这就决定了消费者进行不同的购买决策时，不是从固定的模型出发，而是具体情况具体分析。然而消费者购买模型是对消费者大量消费行为的总结，对营销人员具有现实指导价值。事实上，在不同的购买情形下，同一个消费者会有不同的购买行为表现，但这种购买行为的变化还是有一定的原因和规律的。企业只有真正做到"以消费者为中心"，认真研究和分析影响消费者购买行为的因素，才能适应消费者购买行为的变化，切实有效地实施营销策略。

6.3 消费者的满意

我们知道，消费者的购买决策过程的最后一个阶段是购买后的行为。而购买后的满意与否，可以导致消费者满意以后的重复购买与品牌忠诚，所以，在本章的最后一个问题中，我们将专门论述消费者的满意与忠诚。

6.3.1 顾客满意

1. 顾客满意的含义

顾客满意是指一个人购买和使用某产品之后，通过对该产品的感知的效果与他的期望值相比较后，所形成的愉悦或失望的感觉状态。本质上讲，顾客满意反映的是顾客的一种心理状态，是顾客的需求被满足后表现出的愉悦感。菲利普·科特勒指出："满意指一个人通过对一个产品和服务的可感知的效果与他的期望值相比较后所形成的感觉状态。"它来源于顾客对企业的某种产品和服务消费所产生的感受与自己的期望所进行的对比。也就是说，"满意"并不是一个绝对概念，而是一个相对概念，由于期望不同，同样产品不同顾客的满意度是不同的。顾客对产品期望的形成来源于过去的购买经验、朋友和伙伴的各种建议、销售者和竞争者提供的信息和许诺等。有时企业不去考察所提供的产品和服务是否符合顾客期望、要求，而对自己的产品、服务质量、服务态度、价格等指标是否优化做主观上的判断，这样很难形成顾客满意。从市场发展的趋势来看，当市场进入买方市场之后，顾客满意就成为成功企业最基本的战略、目标和竞争手段之一。

"顾客满意"这一概念产生于 20 世纪 80 年代初，当时的美国市场竞争环境日趋恶劣，美国电话电报公司（AT&T）为了使自己处于有利的竞争优势，开始尝试性地了解顾客对目前企业所提供服务的满意情况，并以此作为服务质量改进的依据，取得了一定的效果。与此同时，日本本田汽车公司也开始应用顾客满意作为自己了解情况的一种手段，并且更加完善了这种经营战略。我国近几年来，众多企业为了竞争和发展的需要，"顾客满意"成为企业关注的焦点。进入 21 世纪，越来越多的企业关注"顾客满意"的战略意义。"满足顾客的要求和期望"将取代质量合格或服务达标而成为企业所追求的最高目标。在这个竞争非常激烈的时代，只有把握住这种趋势和方向，正确确立自己的发展战略目标，才能在竞争中生存与发展。

2. 顾客让渡价值

顾客价值即顾客让渡价值，是指顾客总价值与顾客总成本之差。顾客总价值就是顾客期望从某一特定产品或服务中获得的一组利益，它包括产品价值、服务价值、人员价值和形象价值等。顾客总成本是指顾客为购买某一产品所耗费的时间、精神、体力以及所支付的货币资金等。因此，顾客总成本包括货币成本、时间成本、精神成本和体力成本等。

顾客在购买产品时，总希望把有关成本，包括货币、时间、精神和体力等降到最低限度，而同时又希望从中获得更多的实际利益，因此顾客在选购产品时，往往从价值与成本两个方面进行比较分析，从中选择出价值最高、成本最低，即"顾客让渡价值"最大的产品作为优先选购的对象。

6.3.2 顾客满意度

顾客满意度是与顾客让渡价值相关联的一个概念，指顾客总价值与顾客总成本之比。顾客满意是顾客对产品或服务的消费经验的情感反映状态，是任何一个企业生存与发展的重要条件。这种满意不仅仅体现在对一件产品、一项服务、一种思想，还体现为对一种系统、一种体系的满意。顾客在消费中获得的让渡价值越大，满意度越高。顾客满意（度）主要是由理念满意、行为满意和视听满意三个要素构成的。

1. 理念满意

理念满意是指客户对提供产品或服务的企业的理念的要求被满足的程度的感受。企业的理念包括企业精神、经营宗旨、质量方针和目标、企业文化、管理哲学、价值取向、道德规范、发展战略等方面的综合反映。企业的理念是企业对其自身的存在意义和发展目标的认识，企业的理念产生于企业的价值观，影响企业的经营战略、管理原则和行为取向，集中反映了企业利益与客户乃至社会利益的关系。理念满意是客户满意的基本条件，不仅要体现企业的核心价值观，而且要让企业的价值观能得到内部与外部所有客户的认同直至满意。

2. 行为满意

企业的行为满意是指客户对提供产品或服务的企业经营上的行为机制、行为规则和行为模式上的要求被满足程度的感受。行为是理念的具体体现，再好的理念如果不能通过行为去兑现，就只能是一句空洞的口号而已。虽然企业的理念满意是客户满意的基本条件，但是并不意味着是主要条件。因为客户满意主要来自对企业具体行为的要求被满足程度的感受和体验。企业的理念再诱人、动人，如果与其行为的距离相差很远，客户非但没有丝毫满意的感觉，反而会感到被欺骗和愚弄，从而会产生很大的失望和不满情绪。所以，企业在努力实现理念满意的同时，要更多地去关注自己在理念支持下的行为如何满足客户的要求，只有言行一致才能获得客户真正的信任和满意。

3. 视听满意

视听满意是指客户对企业的各种形象要求在视觉、听觉上被满足程度的感受。视听满意可以使企业的理念满意和行为满意的各种信息传达给客户，让客户通过视觉和听觉直接去感受。视听满意有四个主要特征：强烈的个性、丰富的美感、鲜明的主题和时代的特征。

143

6.3.3　提高顾客满意

企业可以从以下几个方面提高顾客满意。

1. 提高顾客购买的总价值

（1）产品价值。产品价值是由产品的质量、功能、规格、式样等因素所产生的价值。产品价值是顾客需求的核心内容之一，产品价值的高低也是顾客选择商品或服务所考虑的首要因素，因而一般情况下，它是决定顾客购买价值大小的关键和主要因素。如何才能提高产品价值？要提高产品价值，就必须把产品创新放在企业经营工作的首位。企业在进行产品创新、创造产品价值的过程中应注意以下几个方面。

① 产品价值的实现与产品整体概念密不可分。市场营销学认为一个完整产品至少应包含三个层次的内容：核心产品（基本效应和利益）、形式产品（质量、包装、品牌、花色、样式）和附加产品（保证体系、安装、送货、维修）。与此相对应，产品的价值也包含三个层次：内在价值，即核心产品的价值；外在价值，即形式产品的价值；附加价值，即附加产品的价值。企业在经营中全面考虑产品的三层价值，既要首先保证第一层次的价值，做到以核心价值为重点，兼顾第二、第三个层次的价值，根据目标顾客的期望合理组合搭配。

② 产品创新的目的是为了更好地满足市场需求，进而使企业获得更多的利润。即要求新产品能受到市场顾客的的欢迎，能为企业带来满意的经济效益。

产品的价值是由顾客需求决定的，在分析产品价值时还应注意：第一，在经济发展的不同时期，顾客对产品的需求有不同的要求，构成产品价值的要素以及各种要素的相对重要程度也会有所不同；第二，在经济发展的同一时期，不同类型的顾客对产品价值也会有不同的要求，在购买行为上表现出明显的需求差异性。

（2）服务价值。服务价值是构成顾客总价值的重要因素之一，是企业向顾客提供的各种附加服务（包括产品介绍、送货、安装、调试、维修、技术培训、产品保证等）所产生的价值。很多企业在服务价值的构建方面不断创新。如2004年3月月底，美国惠普公司与星巴克公司"联姻"，两家公司宣布联手推出一项店内音乐服务业务。通过这项业务，顾客在星巴克咖啡店喝咖啡时，可顺便从大量的数字音乐中挑选出自己喜爱的歌曲刻录成CD音乐盘带走，此法提高了顾客满意度，提升了企业的服务价值，从而提高顾客让渡价值。

（3）人员价值。人员价值是指企业员工的经营思想、知识水平、业务能力、工作效率与质量、经营作风以及应变能力等所产生的价值。只有企业所有部门和员工协调一致地成功设计和实施卓越的竞争性的价值让渡系统，营销部门才会变得卓有成效。因此，企业的全体员工是否就经营观念、质量意识、行为取向等方面形成共同信念和准则，是否具有良好的文化素质、市场及专业知识，以及能否在共同的价值观念基础上建立崇高的目标，作为规范企业内部员工一切行为的最终准则，决定着企业为顾客提供的产品与服务的质量，进而决定顾客购买总价值的大小。由此可见，人员价值对企业进而对顾客的影响作用是巨大的。因此，高度重视企业人员综合素质与能力的培养，加强对员工日常工作的激励、监督与管理，使其始终保持较高的工作质量与水平至关重要。

（4）形象价值。形象价值是指企业及其产品在社会公众中形成的总体形象所产生的价值，是企业宝贵的无形资产。它既包括企业的产品、技术、质量、包装、品牌、工作场所等所构成的有形形象所产生的价值，也包括企业及其员工的职业道德行为、经营理念和行为、服务态度、作风等行为形象所产生的价值，以及企业的价值观念、管理哲学等形象所产生的价值等。所以形象价值是企业各种内在要素质量的反映，任何一个内在要素的质量不佳都会使企业的整体形象遭受损害，进而影响社会公众对企业的评价，因而塑造企业形象价值是一项综合性的系统工程，涉及的内容非常广泛。显然，形象价值与产品价值、服务价值、人员价值密切相关，在很大程度上是上述三方面价值综合作用的反映和结果。所以形象价值是企业知名度的竞争，是产品附加值的部分，是服务的竞争。

2. 减少顾客购买的总成本

要实现最大程度的顾客让渡价值，仅仅创造价值是远远不够的，应该设法降低顾客购买的总成本。顾客总成本不仅包括货币成本，而且还包括时间成本、精力成本等非货币成本。通常情况下，顾客购买商品首先要考虑货币成本的高低，而在购买商品时所耗费的时间、精神和精力也将成为其购买决策的重要影响因素。因此，企业要想创造最大的让渡价值，使顾客能充分满意，就必须解决如何帮助顾客降低非货币成本的问题。

（1）时间成本。时间成本是顾客为想得到所期望的商品或服务而必须处于等待状态的时期和代价。时间成本是顾客满意和价值的减函数，在顾客价值和其他成本一定的情况下，时间成本越低，顾客购买的总成本越小，从而"顾客让渡价值"越大，反之"让渡价值"越小。因此，为降低顾客购买的时间成本，企业经营者必须对提供商品或服务有强烈的责任感和事前的准备，在经营网点的广泛度和密集度等方面均需做出周密的安排，同时努力提高工作效率，在保证商品服务质量的前提下，尽可能减少顾客为购买商品或服务所花费的时间支出，从而降低顾客购买成本，为顾客创造最大的"让渡价值"，增强企业产品的市场竞争力。

（2）精神成本。精力和精神成本是指顾客购买商品时，在精力、精神方面的耗费与支出。在顾客总价值与其他成本一定的情况下，精力与精神成本越小，顾客为购买商品所支出的总成本越低，从而"让渡价值"越大。因此，企业如何采取有力的营销措施，从企业经营的各个方面和各个环节为顾客提供便利，使顾客以最小的成本耗费取得最大的实际价值是每个企业需要深入探究的问题。

3. 用价值链创造顾客让渡价值

建立高度的顾客满意，要求企业创造更多的顾客让渡价值。为此，企业有必要系统协调其创造价值的各分工部门（企业价值链）以及由供应商、分销商和最终顾客组成的价值链的工作，达到顾客和企业利益最大化。顾客让渡价值系统建立的实质是设计出一套满足顾客让渡价值最大化的营销机制。哈佛大学的迈克尔·波特教授把这一系列活动称之为价值链。竞争者价值链之间的差异是企业创造顾客让渡价值的关键，也是企业竞争优势的一个关键来源。

企业的价值链不是一堆相互独立的活动，而是一个由相互依存的活动组成的一个系统。企业的价值链不仅在其内部是互相联系的，也与其供应商和销售渠道的价值链密切相关。因此，供应商和销售渠道的活动影响着企业的成本和效益，也影响着企业实现顾客让渡价值最大化。例如，著名的牛仔服装制造商李维·斯特劳斯（LeVi Strauss）与其供应商和分销商的合作堪称典范。李维公司最大的零售商是西尔斯公司，每天晚上，李维公司都可通过信息交换系统了解西尔斯公司及其他商店所出售的牛仔服的尺码和式样。然后，李维公司通过电子信息系统向它的布料供应商——米尔肯公司订购第二天所需要的货。而米尔肯公司则向杜邦公司（纤维供应商）订购纤维。通过这种方式，供应链上的成员利用最新的销售信息生产出要出售的产品，充分满足了顾客的需求及多样化的诉求，同时量体裁衣式的服务及其高效率吸引、取悦并维系了顾客，提高了顾客所购买产品的实际价值并降低了顾客购买成本，从而向顾客让渡了价值。

6.3.4 顾客抱怨

当顾客对其要求被满足程度的感受越差时，顾客越不满意，越容易产生抱怨，甚至投诉。这就是顾客满意度指数模型中的客户抱怨——顾客不满意的反应。

当客户感到不满意时，就会做出各种反应，包括抱怨和投诉。

客户不满意但未采取任何行动，意味着其认为虽然不满意但还可以容忍这种不满意的状况。不满意客户容忍与否，取决于购买经历对客户的重要程度，购买商品的价值高低和采取行动的难易程度。一般在购买或消费小额产品或服务时，客户往往不采取投诉或法律行动。

客户因不满意而采取行动，对客户来说可以使不满意的因素化解进而感到满意。对企业来说可以在得到客户不满意反映后立即采取补救性措施，变不利为有利。但现实生活中有相当部分不满意的客户因为容忍等原因而未采取行动，或因不方便等原因采取消极行动，这种状况对客户和厂家都会产生不利的负面影响。

1. 客户抱怨或投诉带来的影响和危害

日本在一项对 540 位客户共 1 037 起反映不满意的购买经历所做的调查中显示：在不满意的购买经历中，有 25%导致客户购买其他品牌的产品；19%引起客户停止购买原来的产品；13%使客户再次光顾商店时进行了仔细的审查；3%的客户向生产商投诉；5%的客户向零售商投诉；35%的客户退货。

2. 客户抱怨的主要原因

引起客户不满和抱怨的原因主要是客户对产品或服务质量的实际感受未能符合原先的期望。导致客户抱怨的因素多种多样，主要可以归纳为产品问题和服务问题。

（1）产品问题。产品问题的产生，责任一般分为 3 种：生产者的责任、销售者的责任和客户的责任（使用不当）。产品的生产者对产品问题负有不可推卸的责任，产品无论是在保质期之内还是之外，生产者都有责任为客户解决产品问题。产品的销售者对所销售产品出现的问题同样应负有责任，很多国家的法律规定了销售者对产品责任的"先行负责制"。

（2）服务问题。通常，提供服务者是产生服务问题的主要责任者。因为服务问题表现较为普遍的是服务提供者未履行对客户的承诺，未按法律、法规和行业规范的有关规定和要求提供服务。服务问题产生于服务过程，因此提供服务者应该在服务过程中及时妥善地解决引发的抱怨。

3. 抱怨的化解

企业要抓住抱怨顾客提供的机会，变坏事为好事，需要运用一定的处理和化解抱怨的技巧。研究显示，当客户的抱怨获得公司适当处理时，客户对公司的忠诚度会不减反增。《今日管理》（Management Today）杂志建议，公司将客户抱怨化负面为正面有以下几个做法。

（1）正视客户抱怨。对于客户抱怨，持鼓励而非压抑的态度，明确告诉客户，如果我们做得很好，请告诉你的朋友；如果我们做得不好，请告诉我们。

（2）记录客户抱怨。如此做的好处包括公司可以分析客户抱怨的原因，从中归纳出问题，确保每个抱怨都获得解决或回复。

（3）真诚听取抱怨。许多时候，客户想要的不是实质补偿，而是公司愿意听他们的想法，因此训练员工倾听客户抱怨成为一大重点项目，教导员工完整听完客户抱怨，而不要急着打断他们，拼命为公司解释。

（4）赋予员工权力。公司应该给予第一线员工全权处理不太严重的客户抱怨的权限，处理的方式包括退费、换货、小额赔偿等。员工必须明确知道自己能够为客户做什么，什么是超出他们权限范围的，以及正确地往上呈报处理步骤。

（5）设定预期。告知客户谁会负责处理他们的抱怨，以及何时会给予他们答复，并且实现承诺。例如，公司告诉客户 3 天内会答复，就一定要在 3 天内答复，不要让客户觉得他们的抱怨可能会消失在层层官僚行为中。

（6）从中学到教训。分析客户抱怨的原因，然后从中改进产品、服务或程序。公司也可以在客户抱怨后对处理情况进行调查，以了解客户对处理的满意度。

（7）别忘了其他的相关人。客服部门需要知道客户抱怨，其他相关的部门也需要了解。

6.4　重复购买与品牌忠诚

如前所述，不满的顾客不大可能继续使用同一品牌，而且很可能向同事、亲友表达不满。相反，满意的顾客则可能向他人推荐产品，重复选择该产品甚至形成品牌忠诚。本节重点讨论重复购买和品牌忠诚这两种购后现象。

6.4.1　重复购买

1.　在满意的顾客中，相当大的一部分可能成为重复购买者

重复购买者是指在相当长的时间内选择一个品牌或极少几个品牌的人。重复购买者可分为两种类型，习惯型购买者和忠诚型购买者。前者重复购买某种产品是由于习惯，或者他们购物的地方没有更好的备选品，或该品牌是最便宜的。忠诚型购买者则是对某种产品或某个品牌产生了一种特别偏好，甚至形成了情感上的依赖，从而在相当长的时期内重复选择该品牌。

2.　习惯型购买者与忠诚型购买者

习惯型购买者与忠诚型购买者在外在形式上都表现为重复选择某一品牌，但两者是有实质区别的。他们之间的区别可以用下面的例子加以说明。假设某位消费者到附近一家商店购买"百威"啤酒，恰好这一牌子的啤酒卖完了，要等到第二天才进货。此时，若该消费者随便换了另一种牌子，那他以前重复选择"百威"很可能是习惯使然。相反，如果他跑到二三百米以外的另一家商店，去把"百威"啤酒买回来，那他就是"百威"的忠诚消费者。

很显然，习惯型重复购买者较忠诚型重复购买者更容易受竞争者行为如有奖销售、折扣等的影响，从而也更容易转换品牌。虽然如此，它较偶尔性或随机性购买者能给企业带来更多的利润。

重复购买之所以会给企业创造更多利润，主要原因是获取新顾客的成本远高于老顾客，重复购买者更可能向他人推荐所购产品，更可能倾向持续购买该产品而不是等待减价或不停地讨价还价。另外，在长时期内，重复购买者倾向使用一个厂家提供的多种产品和服务。所有这些，都有助于增加企业从重复购买者身上获得更多利润。

6.4.2　品牌忠诚

1.　品牌忠诚概述

（1）品牌忠诚的含义。重复购买者中，有相当一部分对某一产品或品牌产生了忠诚。所谓品牌忠诚，是消费者对某一品牌形成偏好、试图重复选择该品牌的倾向。理解品牌忠诚应把握以下几点：①品牌忠诚是一种非随意性的购买行为反应，偶然性地连续选择某一品牌，不能视为品牌忠诚。②消费者在长时间内对某一品牌表现出强烈的偏好，并将这种偏好转化为购买行动或购买努力。单纯口头上的偏好表示，不能作为确定品牌忠诚的依据。这同时也意味着，确定消费者对某一品牌是否忠诚，仅凭通常采用的问卷法是不够的，历史数据才是衡量它的基础。③品牌忠诚是某个决策单位如家庭或个人的行为。④品牌忠诚可能只涉及消费者选择域中的一个品牌，也可能涉及一个以上品牌。当然，在同一产品领域，消费者选择的品牌越多，其品牌忠诚程度越低。⑤品牌忠诚是决策、评价等心理活动的结果。

（2）品牌忠诚型顾客对企业具有特殊的重要性。①消费者一旦对本企业产品形成忠诚，很难为竞争品所动，甚至对竞争品采取漠视的态度，无形中可以减轻企业的竞

争压力。②忠诚型顾客在购买产品时不大可能搜集额外信息，这可以削弱竞争企业所采用的诸如奖券销售、折扣销售等销售方式的吸引。即使因这种吸引购买了竞争者的产品，他们在下次购买时又会回过头来再度选择其所偏爱的品牌。

忠诚型顾客的价格敏感性相对较低，为购得所偏爱的品牌，一般较少期待从打折和讨价还价中获益。最后，忠诚的顾客极可能从事正面的口传，从而进一步扩大品牌的影响。

2. 消费者品牌忠诚作用

企业竞争的根源是对顾客的争夺与占有，争取和保持顾客是企业生存和发展的使命。消费者一旦对某个产品形成偏好和忠诚时，就很难为其他的企业的产品所动，无形中减轻企业的竞争压力。当消费者对某品牌忠诚度很高时，会减少对新产品和竞争企业的关注，甚至在市场形成一道壁垒，阻止新的竞争产品的进入，从而有效地保护了现有市场。更为重要的是，忠诚的顾客能向其他消费者推荐企业的产品和服务，并愿意为所接受的产品和服务支付较高的价格，一旦顾客获得了高度的满足，他们就能放心地购买商品而不会被任何竞争对手抢走，品牌忠诚重要性主要体现在几个方面。

（1）可提高企业生产率。衡量顾客忠诚感的一个重要指标是顾客保持率。调查表明：企业的顾客保持率越高，其生产力指数越高，即企业劳动生产率越高。

（2）提高企业利润率。有学者研究发现，顾客保持率增加 5%，这些行业的利润可增长至少 25%，最多达 95%。这主要是因为：① 节约成本，顾客忠诚能够降低企业留住顾客的成本，而且使企业服务于他们的成本比服务于新顾客低，所以忠诚的顾客对企业更具成本效益，而且有时老顾客甚至可以向企业提出一些节约成本的建议；② 增加销售收入，忠诚的顾客重复购买、消费公司的一种或数种产品，随着时间的推移，其购买数量也不断增加，即老顾客对企业具有较大的生命期价值；③ 企业可从忠诚顾客那里获得较好口碑优势。忠诚的顾客不仅重复购买或消费某个品牌产品，还可能向其亲朋好友推荐这个品牌产品，而这是一种成本低、效果好的广告；④ 企业可以获得价格优惠，因为根据营销学研究结果，与新顾客相比，老顾客对公司产品的提价并不敏感，很多老顾客愿意支付较高价格从而获得较好的产品与服务，而且付款迅速、可靠。

（3）增强顾客忠诚感，可延长企业增长周期，使企业实现长期可持续发展。企业应该注意的是，顾客忠诚的前提是顾客满意，只有满意的顾客才有可能培育成忠诚的顾客。顾客忠诚是顾客满意的直接体现，它代表了企业在其所服务的市场中的所有消费者的消费经验的实际和预期的总体评价，它是企业经营"质量"的衡量方式。因此，顾客忠诚是企业的滚滚财源。提高顾客满意，创造顾客忠诚是企业争取市场份额、增加利润、提升竞争力的决定性因素。管理大师彼得·德鲁克曾经说过："衡量一个企业是否兴旺发达，只要回头看看其身后的顾客队伍有多长就一清二楚了。"可见顾客对于企业的重要意义。当今时代谁能占有稀缺的顾客资源，谁就能获得更大的生存和发展空间，谁就能在激烈的市场竞争中立于不败之地。

3. 品牌忠诚度的测定

（1）比较法。这是根据某一消费者对某类产品购买的历史资料，比较 A 品牌与该消费者选择的其他品牌（B、C、D）等的购买情况，确定该消费者的品牌忠诚度。如果消费者自始至终地选择 A 品牌，或只偶然地选择其他品牌，则说明该消费者对 A 具有很高的品牌忠诚度。品牌选择图中，如果显示 AABBB 这样的图形，说明消费者发生了品牌忠诚转移，即由 A 转向了 B；如果显示的是 AABAA 这样的图形，则说明消费者对 A 还是显示出极高的品牌忠诚，偶尔选择 B；如果顾客的品牌选择图毫无规律可循，则说明该顾客没有固定的品牌偏好，属于品牌变换型顾客。

（2）货币测定法。通过销售试验，观察消费者对某特定品牌所愿意支付的额外费用（即多于同类其他品牌的产品的支出），来确定品牌忠诚程度。上述额外费用既包括购买产品多支出的现金，也包括为购买到该产品所多付出的时间费用和搜寻费用。

值得指出的是，测定品牌忠诚程度时，一定要首先明确基本决策单位是单个的家庭、单个的消费者或其他组织。因为通过市场调查所获得的数据，来源是各种各样的，对这些数据进行处理，只有统一基本决策单位才便于对调查结果的分析、比较和利用，否则就会得出错误的结论。考察一个四口之家，家庭每一成员都是购买自己所使用的牙膏的决策者，假设每人各自忠诚于某一特定品牌，从整个家庭看，对每一种品牌的忠诚程度是 25 %。因此，进行上述品牌的忠诚度测定时，家庭就不能作为一个基本决策单位。

4. 品牌忠诚的成因

（1）产品吸引。传统上，对品牌忠诚的成因是从产品方面寻求解释。这种解释的基础是刺激—反应模式理论。根据上述理论，消费者总是受到某种刺激，激发了潜在的购买欲望之后，才会作出购买决定。这里所谓的刺激物通常是产品的功能、特性、价格等。消费者形成品牌忠诚，正是由于产品特性这种刺激物的吸引所致。

如今，消费者并不完全听信于广告的劝说，他们从个人体验中学习。同时消费者还从广告中学习，从别人的购买经验中学习。消费者对个人体验的信任更甚于对广告的信任。消费者只有在对市场出售的商品性能、使用和销售情况有所了解，自己具备消费知识和技能后，才能作出反应。过去的行为如果导致好的结果，人们就有反复进行这种行为的趋势，如果过去的行为导致不好的结果，人们就有回避这种行为的趋向。

产品特性、品质对商品与品牌选择行为就具有决定性影响。市场上各种商品都在显示其特性，这些特性在吸引着消费者，这是消费者购买它们的原因。

用产品吸引说明品牌忠诚。但也并不全面。美国一些学者曾作过一个试验，邀请一些品牌忠诚度很高的啤酒嗜好者，在摘除品牌标示后对几种著名啤酒进行品尝，大多数被试者在品尝后并不能正确地判断哪些是他们平时所偏爱的品牌。由此说明，品牌忠诚的形成一定存在着产品以外的其他因素。

（2）时间压力。现代社会，时间是一种宝贵的资源。在商品和品牌选择上，花费例外的时间就相当于货币的例外支出，因此，消费者总是尽可能地节省时间。但时间的节省和信息的搜寻是相互矛盾的，要想广泛地掌握信息，花费时间是不可避免的。

解决这一矛盾的有效办法，是形成品牌忠诚。一旦形成品牌忠诚，消费者既毋需花很多时间去搜寻信息，又毋需在每次购买前反复考虑和斟酌，更因为形成重复购买，事先就知道购买地点，驾轻就熟，无疑可大量节省购买时间。在西方国家，随着家庭收入水平的提高，时间的机会成本增加，购买商品时自然不愿花太多的时间搜寻信息，因而更有可能形成品牌忠诚。当然，这也不是绝对的，高收入家庭也不一定非形成品牌忠诚不可。因为家庭收入高，其成员可能受过更良好的教育，在获取和处理信息的能力上较低收入家庭成员具有某种优势，这在一定程度上可以减轻其搜寻信息的时间压力。

在给定的收入水平上，家庭规模越大，财政上的压力将随之加大，因而更趋向于多方面搜寻信息，寻找耐用一点、价格适中或更便宜的产品。这类顾客受广告宣传、新产品和折价优惠销售的影响较大，一般经常发生品牌转换，忠诚度较低。

时间对品牌忠诚的影响，还表现在产品的购买间隔上，产品购买的时间间隔越长，消费者将有更多的时间搜寻信息，进行比较，其品牌忠诚度相对较弱。一般来说，消费者对各种日常用品要比对各种耐用消费品的品牌忠诚度高。在一个决定哪些产品常常是凭印象购买的调查中，汤普森广告公司发现，牙膏、牙刷、洗涤剂、浴用肥皂等日常用品具有很高的品牌忠诚度。

（3）风险因素。消费者购买某一商品、选择某一品牌，是以放弃其他一些商品的购买和另外一些品牌的选择为代价的。也就是说，在收入和需求条件的制约下，消费者面临着品牌选择的机会损失。消费者在进行品牌选择时，总是试图使这种机会损失尽可能地小。但由于受客观外界条件的制约，消费者很难作出完全满意的选择，甚至作出错误的选择。从这个意义上说，消费者的选择总存在一定的风险。因外部条件的制约和消费者本身知识的局限，他不可能意识和了解到可能遇到的全部风险，而只可能在其知识和经验范围内部分地意识到这些风险。这些被意识到的风险称为"知觉风险"。

一般来说，消费者在品牌选择上，有可能遇到以下四种"知觉风险"：①时间损失的风险。当买到一种质量低劣或不合意的产品，消费者或对它进行修理，或到商店进行退换，均会使消费者蒙受时间方面的损失。②危害性的风险。当买到的产品本身存在缺陷，则有可能对人身健康和安全造成危害。③自我损失的风险。买到有缺陷或不满意的产品时，消费者常常会为此烦恼、不安，有时还抱怨自己的愚蠢和担心旁人的嘲讽。④经济风险。买到质量有问题的产品，消费者无论采用何种补救措施，均会涉及货币的例外支出，意味着经济损失。

消费者应付上述风险的办法很多，其中最有效的有三种：一是积极搜寻与选择和购买问题有关的信息；二是从众购买，或是选择全国性品牌和著名品牌；三是形成对品牌的忠诚。

（4）自我形象。自我形象或自我概念是消费者基于其价值观、理想追求、个性特征等形成的关于自身的态度和看法。消费者都有各自的自我形象，同时他们还对市场上出售的产品或品牌形成整体印象或形象。当品牌形象与顾客的自我形象一致时，他就会作出选择这一品牌的决策；为维护和强化其自我形象，消费者还会形成强烈的重复购买趋势。

消费者基于自我形象选择产品或品牌，对企业营销有多方面的启示。首先，企业应了解目标顾客的自我形象，并努力塑造与目标顾客自我形象相一致的品牌形象，并在两者不一致时尽力采取办法矫正后者，使之与前者相吻合。其次，目标顾客有可能获得不正确或不准确的产品或品牌形象，此时，需要企业通过广告宣传等手段予以改正。最后，企业应保持产品品质的一致性。特别是当企业的产品线很多且各产品品质差别较大时，为了防止各产品线在形象上的不相容，可能需要为每一产品线使用一个品牌。

5. 衡量顾客忠诚度的标准

如上述定义，顾客忠诚既有行为忠诚，也包括情感和态度的忠诚。可以用以下标准衡量。

（1）顾客重复购买次数。根据顾客重复购买率的不同分为：忠诚者——重复购买概率在 50%以上；中度忠诚者——重复购买概率在 10%～50%；价格驱使者——重复购买概率在 10%以下。

（2）顾客挑选时间。顾客评价选择商品的速度越快，时间越短，顾客对商品的信任度越高，反映出对商品的忠诚。

（3）顾客对价格的敏感程度。忠诚的顾客对产品价格的变动敏感性较低，一般价格变动不会影响其继续购买其"忠诚"的产品或品牌。

（4）顾客对竞争产品的态度。忠诚的顾客有时不特别注意或忽视竞争产品的变化，依然"我行我素"购买所忠诚的产品。

（5）顾客对产品质量故障的承受能力。任何企业不会保证所有的产品质量是不可挑剔的，当产品质量出现问题时，忠诚的顾客会宽容、谅解企业，并期待企业能及时改进，在一定的时间里会继续忠诚。

6. 顾客忠诚的建立

（1）影响顾客忠诚的因素。包括下面几个因素：①顾客满意。顾客满意一般被认为是顾客重复购买、口碑效应和顾客忠诚的决定性因素。大量研究表明，顾客满意对顾客忠诚产生积极的影响。一般来讲，满足顾客的期望，顾客会感到满意，这导致顾客忠诚，超过顾客期望，顾客会感到非常满意，一般会带来强烈的顾客忠诚。顾客虽然有时候对自己所购买的产品和服务满意，但并不一定达到忠诚。不过，当顾客满意达到一定的程度时，顾客的忠诚度将直线上升。②顾客信任。顾客信任也是影响顾客忠诚的一个非常重要的因素。顾客信任是顾客对企业履行交易诺言的一种感觉或者信心。如果顾客对企业没有产生信任，那么顾客就不会持续地购买此企业的产品和服务。当顾客信任某个企业或者某个产品时，顾客的情感忠诚就会发挥得淋漓尽致。③转换成本。转换成本是顾客重新选择一家新的产品和服务时所付出的代价。转换成本不仅包括货币成本，还包括心理成本和时间成本。转换成本的加大有利于顾客忠诚的建立和维系。虽然顾客有时候发现，有更适合自己的产品，由于某些特定的原因，如垄断、地理位置等原因造成了顾客没有太多可供选择的产品或者要另外选择其他产品需要付出较高的转换成本，不足以弥补给顾客带来的新增价值，这样顾客就放弃了购买其他企业的产品和服务。如特色产品和服务的不可替代性能够大大地增强顾客的忠诚度。④替代者吸引力。替代者吸引力在理论上是指顾客在消费市场中选择竞争者产品的可行性，市场上有吸引力的企业的缺乏是保持顾客的一个有利条件。如果顾客感知现有企业的竞争者能够提供更价廉、便利和齐全的服务项目或者较高的利润回报，他们就可能决定终止现有关系，转而接受竞争者的服务或者产品。因此，当竞争性选择吸引力减小时，顾客满意与顾客忠诚之间的转换关系将会减弱。即市场上替代者吸引力越小，顾客忠诚度越高。⑤消费经历。消费经历是指顾客对产品或服务的先验知识和信息。顾客忠诚的一个典型特点是顾客多次消费某产品。顾客每次购买之后自身都有一个评价，通过多次购买之后，顾客一般会忠诚于他感觉最好的产品并继续购买。⑥购买风险。顾客的忠诚感与其感知的购买风险有关。感知的购买风险指顾客感觉到的购买某种产品或服务可能带来的风险，主要包括社会风险、经济风险、时间风险、自我损失风险。因此，消费者为降低购买风险，很有可能购买以前曾经消费过的品牌产品，这样就倾向于对某个品牌忠诚，有可能增强对某一品牌的忠诚感。

（2）提高顾客忠诚的策略。提高顾客忠诚，首先应该牢固树立以顾客为中心的思想，让企业的一切活动都围绕着消费者的需求展开，自觉地满足顾客的需求，赢得顾客的信任，这是提高顾客忠诚的根本途径。可以通过下面具体的几个方法来实现：①建立顾客数据库分析。顾客数据库指与顾客有关的各种数据资料。数据库营销指建立、维持和使用顾客数据库以进行交流和交易的过程。数据库营销具有极强的针对性，看作顾客化营销的特殊形式。数据库中的数据包括以下几个方面：现实顾客和潜在顾客的一般信息，如姓名、地址、电话、传真、电子邮件、个性特点和一般行为方式；交易信息，如订单、退货、投诉、服务咨询等；促销信息，即企业开展了哪些活动，做了哪些事，回答了哪些问题，最终效果如何等；产品信息，顾客购买何种产品、购买频率和购买量等。数据库维护是关键要素，企业必须经常检查数据的有效性并及时更新。美国的陆际旅馆也建立了顾客数据库，掌握顾客喜爱什么样的房间和床铺、喜爱某一品牌的香皂、是否吸烟等等，从而有效地分配房间，使每一位顾客都得到满意的服务。连锁公司运用数据库营销更加有效，如果顾客在某一分店购买商品或服务时表现出某些需求特点，任何地方的另一分店店员都会了解并在顾客以后光临时主动给予满足。随着顾客期望值的提高和电脑、网络的普及，每个公司都应采用数据库营销以达到吸引和保留顾客的目的。②与顾客建立伙伴关系。企业要抓住重点顾客。奖励的形式有折扣、赠送商品、奖品等。例如许多旅馆规定，顾客住宿达到一定天数或金额后，可以享受上等住房或免费住宿。再如，许多商店采取顾客分级的方式。对忠诚度越高的顾客，让他们享受特殊的优惠和更多的好处。发行自己的 VIP 卡用于奖励自己的老顾客，顾客在持卡购物的时候就可以获得一般消费群体所不具备的优惠。对于具体的商品而言，则通常会使用下一次消费的折扣券或者累积购买的特殊奖励来达到奖励顾客的目的。也可以实行俱乐部营销计划建立顾客俱乐部，吸收购买一定数量产品或支付会费的顾客成为会员。企业对会员提供一定的优惠服务。例如资生堂是日本一家化妆品公司，该公司的资生堂俱乐部吸收了 1 000 多万名会员。该俱乐部给会员提供一个 VISA 信用卡，提供戏院、旅馆和零售店的折扣优惠。俱乐部成员可以得到一本免费杂志，里面有各种有关美容方面的文章。

（3）满足顾客个性化需求。根据顾客群的不同需求制造产品并开展相应的营销活动。其优越性是通过提供特色产品、优异质量和超值服务满足顾客需求，提高顾客忠诚度。美国一家自行车公司发现自行车的流行色每年都在变化且难以预测，总是出现某些品种过剩，某些品种又供不应求，于是是建立了一个"顾客订货系统"，订货两周内便能生产出顾客理想的自行车，销路大开，再也不必为产品积压而发愁了。

对于企业来说，市场占有率、市场增长率和忠诚顾客占有率是非常重要的，企业可以用这些指标来准确地把握市场情况，尤其是消费者忠诚是每个企业都追求的目标。消费者忠诚，既是企业营销的目标，也是企业保持竞争力的基础；既是消费者本人持续购买的基础，也是影响其他消费者购买的重要因素。高度的满意能培养一种对品牌感情上的吸引力，而不只是一种理性偏好。所以，企业必须十分重视提高消费者的满意程度，只有使消费者感到满意，培养其忠诚度，才能使企业得到不断的发展。

消费者购买了某种商品或享受到某种服务后，如果他感到满意，他就不仅可以产生重复购买的行为，而且可能把这种满意感传递给他人。高度的满意是产生消费者忠诚的重要条件，随着满意度的提高，忠诚度也在提高。但是，在高度竞争市场（如汽车和房地产），满意的消费者和完全满意的消费者之间的忠诚度会有巨大差异；而在非竞争市场（垄断市场），无论消费者满意与否都只能保持高度的忠诚。

提高消费者忠诚度是一个长期的过程，在此过程中，企业应注重品牌定位和品牌塑造，并且加强沟通，建立消费者数据库，进行广告强化等，消费者忠诚是建立在消费者满意基础上的。当今社会，随着经济的发展，各类市场进一步发育完善，市场竞争也异常激烈。消费者认可的商品不仅质量要符合要求，而且包装、服务、广告、咨询、送货、保管、售后服务等也需出类拔萃。消费者评判商品的标准不再只是功能和品牌，而是与产品有关的系统服务，企业竞争的重点也发展为立体化的服务。同时，企业提供的商品已经不再是单一产品，而变成了产品体系。这一切都要求企业在制定营销策略时，必须围绕消费者满意、消费者忠诚来展开。

本章小结

消费者要获得需求的满足，还需要具有认识问题、收集信息、判断选择、购买决策以及作出购后评价的能力。如果能力较低，消费者行为就会受到限制，他的需求也就难以获得最有效的满足。因此，能力也是一种消费者资源。研究人员已经识别了一系列影响消费者行为的重要能力，包括认知能力、感知能力、辨别能力、评价能力、鉴赏能力、决策能力、应变能力等。消费者个体之间的能力是存在差异的，不同的能力会使消费者表现出不同的需求和行为特点。根据消费者能力的高低及其在消费行为中的表现，我们可以把消费者区分为成熟型、普通型和缺乏型三种类型。

为了便于全面认识消费者行为,可以按决策主体或消费者介入程度的不同对消费者购买决策进行分类。

在消费者购买决策过程中会涉及若干基本变量。联系这些变量,国内外的专家、学者提出了如霍华德-谢思模型具有代表性的消费者购买决策模型。

在使用和消费购买的产品后,消费者会进行购后评价,将产品的实际绩效与自己的期望值相比较,进而在心理上产生一种对某产品或品牌的满意或不满意情感,并据此采取后续的消费行为。

消费者忠诚是建立在消费者满意基础上的。企业必须十分重视提高消费者的满意程度,只有使消费者感到满意,培养其忠诚度,才能使企业得到不断的发展。

实践实训

1. 挑选学校附近的三家超市,列举一些超市的特征,小规模调查并对这三家超市进行打分,总结每家超市给消费者的印象如何,并对每家超市提出改进建议。

2. 随着人们环保意识的增强及国家有关政策的出台,"抛弃废品的社会"将逐步向强调绿色环保的社会转变,而这将为企业创造许多机会,你可以举出一些例子来吗? 以食品行业为例,从产品的使用与处置入手,试制定相关的一些营销策略。

练习与讨论

1. 什么是消费者能力? 它由哪些具体能力构成?
2. 影响消费者购买的情境有哪些?
3. 在什么情况下你最容易进行冲动购买?
4. 影响消费者购买行为的因素有哪些?
5. 哪些情况下容易出现购买后不协调? 一般你会如何处理?
6. 请思考消费者满意与消费者忠诚之间的关系。以家电产品为例,分析在中国目前的市场条件下如何培育顾客忠诚?

第7章

消费者态度与消费行为

学习目标

- 了解消费者态度构成、消费者态度的功能和消费者态度的特点；
- 熟悉消费者态度的形成与态度组合层次架构；
- 了解消费者态度的测量方法；
- 理解消费者态度测量的信度与效度；
- 掌握消费者态度的改变方法和营销策略。

案例导入

李嘉欣、濮存昕品牌代言事件营销

李嘉欣代言"中国卫浴十大品牌"××卫浴，成为2010年上演的炫目精彩影像，而濮存昕代言某品牌则被誉为"人文品质与产品品质的完美结合"。李嘉欣秀外慧中的甜美形象，与生俱来的冷而不傲、艳而不俗的高贵气质正好与××卫浴清新雅致、华丽古典、简约灵动等几大风格非常契合。

作为形象代言人，濮存昕的艺术气质、个人成就、知名度以及其对公益事业的热心，与同样以品质取胜的某品牌同样堪称"天作之合"，通过他，消费者对产品的理解更加完美认识更加深刻，从市场调查来看其传播量和消费态度影响力做得相当不错。

赢道顾问总策划邓超明认为，作为一项非常有影响力的品牌营销方式，代言营销首先讲究的是明星要与企业品牌、产品有很好的契合，需要考虑企业品牌定位与目标消费群体的情况；其次则要做够、做深、做广，做广代言事件的推广，尤其是采用整合营销传播体系深挖代言人的营销价值。

问题：通过案例分析讨论消费者态度形成的影响因素。

7.1 消费者态度概述

态度作为一种心理倾向，通常以语言形式或非语言形式如动作、行为表现出来。消费者态度是消费者评价消费对象优劣的心理倾向。消费者对品牌或产品的态度直接影响购买决策，影响消费者购买行为。消费者态度是市场营销人员用来研究消费者购买行为的最为重要的概念之一。

7.1.1 消费者态度构成

虽然态度的重要性在消费者行为学的研究中毋庸置疑，但是学者们对于态度的定义仍然存在分歧。而这种分歧主要来源于学者们对于消费者态度的构成见解不同。因此，我们首先介绍消费者态度的构成，然后再对其概念进行界定。

一般说来，学者们对于态度的构成有三种代表性的观点。

第一种观点认为态度只有一种成分，即情感。这也是态度最早的概念，它是由瑟斯通在 19 世纪提出的。瑟斯通对态度的简单而完整的定义是：一个人对事物喜欢或厌恶的程度。几年后，**Allport** 给出了一个较为宽泛的定义：态度是一种精神的和神经的待反应状态，通过经验得以建立，对行为产生直接的或动态的影响。后来的一些学者，如费希宾、库姆斯等人都持有这种观点，即"态度就是人们对对象的好的或不好的感觉"。他们认为，将态度视为一个简单的、无结构的概念是最有用的。

第二种观点认为态度包含两种成分，即情感与认知。持有这种观点的代表性学者是罗森伯格。他认为，"对于态度客体的情感反应，是以对客体进行评价所持的信念或知识为依据的。所以，态度既有情感成分又有认知成分。"

第三种观点认为态度包含三种成分，即情感、行为意向与认知。将上述三种成分的英文首字母相连，即是著名的态度构成的 ABC 模型。

当前绝大部分学者认同上述第三种观点。因此，我们这里重点介绍态度构成的 ABC 模型，即消费者态度包括三种成分：情感成分（A）、行为意向成分（B）和认知成分（C）。

认知成分是消费者对人、对事和对物的认识、理解与评价。这些认识、理解与评价包括对人、对事和对物所持的意见、观点或信念。这些意见、观点或信念所依赖的基础，就是在某一特定时刻消费者所感知的事实或信息。德尔·霍金斯教授等人更加强调信念在认知成分中的重要地位，他们认为"认知成分是由消费者关于某个事物的信念所构成的"。一般来说，认知成分是态度结构中的活跃因素，它可以作为消费者对态度对象的情感基础。

情感成分是消费者对人、对事和对物的一种情绪、情感体验，即对某个对象所做的情绪判断，表现在对一定态度对象的喜爱或厌恶、尊敬或蔑视、同情或冷淡等。情感成分是态度结构中最稳定的因素，也是态度形成的核心。

行为意向成分，是由认知成分和情感成分所决定的对个人环境中的某个对象的行为反应倾向，是态度与具体行为相联系的部分。它是行为的准备状态，即准备对一定的对象做出反应的意向，而不是行为本身。态度包含三种成分，即认知、情感、行为意向，如图 7-1 所示。

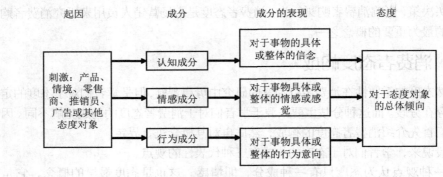

图 7-1　态度的三种成分

态度的上述三种成分是相互区别、相互联系的。其中，认知成分是态度形成的基础，情感成分是态度形成的核心，行为意向成分是态度的外在显示，也是态度的最终体现。三种成分密切联系、协调一致、相互影响、相互制约，形成一个完整的不可分割的有机整体。

通过上述的阐述和分析我们可以这样来定义：消费者态度是指消费者对客体、属性和利益的情感反应。当消费者的态度形成后，就会储存在长时间记忆中，一旦有消费需要便会从记忆中提取出来，来帮助要解决的购买决策问题。

7.1.2　消费者信念与态度

消费者信念是指消费者持有的关于客体、属性及利益的知识。不同的消费者对同一事物可能拥有不同的信念，而这种信念又一定会影响消费者的态度。一些消费者可能认为名牌产品的质量比一般产品高出很多，并能够提供很多的附加利益；另一些消费者则坚持认为，随着产业的成熟，不同企业生产的产品在品质上并不存在太大的差异，名牌产品提供的附加利益也并不像人们想象的那么多。很显然，上述不同的消费者信念会导致对名牌产品不同的消费态度。

在购买或消费过程中，信念一般涉及三方面的联结关系，由此形成三种类型的信念。这三种信念是：客体—属性信念、属性—利益信念、客体—利益信念。

1. 客体—属性信念

客体可以是人、产品、公司或其他事物。属性则指客体所具备或不具备的特性。消费者关于某个客体拥有某种特定属性的知识叫客体—属性信念。比如，汽车发动机是无级变速、阿司匹林具有抑制血栓形成的功能、鱼肝油具有降血脂的功能等就是关于产品具有某种属性的信念。消费者拥有品牌或产品客体—属性信念可能与实际不符。这是实际工作中营销者常常要解决的问题。

2. 属性—利益信念

消费者购买产品、服务是为了解决某类问题或满足某种需要。因此，消费者追求的产品属性是那些能够提供特殊利益或特别效果的属性。实际上，属性—利益信念就是消费者对某种属性能够带来何种后果，提供何种特定利益的认识。比如阿司匹林所具有的防止血栓形成的属性，有助于降低心脏病发作的风险，由此使消费者建立起这两者之间联系的认识。

3. 客体—利益信念

客体—利益信念是指消费者对某一客体（产品或服务）将导致某种特定利益的认识。在前述阿司匹林的例子中，客体利益信念是指对使用阿司匹林与降低心脏病发病概率之间联系的认知。宝洁公司通过消费者追求利益细分，研制开发出不同品牌的洗涤产品。通过分析消费者的需要和满足这些需要的产品利益，帮助企业制定合理的产品组合策略与促销策略。

7.1.3　消费者态度的功能

在态度功能的许多理论中，最受关注的是丹尼尔·卡茨教授的态度功能学说。他界定了态度的四种基本功能。

1. 功利功能

功利功能是指态度具有趋利避害和适应环境的功能，因此它也被称为适应功能。人们之所以表明态度或做出情感反应，是出于期望从他人得到奖赏或避免惩罚的功利目的。从这个角度而言，向他人表明态度类似于操作性条件反射行为，即我们倾向于对那些能给我们带来好处的事物或活动形成正面的态度，而对那些会给我们带来害处的事物或活动形成负面的态度。

2. 自我防御功能

自我防御功能是指态度具有保护个体人格和回避现实的功能。它能够帮助个体回避或忘却那些严峻环境或难以正视的现实，从而保护个体的现有人格和保持心理健康。这些态度是为了保护消费者的自我形象不受威胁或在受贬抑时进行自我防卫而形成的。

3. 知识功能

知识功能是指消费者的态度可以起到参照物的作用，来帮助个体认识外部的世界。它有利于消费者对商品的认识和理解。态度的知识功能在某种程度上解释了消费者的品牌忠诚现象，即一旦消费者对某个品牌形成好感，就很有可能通过重复购买来减少信息搜寻时间和简化购买决策程序。需要指出，这种认识有可能是对客观事物的正确反映，也有可能是不正确的反映。然而无论如何，这种认识都比客观事实本身更能影响消费者的行为。

4. 价值表达功能

价值表达功能是指态度具有表达消费者核心价值观的作用，因而也被称为社会辨认功能。在这种态度功能的支配下，消费者对产品的具体性能并不太重视，而是重视它的象征意义，通过这些象征意义实现或表现自己的价值、自我形象或生活方式。事实上，消费者表明对某种产品、品牌或服务的偏好或厌恶，实际上也是在向他人表达自己的观点和看法。价值表达功能能很好地解释高端品牌的部分盲目的追求者的行为。

> **┃ 小案例 ┃**
>
> 某啤酒厂的啤酒爆炸事件发生后，几位消费者和经销商分别打电话到该企业去询问真相，却发现电话分别由不同的人接听，回答的答案也莫衷一是，令人无所适从，未能有效解除他们心中的疑虑与不安。企业只是站在自己的立场上，辩称所有产品都经过了严格的生产程序（非事实性陈述）、消协会的处置欠佳、以及同行业竞争者中伤等。这些消费者和经销商在得不到满意的答复后纷纷转向其他品牌并向朋友倾诉，一来求心安，二来表达对该公司的不满。导致消费者态度变化可能给企业造成的损失：不利于产品的宣传；使产品购买者越来越少；难以树立起企业和品牌形象。
>
> 分析提示：要使消费者的购买态度转变，啤酒厂必须加强营销服务管理和营销人员的服务意识教育，使服务人员对顾客的疑问能仔细周全地解答；加强与消费者的沟通联系；增强消费信心，降低消费者购买知觉风险。

7.1.4 消费者态度的特点

消费者态度对消费者行为产生重要影响。一般来说，消费者态度通常会具有以下五个方面的特点。

1. 消费态度的对象性

态度是主体对客体的一种反映，是针对具体的事物和观点所形成的，它必须指向特定的对象，即态度总是针对一定对象而言的，若没有对象，就谈不上什么态度。这种对象既可以是人、物品、事件、团体或组织，也可以是一种现象、状态或观念。

人们做任何事情，都会形成某种态度，在谈到某一态度时，就提出了态度的对象。例如，热爱运动、厌恶拥挤的旅游景点、喜欢清淡饮食，这些就是对运动、旅游、饮食对象所持有的态度。

2. 消费态度的内隐性

态度是一种内在结构，是一种内在的心理体验。态度虽然具有行为的意向，但并不等于行为本身，它只是行为的心理准备状态。因此，消费者态度本身不能被直接观察到，只能从它的外显行为中加以推测。

罗森伯格教授曾经很好地描述了态度的内隐性特征，如表 7-1 所示。

表 7-1　　　　　　　　　　　　消费者态度的内隐性特征

刺　　激	态　　度	反　　应
外界刺激是可以观察到的独立变量：如个人情况、社会问题、社会团体及其他对象	态度是中介因素，有三种成分：认知、情感、行为意向	反应是可以观察到的从属变量：认知反应及观点的言语反应、情感反应、外显行为

3. 消费态度的稳定性与可变性

态度的稳定性是指态度在形成之后会保持相当长的一段时间而不改变，因此也被称为态度的持续性。态度是个性的有机组成部分，它使消费者在行为反应上表现出一定的规律性。态度的稳定性与态度构成的三种成分相互协调一致有关系。一般来说，不管态度的三种成分是正向一致还是负向一致的，三种成分越一致，态度越稳定。

然而，态度的稳定性只是一种相对的说法。事实上，态度并非一成不变，当各种影响态度的主客观因素发生变化时，消费者态度迟早也要随之发生变化。此外，态度持续时间的长短和态度形成时的外界作用的强度有关。外界刺激越强烈，态度越鲜明，持续时间也较长，否则态度就较短。

4. 消费态度的价值性

态度的核心是价值。态度的价值性指的是态度对象对主体的意义大小。消费者对某个事物所具有的态度取决于该事物对消费者的意义与价值。事物的价值可以分为实用价值、理论价值、道德价值、感情价值、社会象征价值、权力价值和宗教价值等。

事物对消费者的价值，一方面取决于事物本身，另一方面也受人的需要、兴趣、爱好、性格、信念、理想等因素制约。消费者的价值观不同，对同一事物就极有可能形成不同的态度。价值观念对消费者态度的形成起到了一种基本的综合作用。

5. 消费态度的社会性

态度不是消费者与生俱来的，而是在后天的生活实践中通过学习获得的。态度不是人的本能行为，不是遗传来的，它是人们在后天的学习、生活、工作中逐渐形成起来的，受社会环境的影响，是适应社会环境的产物。

7.2　消费者态度的形成与态度组合层次架构

消费者态度形成经历了认知过程，态度与认知是不可分的。态度具有稳定性，它一旦形成，便成为个性的一部分，影响行为。

7.2.1　消费者态度的形成

态度的社会性特点表明，人的态度不是与生俱来的，而是在一定的社会环境中形成的。这里重点介绍消费者态度的形成。

心理学家凯尔曼研究了人态度的形成与改变过程，在 1961 年提出了态度改变过程的三阶段论。这三个阶段及变化次序是 "服从—同化—内化"。

1. 服从阶段

所谓服从，是指个体为了获得物质与精神的报酬或避免惩罚而采取的表面上顺从行为。

其突出特征是，服从并非是自己真心愿意的行为，而是社会的压力而被迫发生的一时顺应环境要求的行为。其目的在于获得物质利益、金钱、被他人尊重、承认、赞许或是为了避免惩罚。这种行为是受外因驱动的、一时的、局部的和不牢固的。一旦环境发生因素消失，这种行为也就终止。这种态度是表面的、暂时的和易变的。

2. 认同阶段

所谓认同，是指个体从感情上自愿接受他人或群体的观点、信念、行为，并使自己与别人或群体的要求一致。其突出特征是由被迫转入自觉接受、自愿服从。同化阶段的态度不同于服从阶段的态度，它不是在环境的压力下形成或转变的，而是出于个体的自觉或自愿。然而，认同能否顺利实现，他人或群体的影响力非常重要。一般来说，个体对群体越有依附感，在群体中所处的地位越重要，认同越彻底。

3. 内化阶段

所谓内化，是指个体从内心深处真正相信并接受他人的观点而彻底转变自己的态度，并自觉地指导自己的思想和行动。此时，个体已把情感认同的态度纳入自己的价值体系，成为自己态度体系中的有机组成部分，彻底形成了新的态度。其突出特征是比较稳固、持久、不易改变。

最后需要指出，态度的形成从服从阶段到同化阶段再到内化阶段，是一个复杂的心理过程，并非所有人对所有事物的态度都必然经历上述过程。有时，仅停留在第一或第二阶段。所以，稳固、持久的态度的形成十分困难。在市场营销经营活动中，应注意消费者态度的形成与转化，设法形成多方位消费引导、消费教育，促进消费者对品牌态度正方向的内化。

7.2.2 消费者信念、态度和行为的层次架构

消费者的信念、态度和行为相互联系、相互影响、相互制约，在不同的购买决策条件下形成不同的组合和层次架构，主要有决策过程架构、情感驱动架构和环境影响架构等三种。

1. 决策过程架构

依据决策过程架构，消费者率先形成的是对客体的信念，随后产生相应的情感（态度），最后采取针对客体的行为，如购买某产品或服务。这种层次架构适合于消费者高参与的购物情境。在高参与购物条件下，消费者首先是广泛地收集产品或服务信息，了解该产品基本属性和特征；其次，通过对收集到的产品或服务的各种信息进行比较

和评估，形成对产品或服务的情感或态度；这种情感或态度若是积极的，消费者而后就会采取行动，购买产品或服务。

但在低参与购物条件下，消费者并不愿意花费大量的时间和精力去广泛收集产品或服务信息，也就是说消费者对产品或服务的信念并不完整或者并不坚定。消费者往往不愿意而且也难以对产品或服务信息进行深入的比较或评估，通常是在未形成对产品或服务的情感或态度之前，率先采取行动购买产品或服务。这样，消费者是通过对产品或服务的使用，补充并完整对产品或服务的认识，形成相应的情感或态度。

据此，在决策过程架构下，消费者信念、态度和行为之间的联结表现出两种不同的组合次序：高参与购物情境，消费者先有信念，再形成态度，后采取行为；而低参与购物场合，消费者先有信念，再采取行为，后形成态度。

2. 情感驱动架构

依据情感驱动架构，消费者首先形成的是对客体的情感或态度。例如，当朋友邀请你去观看音乐剧时，你决定是否要去，一方面，考虑到自己与朋友之间的关系，另一方面则取决于对该音乐剧的喜好程度。虽然你可以从音乐剧的认识和信念方面寻找理由，但真正促使你去观看歌剧的可能是情感因素在起主导作用。其次，强烈的情感冲动或态度反应促使消费者采取购买产品或服务的行为。最后，消费者在产品的使用或者服务的消费过程中形成对产品或服务的信念，这种信念又反过来支持情感。

消费者的购买行为。消费者的冲动购买行为反映了这种情感驱动的层次架构：消费者的购买行为源于强烈的情感冲动或态度反应，对产品或服务的信念则是在购后形成的。

3. 环境影响架构

依据环境影响架构，强烈的情境压力或者环境因素迫使消费者在尚未形成购物信念或者发生情感反应之前，率先采取购买行为。例如，商场播放音乐的节奏影响消费者情绪以及移动步伐和购物速度，POP 广告在商场的出现刺激消费购物热情，等等。强烈的情境刺激或环境压力促使消费者率先采取购物行为，紧随购物行为之后的是情感反应，最后才是信念认知的形成。因为消费者购后发生的是对产品或服务满意或不满意的情感变化，这直接影响了对产品或服务的认识。

消费者态度、消费偏好与消费行为关系如图 7-2 所示。

虽然消费者的信念、态度和行为可依据购买决策的不同类型形成上述的三种组合次序和层次架构，但这些组合或架构之间并不是相互独立的，消费者采

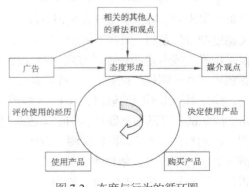

图 7-2　态度与行为的循环圈

取购物行为之前，或多或少会对产品或服务持有某种信念或者态度，上述的三种层次架构只是分别强调信念、态度或行为在消费者购买决策过程中的相对重要性。

7.3 消费者态度的测量方法

测量消费者态度的方法很多。除了第 1 章所介绍的消费者行为学研究基本方法之外，在消费者态度测量实践中运用较为广泛的还有以下的几种。

7.3.1 瑟斯通量表法

瑟斯通量表法是一种测量态度的等距量表方法，由瑟斯通（L·Thurstone）和蔡夫（F·Chave）于 1929 年提出。瑟斯通量表法的使用过程较为复杂：首先，通过与消费者的初步访谈和文献分析，了解消费者对某一态度对象的意见与看法。其次，对这些意见或看法进行归类和筛选，以等间隔方式拟定测试题目，依据强弱程度将测试项目排列成分布均衡的连续系统，并分别赋予量值。再次，选择参加测试的消费者，并由被测试者任意选择测试题目，表示自己同意或不同意的观点。最后，根据被测试者所选题目的量值，来确定被测试者的态度倾向及其强弱程度。被测试者的得分越高，表明其态度的强度越强。

瑟斯通量表法较为详尽地列出可供被测试者选择的题目，得以反映被测试者态度倾向的细小差异，对于较为复杂的态度测量问题效果较好。但是，瑟斯通量表法也有相应的局限：运用瑟斯通量表法测试消费者的态度，首先需要广泛征集消费者对某一问题的看法或观点，再进行归类、筛选并确定量表排列与分值，需要花费大量的时间与精力。运用瑟斯通量表法测试消费者的态度，还需要被测试者的合作，被测试者对测试题目回答得不完整或不真实，则会导致测量结果出现较大的偏差。因此，瑟斯通量表法在消费者态度测试中的运用并不多见。

7.3.2 李克特量表法

李克特量表法是由美国心理学家李克特（R·Likert)于 1932 年在瑟斯通量表法的基础上提出的。与瑟斯通量表法相类似，李克特量表法同样使用陈述句的方式提出有关态度测量的题目，但并不将题目按照强弱程度均衡分解为若干个连续系列，而是仅仅采用肯定或否定两种陈述方式，要求被测试者对各项陈述意见按照同意或不同意的强弱程度作出明确的回答。李克特量表通常使用定性词给出供被测试者选择的态度程度，并分别标出不同的量值，以 1～5 级或 1～7 级来划分态度程度的差异，如下表所示。被测试者可以根据题目表明的陈述意见，在相应等级表中任意选择一个等级，标明自己的看法或观点。再将被测试者在各项陈述意见上的分值加以汇总，则可反映被测试者的总体态度。依据李克特表设计的调查问卷题目（见表 7-2 ）："我愿意购买打折商品"来测量其态度倾向，被测试者对于一些敏感问题可能存在顾虑而未能真实地表示自己的态度倾向，进而也影响测试的效果。

表 7-2　　　　　依据李克特量表设计的调查问卷题目：我愿意购买打折商品

等级	非常不同意	不同意	一般	同意	非常同意
分数	1	2	3	4	5

等级	非常不同意	不同意	有些不同意	一般	有些同意	同意	非常同意
分数	1	2	3	4	5	6	7

构建李克特量表的基本步骤如下。

（1）围绕要测量的态度，以赞成或反对的方式写出与之相关的看法或陈述若干条（一般为 20～30 条）。对每一陈述给予 5 个或 7 个答案，并根据赞成或反对的方向赋以分值（见表 7-2）。

（2）在所要测量的消费者总体中，至少选择 20 名消费者进行测试。

（3）统计每位受测试者在每条陈述上的得分及每人在全部陈述上的总分。

（4）计算每条陈述的分辨力，删除分辨力不高的陈述，保留分辨力高的陈述；形成正式的量表。

分辨力的计算方法是：先根据受测试对象全体的总分排序；然后取出总分最高的 25% 的人和总分最低的 25% 的人，并计算这两部分人在每条陈述上的平均分；将这两个平均分相减，所得出的就是这一条陈述的分辨力系数。

7.3.3　语义差别量表法

语义差别量表法是由奥斯古德（C·E·Osgood）等人于 1957 年提出的一种态度测量方法。它选择一系列可用于描述态度客体的成对反义形容词，将其分成 5 个或 7 个等级，再由被测试者根据自身的感受程度，在不同等级中选出最能代表自己观点或想法的那一级，然后加总被测试者在不同测试项目上的得分，从而得出被测试者对态度客体积极或消极的态度倾向，如表 7-3 所示。

语义差别量表的观点是对态度的测量应该从多个角度并采用间接的方法进行，直截了当地询问人们对某一主题或邻近问题的看法与态度，结果不一定可靠，人们对某主题的态度，可以通过分析主题概念的语义，确定一些相应的关联词，然后再根据受测试者对这些关联词的反应来加以确定。

表 7-3　　　　　　　　　　语义差别测量项目表

类别	词								反义词
评价量表	好	7	6	5	4	3	2	1	坏
	美	7	6	5	4	3	2	1	丑
	聪明	7	6	5	4	3	2	1	愚蠢
力度量表	大	7	6	5	4	3	2	1	小
	强	7	6	5	4	3	2	1	弱
	重	7	6	5	4	3	2	1	轻
活动量表	快	7	6	5	4	3	2	1	慢
	积极	7	6	5	4	3	2	1	消极
	敏锐	7	6	5	4	3	2	1	迟钝

语义差别量表法对态度客体的测算采用剖面分析的方法，即先计算所有被测试者对每一对反义形容词选择的级数平均数，再将算出的各个项目平均数绘成图形，最终形象地反映出不同态度客体在被测试者心目中的差异。

语义差别量表法结构简单，使用方便，得以清晰地描绘被测试者对于特定客体的态度或印象。如果运用语义差别量表法同时测量消费者对几个不同客体的看法或观点，还可以形象地进行相互比较。语义差别量表法的局限在于，它仍然依赖被测试者的自我评估和自我报告，而且对评价项目的确定难以摆脱一定的主观性。语义差别量表法的运用，要求选择一系列可用于描述态度客体的成对反义形容词，这些形容词既要能够描述态度客体的重要属性，又要相互独立，不相关联，可能在操作上存在一定的难度。

7.3.4 消费者态度测量的信度与效度

在使用上述量表技术对消费者态度进行测量时，通常会面临以下一些基本的问题：测量所得的数据或资料是否与我们感兴趣的问题有关？测量所得的结果是否正是我们所希望测量的东西？当这种测量的时间、地点及操作者发生改变状况时，测量的结果将会受到什么样的影响？这些就是态度测量的信度与效度问题。

1. 信度

信度即可靠性，指的是采取同样的方法对同一对象重复进行测量时，其所得结果相一致的程度。换句话说，信度是指测量结果的内部一致性或稳定性，即测量工具能否稳定地测量所测的事物或变量。

大部分信度指标都以相关系数 r 来表示，其基本类型主要有以下三种。

（1）再测信度。对同一群对象采用同一种测量，在不同的时间点先后测量两次，根据两次测量的结果计算出相关系数，这种相关系数就叫做再测信度。这是一种最常用、最普遍的信度检查方法。使用这种方法时，两次测量所采用的方法、所使用的工具是完全一样的。再测信度的缺点是容易受到时间因素的影响，即在前后两次测量之间的某些事件、活动的影响，会导致后一次测量的结果客观上发生改变，使两次结果的相关系数不能很好地反映两次测量的实际情况。

（2）复本信度。复本信度采取的是另一种思路：如果一套测量可以有两个以上的复本，则可以根据同一群研究对象同时接受这两个复本测量所得的分数来计算其相关系数。在营销研究中，可以设计两份研究问卷，每份使用不同的项目，但都用来测量同一个概念或事物，对同一群对象同时用这两份问卷进行测量，然后根据两份问卷所得的分数计算其复本信度。复本信度可以避免上述再测信度的缺点，但是，它的要求是所使用的复本必须是真正的复本，即二者在形式、内容等方面都应该完全一致。

（3）折半信度。折半信度即将研究对象在一次测量中所得的结果，按测量项目的单双号分为两组，计算这两组分数之间的相关系数，这种相关系数就叫做折半信度。例如，一个态度测量包括 30 个项目，若采用折半法技术来了解其内在一致性，则可以将这 30 个项目分为相等的两部分，再求其相关系数。通常情况下，研究者为了采用折半信度来检验测量的一致性，需要在他的测量表中，增加一倍的测量项目。这些项目与前半部分的项目在内容上是重复的，只是表面形式不同而已。如果被研究者在前后两部分项目上的得分之间高度相关，则可以认为这次测量是可信的。这种方法与复本信度的情况类似，它要求前后两个部分的项目的确是在测量同一个事物或概念。

2. 效度

测量的效度也被称为测量的有效度或准确度。它是指测量工具或测量手段能够准确测出所要测量的变量的程度，或者说能够准确、真实地度量事物属性的程度。效度是测量标准或所用的指标能够如实反映某一概念真正含义的程度。当一项测量所测的正是它所希望测量的事物时，我们就说这一测量具有效度，或者说它是一项有效的测量。

测量的效度具有三种不同的类型，即表面效度、准则效度和构造效度，它们分别从不同的方面反映测量的准确程度。同时，人们在评价各种测量的效度时，也往往采用这三种类型作为标准。

（1）表面效度。也称为内容效度或逻辑效度，它指的是测量内容或测量指标与测量目标之间的适合性和逻辑相符性。评价一种测量是否具有表面效度，首先必须知道所测量的概念是如何定义的，其次需要知道这种测量所收集的信息是否和该概念密切相关，然后评价者才能尽其判断能力之所及，做出这一测量是否具有表面效度的结论。

（2）构造效度。构造效度涉及一个理论的关系结构中其他概念或变量的测量信度与效度的关系。测量的信度与效度都是一种相对量，而不是一种绝对量，即它们都是一种"程度事物"。对于同一种对象，人们常常会采取各种不同的测量方法和测量指标。也许这些方法和指标都没有错，但它们相互之间一定会在效度与信度这两个方面存在程度上的差别。因此，对它们进行评价和选择的标准就是：越是在准确性和一致性上程度更高的方法和指标，就越是好的测量方法，就越是高质量的测量指标。

（3）准则效度。也称为实用效度，它指的是用一种不同以往的测量方式或指标对同一事物或变量进行测量时，将原有的一种测量方式或指标作为准则，用新的方式或指标所得到的测量结果与原有准则的测量结果做比较，如果新的测量方式或指标与原有的作为准则的测量方式或指标具有相同的效果，那么这种新的测量方式或指标就具有准则效度。

测量的信度与效度既相互联系，又相互制约。西安交通大学的李怀祖教授（2004）认为，信度是效度的必要条件，但并非充分条件。若在不同时间进行测量，两次测量的结果变异很大，不仅没有信度，也必然没有效度。但在实用上，效度检验更为有效，如果测量工具效度合格，我们往往无须关心它的信度，只是效度不够才进而评价信度。

7.4　消费者态度的理论

态度是在个体生活中经过学习逐渐形成的，态度与认知是不可分的。一方面，人们倾向于与自己一致的信念或价值观念；另一方面，由于态度具有稳定性，它一旦形成，便成为人们个性的一部分，影响整个行为，所以要改变态度，并不像一般的学习那么简单。国外许多心理学家通过多种实验研究，提出了许多有关态度形成和改变的理论，在这里介绍三种理论，即社会判断理论、对抗和失衡理论、和谐理论。

7.4.1　社会判断理论

社会判断理论认为，当个体形成对客体的态度之后，就会以此为参照去对比随后获得的商品信息，来决定是否接受或拒绝。原有的态度在这里就成为一种判断或决策的参照标准。例如，消费者认为某品牌商品质量好、商品价格偏低，因而，得知该品牌商品涨价时，则觉得较为正常可以接受。

社会判断理论认为，围绕该参照标准，消费者个体往往形成一个接受和拒绝的区间。落在接受区间范围内的信息将会被吸收而产生同化效应，即消费者个体将会更趋于认同这个信息，原有的态度会在不知不觉当中发生位移，转向所接受的这个外部信息，从而产生了说服效应。与此相反，外部信息若落在拒绝区间内，则会促发对比效应，即推动个体原先的态度朝相反方向游移，加大与外部信息之间的差距。

社会判断理论提出，个体对不同意见或观点的接受或容忍能力是不同的。个体对某个事件承诺的程度越高，态度立场就越坚定，所显示的接受区间也就越小，而拒绝区间则越大，想要说服他改变态度就越困难。这是因为参与或承诺程度高的消费者往往花费更多的时间和精力去搜寻产品或服务信息，更加认真细致去检测这些信息，这样也就更有可能拒绝那些与自己观点或看法不一致的外来信息。

对社会判断理论的研究表明,转变消费者态度的最佳策略是设法使促销信息刚好落在消费者接受区间的边界之内，以求引发同化效应，带动消费者的态度朝促销信息方向转变。特别要引起注意的是促销信息若被认为位于拒绝区间，不仅将被消费者所拒绝，而且还会催发对比效应，把消费者的态度推向反面。

社会判断理论对于试图改变消费者态度的营销努力具有深刻的实践意义。首先，在设计促销信息之前，应进行市场调研，确实了解目标消费者的态度观点。其次，应对促销信息进行事前测试，以确定消费者可能作出的反应。再次，消费者态度的接受和拒绝区间虽难以判断，但应努力避免促销信息落入拒绝区间而产生对比效应。当前普遍存在的一个误区就是促销信息的说服强度越大越好。但过强的促销信息常常落入消费者态度的拒绝区间，结果却是事与愿违。因此，一个可行的对策是控制好促销信息的说服强度，增加促销信息的显露频率，循序渐进地改变消费者的态度。

7.4.2　对抗和失衡理论

在消费者作出购买决策之前，往往对是否购买以及购买哪个品牌感到矛盾和为难；而在做出购买决策之后，又可能对决策的正确性产生怀疑和不安。这种情感反应来自对抗和失衡的心理过程。

消费者之所以在购买决策之前产生对抗心理，是因为他感到自己的行为自由正受到威胁。当消费者决定购买某个品牌的同时，也就意味着放弃其他品牌，尤其是当购买行为至关重要或者具有高风险时，消费者的对抗心理随之加重，迫使消费者重新考虑购买选择，往往给即将放弃的品牌以更加积极的评价。有项实验测试人们决策前的心理变化。在实验中，被测试对象必须在两名考官当中选择一位进行事关个人利益的当面测试。在被测试对象作出选择决定之前，按照一定的时间区隔，要求他们对两名考官的选择偏好进行打分。实验结果发现，随着决策时间的临近，被测试对象给两名考官的打分越趋接近，这表明被测试对象越接近选择自由的丧失，对抗心理越趋明显。

7.4.3　和谐理论

和谐理论（Congruity Theory）与平衡理论类似，也强调认知、情感的和谐、一致。该理论认为，如果一个评价为负的要素（如形象差的品牌）与一个评价为正的要素（如形象好的品牌）发生联系，前者的评价将会有所改善，后者的评价则会有所下降。但是，两个要素所得到评价的变化并不成比例。变化与态度极端化程度成反比。换言之，人们对其中一个要素或对象的态度越极端，当它与另一个要素发生联系时其态度受到的影响就越小；反之，则越大。为便于理解，假设一个臭名昭著的人公开宣称喜欢某杂志，那么，该杂志因此而受到的损失比这个人形象的改善要大得多。

和谐理论表明，企业或品牌在与任何事物发生联系时都要承担一定的风险。这意味着，形象代言人的选择，"捆绑促销"或者"捆绑销售"，通路的选择，零售店的商品组合，媒体对广告主或品牌的选择，品牌广告的媒体、所插播节目的决策以及公司高层领导的言行等，都必须保持谨慎。

该理论也解释人们普遍存在的攀附心理，即总愿意与那些得到非常积极评价的事物，或者比自己身份地位高的人建立某种联系。如著名文体明星和学者使用的产品。这种攀附心理创造了许多营销机会。

7.5　消费者态度与消费偏好、消费行为

7.5.1　态度与消费偏好

所谓消费偏好，是指人们趋向购买某类商品或到某类商场购物的心理倾向。消费偏好与消费行为之间直接相关，这也就是我们为什么还要探讨消费偏好的原因。下面介绍影响消费偏好的因素。

态度是偏好形成的基础，心理学研究表明，态度至少有两个特征对偏好的形成具有重要影响，这两个特征是态度的强度与态度的复杂性。

态度的强度即态度的力量，它是指个体对对象赞成或不赞成的程度。一般来说，态度强度越大，态度就越稳定，改变起来也就越困难。

人们对某一对象的态度强度与态度对象的突出属性有关，而态度对象的突出属性

对人的重要程度是因人而异的。任何事物都有许许多多的属性（如商品的形状、外观、价格等），人们对事物的认知是针对事物的具体属性而言的。不仅如此，对于同一个人来说，随着他的需要或目标的改变，其态度对象的突出属性也会发生变化。因此，人们有时并不是为了产品或服务本身才出钱去购买，而是因为这些产品或服务能够给人们提供某种利益。

态度的复杂性是指人们对态度对象所掌握的信息量和信息种类的多少，它反映了人们对态度对象的认知水平。人们对态度对象所掌握的信息量和信息种类越多，所形成的态度就越复杂。例如，对于某个特定航空公司的态度就可能很简单，除了起飞时间、直达服务及其他时间方面的便利外，人们往往觉得相互竞争的大航空公司之间差别很小。然而，人们对整个航空旅行的态度则比对个别航空公司的态度要复杂得多，对航空旅行的态度涉及速度、方便程度、节约时间、费用、身份、声望、空中服务、行李携带等多方面的问题。对于旅游者来说，最复杂的态度也许是对国外旅游目的地的态度，这些态度至少涉及陌生的旅馆、异国风味的食品、外国人、陌生的语言、不同的传统等很多方面。

任何一种特定的态度都能起到多重作用，不过其中某种作用可能占支配地位。营销者需要注意那些与其产品的购买和使用相关的消费者的态度，以及这些态度所需要的商品的功能。

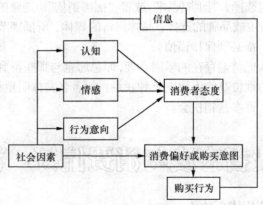

图 7-3　消费者态度、消费偏好与购买行为

7.5.2　态度与消费行为

美国学者班克斯调查了芝加哥地区 465 名妇女对 7 种商品的偏爱商标、购买意图和实际购买的相互关系，结果表明，偏爱商标和购买意图几乎相同，被调查的 465人中的 96%在有购买意图的商标内部包括她们最喜爱的商标。美国学者佩里曾研究过消费者的购买意图和行为能否根据对商品的态度进行预测的问题。他在对 230 人调查后发现，人们的态度与行为之间存在密切的联系，而且对商品的态度与消费者的购买意图有直接的关系。抱有最善意态度的消费者大都怀有明确的购买意图，抱有最恶

意态度的消费者完全没有购买意图，而毫不关心的消费者对是否购买则不清楚。该案例表明，消费者态度与其购买行为之间存在着相当密切的关系，所以了解消费者对品牌的偏爱是预测购买情况的有利因素。

7.5.3　消费者态度的改变

消费者对商品持积极肯定的态度会推动消费者完成购买活动，甚至持续不断地进行购买，而消极否定的态度则会阻碍消费者的购买活动。了解消费者的态度更主要是为了对其施加影响。所以，在对消费者态度了解的基础之上，营销人员可以运用多种方法去影响消费者的态度，巩固、强化消费者已有的积极态度，削弱、改变消费者消极的态度。以促进消费者在未来的购买行为中选择自己企业的品牌和产品或服务。

态度的改变有两种情况：一是方向的改变，另一个是强度的改变。例如，原来不喜欢某家商场，后来变得喜欢了，这是方向的变化；原来对某商场有犹豫不决的态度，后来表示非常愿意到这家商场购物，这就是强度的变化。当然，方向与强度也有关系，从一个极端转变到另一个极端，既是方向的改变，又是强度的改变。

影响消费者态度改变的因素主要有以下几个方面。

（1）消费者本身的因素。

由于消费者的需要、智力水平、性格特点、受教育程度及社会地位等的不同，对态度的改变都会产生影响。

① 需要。态度的改变与消费者当时的需要密切相关，如果能最大限度地满足他当时的需要，则容易使其改变态度。

② 性格特点。从性格上看，凡是依赖性强、暗示性高或比较随和的人容易相信权威、崇拜他人，因而容易改变态度；反之，独立性强、自信心高的人则不容易被他人说服，因而不容易改变态度。

③ 智力水平。就一般而言，智力水平高的人，由于具有较强的判断能力，能准确分析各种观点，不容易受他人左右；反之，智力水平低的人，难以判断是非，常常人云亦云，因而容易改变态度。

④ 自尊心。自尊心强的人，心理防卫能力较强，不容易接受他人的劝告，因而态度改变也比较难；反之，自尊心弱的人则敏感易变。

其他如受教育程度高和社会地位高的人要想改变他们的态度也比较难。

（2）态度的特点。

态度的强度、态度的价值性、态度的三种成分之间的关系及原先的态度与要求改变的态度之间的距离等，都能对消费者态度的改变产生影响。①态度的强度直接影响消费者态度的改变。消费者态度的强度指消费者对某一消费对象赞成或反对、喜爱或厌恶的程度。一般来说，消费者受到的刺激越强烈、越深刻，态度的强度就越大，因而形成的态度越稳固，也越不容易改变。如消费者在购物中受到营业员的人身侮辱或在超级市场寄存物品时贵重物品被损或丢失，会使消费者产生强烈的愤怒或不满，因而对某商场或某家超级市场产生强烈的否定情绪。这种态度一经形成就难以改变。②态度形成的因素越复杂，越不容易改变。例如，一个消费者对某商场的否定态度如果只依据一个事实，那么只要证明这个事实是纯偶然因素造成的，消费者的态度就容易改变过来。如果态度是建立在很多事实的基础上的，那么要使消费者改变态度就比较难。③构成态度的三种成分（认知成分、情感成分、意向成分）的一致性越强，越不容易改变。如果三者之间直接出现分歧、不一致，则态度的稳定性较差，也就比较容易改变。④态度的价值性也对消费者的态度产生重要影响。态度的价值性是指态度的对象对人的价值和意义的大小。如果态度的对象对消费者的价值很大，那么对他的影响就会很深刻，因而一旦形成某种态度后，就很难改变；反之，如果态度的对象对消费者价值小，则他的态度就容易改变。⑤消费者原先的态度与要改变的态度之间距离的大小。要转变一个人的态度取决于他原来的态度如何，如果两者差距太大，往往不仅难以改变，反而会使他更加坚持原来的态度，甚至持对立的情绪。例如，要让一个恐高症患者或在一次空难中死里逃生的人乘飞机旅行几乎是不可能的事。

（3）外界条件对态度改变的影响。

除了消费者和态度本身的特点影响态度的改变以外，一些外界条件也能改变消费者的态度。这些外界条件有：①信息的作用。从某种意义上说，消费者的态度是他们在接受各种信息的基础上形成的。消费者在购买商品前，会主动搜集各种有关的信息，各种信息间的一致性越强，消费者形成的态度越稳固，因而越不容易改变。②消费者之间态度的影响。态度具有相互影响的特点。因为消费者之间的意见交流不会被认为是出于个人的某种利益，也不会被认为是有劝说其改变态度的目的，因而不存在戒备心理，此外，由于消费者之间角色身份、目的和利益的相同或相似性，彼此的意见也容易被接受。事实证明，当一个人认为某种意见是来自与他自己利益一致的一方时，人们就乐于接受这种意见，有时甚至主动征询他人的意见，以作为自己的参考。③团体的影响。消费者的态度通常是与其所属团体的要求和期望相一致的。这是因为团体的规范和习惯力量会在无形中形成一种压力，影响团体内成员的态度。如果个人与所属团体内大多数人的意见相一致时，他就会得到有力的支持；否则，就会感受到来自团体的压力。比如，虽然某消费者非常想买一套家庭影院，但由于他所在团体的人们都买了电脑，所以他也就打消了买家庭影院的念头，而去买了电脑。这就是所谓的群体压力下的"从众行为"。

7.5.4　营销策略与消费者态度的改变

消费者态度的改变可分为两种：一是方向的改变，即原来反对的变成赞成，或原来喜欢的变成不喜欢。这种态度的改变也称不一致性改变。二是强度的改变，但态度的方向不变。例如，原来态度为赞成（或反对），改变为强烈赞成（或强烈反对），即指增加积极度（或消极度），使之成为一种更加强烈的积极态度（或消极态度），这种改变也称一致性改变。

企业和商家从保护自身的利益出发，要改变消费者的消极态度，说服消费者是营销宣传的中心目标。消费者每天都会自觉和不自觉收到各种商品信息，并逐步掌握了不少策略以维持已形成的消费态度。消费者在购买决策过程中不仅会因态度产生偏爱，而且还会产生偏见。不过，即使消费者的态度固若金汤，还是可以通过很多方法突破消费者的这种"自卫机制"。态度有三个维度：认知、情感和行为。当这三种成分处于平衡状态时，态度因稳定而难以改变。不过，当顾客接触到新信息或当消费者经历了不愉快的购物体验时，这种刺激可能会影响其态度中认知或意向的成分，从而引起态度三成分之间的不协调。当这三种成分之间的不协调超过承受水平时，个人就会被迫采取某种精神调节，以重新达到稳定，这就产生了态度的改变。为了在激烈竞争的市场上争取更多的消费者，企业和商家只有想办法使得消费者形成积极的肯定的态度，消费者才可对该厂家的产品产生购买的兴趣。

改变消费者态度的营销策略主要有如下几种。

1. 改变认知成分

（1）改变信念。指改变消费者对品牌或产品的一个和多个属性的信念，具体方法是提供有力的描述进行重复，重复真正意义是使人们获得积极的熟悉感，从而更倾向于认同和选择。不过，只有适当的重复才可以增加人们的接受性。例如，海尔集团可以提供大量的实验数据证实小神童洗衣机连续运转时间已经达到世界先进水平。

但是如果过分地重复信息而且信息枯燥，也可能使消费者由于厌倦而讨厌或回避那些信息。

（2）改变属性的权数。消费者认为产品的某些属性比另外一些属性更加重要，从而对本公司的品牌产生了较不利的认知，营销人员可以设法改变消费者的属性权数，强调本公司产品相对较强的属性是此类产品最重要的属性，以改变消费者的品牌认知。例如，克莱斯勒汽车在款式、耐用性、节油性、舒适性等方面和竞争者相比不占优势，但它是最早将汽车安全气囊作为标准配备的汽车公司之一，因此它在广告中大力强调汽车的安全性是汽车最重要的属性，使消费者的品牌认知朝着有利于该品牌的方向倾斜。

（3）增加新属性。指在消费者的认知结构中增加新的属性概念，使消费者原先没有认识到或没有重视而本公司或本产品相对较强的属性成为影响消费者产品认知的重要属性。例如，多数消费者购买台式电脑显示器时对辐射问题并未给予充分的重视，换言之，消费者关于显示器的品牌信念形成过程中没有考虑"辐射量"这项属性指标，如果这种情况不改变，消费者就不可能购买无辐射但价格昂贵的液晶显示器。营销人员可运用多种手段宣传辐射对人体造成的危害，促使消费者把辐射量作为显示器的重要属性来考虑，就能够改变其产品信念和购买行为。

（4）改变理想点。指在既不改变消费者的属性权数，也不增加新属性的条件下改变消费者对属性理想标准的认识。例如，电视机尺寸大小是消费者选择产品所考虑的重要属性之一，许多人存在着单纯求大的倾向，导致许多中等尺寸的电视机销路不佳。营销人员可宣传电视机的尺寸应当与房间的大小相适应，改变消费者关于电视机理想尺寸的认识。

2. 改变情感成分

营销人员越来越多地试图在不直接影响消费者品牌信念和行为的条件下先影响他们的情感，促使他们对产品产生好感。一旦消费者以后对该类产品产生需要，这些好感会导致购买行为。或者，好感会直接促进购买，在使用过程中建立对该品牌的正面信念。营销人员建立消费者对产品的好感的方法有三种：经典性条件反射、激发对广告本身的情感和增加对品牌的接触。

（1）经典性的条件反射。企业将消费者喜爱的某种刺激与品牌名称放在一起展示，多次反复就会将该刺激产生的正面情感转移到品牌上来。例如，极限挑战运动能够激发消费者感受力量和毅力的正面情感，如果把极限挑战运动的镜头与某运动饮料的品牌多次在一道播放，就会将消费者对该项运动的喜爱转移到本品牌上来。

（2）激发对广告本身的情感。消费者如果喜爱一则广告，也能导致对产品的正面情感，进而提高购买参与程度，激发有意识的决策过程。使用幽默广告、名人广告、比较广告、情感性广告等都能增加受众对广告的喜爱，这类广告中不一定要含有具体的认知信息。消费者对广告本身的态度，如喜欢或不喜欢是营销成败的关键。

（3）增加消费者对品牌的接触。研究表明大量的品牌接触也能增加消费者对品牌的好感。对于低度参与的产品，可以通过广告的反复播放提高消费者的喜爱程度，而不必改变消费者最初的认知结构。这里，重复是以情感为基础的营销活动的关键。广告的传统测量方法侧重于信息的认知成分，而这些方法对以情感为基础的广告是不适用的。

（4）组织消费者参加有关活动，在积极活动中改变态度。一般地说，企业最好使其产品迎合消费者既有的态度，而不是总在企图改变人们的态度。当然，如果有必要的话或者改变态度所费的高昂成本能够得到补偿的话，就另当别论了。为了改变消费者的某种态度，企业可以举办一些有趣的活动，吸引消费者参加。实践证明，这种方法可以有效地改变人们的态度。

3. 改变行为成分

消费者的行为可以发生在认知和情感之后，也可以发生在认知和情感之前，甚至也可以与认知和情感相对立。行为能够直接导致认知和情感的形成，消费者常常在事先没有认知和情感的情况下尝试购买和使用一些便宜的新品牌或新型号的产品。在改变消费者的认知或情感之前改变其行为的主要途径是运用操作性条件反射理论。营销人员的关键任务是促使消费者使用或购买本企业产品并确保产品的优异质量和功能，使消费者感到购买本产品是值得的。吸引消费者使用和购买产品的常用技巧有优惠券、免费试用、购物现场的展示、搭售以及降价销售等。此外，还要健全商品分销系统，保持适当的库存，避免脱销，防止现有顾客再去尝试竞争性品牌，因为这种尝试很可能引起消费者对竞争产品的好感并改变其购买选择。

 **本章小结**

消费者态度是消费者购买活动中重要的心理显现。态度的形成与改变直接影响消

费者的购买活动。

消费者的态度是由认知、情感和行为倾向三种要素构成。

由于态度一旦形成，便成为人们个性的一部分，影响整个行为，所以要改变态度。

常用的测量方法如态度测量法，又称问卷法。问卷的具体设计方法有瑟斯通等距量表和李克特量表；语意差别量表法。

改变消费者态度的营销策略主要从态度的三大构成要素上考虑问题。其一，改变认知成分。其二，改变情感成分。其三。改变行为成分。营销人员建立消费者对产品的好感的方法有：经典性条件反射、激发对广告本身的情感和增加对品牌的接触。在改变消费者的认知或情感之前改变其行为的主要途径是运用操作性条件反射理论。

对消费者态度进行测量的基本技术包括：瑟斯通量表、李克特量表和语义差别量表。在测量过程中，我们还必须重视测量的信度与效度问题。

 实 践 实 训

实训课题 7-1

实训目的：培养学生对消费者态度认知。

实训题目：利用本章所介绍的消费者态度测量的基本技术，测量你身边的人们对于国产汽车品牌与外资汽车品牌的态度，并根据你所观察到的他们的实际购买行为，利用本章所介绍的有关消费者态度的理论进行分析评价。

练 习 与 讨 论

1. 简述消费者态度的构成成分。
2. 简述消费者态度的主要功能。
3. 简述消费者态度的特点。
4. 简述消费者态度形成与改变的过程。
5. 消费者态度与消费偏好（购买意图）以及购买行为之间的关系是什么？
6. 简述测量的基本方法。
7. 试述消费者态度测量中的信度与效度。

第8章

外部环境与消费行为

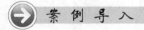 学 习 目 标

- 了解社会环境的概念，社会环境构成因素；
- 熟悉社会环境对消费行为的影响；
- 掌握文化的含义，社会文化环境对消费者行为的影响；
- 了解消费文化和消费文明的概念，消费文化心理的发展过程，熟悉文明消费心理对消费行为的影响；
- 掌握消费习俗与消费流行及其对消费心理和消费行为的影响。

案 例 导 入

《哈利·波特》滚"雪球"

一个童话传遍了世界。

童话作者是位英国妇女，名叫 J·K·罗琳；故事的主人公是个小男孩，名叫哈利·波特。

罗琳原本只是一名靠政府救济金度日的单亲妈妈，《哈利·波特》的出版使她一夜成为英国最富有的女人之一，全世界家喻户晓。《哈利·波特》第一集到第四集累计全球销售量已突破 1 亿本，被翻译成 46 种文字，成为最畅销的 4 部儿童小说之一。波特有可能成为继米老鼠、史努比、加菲猫等卡通形象以来最成功的儿童形象。

总是敏感于大众热点题材的好莱坞，2001 年耗资 1.25 亿美元把哈利·波特搬上银幕。上映短短 5 天，北美票房已经突破 1 亿美元大关，累计高达 1.04 亿美元，仅次于 1999 年《星际大战》（首部曲）5 天创下 1.05 亿美元的惊人记录，成为 2001 年最卖座的电影之一。

这仅仅是一个开始。

2001 年 10 月，一套两款的玩具在英国首先推出。第一款是由玩家控制男主角哈利·波特，将玩具上的小球顺利穿过各个关口，玩法简单，应是成年人购买圣诞礼物的首选。另一款则是片中魔法学校的微缩版本，造型逼真，是小朋友的心头至爱。11 月中旬，美国最大的游戏开发商电子艺界借"波特热"大赚一笔。他们以这位少年巫师在霍格华兹魔法学校第一年的学习生活为主题，推出了电脑游戏。2002 年 1 月 7 日，在美国拉斯维加斯举行的 2002 年国际消费电子产品展览会上，微软公司董事会主席和首席软件设计师比尔·盖茨装扮成哈利·波特的形象做开幕演讲……

小说、电影、软件、玩具、文具、服装、主题公园……一个名不见经传的女人不经意间的小小构思，就像一滴水珠，在某种魔力的催化和作用下，迅速长成一座巨大的冰山。

问题：《哈利·波特》从小说、电影到多个商业领域都造成了一股流行风潮，根据自己的认识与理解，试分析其文化传播过程，及其中的商业机会。

人的社会属性决定了每一个消费者都生活在一定的社会环境中，其心理与行为必然受到周围社会环境的影响与制约。只有从社会环境与消费者相互关系的角度进行研究，才能科学地解释复杂多变的消费心理与行为现象，并为消费行为的预测提供切合实际的依据。

8.1　政治、经济、宗教环境对消费行为的影响

8.1.1　社会环境的概念

所谓社会环境即人与社会群体的关系总和。从心理角度讲，社会环境对个人行为的影响主要指态度、意见、成见、舆论、谣言、群众行为及其他心理的社会情境。从文化的角度讲，社会环境对个人行为的影响主要指道德、法律、宗教、风俗、时尚及人格的形成等。在上述影响下，人作为"社会人"，追求着共同的生存需要、共同的生活服务设施、共同的文化、共同的风俗、共同的利益和共同关心的问题。这六个方面的追求交错互动，升华为道德、信念、情感的和谐。这是人与社会环境的关系中最现实的问题。所谓和谐表现为人与自然的和谐、物质文化与精神文化的和谐、人际关系的和谐等。人是通过适应社会环境来实现这种和谐的。因此从一定意义上说，人是环境的产物。个人的行为取决于社会，首先是社会群体。社会环境制约、影响着人的态度和行为，决定着人的发展。人只有在能动地适应环境、不断优化环境的过程中才

能真正融于社会。

从构成性质看,社会环境可以分为三类:一是社会物质环境,包括农业生产环境、工业生产环境、科学技术生产环境、居住环境、通信交通环境、环保卫生环境、饮食环境、安全环境和其他生活环境。二是社会制度环境,包括社会层次环境、社会准则环境、社会交际环境、社会风俗环境、社会宗族环境。三是社会精神环境,包括社会一般人格环境、社会宗教信仰环境、社会文化环境、社会文学艺术环境等。

从构成因素看,社会环境可以分为政治环境、经济环境、家庭、社会阶层、文化环境、宗教等。因为经济、家庭、社会阶层在其他章节讲述,在这里不再叙述。

8.1.2 社会政治环境对消费行为的影响

社会政治环境涉及一个国家的政体、社会制度、政府更迭、社会稳定性等要素。表现为政治系统的连续性、国家政治生活的秩序性、政治局势的可控性、社会政治心理的稳定性。这些因素都直接或间接地影响消费者的行为心理。

上述各层次的政治稳定是相互影响、相互作用的。其中任何一个层次发生不平衡,都会影响其他层次的平衡。只有具备并保持了上述各个层次的稳定性的社会,才可以被认为是政治稳定的社会。而对于发展中国家而言,影响政治稳定的主要因素有社会利益分配、政治腐败、政党建设和政治参与等,近年来往往伴随着利益分配不均和贫富差距拉大等现象。而与收入分配差距扩大相对应的则是社会分层的变化,不利于增加社会总体消费也不利于社会稳定。

一个国家政治环境不稳定,如政府政策不连续、社会动荡不安,人们就会产生各种疑虑和担心,对未来会失去信心。如果体现在消费活动上,就是消费信心下降,未来预期悲观,抑制消费、谨慎消费成为主导性倾向。个人与机构的投资理财行为的变动是最典型的例子:受到政治上利空消息的影响,消费者纷纷从金融市场上撤资,轻则导致股市、债市重跌,重则引起股市、债市的崩盘。

还有,在一定的政治制度下,国家可以通过制定法律、法规和政策来规范消费者的消费行为和企业市场经营行为,来创造和谐的社会环境。所以,政治环境会对消费者行为和心理产生相当大的影响。

8.1.3 社会经济环境对消费行为的影响

社会经济环境是影响消费者心理的一个极为重要的因素,它包括宏观和微观两个方面。宏观经济因素是指整体的经济环境,微观经济因素则主要涉及消费者以往的经济状况、现在的经济状况和预期的经济状况等。

1. 宏观经济因素对消费行为的影响

社会经济环境是指由社会生产力发展水平所决定的社会经济发展水平,以及与生产力发展水平相适应的社会生产关系。

(1)社会经济发展水平对消费行为的影响。在影响消费者行为活动的一系列因素中,社会经济发展水平是最基本的因素,它从总体上制约着消费者行为具体范围。

①社会经济发展水平高低会导致消费商品在市场上数量和质量有明显差异,在此基础上形成的消费行为也就不同。一方面,消费者欲望强弱不同。经济发展水平低,消费者欲望会因可以选择商品数量而被抑制。商品经济发达,市场商品非常丰富,新产品不断涌现,便会大大激发消费活力和消费者欲望。另一方面,消费者欲望扩张速度不同。一般来说,消费者欲望的扩张速度应稍慢于经济发展的速度。也就是说,只有当一种新产品上市后才会引起消费者的购买需求和购买兴趣。今天由于全球经济一体化的影响以及世界市场的形成,现在部分消费者常以发达国家消费模式为自己消费希望和目标,部分消费者欲望扩张速度快于经济发展速度,反映出世界经济发展水平对消费者心理和行为产生的巨大影响力。②社会经济发展水平不同,会形成不同的社会生活环境,而不同的社会生活环境又会影响或形成不同的消费。比如我国城市与农村的经济发展水平不同,所以城市生活与农村生活消费品中的商品属性要求也有很大的不同,使得城市居民与农村居民的消费需求和消费倾向有所差异。例如交通工具要求迫切程度和交通工具种类不同;对农民来说非常平常的清泉、田野、树林,甚至洁净的空气,都是中心城市人们感到非常宝贵因而愿意支付一定的费用换取的精神休闲享受。

（2）社会生产关系对消费行为的影响。①消费品的分配性质直接制约着不同阶层和不同社会群体的消费行为和消费心理,使他们的消费带有特定的社会性质倾向。比如,社会阶层比较低的劳动者即使在相对富有的条件下,其消费行为也较少带有奢侈炫耀性质,而是体现出节俭和理性。②不同类型的经济体制对消费者的形成产生不同的影响。比如,在改革开放前的几十年中,我国一直实行的是高度集中的计划经济体制,所形成的消费模式具有明显的供给制特征,表现为简单的接受型消费心理和单一雷同类型消费行为,模仿是主流。现在,消费者心理和行为发生了巨大的变化。消费者由最初对某些商品价格放开、市场出现波动等正常现象表现出很大的不适应,到现今对包括黄金、住房、汽车、粮食、家电等绝大部分商品的价格全部放开认为是正常的事情,有些消费者还利用市场价格波动买卖赚取差价。这就是经济体制转换对消费影响的结果。③反映消费行为总体规范的价值观念、人生观念、社会观念在变化经济环境下发生了极大的变化,已成长为一种与经济相适应的消费行为规范。对美的追求不再被人鄙视,依靠聪明才智和勤劳致富受到了尊重。人们在为社会作出贡献的同时要求得到应有的回报。人们通过努力学习工作设计着自己的生活。

2. 微观经济因素对消费行为的影响

消费者经济收入对消费行为的影响。由于消费者收入是有差异的,又是不断变化的,它必然会影响消费者的消费数量、质量、结构及消费方式,因此,它影响消费者的消费行为。

① 消费者绝对收入的变化影响消费行为。引起消费者绝对收入变化的主要因素是:消费者工资收入变化引起绝对收入的增加或减少;消费者财产价值意外的变化,如突然得到他人赠送,接受遗产,彩票中奖,意外地蒙受灾害、被盗、被窃等带来消费者绝对收入的增减;政府税收政策变化,企业经营状况好坏等造成个人收入的变化,

也会导致消费者绝对收入的变化，从而影响消费者的消费品种、数量、结构及方式。

② 消费者相对收入的变化影响消费行为。有时消费者自己的绝对收入没有发生任何变化，但由于他人的收入发生了变化，这种相对收入的变化必然影响消费者的消费行为。如不可避免地要比别人减少消费或改变消费结构。也可能模仿收入相对提高的他人而提高自己的消费层次，以致出现相对的超前消费。

③ 消费者实际收入的变化影响消费行为。如由于物价上涨，商品价格提高，使消费者的实际收入发生变化，使他实际购买的数量、品种、结构、方式都会发生相应的变化。

④ 消费者预期收入的变化对消费行为的影响。消费者总要对未来的收入情况作出一定预期估计，如果消费者预期到未来收入将比现期收入高，那么他就可能增加现期的消费支出，甚至敢于借债消费；如果预见到未来的收入要降低，那么消费者就可能减少现期消费而增加储蓄。

8.1.4 宗教对消费行为的影响

宗教是一种群体社会行为，它包括指导思想（宗教信仰）、组织结构（宗教组织，如教会等）、行为规范（宗教组织内的活动，如祭祀，礼仪）、文化内容（宗教建筑、宗教绘画、宗教音乐）等方面的内容。它是人类在具有社会组织结构后，有意识地发展的一种社会行为。宗教是人类社会发展进程中的特殊的文化现象，是人类传统文化的重要组成部分，它影响到人们的思想意识、生活习俗等方面。

宗教信仰是人们对世界的一种特殊看法，不同宗教信仰的人们具有不同的观念以及相应的行为方式。宗教信仰会影响消费者行为，尤其是当消费者对宗教信仰的态度非常虔诚时，这种影响更大。世界上信仰宗教的人群很多、很普遍，了解不同宗教信仰者的心理，对于扩大市场和出口经营具有重要的作用。

概括起来，宗教对消费行为的影响主要表现为：影响消费者对商品种类的选择；影响消费者对商品式样及外观等方面的选择；影响消费者选购商品的行为方式；影响消费者禁忌商品的类型；影响宗教信仰者对宗教用品的选择。

例如，在商品种类选择上，虔诚的佛教徒禁止饮酒，禁止食用肉类食品，有的更严格到不吃蛋类奶类食品，其饮食结构中豆制品占有相当大比重。普通消费者因为对佛教的好奇，也经常会购买佛珠、护身符等，这类商品已经成为人们旅游中最常接触到的重要纪念品。

8.2 文化环境对消费行为的影响

8.2.1 文化的含义和特征

1. 文化的含义

广义的文化是指人类社会在漫长的发展过程中所创造的物质财富和精神财富的

总和。狭义的文化是指社会的意识形态，以及与之相适应的制度和组织结构，包括政治、法律、道德、哲学、文学、艺术、宗教等社会意识的各种形式。营销心理学中所讨论的文化介于两者之间，包括了人们在社会发展过程中形成并世代流传下来的风俗习惯、价值观念、行为规范、宗教信仰、生活方式、态度体系以及伦理道德观念等。

文化是一种客观的历史现象。每一个社会都有与之相适应的文化，并随着社会物质生产的发展而不断发展。特定的文化必然会对每个社会成员产生直接或间接的影响，从而使其在价值观念、生活方式、风俗习惯等方面带有深刻的印迹。文化对个人的影响在于：文化为人们提供了看待事物、解决问题的基本观点、标准和方法；文化使人们建立起是非标准和行为规范。通常，社会结构越单一，文化对个人思想与行为的制约作用就越直接。由于现代社会结构的高度复杂化，文化对个人的约束趋于松散、间接，成为一种潜移默化的影响。

消费文化是指反映在消费中的一个社会或一个集团、阶层的各种外显或内隐的思维模式、行为模式和价值观念。

2. 文化的特征

不同的国家、民族都有独特的文化，但就整体而言，各种形态的文化都有其共同的特征，营销人员理解和把握这些共同的特征，能更好地利用文化的影响，有效组织和开展营销活动。

（1）后天习得性。一般自然天生的本能行为并不是文化，文化是经由后天学习得来的。人类个体从出生开始，逐渐从自己周围的社会环境中学会了一整套信念、价值观、习惯等。学习的途径有两种：一是父母、教师和各类文化教育机构，采取各种教育手段，组织和促进下一代对社会文化传统的学习；二是通过观察、模仿和学习他人的行为，了解和接受自己社会的文化。例如，肚子饿会想到吃食物，这是人类的本能不是文化。但是不同地区的人们发展出不同的饮食特色、习惯与形态，甚至开发出不同的食材，这便形成了独特的饮食文化。

（2）共有性。文化是社会成员在生产劳动和生活劳动中共同创造的，因此它为全体成员所共有，并对该社会的每个成员产生深刻影响，使其心理倾向和行为方式表现出某些共同特征。就消费活动而言，文化影响表现为消费者之间通过相互认同、模仿、感染、追随、从众等方式，形成共有的生活方式、消费习俗、消费观念、态度倾向、偏好禁忌等。社会文化的这种共有性特征为企业采取有效的营销策略奠定了基础，使之有可能通过迎合特定文化环境中消费者的共同需求，而赢得人们对产品的喜爱。

（3）差异性。每个国家、地区、民族都有自己独特的，区别于其他国家、地区、民族的文化，即有自己独特的风俗习惯、生活方式、伦理道德、价值标准、宗教信仰等，这些方面的不同构成了不同社会文化的差异。例如，可口可乐在世界大部分地区采用红白相间的色彩包装，而某些却改为绿色包装，因为当地的人们酷爱绿色，对于他们来说，绿色意味着生命和绿洲。所以企业在营销活动中应当高度重视不同社会文化之间的差异性，根据消费者的文化差异投其所好，才能被不同的文化群体所接受。

（4）观念性。任何社会的文化都具有一定的职能作用，为人们提供了共同的信仰、价值观、行为规范等准则。一般情况下，遵循文化准则会得到支持，而违背它就会受到不同方式的惩罚。而文化在不断发展着，现代文化中经常有着新旧观念并存的现象。对企业来讲，了解消费者对传统文化准则与现实行为的看法很有帮助。例如，国人崇尚节俭，购买商品要求经久耐用。但随着生活水平的不断提高，人们的消费观念出现了变化，对新设计、新款式的商品逐渐青睐起来，这就要求企业不断研究消费者心态，推出创新产品。

> **小案例**
>
> 　　某品牌鸡精刚上市时，在广告中描述了一个年轻的主妇述说该鸡精是如何使她节省了大量时间，而同时又能做出好的美味菜肴，再加上欢快的音乐及洁净的背景。鸡精产品上市三个月后，销售量很少。后来，厂家将广告改为诉求"饭菜味道更好"之后，销售量马上大幅增加。
>
> 　　分析提示：在第一次广告中，主妇们可能会担心购买这种产品会使家人对她产生一种不称职偷懒的主妇的感觉。而后来的广告强调"饭菜味道更好"才是主妇们追求的目标，也才能令她们满意。

　　（5）层次性。大群体的文化往往影响着其所包含的小群体的文化，一层套着一层，环环相扣。例如，企业的文化会受到所处社会和国家文化的影响。我们可以看到全球性公司设置在不同国家的分公司或子公司，除了保持有该公司共同的特色外，往往也会反映出当地国家的文化色彩。

　　（6）适应性。凡是能够存续下来的文化，必是能够适应和满足人们生活和社会发展某些方面需要的。也只有那些能够适应社会需要的观念、习俗，才能世代相传延续下来。文化的发展是一个不断扬弃的过程。企业只有意识到文化的这种适应性，才能在产品设计、广告推销等方面符合社会认可的需要，赢得顾客。

　　（7）变化性。社会文化不是固定不变的。随着社会经济、政治生活的发展变化，社会文化也将不断演化更迭，人们的思想观念、生活方式也必然随之发生变化、调整。文化观念的变化，直接影响了人们对产品的要求。20世纪70年代的石油危机导致了石油价格猛涨，节约能源成为一种观念，日本的节能型小汽车正是在这种情况下打开了国际市场。社会文化的变动性，为企业提供了重要的市场机会。只要善于捕捉消费者的观念变化方向，不失时机地开发适合新的消费趋向的产品，就能使企业在市场变化中掌握主动权。

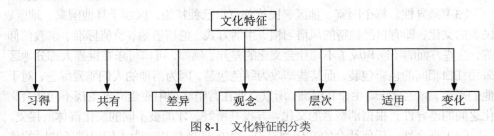

图 8-1　文化特征的分类

8.2.2 主体文化对消费者行为的影响

我们知道文化的重要属性之一就是它的民族性、国别性或群体性。世界各国民族都在自己特殊的自然环境和社会历史条件下创造了风格各异的民族主体文化。

主体文化是指在一国社会发展的大背景下，根据国家最高战略发展目标而制定的，适应国家最高战略目标的文化主体。这种文化主体随国家最高战略目标的变化而变化，受传统文化的影响，但却具有较强的广泛性和统一性。每种文化都包括一系列的价值判断，督促人们要努力达到的最佳状态。与此同时，所有的社会都有着一套不同的规范。

第一种规范是颁布的规范，例如，在中国、美国等国家，人们总是在路的右边行驶，但是在英国、澳大利亚等国家，人们都是在路的左边行驶。

第二种规范根植于文化中，只有大量接触处于这种文化的民众才能学到这种规范，我们可以称之为内嵌式规范，主要有以下三种类型。①风俗习惯：它是代代传承下来的，应用于基本的行为中。②道德观念：它强调行为中道德方面的习惯，常应用于禁止某些行为。③惯例：它是用来形容日常生活行为，可应用于消费者的行为。

在现代营销过程中，对不同消费者的不同文化价值观进行有效的研究分析，也已成为营销管理者进行有效营销管理活动的一个过程。中国是一个有着悠久历史，具有灿烂的文明和文化的国度。这些文化深刻地影响着我们每一位广告受众，使得我国的广告受众与西方人有着不同的心理和特点。其中对广告受众影响最重要的是中国文化核心价值观念，主要包括中庸、重人伦、重义轻利、怀旧恋古、谦逊含蓄等方面。这六个方面对人们的消费心理产生不同的作用，对广告创意有重要的影响。

8.2.3 亚文化对消费者行为的影响

1. 亚文化的含义

一个社会的文化通常可以分为两个层次：一个是全体社会成员共有的基本文化，也就是所说的主体文化；另一个是社会中某些群体所特有的独特价值观和行为模式，也就是我们即将看到的亚文化，也称为次文化。亚文化，是指某一文化群体所属刺激群体的成员所共有的独特信念、价值观和生活习惯。每个亚文化群体的成员在行为方式、价值理念、文化信念上都会坚持该群体所共有的独特亚文化。每一文化都包含着能为其成员提供更多具体的认同感和社会化的较小的亚文化。由于不同的亚文化群体具有不同的信仰、价值观、爱好，营销人员可以根据不同的亚文化群体所表现出的不同需求和消费行为来设计相应的营销策略。

2. 亚文化对消费行为的影响

对于亚文化的分法目前尚无定论，有学者从年龄、人种、生态、宗教来划分亚文化，也有从民族、宗教、地理、性别、年龄等人口统计特点来划分亚文化。这里将采用大家习惯的分法，从民族、宗教、地理、性别、年龄等几个方面来分析各个亚文化群体的特点及其对消费者行为的影响，另外还将补充一些近年来新出现的亚文化群体。

（1）民族亚文化。大部分国家都是由不同的民族构成的，不同的民族往往具有不同的风俗习惯和文化传统。民族亚文化对消费者行为的影响是巨大且深远的。这些影响包括民族禁忌、所推崇的习俗、信念等，这需要营销人员在从事营销活动中充分了解该民族亚文化群体独特的欣赏习惯和偏好，从而更好地进行营销工作。

（2）宗教亚文化。不同的宗教群体，具有不同的文化倾向、习俗、禁忌。不同的宗教群体会具有各自的信仰、生活方式和消费习惯，尤其是在一些宗教禁忌上，营销人员要重视，往往一些细微的疏忽就可能影响整个营销活动。

（3）地理亚文化。地理环境上的差异也可能导致人们在消费习俗和消费特点上的不同。一个地理环境上的群体往往因为历史悠久、文化传承，会具有相同的、稳定的价值观、信念、偏好和忌讳等。除此之外，一个地理环境还影响一个地区的产业结构和贸易发展格局，所以往往不同的地理亚文化导致不同的商业文明和消费差异。

（4）性别亚文化。性别亚文化往往与其他文化交织在一起影响消费行为。性别亚文化包括男性主流文化和女性主流文化，如崇尚男性的文化群体中，代表成就与成功、名望与品质的产品会更多地受到消费者的青睐；崇尚女性的文化群体中，代表温柔与漂亮、婉约含蓄的消费品则会有更多的销量。当然在现代社会，男性消费者和女性消费者之间在消费偏好、消费信念等方面，表现出来的购买行为差异是十分明显的。

（5）年龄亚文化。每个主要年龄群的人，实际上也构成一个亚文化。尤其在现代社会，每代人之间的观念差距越来越大。对年龄的分类包括儿童、少年、青年、壮年、中年、老年这五个年龄阶段的消费者。随着消费者年龄的增长，他们的价值观、生活方式和消费特点将会发生可预见的变化。由于不同年龄段的消费者在价值观、需求、行为特点上也表现出很大的差异，所以对不同的年龄亚文化群体进行市场细分显得尤为必要。

（6）社会等级亚文化。社会等级是指社会中的地位、财富、受教育水平、财产和价值观上互不相同的相对比较稳定的阶层。从有形角度讲，不同的等级在职业、生活方式、价值观、友谊、说话方式和财产上不同；从感性角度讲，人们认为不同的等级有不同的威望、能力和特权。人们的各项活动往往也发生在同等级的文化群体内。区别社会等级主要有三个因素：经济地位、学历和行为标准。不同的社会等级是具有不同的生活方式、购买方式和动机的亚文化群。因此，将社会等级看成是对商品和服务具有不同需求、需要和欲望的潜在细分市场是很有必要的。

（7）网络亚文化对消费行为的影响。网络文化是指网络上的具有网络社会特征的文化活动及文化产品，是以网络物质的创造发展为基础的网络精神创造。广义的网络文化是指网络时代的人类文化，它是人类传统文化、传统道德的延伸和多样化的展现。狭义的网络文化是指建立在计算机和信息网络技术以及网络经济基础上的精神创造活动及其成果，是人们在互联网这个特殊世界中，进行工作、学习、交往、沟通、休闲、娱乐等所形成的活动方式及其所反映的价值观念和社会心态等方面的总称。包含人的心理状态、思维方式、知识结构、道德修养、价值观念、审美情趣和行为方式等方面。网络的发展产生了一个新的亚文化群体，即网络亚文化群体。

我国网民人数已达 1.11 亿，2010 年网上个人消费交易达 4 000 亿，这是非常重要的消费渠道。在传统媒体时代，信息传播是"教堂式"，信息自上而下，单向线性流动，消费者们只能被动接受。而在网络媒体时代，信息传播是"集市式"，信息多向、互动式流动。声音多元、嘈杂、互不相同。网络媒体带来了多种"自媒体"的爆炸性增长，博客、论坛、SNS……借助此，每个草根消费者都有了自己的"嘴巴"和"耳朵"。网民喜欢用网络来进行沟通交流，收集他们需要的产品信息。这部分亚文化群体崇尚新潮，喜欢创新，追求新鲜事物，这些成员会比较喜欢新产品，往往就是新产品的接受者，企业应高度重视。

8.3　中国传统文化与消费行为

1. 中国人传统文化

我国是有着几千年历史的文明古国，我国的文化是以几千年来的小商品经济为基础，以儒家伦理道德为核心的中国传统文化，其基本精神被概括为"尊祖宗，重人伦，崇道德，尚礼仪"。在这种文化背景中繁衍生息的中华民族，其价值观念、生活方式、消费观念都有其独特性。主要表现在以下几个方面。

（1）讲究"中庸之道"。

宋代大理学家程颐认为："不偏之谓中，不易之谓庸。中者，天下之正道，庸者，天下之定理。"这是要求人们日常行事要无过亦无不及，不偏不倚。

（2）注重伦理道德。

中国传统文化的最大特色之一就是强调伦理关系。而伦理观念正是从最基本的血缘关系发展来的。社会是以家庭为单位构成的，自然消费也是以家庭为单位进行的。中国人非常看重家庭成员的依存关系，然后是以血缘为基础扩大的家族关系、亲戚关系，相互之间往来频繁、联系密切，在消费活动中，对商品或服务的口传信息沟通比那些正式的信息沟通渠道更加重要。注重伦理的核心是讲辈分、尊长辈。家庭消费中，家庭购买决策者非常重视对家庭的责任，照顾老的，兼顾小的。

（3）大多数重义轻利。

强调人与人之间的人情交往和感情维系，讲究"滴水之恩当以涌泉相报"，痛恨"见利忘义"和"忘恩负义"。这也是东方文化与西方文化的主要差异之一。这种心态使得在正常的人际交往和工作中容易感情用事，并且热中于互相馈赠各种礼品，甚至是较为贵重的商品，讲究"礼尚往来"。因此礼品消费是节日消费的重要方面。西方人在感情交往上则比较淡漠、理性，即使有礼尚往来，也多是送一些鲜花、小礼品等象征性商品。

2. 中国传统文化对消费的影响

（1）消费行为容易大众化。

儒家文化的核心是中庸、忍让、谦和。在这种文化熏陶下大多数中国人注意群体规范，在消费上表现为明显的从众行为，具有明显的"社会取向"和"他人取向"，往往以社会上大多数人的一般消费观念来规范自己的消费行为，喜欢随大流，只有少数人喜欢标新立异。而不像西方人那样强调个性，强调与众不同。

（2）重积累和有计划地消费支出。

在传统文化的影响下，中国人一直崇尚勤俭持家的消费观念，鄙视奢侈和挥霍，对债务的心理抵制更使得中国人对超前消费、举债消费持观望和谨慎态度。在购买商品时，多数中国人关注的重点是具有实用性的产品，而不是用于享受的奢侈品。同时，中国人一般有自己的购买计划，特别是中老年人，发生冲动购买和计划外购买的概率很小。然而，随着社会经济文化的发展，富裕的群体和部分青年消费者，消费中表现出超前、追求个性等消费观念。世界奢侈品协会 2012 年 1 月公布的报告显示，截至 2011 年 12 月底，中国奢侈品市场年消费总额已达 126 亿美元（不包括私人飞机、游艇与豪华车），占据全球份额的 28%，中国已成为全球占有率最大的奢侈品消费国家。73%的中国奢侈品消费者不满 45 岁，45%的奢侈品消费者年龄在 18 岁至 34 岁之间。这也是国人消费行为的一种流行。

（3）"人情"消费比重大。

中国人注重人情，强调良好的人际关系，这种特点对消费行为的直接影响就是重视人情消费。中国人维系人际关系的重要途径之一就是请客送礼，为开展正常的人际交往，这样的人情消费往往会伴随中国人的一生，也就为礼品市场提供了巨大的商机。例如，作为中国人欢庆春节、中秋节等节日的相关礼品只要沾上节日礼品范围就会形成新的利润增长点，吸引了众多商家纷纷介入竞争。

（4）家庭决策购买为主。

中国人的家庭观念比较强，无论在购买决策上，还是在购买商品的内容与种类上，都与整个家庭息息相关。一般而言，在涉及大笔支出的大件商品的购买上，都会与家人一起讨论来进行决策并实施购买行为；而且所买的商品都要尽可能地去满足家庭成员的需要。

（5）品牌意识比较强。

中国人买商品时比较重视商品的品牌，尤其对服装或高档消费品更是如此。一方面因为名牌商品代表一定的质量和品位，另一方面，购买名牌商品既减少了购买过程中涉及产品知识的麻烦，又减少了购买风险。

（6）各民族地域特色。

在中国，汉族过春节吃饺子，吃年糕，放鞭炮；元宵节吃元宵，耍龙灯；端午节吃粽子；中秋节吃月饼等。其他民族，如藏族的藏历年，傣族的泼水节等，都相当于汉族的春节，都需要有各自富有民族特色的节日商品。不同民族的消费习俗都是由各自民族传统文化所决定的，深入研究民族文化才能使厂商对市场做出正确判断和决策，生产出适应不同民族特色的商品来。

8.4　社会消费文明对消费行为的影响

消费文化是指反映在消费中的一个社会或一个集团、阶层各种外显或内隐的思维模式、行为模式和价值观念。消费文化自形成以来，经历了从低级到高级、从蒙昧到文明的长期发展过程。作为消费者，由于所处的时代环境以及消费文化背景不同，消费行为也有着一定的差异。这种消费文化由于阶级统治思想和时代背景的不同而形成了相应的消费文明。

8.4.1　消费文明的概念和特征

1. 消费文明的概念

现代工业和社会经济的发展，使得可用于交换和消费的产品及服务急剧增加，也对传统的消费观念和消费伦理产生了深远的影响，因此消费文明或者说是文明消费也越来越受到人们的重视。所谓消费文明，是指人们在长期的消费过程中形成的、被法律规范和道德规范所允许的消费观念和行为准则。它与人们的价值观有着密切的关系，制约着人们的消费态度，决定消费者对商品的认同与否。

2. 消费文明的特征

一般来说，消费文明具有如下几方面的特征。

（1）无形性。消费文明同人类其他文明形式一样，存在于人们的观念中，体现在具体的消费行为上，在无形中约束和规范人们的具体消费行为。长期以来，人们对消费文明的认同和传播更多的是通过社会舆论的引导。

（2）非强制性。消费文明虽然是在法律、道德以及风俗习惯的规范下形成的，但并不意味着消费者所有行为都会受到强制性约束。尤其是在受道德规范和风俗习惯约束的领域，消费文明的引导作用更多地取决于消费者本身的道德操守或者说是对消费文明的认同程度。例如，吸烟有害健康，消费文明告诉人们不要吸烟，但实际上并非所有人都会认同，更多的人倾向于本身对该行为的评价态度而不是消费文明的引导。

（3）变化性。消费文明是人们长期消费过程中积累起来的，并且在较长的时间内引导着人们的消费观念。这种长期的积累过程实际上也是对传统的继承和摒弃的矛盾统一过程。人们的消费观念在这种矛盾中进化，甚至发生根本性的改变。例如，20 世纪 70～80 年代，消费文明要求人们节俭，而到了 90 年代后期却又鼓励人们消费。这两个时期提倡的消费文明都有其特定的时代意义，只不过是社会环境的变革所引起的消费文明的变化而已。

8.4.2　消费文明发展过程

消费者由于其所处的消费文化背景不同，其消费文明心理构成也不同，消费行为便会表现各异。从纵向角度来分析,我国消费文明发展过程大体经历了如下几个阶段。

1. 原始平均主义消费

在原始社会, 由于生产力水平低下, 决定了人们共同劳动、平均分配劳动收获, 由此也就形成了原始平均主义的消费文化心理。在当时的社会条件下, 平均消费对于维系社会和谐是必要的。

2. 封建奢侈消费

在封建社会, 统治阶级残酷剥夺了劳动人民的生产成果, 过着穷奢极欲的生活。这种风气扩散到社会, 形成了奢侈消费文化心理。这种畸形心态已形成一种陋习, 至今仍在影响着一部分人的生活。我国部分先富起来的"大款"们, 手上一旦有了钱, 便不思进取, 吃喝嫖赌, 挥金如土, 表现在消费行为上就是疯狂购物、比富摆阔, 与现代社会的文明消费大相径庭。

3. 节俭消费

我国人民素有勤劳俭朴的传统美德, 这在生活水平较低、社会商品紧张的情况下是无可非议的。消费刺激生产拉动经济发展。在大力发展经济的今天, 这种封闭的、保守的消费心理可能对经济发展是不利的, 人们应当建立起与市场相适应的开放、活跃、不断创新的消费文化。

4. 小康消费

2000 年左右, 我国的经济取得了快速的发展, 社会商品丰富, 城乡市场活跃, 普通百姓消费水平不断提高, 老百姓消费也从追求温饱向小康型转化。在财力允许的情况下, 尽量创造消费, 追求美好生活。在这种消费主流的支配下, 高档家用电器等耐用品已经有了相当高的普及率, 汽车、豪华别墅、出国旅游等成了人们追求的目标。

5. 享受消费

如今逛庙会、看花灯, 到剧院看演出, 到博物馆看展览, 或者到书店和图书馆"充电", 外出旅游, 参加健康教育与各种技能、兴趣培训等, 人们越来越多地享受着文化消费带来的乐趣。享受消费文化与奢侈消费文化并不相同。随着物质文明的高度发达, 人们社会经济地位的逐步改善及受教育程度的不断提高, 人们的消费文化必将发生一个质的变化, 表现出追求舒适、高雅享受。人们更多地关注休闲消费、健康消费、精神追求与自我完善。文化消费可以带来的是整个社会群体素质的提高, 从启发到感悟、从爱好到理想, 人们的综合素质得到了完善和提高。

8.4.3 文明消费对消费行为的影响

文明消费是以保护消费者健康和节约资源为主旨,符合人的健康和环境保护标准的各种消费行为的总称,核心是可持续性消费。消费文明与消费行为有着密切的关系,人们长期对消费文明的遵从所形成的文明消费心理也就在无形中影响着人们具体的消费行为,具体表现在以下两个方面。

1. 强化消费者的购买动机

消费者购买动机的形成有着深层次的原因,它诱发并引导消费者行为趋向一定目标。但动机最终形成购买决策却要受到很多因素的影响，文明消费心理就是其中的影响因素之一。当消费者的需求受消费文明规范时，消费者最终的购买行为的实施就取决于对消费文明的认同程度。

2．规范着消费者的购买行为

当今社会可供消费者选择消费的产品和服务越来越多，消费方式也层出不穷，有很多的消费行为是法律规范和道德规范没有涉及的领域。这时，能够规范消费者行为的就只有文明消费。文明消费在通过道德自律等方式无形中引导人们消费行为的同时，也进一步得到了强化，并最终在消费者之间相互影响，形成文明消费社会主流。

8.4.4　文明消费的行为表现

文明消费反映在消费者的消费行为上，主要表现为消费的个性化、时尚化、高档化和便捷化。

1．消费的个性化

每一个消费者都有表现自我、体现个性的需要，这种需要在现代社会中表现得尤为突出。消费的个性化在现代社会中已成为大势所趋。为满足个性需要，"个人形象设计"应运而生，"定制销售"受到了欢迎。

2．消费的时尚化

所谓消费时尚化，是指消费行为适应时代潮流，体现发展趋向，为大多数消费者所认同。作为一种心理现象，它是消费者求新、求美、表现自我的消费意识的集中反映。它要求人们做到有节制、不挥霍，追随潮流趋势。

3．消费的高档化

这是社会经济发展的重要标志，也是现实的消费趋向。随着消费者消费水平的不断提高，其消费价值观念发生了深刻变化，从侧重追求经济实惠向高档化发展。无论是城市消费者还是农村消费者，未来消费需求的档次都将进一步提高。与此同时，人们的精神消费的层次也将不断提高。

4．消费的便捷化

这是适应现代社会高效率、快节奏的要求而形成的。在紧张繁忙的工作之余，消费者希望能够得到方便、快捷的消费服务，以增加自己的闲暇时间，充分享受现代文明社会给人带来的欢快与幸福。

8.5　消费习俗

1．消费习俗的概念

消费习俗是指一个地区或民族的人们在长期的经济活动与社会活动中约定俗成的消费习惯。它是社会风俗的重要组成部分，主要包括人们对信仰、饮食、婚丧、节日、服饰等物质与精神产品的消费习惯。消费习俗的形成有自然的、社会的及政治经济等方面的原因，也有消费心理的影响。消费习俗一旦形成，不但对日常生活消费产生直接影响，对消费行为心理也有一定的影响。

2. 消费习俗的特点

消费习俗作为一个地区或民族约定俗成的消费习惯，具有以下一些特点。

（1）长期性。消费习俗是人们在长期的经济活动与社会活动中，由于政治、经济、文化、历史等方面的原因，经过若干年乃至更长时间，逐渐形成和发展起来的。一旦形成就会世代相传，稳定、不知不觉、强有力地影响人们的购买行为。

（2）社会性。消费习俗是人们在共同的社会生活中互相影响产生的，是社会生活的重要组成部分，带有社会性的共同色彩。也就是说，生活消费受社会影响，才能形成习俗。

（3）地域性。从某种意义上说，消费习俗是特定地域范围内的产物，通常带有强烈的地域色彩。如广东人喝早茶的习惯，东北人吃大饼、面食的习惯，四川人喜好吃辣椒的习惯。至于少数民族地区的消费习俗，更是他们在特定的地域环境中长期生活而形成的民族传统和生活习惯，如藏族人喝青稞酒，蒙古族人喜欢喝烈酒。消费习俗的地域性使我国不同地区形成了各不相同的地域风情。

（4）非强制性。消费习俗的产生和沿袭往往不是采用强制手段推行的，而是通过无形的相互影响和社会约束力量发生作用，具有无形的但强大的影响力，以潜移默化的方式影响着人们，使生活在其中的人们自觉或不自觉地遵守这些消费习俗，并以此规范自己的消费行为。当然，在消费习俗中，有些属于健康文明的，有些则属于不健康、不文明的。对于不健康、不文明的消费习俗只能在较长时间内通过科学与教育的方法予以解决。

3. 消费习俗的分类

按照消费习俗的特点，可以对其进行如下分类。

（1）喜庆类消费习俗。这是消费习俗中最主要的一种形式。它往往是人们为表达各种美好感情、实现美好愿望而产生的各种消费需求的反映。这类消费习俗多是由远古时代人们对大自然、对太阳、对某种图腾的崇拜逐步演化而来的。各国都有自己的传统节日，如我国的春节、西方的圣诞节等，都属于这类消费习俗。

（2）纪念类消费习俗。这是指人们为了表达对事物或对人的纪念之情而形成的消费习俗。这是一种十分普遍的消费习俗形式。例如，我国人民在农历五月初五吃粽子，据说就是由战国时期楚国人民纪念屈原而逐渐形成的。其他国家和民族也都有类似的习俗。

（3）宗教信仰类消费习俗。这类习俗多受宗教教义、教规、教法的影响，并由此衍生而成，因此宗教色彩极重。而且这类消费习俗的意识约束力极强，如宗教信仰引起的禁食习惯、服饰习惯等。

（4）社会文化类消费习俗。这类习俗是在较高文明程度基础上形成的。它的形成、变化、发展与社会经济、文化水平有着密切的关系。例如，我国广州每年的花市、山东潍坊风筝节、郑州的武术节、东北的冰雪节等。再如，我国各地的地方戏剧，更是社会文化类消费习俗的典型表现，代表着不同地区间的文化消费风尚。

（5）地域性的生活消费习俗。这是由于受自然、地理及气候等因素影响而形成的。这种习俗的变化与社会经济发展水平呈反向变化趋势，即随着社会经济发展水平的不断提高，地域性消费习俗呈逐步弱化的趋势。例如，我国南方人喜欢吃米、北方人喜欢吃面食就是受农作物生长分布影响形成的生活消费习惯，而在经济发展水平不断提高的今天，这种习俗有被多样化饮食结构取代的趋势。

4. 消费习俗对消费的影响

消费习俗涉及的内容非常广泛，而且形成过程历史悠久，因此对人们消费心理与行为的影响也是深刻而广泛的。

（1）消费习俗使消费心理具有相对稳定性和购买行为的习惯性。消费习俗是长期形成的，具有相对稳定性，消费者长期受习俗的影响，自然会对符合消费习俗的商品产生偏爱，因而会经常购买这些商品，形成稳定的消费心理。例如临近端午节人们就会购买粽子，临近中秋节就会购买月饼，为祝贺春节更要购买大量的节日商品。消费习俗给企业带来了具有明显规律性的商品。

（2）消费习俗使消费行为具有普遍一致性。受消费习俗的影响，消费者经常会重复购买那些符合消费习俗的商品，从而使得在特定的时间范围内消费行为产生普遍一致性。但是，企业只有在这种消费行为的一致性中发现差异才能获得经营的成功。例如中秋节前人们都要购买月饼，但如果各企业的月饼都是一种形状、一种口味，恐怕销售会受到制约；如果月饼品种各异，并针对不同消费者分别制作，就会在市场中取得良好的销售成绩。

（3）消费习俗制约消费心理与行为的变化。消费习俗使人们消费行为产生定制化，人们在平时消费活动中的求实、求廉、追求个性化、追求地位等具体心理在很大程度上被习俗心理所取代。不仅如此，当新生活方式产生后，由于与传统消费习俗相冲突，人们的消费心理会倾向于消费习俗，对新的生活方式有所抵触。为推进新的生活方式来适应社会发展的进程，就要尽可能发现新生活方式与消费习俗的共同点，以加速消费心理的变化。

随着生产力的进步和社会流动性的提高，人们的生活方式不断变化。新的消费方式进入人们的日常生活，给消费习俗带来了冲击，但是消费习俗对消费心理的影响仍不可忽视。正是由于消费习俗对消费者心理与行为有极大影响，所以企业在从事生产经营时必须尊重和适应目标市场消费者的习俗特性，尤其是在进行跨国、跨地区经营时，企业更应深入了解不同国家、地区消费习俗的差异，以便使自己的商品更符合当地消费者的要求。

5. 传统节日与消费习俗

传统节日是文化习俗的一个组成部分，各个国家各个地区的传统节日多种多样，这些传统节日在丰富人们的精神生活、调节生活节奏的同时，还深刻影响了人们的消费心理和行为。

传统节日可以分以下六大类：一是气候性节日，如我国的春节、端午节、中秋节等；二是国家的节日，各国的纪念日、建国节日都属于这一类，如我国的国庆节；三是民族性的节日，如我国蒙古族的那达慕、我国傣族的泼水节、日本的樱花节、巴西的狂欢节等；四是宗教性节日，如西方圣诞节、复活节等；五是国际性节日，如五一国际劳动节、六一儿童节、三八妇女节等；六是其他类型的节日，如情人节、母亲节等。

在传统节日中，人们一般都要尽量放松休息一下，同自己的家人团聚，或者同朋友一起欢度佳节，工作单位也在传统节日到来的时候放假。因此每当节日来临时，会对人们的消费行为产生明显的影响，形成不同于平常的经济运行态势，所以出现了"假日经济"这样一个新名词。传统节日的消费特点主要表现在以下四个方面。

（1）满足平日无法实现的消费行为。人们在工作时间无法实现的消费行为，会想办法在节日中得以实现，平常难以满足的消费愿望，会借助于节日的来临而得到满足。例如，儿童的消费愿望因父母平常繁忙而难以实现，而在节日期间就容易得以满足；成年人在节日期间选购商品的时间比平时充裕，因此购买的可能性大大增加。

（2）节日期间的消费行为容易出现相互模仿的现象。节日期间购物的消费者人山人海，消费者的个体行为被彻底包围在人群之中，会不自觉地受到他人的影响，从众行为比较普遍。而且当某种商品或品牌的销售场面热闹的时候，也是更多消费者参与购物的时候，热闹的现场气氛提升了商品的吸引力，降低了消费者对商品风险的知觉，消费者的从众心理发挥着潜在的推动力。

（3）节日专用商品消费量大增。如在中国的春节，除了进行正常的食品方面的消费之外，还要购买春联、年画等相关用品和春节礼品等。在国内已非常流行的情人节，情人们要互送贺卡、鲜花、巧克力等。日本的樱花节期间，到室外赏花观花的人漫山遍野，要消费大量的摄影用品、方便食品、工艺品以及纪念品等。另外，在我国人们愿意把结婚这一人生重大活动放在节假日举行，因此节假日期间对结婚用品的需求量相当大。

（4）节日旅游消费出现急速增长势头。这是人们生活水平普遍提高之后的最显著的表现。中国旅游热持续不退，不仅促进了消费，也推动了国民经济的发展。

具有上述特点的节日消费行为会保持较长的时间，所以"假日经济"确实蕴藏了众多商机，值得企业关注与研究。但据一些专家预测，有些节日性消费行为会出现一些新的变化。例如，节日期间出现强劲的购物高潮，在节日之后出现惊人的"消费疲软"，消费者的购物兴趣急剧下降，尤其是春节之后，零售商业会进入销售淡季。另外，节日期间不愿意过节的现象也有发展壮大的趋势。

➤ 本章小结

社会环境指人与社会群体的关系总和。从构成因素看，社会环境可以分为政治环境、经济环境、文化环境、宗教等。从宏观上讲，社会生产力发展水平和生产关系会影响消费心理；从微观上讲，消费者的收入水平及其变动情况也会影响消费者心理与行为。

社会文化环境主要通过对消费者观念、生活方式及消费习惯几种途径来影响消费。我国的传统文化对人们的消费有着深刻的影响。社会文化又分成很多种亚文化，如民族亚文化、地域亚文化和职业亚文化等。另外，宗教也是社会环境中对消费产生重要影响的因素。

消费文明，是指人们在长期的消费过程中形成的、被法律规范和道德规范所允许的消费观念和行为准则。它与人们的价值观有着密切的关系，制约着人们的消费态度，决定消费者对商品的认同与否。消费文明具有无形性、非强制性、变化性、时代性等特点。我国消费文化的心理发展过程大体经历了原始平均主义消费文化心理、封建奢侈消费文化心理、节俭消费文化心理、小康消费文化心理、享受消费文化心理等几个阶段。文明消费心理的影响表现为强化消费者的购买动机和规范购买行为。而消费的个性化、时尚化、高档化和便捷化都是文明消费的行为表现。

消费习俗是指一个地区或民族的人们在长期的经济活动与社会活动中约定俗成的消费习惯。消费习俗使消费心理具有相对稳定性，使消费行为具有普遍一致性，并制约消费心理与行为的变化。

➡ 实 践 实 训

实训课题 8-1

实训目的：提高学生对消费流行的意识和把握。

实训题目：教师将学生分成几个小组，以小组为单位进行一次社会调查，记录下在调查中发现的消费热点的现象，罗列出来，并讨论人们为什么会这么做?是习俗?还是意识? 还是周围的环境导致的? 在讨论的基础上形成小组的建议。

教师在各小组讨论的基础上进行评判分析。

➡ 练 习 与 讨 论

1. 社会经济环境对消费心理与行为有何影响?
2. 什么是文化? 文化对消费者行为有哪些影响?
3. 简述中国传统文化对消费者心理的影响。
4. 同一阶层（如富裕阶层）不同民族（如中国和美国）的消费心理有何不同? 深入讨论社会文化对消费心理的影响。
5. 什么是消费习俗? 联系实际说明消费习俗对消费者心理影响。

第9章

群体的消费心理与消费行为

⊙ 学 习 目 标

- 了解消费者群体的概念、消费者群体形成；
- 熟悉参照群体分类、参照群体对消费心理的影响；
- 掌握参照群体影响消费行为方式；
- 了解消费者群体规范与内部沟通；
- 熟悉模仿、从众、意见领袖倾向；
- 掌握家庭消费心理的基本特征及影响因素；
- 熟悉社会阶层划分方法，掌握社会阶层对消费心理的影响。

⊙ 案 例 导 入

年轻人成为奢侈消费主力军

奢侈品，广义上来讲泛指能带给消费者一种高雅和精致的生活方式，注重品味和质量，并且主要面向高端和中高端市场的产品。奢侈品是个相对的概念，对于不同的人而言有不同的范围："对有些人来说奢侈品可能是一辆500万元的劳斯莱斯；而对于另一些人，则可能是一份500元的哈根达斯"。21世纪以来中国市场奢侈品消费急剧增长。目前，中国奢侈品市场的年销售额为20多亿美元，占全球销售额的12%，是全球高级时装、饰品和其他奢侈品的第三大消费国，其上升幅度为全球之首。英国《金融时报》最新报道称，到2015年前后，中国市场上奢侈品销量将占到全球总销量的 29% 左右，中国将成为和日本同等重要的世界最大奢侈品市场。

中国品牌战略协会的研究表明，中国内地目前的奢侈品消费人群已经达到总人口的 15%，约 1.8 亿人，并且还在迅速增长。

调查显示，中国奢侈品消费者的年龄大约在 20～40 岁；而欧美地区奢侈品消费者的年龄多在 40～70 岁。与之相比，中国奢侈品消费一族的年龄是相当年轻的。我国奢侈品消费群体主要集中在 40 岁以下的年轻人，他们将钱花费在服饰、香水、手表等个人用品上。中国的奢侈品消费者大体可分为三类：一类是富有阶层的消费者，他们喜欢避开人潮，追求个性化服务，经常光顾奢侈品零售商店，购买最新、最流行的产品，一般不会考虑价格问题。表现为在奢侈品消费上的享乐体验多于其象征价值，不再一味追求地位炫耀和虚荣。第二类是"透支"奢侈者，多为月薪数千元的白领上班族，其中以外企公司的雇员最为典型，他们会花上一整月工资甚至不惜透支来购买一件奢侈品。第三类是部分送礼者，自身衣着未必昂贵，却不惜耗费万元购买名牌衣物，作为足够体面的礼品。送礼是中国消费者购买奢侈品的主要用途之一。因为赠送昂贵的奢侈品既可以使收礼物的人感觉受到了尊敬，也能够体现送礼之人的地位和能力。在中国，奢侈品消费仍然多以产品为主，即消费者追求最新系列或产品；而在成熟市场的消费者偏爱尊崇的体验。相比欧美消费者，中国的奢侈品消费者更加关注产品的品牌、生产商和原产国。中国经济的高速增长和消费市场的持续旺盛，令世界各大高档品牌信心倍增，纷纷表示将火速进入存在巨大消费潜力和空间的中国每个城市。贝纳通、POLO 等品牌的分销商"迪生创建"的主席介绍说，他们集团在全球有 390 家店铺，其中 140 家在中国内地。他指出，随着北京、上海等大城市奢侈品市场竞争日趋激烈，一些实力相对较弱的国际知名品牌可以将目光瞄准重庆、哈尔滨等城市。

195

北京大学光华管理学院符国群教授指出，不可否认，中国高档耐用品消费群体已具相当规模，但其中相当一部分消费者是尚不完全具备消费实力的。这些人购买奢侈品目的在于仿效地位较高人群，以此获得良好感觉。

北京师范大学社会心理学博士辛志勇认为，奢侈品消费的蔓延，有经济、社会等多方面因素，但不可忽视的是其心理因素。富裕人群的膨胀，必然使得高档消费行为在各地迅速增多，其榜样作用也渐趋明显。当身边高消费群体增多时，年轻人出于从众、攀比心理，逐渐从接受、购买到养成习惯，使得大量年轻的奢侈品消费者骤增。但当购买奢侈品成为一种依赖和消遣方式时，即形同上瘾。

实际上，阶层之间的交往通常是有距离和障碍的，其他阶层的人们并没有多少机会亲眼目睹高收入阶层的消费生活和行为。那么，高收入阶层的示范作用是怎么实现的呢？可以这么说，高收入阶层常常是通过大众媒体的视觉化作用而成为许多人渴慕和仿效的对象。例如，今天的电视屏幕上充斥了过多的有关上流或白领阶层故事的电视连续剧，他们的消费水准也被电视节目活灵活现地再现和放大了（豪华轿车、别墅、休闲娱乐、国际化的生活等）。这种电视剧主角的贵族化情景，对电视观众的消费欲望产生了强烈的刺激作用。可见，在奢侈品消费的影响与示范方面，大众媒体发挥了推波助澜的作用。

　　问题：

　　（1）结合参照群体的相关理论对上述现象进行分析评价。

　　（2）中国奢侈品市场商机会在哪些领域比较突出。

　　（3）如何看待中国奢侈品市场的发展以及发展前景。

　　消费者在社会中不断从群体中分化组合，演变成形形色色的群体，这些群体可能是实在的，也可能是虚拟的，群体可能是社会生活中的一个正式组织，也可能是非正式组织。社会中的群体对消费行为影响十分广泛，几乎所有的消费行为都是在群体的背景下发生的。同时群体还是消费者社会化和学习的基本媒介。而且消费者经常以群体的方式对市场运行产生影响。

9.1　参照群体对消费心理和行为的影响

9.1.1　群体的概念与形成

1. 群体和消费者群体

　　群体或社会群体，是指两个或两个以上社会成员在长期接触交往过程中，在相互作用与相互依存的基础上形成的集合体。群体是社会生活的基础，没有群体，正常的社会生活就难以进行。群体规模可以比较大，如有数万员工的跨国集团；也可以比较小，如经常一起上街购物的两位邻居。

　　社会成员构成一个群体，应具备以下基本条件和特征：第一，群体成员要以一定的纽带联系起来。如以血缘为纽带组成了氏族和家庭，以地缘为纽带组成了邻里群体，以业缘为纽带组成了职业群体。第二，成员之间有共同目标和持续的相互交往。在车站排队上车的一群人或者是自由买票入场看电影的人都不能构成群体，因为他们是偶然和临时性地聚集在一起，缺乏持续的相互交往。第三，群体成员有共同的群体意识和规范，用以调节和监督。

　　消费者群体的概念是从社会群体的概念中引申而来的。消费者群体是指具有某些共同消费特征的消费者所组成的群体。消费者群体的共同特征，包括消费者收入、职业、年龄、性别、居住分布、消费习惯、消费爱好、购买选择、品牌忠诚等因素。同一消费者群体中的消费者在消费心理、消费行为、消费习惯等方面具有明显的共同之处，而不同消费者群体成员之间在消费方面存在着多种差异。一般来说，消费者都具有一定的群体意识和归属感，遵守群体的规范和行为准则，承担角色责任，同时也会意识到群体内其他成员的存在，在心理上相互呼应，在行为上相互影响。

2. 消费者群体的形成

　　消费者群体的形成是内在因素与外在因素共同作用的结果。

（1）内在因素。内在因素主要有性别、年龄、性格、生活方式、兴趣爱好等生理、心理方面的特质。由于具有某种相同的心理特质，消费者之间容易建立彼此的社会角色认同感和群体归属感，容易形成共同的生活目标和消费意向，能够保持比较经常性互动关系，并产生行为动机的一致性等，即所谓的"物以类聚、人以群分"。例如，男性消费者群体和女性消费者群体，儿童消费者群体、青年消费者群体和老年消费者群体等。

（2）外在因素。外在因素主要包括地理位置、气候条件等自然环境方面，以及生产力发展水平、生活环境、所属国家、民族、宗教信仰、文化传统、政治背景等社会文化方面。外在因素一般会通过内在因素对消费者施加影响。例如，具有相同职业的消费者，其消费心理与行为往往表现出职业的偏好与习惯；居住在不同自然环境和人文环境中的消费者具有迥然不同的生活习惯，因此消费行为也不一样等。

9.1.2 参照群体及其类型

参照群体也称相关群体，是指对个人的行为、态度、价值观等有直接影响的个人或群体，其看法和价值观常被个体作为他当前行为的基础。参照群体的规模可大可小，从一个人到成百上千人不等。它的存在方式可以是真实的形象，也可以是虚拟的形象，如卡通明星等。参照群体的存在给个体提供了判断态度、行为的标准和常数。

1. 参照群体的分类

从消费心理学的角度，通常对消费者群体进行以下划分。

（1）正式群体与非正式群体。根据消费者群体组织的特点可以划分为正式群体与非正式群体。正式群体是指具有明确的组织结构、完备的组织章程、确切的群体活动时间的消费者群体。正式群体中的消费者必须遵守群体的行为准则，严格保证群体活动的规范性。例如，业主代表大会、职业协会、消费者俱乐部、同业者联谊会等均属于正式的消费者群体。与此相反，没有明确组织结构与章程、结构比较松散、通常以情感或兴趣为纽带结成的消费者群体称为非正式群体。例如，几个相交甚密的朋友、多年的邻居、某种共同兴趣爱好者等，都属于非正式群体。

（2）首要群体与次要群体。根据群体成员影响力的大小可划分为首要群体与次要群体。首要群体也称主要群体或主导群体，是指由有着极其密切关系的消费者所组成的群体。首要群体不但对其成员的消费心理，而且对其成员的消费行为都有十分重要的制约作用。例如，家庭、亲朋好友、单位同事便属于首要群体。次要群体也称作次级群体或辅助群体，是指对成员的消费心理与行为的影响作用相对较小的消费者群体，通常是具有某种共同兴趣、需要、追求的消费者组合而成的。

（3）所属群体与渴望群体。根据消费者与群体的关系状况可以划分为所属群体与渴望群体。所属群体是指消费者实际加入其中或所属的群体，群体和群体中的其他个体对消费者都有很大的参照作用。渴望群体是消费者渴望加入其中但实际尚未加入的群体。这两种群体对消费者的影响有很大的不同，前者对消费者的心理与行为有着稳定的、直接的、重要的影响甚至是制约的作用，而后者则对消费者行为具有很强的示范作用，使其产生模仿行为。

（4）自觉群体与回避群体。根据消费者对群体的意识与态度不同可以划分为自觉群体与回避群体。自觉群体是消费者根据自身条件在主观上把自己列为其成员的某个群体，如中年知识分子群体、"老三届"群体、传统型消费者群体等。自觉群体中的成员并无直接交往，但是其成员通常会自觉地约束自己的行为使之符合群体的规范。因此自觉群体对增强消费者的趋同心理和从众心理具有明显的影响，能够促成消费者行为的统一化和规范化。回避群体是指消费者认为与自己完全不符合并极力避免与之行为相似的群体。消费者对于回避群体的消费行为持坚决的反对态度，并且也极力排斥其对自身的影响。例如，高收入者对低收入者的消费行为，成年人对青少年的消费行为，男性消费者对女性消费者的消费行为等都在一定程度上采取回避态度。

（5）长期群体与临时群体。根据消费者与群体联系的时间长短可以划分为长期群体与临时群体。长期群体指消费者加入时间较长久的群体。长期群体的规范及准则对消费者行为具有重大且稳定的影响，甚至可能使群体成员形成一定的消费习惯。临时群体只是消费者暂时参与其中的群体。临时群体对消费者的影响也是暂时性的，但影响力可能很大。例如，参加某个企业有奖销售的消费者群体，部分成员的参与热情会激发更多人的购买欲望，形成一时的热潮。

（6）实际群体与假设群体。根据消费者群体的真实存在性与否可以划分为实际群体与假设群体。实际群体是现实生活中客观存在的群体，成员之间具有实际交往和相互的影响与制约。假设群体也称为统计群体，特指具有某些共同特点的消费者群体，而成员之间并没有现实的联系，也没有任何的组织形式，只是具有统计意义或研究意义的群体。例如，相同年龄、性别、职业、收入水平、居住地区、居住环境、宗教信仰的消费者群体，都属于假设群体。假设群体的界定在市场营销活动中具有十分重要的应用价值。

2. 参照群体对消费心理的影响

从一般意义上讲，消费者群体对消费心理的影响有以下三个方面。

（1）为消费者展示新的行为和可供选择的消费方式。消费者个人总是生活在一定的群体之中，与众多的群体成员在一起生活，随时传递各种信息，进行相互沟通与交往，必然会产生一种相互感染、相互影响的集体心理现象。集体心理现象的存在就会使每个成员趋向于某种共同的追求和目标，形成具有群体特征的生活方式。既然是群体所认可的生活方式，该群体成员一般会自觉遵守，并且对新加入成员具有明确的示范作用。

（2）可引起消费者的模仿欲望，影响消费态度。具有较强影响力的消费者群体或消费者自我归属意识十分强烈的消费者群体，会对其成员的消费态度与习惯具有重要的诱导作用。以作为某群体成员而自豪的消费者，都愿意按群体的消费习惯做事，以表明自己作为某群体成员的特征。

（3）促使成员购买行为的一致化。共同的心理特征必然产生行为的一致化。作为某个群体的成员,消费者在大多数情况下都会自觉采取与群体成员一致的消费行为。这是由于不同的群体有不同的内部规范。消费者对商品的评价、选择、购买、使用都会受到群体内大多数成员的影响。尽管随着社会经济的发展,消费者的消费行为正向着个性化、独特化发展,但群体成员消费行为的一致化仍然表现得十分普遍。

3. 参照群体影响消费者行为的方式

参照群体的活动、价值与目标都会直接或间接影响消费者的行为。参照群体有三种影响方式特别值得注意:参照群体会向个体提供信息并影响其认知;参照群体会影响个体的需求与偏好;参照群体内的规范可以强迫或刺激消费者行为。因此,参照群体对消费者的影响主要表现为三种形式,即信息性影响、规范性影响和价值表达的影响。

(1)信息性影响。信息性影响是指参照群体成员的行为、观念、意见被个体作为有用的信息予以参考,由此对其行为产生影响。由于消费者通常对厂商或营销人员所提供的信息持怀疑态度,因此会比较希望能从参照群体中来获得所需要的产品信息。信息从参照群体传递到消费者有三种方式:有意识地主动寻求;在偶然或不经意间听到;参照群体的成员或者意见领袖的推荐或劝说。

研究发现,在两种情况下参照群体的信息影响特别重要:一是当此种产品的购买具有社会、财务或功效风险时,消费者特别希望获得参照群体所提供的信息,比如购买汽车、住房等。二是如果个人对要购买的产品的知识和经验有限时,则参照群体的信息影响特别重要,如一个人对于计算机不熟悉时,就会去寻求参照群体的建议。

(2)规范性影响。当一个消费者因为要遵从其他人的期望或某一群体的规范,而改变了他的行为和决策时,便可以说参照群体产生了规范性影响。规范是指在一定社会背景下,群体对其所属成员行为合适性的期待,它是群体为其成员确定的行为标准。规范性影响之所以发生和起作用,是由于奖励和惩罚的存在。奖赏和惩罚可以是有形的,如奖金、解雇等;也可以是心理上的和社会上的结果,如赞美、讽刺等。当参照群体可以给予消费者某些重要的奖赏或者惩罚时,参照群体对个体行为的规范性影响就产生了。其影响程度由以下几个因素决定:参照群体确实能够控制奖赏和惩罚;参照群体的规范是明确的、可知的;个体获得奖赏或逃避惩罚的愿望。

规范性影响的重要表现就是示范原则和社会乘数效应。示范原则是指由于流动性与购买力的增加,消费者接触新产品的机会将会增加,同时也增加了购买新产品的几率。例如,当一个新产品(如数码相机、录音笔、3G 手机、汽车等)上市后,由于某些消费者的购买和使用示范,而增加了其他消费者购买的可能性。因此越是在公共场合使用或是显露在外面的产品,其示范效果越明显。另外基于示范原则,通过产品的展示和群体的影响而造成新产品成倍数增加,这就是社会乘数效应,例如一项产品的迅速流行就是社会乘数效应的结果。

(3)价值表达的影响。价值表达的影响是指个体自觉遵守或内化参照群体所具有的信念和价值观,从而在行为上与之保持一致,它能够影响人的自我认同感。每个人都可能会有一些角色典范,这些角色典范是他们所渴望认同的。因此消费者会模仿这些角色典范的行为、生活形态及所购买的商品。例如影视明星、体育明星、商界名流等往往是很多消费者模仿的对象。价值表达的影响还包括同辈群体或相似团体的认同。消费者会将自己的态度与行为和其他相似的群体进行比较,来进行调整与改变。研究发现,消费者更倾向于接受那些与自己相似性较高的同辈群体的信息。所以越是和消费者各方面状况接近的销售人员或广告代言人,对消费者的影响也越大。

> **小案例**
>
> 在北京的大小市场上,专为女士设计的服装、化妆品远远多于男士,但女士们却还是把目光投向了男性商品。在大商场的香水柜台前,不时有来选购 Polo 等男用香水的女性顾客。一位白领小姐说,女用香水太香太浓,而男用香水的皮草味、烟草味、清淡花香味似乎更适合职业女性。同样在秀水街、木樨园的一些服装市场上,男式女装非常俏销。男式女西装平均每天也有不错销量。相比之下,男士们的"反性别消费"也毫不逊色。在美容院里,每天前来做皮肤保养洁净的男士不在少数;再看街上,一些男士的打扮也融合了很多女性元素,如配饰、花围巾、厚底鞋等。为什么"反性别消费"在新世纪伊始便如此红火呢?
>
> 分析提示:如今,都市女性的身上充满了自强、自立的气质,在商品的选择上表现出对一些男性风格的商品青睐有加;相反,对一些都市男性来说,他们身上的压力太大、需要有意无意地借助外物来减轻压力,因此,他们在一些颜色、款式的选择上便倾向于轻柔女性化的元素。这种"反性别消费"为商家带来了新的商机。

4. 决定参照群体影响强度的因素

参照群体对消费者有重要影响,但不同消费者受相关群体的影响程度却是不同的。相关群体对消费者影响强度的大小主要取决于以下因素。

(1)参照群体特征。包括群体的权威性、合法性、强制性、回报性等。群体的权威性可能来自群体的特殊组织结构,也可能来自群体中的领袖人物。在通常情况下,规模较大的、正式的、长期的群体权威性较强,影响力较大。群体的合法性是指如果群体具有法律赋予的权力,或拥有为社会广泛认可的合法性力量,则该群体也具有较大影响力。群体的强制性是指如果群体具有约束其成员行为的强制力量,则该群体的影响力就大。群体的回报性是指成员按群体规范行事时得到相应的回报,回报性高的群体的行为规范易于为成员所接受,其影响力较大。正式的、所属的、长期的群体由于具有回报能力,因而对成员具有较大影响力。

(2)消费者的个性特征。消费者个人由于生活经历、知识经验等方面的差异性,其在群体中的地位便有所不同,对群体规范的认识与遵从程度也会表现出差异性。与参照群体影响强度关系密切的消费者个性特征主要包括个性倾向、依赖性、服从性、自信心、领导能力等方面。一般而言,性格外向的、依赖性强的、服从性强的、缺乏自信心的、领导能力弱的消费者易于受群体影响与制约；相反，则受群体约束较小。同时，消费者的性别、年龄、婚姻状况等许多其他因素也会使群体影响力的表现有所不同。另外，作为个体消费者可能同时属于几个不同的相关群体并在群体中担任不同角色，于是会形成消费心理、习惯的复杂性。对于角色多样化的成员，某个群体的影响力会相对较弱。

（3）商品的特性。对不同的商品，参照群体对消费者选择品牌和品种的影响也不同。这一因素又可以从两个方面来分析：首先是产品的必需程度。产品的必需程度越低，参照群体的影响强度越大，反之亦然。对于食品、日常用品等生活必需品，消费者比较熟悉，而且很多情况下已经形成了习惯性购买，此时参照群体的影响相对较小。相反对于非必需品或奢侈品，如高档汽车、时装等产品，购买时受参照群体的影响较大。其次是产品与群体的相关性，即他人对这种产品的认识程度，是公众的还是私人的。两者的结合如表 9-1 所示。

表 9-1　　　　　　　　　参照群体对消费者选择产品与品牌的影响

	必 需 品	非 必 需 品
公众的	公众必需品 参照群体对产品选择的影响：弱 参照群体对品牌选择的影响：强 如衣服、手表	公众奢侈品 参照群体对产品选择的影响：强 参照群体对品牌选择的影响：强 如豪宅、游艇、高尔夫球俱乐部
私人的	私人必需品 参照群体对产品选择的影响：弱 参照群体对品牌选择的影响：弱 如厨具、灯饰、一般家电	私人奢侈品 参照群体对产品选择的影响：强 参照群体对品牌选择的影响：弱 如按摩浴缸、制冰器

（4）信息沟通状况。信息沟通是相关群体影响力发挥的重要基础，因此群体内信息沟通的内容、方式、范围、速度，以及群体成员对信息的理解与拥有情况，也对影响力发挥具有极为重要的影响。一般来说，通过正规渠道传播的信息准确性与可信性高，信息内容丰富，信息量大，因此对群体成员的影响力较大；相反，非正式信息传播由于可信性较差，因而信息效果较差。通过口头传播的，尤其是面对面传播的信息，容易被接受者所依赖，因而所产生的影响较明显；而以书面形式传播的信息影响力相对较小。双向沟通的信息可以有效地消除人们心中的怀疑，因而比单向传播的信息效果好。采用先进的沟通方式进行的快速的、大范围的信息传播，会在很短的时间内影响到更多的人，因此作用力较大。群体成员因个性特征的不同对信息的理解会有明显差异，而且不同成员所拥有信息的数量与结构也会有所不同，因此同样的信息沟通对不同成员的影响力也是不同的。

9.1.3　消费者群体规范与内部沟通

1. 消费者群体规范

消费者群体规范是指群体期望其成员遵循的活动规范或行为准则。群体规范中既有明文规定的，又有约定俗成的，所以有成文与不成文两种表现形式。消费者群体规范中更多的是以不成文的形式表现的，如价值取向、传统习俗、消费习惯等。一个群体成员遵从群体规范的程度既决定了他被群体所接受的程度，又决定了他在群体的相对地位。心理学研究表明，群体规范通常是在群体成员潜移默化的影响下，在不知不觉的过程中形成的。在群体规范的形成过程中，模仿、暗示、遵从等心理机制具有十分重要的作用。消费者群体规范一旦形成，便会对群体成员的消费行为产生重要的影响和作用，其中成文与不成文两种表现形式其作用方式也各自不同。

（1）不成文规范对消费行为的影响。不成文规范是通过群体压力，主要是借助群体舆论的力量而促使个体自觉遵守，是间接对消费者行为进行自愿性调节。如果群体成员的态度和行为符合群体规范，就会受到群体的肯定；如果不符合规范，行为发生了偏离，就会感受到来自群体内不同程度的压力，使其产生紧张甚至恐惧心理，这种心理会产生一种强大的推动力，促使其接受规范制约，调整个人行为，以融入所属群体获得心理上的安全感。

（2）成文规范对消费行为的影响。成文的消费者群体规范是通过组织、行政、政策、法律等手段明确规定允许什么行为，不允许什么行为，以及具体的行为准则，因此是直接对消费者行为进行强制性调节的。例如，野生动物保护法禁止人们捕杀、食用、消费那些珍稀濒危动物及其制品等。

需要注意的是，群体规范的影响约束力是有一定限度的，如果约束力超过群体成员的承受能力，就会出现偏离行为，也可能向其他群体逃避。当然，消费者群体规范并不是一成不变的，它会随着形势的变化而变化。

2. 消费者群体的内部沟通

现实生活中，消费者往往非常乐意将他们在市场上的消费经历告诉他人。消费者将获取的商品信息，以及购买、使用商品后的评价及心理感受，向群体内的其他成员转告、传播、倾诉，以求得其他消费者的了解、理解和认同，这一过程就是消费者群体的内部沟通。消费者群体的内部沟通主要是通过个体间的口传与行为示范或借助于大众传媒来完成的。内部沟通是群体内部消费者之间互动的基本形式。有效的沟通可以加速群体规范的形成，并对消费者个人的行为以及群体的共同行为产生重要影响。消费者群体的内部沟通有两种不同的方式和两种不同的作用。

（1）积极沟通与遵从。积极沟通是指消费者在消费行为发生后获得心理上的满足，于是把这种满意的感受和经验向群体成员转达的过程。积极沟通有利于群体规范的形成与巩固。不成文的消费者群体规范是在大多数成员的相互影响与相互作用下形成的，在这一过程中，只有肯定的、满意的意见才会加速统一看法及规范的形成，并对消费者个体及群体以后的行为产生影响。例如，不少人在购买海尔的冰箱、空调、电视后，亲身感受到了海尔的良好服务品质，就会通过多种方式传播出去影响周围的人，形成了一批批比较忠诚的消费群体。

（2）消极沟通与抵制。消极沟通是指消费者在消费过程中所获得的不满意的心理体验，在与其他消费者进行信息沟通时所表达的也主要是不满的、否定的意见。消极沟通通常发生在以下情况中：消费者在购买过程中，遇到经营单位的欺骗、强卖、威胁、侮辱；使用商品时发现质量存在问题并带来种种不便；使用中商品出现破损、腐蚀、电击、中毒、爆炸等伤害消费者身心健康的问题等。消极沟通一方面表明了信息传达人可能会终止以前的消费行为；另一方面还会阻止信息接收人采取相同的消费行为，其结果是使已经形成或正在形成的规范被群体成员拒绝，其作用也会因群体成员的抵制而失去。例如，某企业员工在一家商场里购物，商品有质量问题并被拒绝退换，他的经历就会影响到其同事和亲友，他们以后就会拒绝再到这家商场购物。

显然，对于企业来讲，消极沟通的传播效应是十分不利的。如果一旦出现质量与服务问题并造成一定后果，相关企业应该及时指定专人负责解决问题，尽快赔偿消费者利益损失，消除不满情绪，以便使消极效应尽快终止；并通过媒体宣传澄清事实，转变态度，消除影响，从而使消极沟通产生的不良后果减少到最低限度。

9.1.4　模仿、从众与意见领袖

1. 模仿

模仿，是指仿照一定榜样做出类似动作和行为的过程。研究表明，人类在社会行为上有模仿的本能，这一本能也存在于人们的消费活动中。消费活动中的模仿，是指当某些人的消费行为被他人认可并羡慕，便会产生仿效和重复他人行为的倾向，从而形成消费行为模仿。

在消费活动中，经常会有一些消费者做出示范性的消费行为。这些人可能是普通消费者，但他们消费兴趣广泛，个性独立，消费行为有独创性；也可能是一些名人，如影视歌星、体育明星、商界名流等；还可能是某行业的消费专家，如美食家、电脑发烧友、音响发烧友、汽车发烧友等。这些特殊消费者的示范性行为会引起其他消费者的模仿，模仿者也以能仿效他们的行为而感到愉快。

模仿可以是消费者理性思考的行为表现，也可以是感性驱使的行为结果。成熟度较高、消费意识明确的消费者，对模仿的对象往往经过深思熟虑，认真选择。相反，观念模糊、缺乏明确目标的消费者，其模仿行为往往带有较大的盲目性。

消费领域中，模仿是一种普遍存在的社会心理和行为现象。可供模仿的内容极其广泛，从服装、发型、家具到饮食习惯、娱乐休闲方式，都可以成为消费者模仿的对象。

2. 从众

从众是指个体在群体的压力下改变个人意见而与多数人取得一致认识的行为倾向。与模仿相似，从众也是普遍存在的社会心理和行为现象。在消费领域中表现为，消费者自觉或不自觉地跟从大多数消费者的消费行为，以保持自身行为与多数人行为的一致性，从而避免个人心理上的矛盾和冲突。这种个体因群体影响而遵照多数人消费行为的状况，就是从众消费行为。例如，人们购物时喜欢到人多的商店；在品牌选择时，偏向市场占有率高的品牌；在选择旅游点时，倾向热点城市和热点线路。

之所以产生从众行为，是由于人们寻求社会认同感和安全感的结果。在社会生活中，人们通常会有一种共同的心理倾向，即希望自己归属于某一较大的群体，被大多数人所接受，以便得到群体的保护、帮助和支持。此外，对个人行为缺乏信心，认为多数人的意见值得信赖，也是从众行为产生的另一重要原因。有些消费者由于缺乏自主性和判断力，在复杂的消费活动中犹豫不定、无所适从，从众便成为他们最为便捷、安全的选择。

从众消费行为的发生和发展，受到群体的规模、一致性、专长性，以及个体的自信心、介入水平、对群体的忠诚度等多方面因素的影响。

3. 意见领袖

（1）意见领袖的概念和特征。参照群体中包含一些经常会影响其他人态度或意见的个人，称为意见领袖或观念领导者。也就是在非正式的产品沟通中，就某一特定的服务或产品类别，能够提供建议与信息的一群人。意见领袖通常具有以下几个方面的特征。①独特的人格特征，在人格特征上具有强烈的好奇心与强大的影响力，这使得他们常成为消费市场中的趋势领导者。②独特的产品知识，这是意见领袖最大的也是最明显的特征，即对某一类产品比群体中的其他人有着更为长期的接触和深入的认识。③丰富的市场知识，即他们是积极的信息搜寻者与汇集者，了解许多产品、购物场所等方面的信息。

（2）意见领袖的实质。意见领袖的产品知识渊博且意见受到他人重视，他们能够频繁影响他人的态度或行为，他们的建议总是比其他人的建议更有分量，这就是意见领袖的实质。意见领袖之所以成为极有价值的信息源，其原因具体体现在以下几个方面：①专家权。意见领袖拥有专家身份，所以他们具有技术竞争力并令人信服。②知识权。意见领袖毫无偏颇地预先筛选、评估并综合产品信息，因而拥有知识权。③可信度。不同于商业代言人，意见领袖并不代表某一公司的利益，他们别无企图，因此更加可信。④合法权。意见领袖在社会上往往很活跃，而且和所在社区有紧密联系，他们很可能在社区团体或俱乐部中任职，在家庭外也很活跃。因此，意见领袖往往因为他们的社会地位而拥有合法权。⑤参照权。意见领袖在价值观和信念上往往和消费者更为相似，因此，他们拥有参照权。

如果在一类产品中将意见领袖按兴趣或专长区分，他们对同质者往往比异质者更有说服力。同质指的是两个个体在教育、社会地上的相似程度。有效的意见领袖往往在地位及教育水平上略高于他们所影响的人，但又不至于处于另一个社会阶层。

（3）意见领袖与企业营销策略。意见领袖的重要性在不同的产品、不同的目标市场上存在很大的区别。因此，在使用意见领袖时，第一步是通过调查或凭经验或逻辑来确定意见领袖在目前环境中的角色。这一步完成后，就可以利用意见领袖制定营销策略。①市场调查要关注意见领袖。由于意见领袖接受、解释并向他人传播营销信息，在那些意见领袖作用明显的产品领域和群体里，市场调查的重点放在意见领袖身上。因此，产品使用实验、广告文案的预试和媒体偏好研究，都应当以可能成为意见领袖的个人为样本。使意见领袖接触企业的营销组合策略并做出良好反应是成功的关键。当然，在那些意见领袖影响小的产品领域或群体内，使用这种策略要慎重。②在零售与个人推销中使用意见领袖。零售商或推销员有大量的机会使用意见领袖。例如，餐馆老板也可以向目标市场中的可能意见领袖做出特别邀请，或提供赠券；零售商或推销员可以鼓励现有顾客向潜在的新顾客传达信息；不动产商可以为顾客或可以带来新顾客的其他人提供一张在豪华餐厅享用双人餐的赠券等。③识别意见领袖。显然，如何找出某一特定的服务或产品类别的意见领袖，并争取他们的兴趣与注意，说服他们购买产品和服务，这是营销人员的重要任务之一。如何发现他们呢？下面列举一些方法供参考。创造意见领袖。很多企业用影视明星、体育明星或者其他社会名流来宣传其产品。用知名人士做宣传的效果很大程度上取决于该人士的可信性、吸引力以及人们对他的熟悉程度。如果在一位受到普遍欢迎的代言人与产品之间能够建立起联系的话，这种宣传策划就是相当成功的。

怎样寻找具有潜质的品牌形象代言人，需要认真研究。寻找某些产品领域的职业性意见领袖。如计算机行业的从业人员对计算机的品牌和性能的推介，理发师对护发品的选择或发型的推荐，美容师对美容品的选择，通常能对消费者起很大的影响。

9.2　家庭消费心理与行为

家庭是社会生活组织形式和社会构成的基本单位，它与消费活动有着极为密切的关系。据统计，大约 80%的消费行为是由家庭控制和实施的。家庭不仅对其成员的消费观念、生活方式、消费习惯有重要影响，而且直接制约着消费支出的投向、购买决策的制定与实施。尤其在我国，人们受传统的家庭观念影响很深，人们的收入一般是以家庭为中心相对统一地支配，家庭是进行绝大多数消费行为的基本单位。家庭成员之间，消费心理和行为相互影响；未成年消费者需要成年消费者给予消费行为方面的帮助、引导和教育；不同家庭成员之间还存在着消费角色的合作与分工。可以说，家庭对消费者心理和行为的影响比其他因素要深刻得多，影响的时间也要长得多。

9.2.1　家庭的概念与基本特征

1．家庭的概念

家庭是以婚姻、血缘或有收养关系的成员为基础组成的一种社会生活组织形式或社会单位。父母、子女是家庭的基本成员。家庭与家户并不完全相同，家户是由所有居住在一个生活单元里的人们组成，如一家三口、三代同堂、一个公寓里的室友、共同租住一套房间的两个陌生人等。

2．家庭消费的基本特征

家庭的类型有很多种，但基本上都有如下特征。

（1）家庭消费的广泛性。作为社会生活的细胞单位，人的生命中的大部分时间是在家庭中度过的，因此家庭消费就成了人们日常消费的主体。在人们购买的商品中，绝大多数都与家庭生活有关，家庭消费几乎涉及生活消费品的各个方面，如从最常见的日用品到高档耐用消费品（家电、轿车等），都是以家庭为中心进行购买。

（2）家庭消费的阶段性。现代家庭呈现着明显的发展阶段性，大致可划分为单身时期、新婚时期、育幼时期、成熟时期和空巢时期五个阶段。处于不同发展阶段的家庭在消费活动方面存在明显的差异，并且表现出一定的规律性。

（3）家庭消费的差异性。由于家庭结构、家庭规模、家庭关系、家庭收入水平等方面的不同，不同家庭消费行为具有很大的差异性。

（4）家庭消费的相对稳定性。排除家庭剧变的特殊影响，大多数家庭的消费行为具有相对稳定性。这主要是由于家庭日常消费支出存在着相对稳定的比例关系，而且大多数家庭都能维持融洽而紧密的关系，具有各自特色的家庭消费观念与习惯，具有很强的遗传性功能。特定的内外环境对家庭消费的稳定性具有重要的维系作用。并且，这种稳定性会随着社会经济的不断发展而呈现稳步上升的趋势。

（5）家庭消费的遗传性。家庭消费的遗传性是指由于每一个家庭都归属于某一民族、社会阶层或宗教信仰，并受一定的经济条件、职业性质及教育程度的制约，由此形成自身的家庭消费特色、消费习惯和消费观念等。而这些具有家庭特色的习惯及观念，会在日常消费行为中由老一代或父母潜移默化地传给后代子女。当青年一代脱离原有家庭、组建自己的家庭时，必然带有原有家庭消费特征的烙印。

9.2.2　影响消费行为的家庭因素

影响消费行为的家庭因素主要有家庭结构（类型、人口、受教育程度）、家庭收入、家庭消费计划、家庭生命周期及家庭决策类型等。有关家庭生命周期和家庭决策的内容在后文单独列出。

1.　家庭结构

家庭结构包括家庭类型、人口结构、家庭成员的教育结构、年龄结构等，极少数家庭内部还有不同宗教信仰的家庭成员。

（1）家庭类型。国内的家庭结构虽然稳定，但从统计学的角度来看，整个社会的家庭结构又具有动态性特点。统计表明，国内家庭结构仍以三口之家为主，具有现代社会特色的丁克家庭（双份收入，无子女）、单亲家庭、独身家庭等所占的比例在逐渐提高。最新的研究资料表明，现代社会的家庭类型多达 11 种，这里列举出其中的6 种，如表 9-2 所示。

表 9-2　　　　　　　　　　　　　主要家庭类型一览表

家 庭 类 型	解　释
传统三口之家	父母亲加一个小孩
三代同堂家庭	具有血缘关系的三代人共同居住
夫妻二人家庭	夫妻二人没有小孩
丁克家庭	高收入，无小孩的夫妇
单亲家庭	父母一方加小孩，细分类型达 5 种以上
单身家庭	只有一个人的家庭

　　传统的三口之家，实际上相当于家庭生命周期中的"生育期"至"满巢期"之间，一般夫妇二人的年龄在 25～45 岁，小孩的年龄在 1～20 岁。夫妇二人的消费具有典型的中、青年人消费特点，因为同时在养育孩子，小孩日常消费与教育支出在我国家庭中占据了较大的比重。

　　（2）家庭人口数量。第五次全国人口普查显示，我国家庭平均每户人口为 3.44人。家庭人口数主要从以下四个方面影响家庭消费：一是影响商品的消费数量。二是影响以家庭为购买单位的商品消费数量。三是影响消费行为的决策过程。家庭人口多，一般来说商品信息的来源比较广，相互之间可以参考消费经验。四是影响家庭生活水平和消费质量。

　　（3）受教育程度。受教育程度影响家庭成员获取商品信息的方式。受教育程度不同，在理解广告、公关宣传、商品功能说明、商品使用说明、商品包装说明时，都会产生差异。受教育程度越高，消费者的理解能力通常就越强，搜集商品信息的能力强，购买决策受周围环境的影响较少，愿意相对独立地做出购买的决定。而受教育程度越低，通常理解能力就越低，尤其是对专业性较强的商品说明。而当消费者面对难以理解的商品信息时，会转而求助于易于理解的替代形式，如购买其他品牌或中止消费。

　　经研究发现，受教育程度影响消费者对媒体的选择。受教育程度高的消费者，容易受文字水平较高的报纸媒体、杂志媒体的影响，他们从那些严肃性的栏目或节目中获得更多的科学知识和生活信息；而受教育程度越低的消费者越多选择电视媒体，受电视媒体的影响也较大。

　　受教育程度影响商品种类的选择和消费技能。受教育程度越高，消费技能会相应地提升，特别是一些需要一定专业知识才能使用的商品，对家庭成员的受教育程度要求较高。在文化消费方面，这种现象表现得十分明显。受教育程度越高，人们选择文化消费的倾向越强烈，而有些文化艺术形式的欣赏，本身也需要欣赏者具备必要的文化素养和艺术训练。

2. 家庭收入

　　家庭收入是与家庭成员的职业、受教育程度，以及家庭成员中具有劳动能力的人数等有直接关系。家庭成员的消费行为必然受到家庭收入水平的影响，可以说，家庭收入是家庭消费中的决定性因素。总体来说，家庭收入水平高，表现为整个家庭的购买能力强，家庭成员的消费愿望容易得到满足，购买前的积蓄与准备时间短，消费需要很快就可以转变为消费行为。家庭收入较低，非日用性商品的现实购买力不强，即使他们的购买力达到了购买大件、高档商品的水平，转变为现实购买力的比例也不高。因此，市场调查和预测的首要指标就是家庭收入，可以直接将家庭收入与日用品消费的购买力按常数换算。

　　高收入人群在消费行为方面存在严重的两极分化现象，受教育程度低的高收入者，以满足自尊的需要为主，冲动性的购买行为较多；而受教育程度较高的高收入者，以享受性需要为主，理智性的消费行为较多。只是在追求高档商品和名牌商品方面，这两类人群表现出共同点。低收入的家庭，主要表现为注意商品的质量，对商品的价格变化比较敏感，愿意购买物美价廉的商品，购买决策比较慎重，理智性的购买行为较多。

3. 家庭消费计划

家庭消费计划是指一个家庭在较长的时间内，统一管理家庭收入，并对日常消费和长期性消费支出做出具体的计划安排。家庭消费计划是消费技能的反映，影响家庭消费质量。家庭消费计划具体反映在三个方面：一是对家庭收入做出相应的支出计划；二是对消费商品做出购买计划；三是对家庭成员的消费需求做出安排。总的来说，善于制订家庭消费计划的家庭，虽然会限制一些成员的消费行为，但整个家庭的消费质量会比较高；如果整个家庭没有消费计划，在收入一定的情况下消费质量肯定会降低。

9.2.3 家庭生命周期与消费心理

1. 传统的家庭生命周期与消费

家庭生命周期是指一个家庭从建立、发展到最后解体所经历的整个过程，通常分为几个阶段。它是由婚姻状况、家庭成员年龄、家庭规模、子女状况，以及主人的工作状况等因素综合而成的。在国外常划分为单身期、新婚期、满巢一期、满巢二期、满巢三期、空巢期、孤独期等七个阶段。与此对应，在我国一个家庭一般来说要经历以下六个阶段，即单身期、新婚期、生育期、满员期、减员期和鳏寡期。在不同阶段，家庭的收入水平、生活方式不同，家庭成员的消费心理和消费行为也不尽相同。但对于每一个发展阶段来说，几乎所有的家庭都存在着许多共同的、非常明显的消费行为特点。

（1）单身期。单身期主要是指能够独立生活但尚未组织家庭的阶段，一般在35岁以下。在国外很多青年人有了独立生活的能力以后就离开父母独自闯天下。在我国，随着大学生就业和进城打工者人数的增多，这部分人也在逐渐增多。

这一时期的消费者通常收入不高，但由于没有什么经济负担，因此对其消费支出具有高度的自主性，消费心理多以自我为中心。收入的大部分被用于支付房租、日常生活支出、购买个人护理用品与基本的家用器具，以及用于交通、娱乐和约会交友的支出。这一群体比较关心时尚，崇尚娱乐和休闲，消费内容有着明显的娱乐导向。

（2）新婚期。新婚期是指男女双方结婚登记成为合法夫妻并建立家庭，到生育第一个子女这段时期。随着人们工作、生活节奏的加快以及观念的改变，这个时期在整个家庭生命周期中所占的比例有增大的趋势。

一般在家庭组建之初会有大规模突击性消费：购置商品房，室内装修，购买成套家具、品种齐全的家用电器、室内用品以及婚礼时的高档服装、大量食品。新婚期往往是一个家庭消费品尤其是耐用消费品的购买高潮期。在家庭建成之后，夫妇二人无其他生活负担，一般仍习惯于追求类似单身生活的物质享受，追求时尚、流行，讲究品味。

（3）生育期。生育期指第一个孩子出生，到最后一个孩子长大成人这一阶段。对于只生一个孩子的大多数家庭来说，生育期近 20 年，有些家庭的子女较多，家庭的生育期便相应延长。

在生育期中家庭支出的相当大一部分用于后代的培养和教育，消费商品包括儿童食品、儿童文化娱乐品、儿童教育、儿童服装等。在我国家庭中子女独立较晚，所以这一时期父母收入是消费的主要来源，并且由于子女年龄较小还没有进入决策角色，因此父母是这一时期家庭购买的决策者，子女只是被动的消费者。

我国一些青年夫妇在刚刚结婚时，受收入水平的限制，有些消费需要不能得到满足，进入生育期之后，收入状况有一定程度的改善，在满足孩子消费需要的同时，一部分收入将用于补偿性消费。

（4）满员期。从子女长大成人到结婚分居这一阶段，属于满员期。子女长大成人，就要开始为他们的恋爱结婚做准备。这一阶段的家庭人口数最多，家庭成员基本上全部生活在一起，可以说是一个家庭的鼎盛时期。在多子女的家庭中，生育期尚未结束，满员期即已到来。

在满员期，子女已经长大成人，并且开始有一定的经济收入，已届中年的父母也基本上事业有成收入颇丰，家庭的总收入处于最高峰，总体消费水平很高，有能力共同购置大件的商品，子女的消费经验也开始成熟，他们能够共同参与商品的评价、选择和购买活动，有些家庭中子女已成为购买商品的主要决策者。

满员期家庭的收入主要用在以下两个方面：一是满足整个家庭成员的消费需要；二是为子女结婚分居而进行的家庭储蓄。前者能够直接影响当前的日用品消费市场，后者对房地产行业、大型家电行业等市场构成重大影响。受家庭消费观念的影响，储蓄型家庭的储蓄比重大，省吃俭用现象比较常见。

（5）减员期。子女成家立业，陆续组织新的家庭或消费单位，家庭人口逐渐减少的阶段称为减员期。在减员期内，父母的总收入可能达到最高水平，因为家庭人口数的减少，人均消费水平会达到很高的水平。在这一阶段，父母的收入支出主要用于以下三个方面：一是子女结婚时所需要的各项支出，这一支出所占的比例较大，它转变为新婚期的消费支出；二是用于家庭的储蓄，以应付意外事故和养老储备等；三是用于第三代的消费补充，这方面受传统家庭观念的影响很深，对第三代的关心越多，消费补充越大。调查发现，我国中小学生的"零花钱"有相当一部分是爷爷和奶奶给的。

（6）鳏寡期。夫妻一人去世之后的时期，称为鳏寡期。夫妻一人去世，将会使家庭产生巨大的心理和行为变化，家庭经济状况也会发生变化，原来的经济收入可能锐减。

随着社会观念的变革，老人与子女共同生活的比例在下降。不与子女一起生活的老人，消费行为受习惯、个人兴趣以及收入水平等因素的影响较多，他们的消费经验非常丰富，消费决策慎重。总体来说，由于收入来源的减少以及老年人自身活动能力的减弱，其消费能力也相应下降，会形成一种较为节俭的生活方式。这时的消费基本上以吃和保健为主。如果身体多病的话，医药方面的费用也不小。

2. 非传统的家庭生命周期与消费

传统的家庭生命周期阶段划分主要针对的是"主流家庭"。由于社会的多元化，以及对婚姻本身看法的改变，家庭生命周期的划分方式已不再适用于描述当前所有家庭的状况。现在家庭结构出现了以下三种趋势。

（1）每个家庭中的孩子数目越来越少。现在很多家庭生育第一个子女的时间越来越晚，同时家庭中的孩子数目也越来越少。以传统的家庭生命周期划分方式来看，新婚期延长，而满员期变短。而且有些家庭选择不生孩子，那么就没有经历过生育期、满员期。

（2）离婚率有所上升。离婚率的增加，导致单亲家庭的比例增加。传统的家庭生命周期的划分方式不适用于单亲家庭。

（3）单身未婚的状况也越来越多见。现在不少人选择单身生活，所以可能会一直停留在传统划分方式中的单身阶段。可是随着这些人的年龄增大、收入增高，他们所表现出来的消费行为和生活形态，就很可能和传统家庭生命周期划分中的单身阶段有很大的差异。

营销人员经常利用家庭生命周期来细分他们的目标市场，因此必须了解不同家庭生命周期的顾客需求有何不同。由于家庭结构的快速变迁，所以必须要比过去更了解这些家庭生命周期阶段的差异，从而设计出符合不同家庭生命周期阶段消费的营销组合。

9.2.4 家庭决策

1. 家庭消费角色分工

家庭是消费活动的基本单元，但购买决策的制定通常不是家庭这个集体，而可能是家庭中的某一个人或几个人。某件商品从产生需要到购买使用往往会受到家庭所有成员的影响，但因每个成员扮演的角色不同，因而所起的作用也不同。

一般情况下，家庭成员在购买过程中扮演的角色可以分为下列五种：一是发起者，是指在家庭购买决策中提议进行购买的人，通常他也是引发其他家庭成员感受到需求存在的人。例如，弟弟提议要买计算机。二是影响者，是提供意见与信息以供参考，或是提供决策准则，或是会影响购买决策的家庭成员。例如，姐姐提供了一些相关的计算机品牌的信息和建议。三是决策者，是指有权单独决定或与家庭中其他成员共同决定要不要购买、购买哪一品牌的成员。在家庭消费中，决策者一般是该商品的直接消费者或家庭中的权威性角色，或者是家庭中经济收入的主要来源者。例如，父亲拍板决定购买。四是购买者，是指实际进行采购的家庭成员，是消费过程中主要的消费角色。例如，哥哥亲自到电脑城采购所决定要买的计算机。在日常生活中，毕竟为自己购买商品的人占多数，为他人购买商品的比例较小，所以制定种种营销策略通常以商品的直接购买者为主要的对象。购买者在购买之前的心理活动，以及购买过程中的行为变化等，都是营销心理学这门学科所研究的主要内容。五是使用者，是商品的实际使用者。例如，最后计算机主要是妹妹在使用。

传统的营销人员会将单一个人视为消费者也是决策者、购买者，但实际生活中还有更多的可能性：在家庭中，有时可能存在一个以上的决策者；另外，有时候是不只一个消费者；有些情况下决策者、消费者和购买者是不同的人。因此，营销人员在面对各种不同的家庭消费形态时，要注意其中所隐含的复杂角色结构与分工。

2. 家庭购买决策类型

家庭购买决策是指由两个或两个以上家庭成员直接或间接做出购买决定的过程。它作为一种集体决策，在很多方面都有别于个人决策。研究家庭购买决策，需要回答以下重要问题：对于不同产品的购买，家庭决策是以什么形式做出的？谁在决策中发挥最大的影响力？一般情况下，家庭的决策类型有五种：丈夫主导型、妻子主导型、相互依赖型、各自做主型和子女主导型。

（1）丈夫主导型。即家庭主要商品的购买决策由丈夫决定。这类家庭属于中国传统的家庭形式，农村家庭中的大部分属于这种类型。文化水平相对较低，家庭主要经济收入靠丈夫提供，也有少数情况是因为丈夫料理家务，有比较丰富的购买经验。

（2）妻子主导型。即家庭主要商品的购买决策由妻子决定。形成这类家庭的原因很多，可能是由于丈夫忙于工作或其他事务，家务劳动绝大部分由妻子来承担；也可能是由于妻子精明能干，有丰富的购买经验和较强的决策能力。

（3）相互依赖型（民主型）。即购买决策由夫妻双方共同协商、相互参谋决定。这种类型在现代家庭中最为普遍，这是由于现代人受教育水平提高，夫妻双方都有经济收入，在家庭生活中平等共享的意识增强。随着社会的进步、妇女地位的提高，这种类型的家庭将成为购买决策的主要形式。

（4）各自做主型（自主型）。即家庭中的每个成员都有权相对独立地做出有关商品的购买决策。这种家庭属于开放型，一般文化层次较高，收入较为宽裕，或者常见于不太重要的购买活动中。

（5）子女主导型。即购买决策主要是由子女决定。这一类型家庭的购买行为带有明显的青年消费者的特点，如对新商品兴趣较为强烈，形成购买决策的速度快，易产生购买冲动等。

不同的家庭决策类型，其购买行为会有很大的不同。例如，在丈夫主导型的家庭中，家庭主要商品是根据丈夫的眼光、好恶来挑选的，购买行为带有明显的男性心理特征：购买商品往往特别注意商品的性能、质量及实用价值，而对商品的外观造型、式样、颜色都不太挑剔，只要商品大体符合自己的要求就表示满意。妻子主导型的家庭则不然，其购买行为带有女性消费者的心理特征：对所选的商品要求严格，重视外观造型、色彩搭配，一般喜欢购买经济实惠、物美价廉的商品。而民主型家庭则形成了相对积极的互补效应。另外，家庭中主要决策者或权威者，对家庭中其他成员的购买行为往往也会产生很大的影响。

3. 家庭购买决策类型的影响因素

一个家庭属于什么类型的购买决策方式，并不是一成不变的，它会随着一些因素的变化而发生改变。一般情况下，决定成员相对影响力，从而影响家庭购买决策类型的因素有以下几点。

（1）个人特征。这主要包括收入、受教育程度、年龄、能力等。通常拥有更多收入、对家庭的财务贡献更多的一方，在家庭购买决策中更容易占据主导地位。而一个家庭中，妻子所受到的教育程度越高，她所参与的重要决策也就越多。

（2）产品因素。这一因素主要包括家庭成员对特定产品的介入程度和产品特点两个方面。不同的家庭成员对特定产品的介入程度是不同的。比如儿童玩具、学习参考书等产品，孩子们会特别关心，因此影响力也较大；而对于厨房用品、洗衣机等家用电器，由于不关心，孩子的影响力就比较小。家庭购买决策类型还会因产品特点的不同而异。某个产品对整个家庭都很重要，或购买风险很高时，家庭倾向于采用民主型决策；当产品只为个人使用，而且购买风险不大时，自主型决策更为普遍。

（3）文化或亚文化中关于性别角色的态度。在我国不发达的农村地区，由于传统观念的影响，家庭多以男性为核心，男性更高的家庭地位使得他们对家庭购买决策的影响也更大。而在一些大城市，人们受传统家庭观念的影响相对较小，家庭成员的地位较为平等，因此家庭决策类型更多地出现相互依赖型、各自做主型甚至妻子主导型。当然这并不是绝对的。

（4）社会阶层的不同。一般而言，处于较高阶层或较低阶层的家庭倾向于采用自主型决策方式，而处于中间层次的家庭则倾向于民主型决策。

（5）角色分配。传统上，丈夫负责购买机械和技术方面的产品，如负责评价和购买汽车、保险、维修工具等；妻子通常负责与抚养孩子和家庭清洁有关的产品，如孩子的食物与衣服、厨房和厕所用的清洁剂等。家庭中的角色分配还与家庭所处的生命周期密切相关。刚组建家庭的年轻夫妻会更多地采用民主型决策。随着孩子的出生和成长，家庭内部会形成相对稳定的角色分工。之后，随着时间的推移，这种分工也会相应发生变化。当然，随着社会的发展，现代家庭中的性别角色已不像过去那么明显，夫妻双方的购买角色正越来越多地在融合。

（6）情境因素。一些情境因素也会影响购买决策的类型。如当购买产品的时间充裕时，民主型决策出现的可能增大；而当时间紧迫时，就会更多地采用丈夫或妻子主导型以及自主型决策。

9.3 社会阶层与消费心理

9.3.1 社会阶层的特点与划分方法

社会阶层是指某一社会中根据社会地位或受尊重程度的不同而划分的社会等级。从最低的地位到最高的地位，社会形成了一个地位连续体。不管愿意与否，社会中的每一成员，实际上都处于这一连续体的某个位置上，由此形成高低有序的社会等级结构。

1. 社会阶层的特点

（1）等级分布。从地位低到地位高呈纵向连续分布的等级排列体系。人们不一定清楚划分这些等级的相关依据，但都知道这种等级的存在，并确定自己处于哪个社会等级，同时通过对别人所处社会等级的认识来决定与其交往的方式。

（2）多维性。决定一个人位于哪个阶层不是单一由某个因素决定的，而是由多个因素决定的，这些因素包括受教育程度、职业、经济收入、家庭背景、社会技能甚至住房档次以及居住的地理位置等，其中受教育程度、职业和经济收入最为重要。当然，在不同的社会里，上述各因素的相对重要性可能有差异。比如，对中国来说，经济收入和父母的社会地位相对比较重要，而对英国人来说，他们可能更看重世袭成分在社会地位中的作用。

（3）对成员行为的约束性。在同一阶层内，人们在价值观、态度和行为模式等方面存在着一致性，而在不同的社会阶层之间则有着明显的差异。因此，在现实生活中社会交往较多发生在同一阶层之内，而不是不同阶层之间。

（4）同质性。指的是同一阶层的社会成员在价值观和行为模式上具有共同点和类似性。这种同质性很大程度上由成员共同的社会经济地位所决定，同时也和他们彼此之间更频繁的互动有关。

（5）动态性。个体的社会阶层是会发生变化的。随着时间的推移，同一个体可能从原来所处的阶层跃升到更高的阶层，也可能跌入较低的阶层。社会越开放，社会阶层的动态性表现得越明显；反之，则个体从一个阶层进入另一个阶层的机会就越小。个人的努力程度和社会条件的变化是促使社会成员在不同阶层之间流动的主要原因。比如，由于个人的努力或自甘堕落，或社会制度的变革改变了人们的生活方式或价值观念，或由于违法犯罪等原因剥夺了某些人的权利等。

（6）相对稳定性。通常在一个较长的时间段内，社会阶层不会有太大改变，因此具有相对稳定性。

2. 社会阶层的划分方法

通常人们把决定社会阶层的因素分为三类：经济变量，包括职业、收入和财富；社会变量，包括个人声望、社会联系和社会化；政治变量，包括权力、阶层意识和流动性。依据不同的影响因素，社会可以划分为不同的社会阶层。目前在国际上比较流行的划分方法是把一个社会分为三大阶层，即上层、中层和下层，每一阶层里又被分为两层，这样总共是六层，即上上层、上下层、中上层、中下层、下上层和下下层。

（1）上上层，包括那些古老的、在地方上很显赫的家族——在其所属阶层和社交圈内至少保持了三代的富豪地位或贵族身份，约占人口总数的1%。这是一个社会中规模最小的阶层。他们在居住、交友、社会关系等方面都是国际化的。这一阶层中成员的职业都是巨商、大金融家、高级专业人员等。他们生活高雅，维持家族声誉，体现优越的出身，表现出对社会的责任感。这些人有豪华住宅、高级轿车或有原创艺术收藏品，常常周游世界。他们是名贵珠宝、古董、著名绘画作品的主要购买者以及高档消遣、娱乐方式的主要顾客。他们处于社会的最高层次，对其他阶层的消费者具有示范作用。

（2）上下层，约占人口总数的 2%，主要由工商界人士或经营特殊行业而致富的人组成，其中大部分人是经过艰苦奋斗而步入上流社会的，因而具有强烈的显示自我的愿望，渴望在社会上显示其身份地位和财富。他们是私人别墅、游艇、游泳池及名牌高档商品的主要消费者，是购买力最强的一部分消费群体。

（3）中上层，约占人口总数的 12%，由诸如律师、医生、大学教授、科学家等专业人员组成。这一阶层消费者具有较高的收入，非常重视教育的作用，注重家庭的智力投资，偏爱高品质、高品位的商品，注重商品与自己的身份地位相匹配。

（4）中下层，约占人口总数的 30%，由一般的技术人员、教师及小业主组成。他们通常尊重传统，生活保守，喜欢购买大众化、普及性的商品，不喜欢时尚的、标新立异的商品，对价格较为敏感，努力保持家庭的整洁和舒适。

（5）下上层，约占人口总数的 35%，由生产工人、技工、低级职员等组成。这一阶层人士受教育程度较低，属于低收入阶层。他们为维持生计，整日忙碌于工作与生活中，与外界联系较少，在消费上多属于习惯性购买者，喜欢购买家用廉价的商品。

（6）下下层，约占人口总数的 20%，属于贫困阶层，几乎没有受过教育，收入属于社会最低水平，是低档商品的主要消费者。

9.3.2 社会阶层对消费者行为的影响

在社会生活中，每个消费者都归属于一定的社会阶层，他们的消费观念、生活方式必然要受到所属阶层的制约与影响，因而同一阶层的消费者在消费心理与行为上会有许多相似之处，而不同阶层的消费者则表现出明显的差异。这种心理差异会直接影响到消费者的行为选择，具体表现如下。

1. 对支出模式的影响

消费者在选择和使用产品时，尤其是在住宅、服装和家具等能显示地位与身份的商品的购买上，不同阶层消费者的差别非常明显。例如，在美国上层消费者的住宅区环境优雅，室内装修豪华，购买高档的家具和服装。中层消费者一般存款较多，住宅也相当不错，但他们对内部装修则不是特别讲究，高档的服装、家具数量不多。下层消费者的住宅周围环境较差，服装与家具上投资较少。此外，下层消费者的支出行为在某种意义上带有"补偿"性质。一方面，由于缺乏自信和对未来并不乐观，他们十分看重眼前的消费；另一方面，教育水平普遍较低使他们容易产生冲动性购买。

2. 对休闲活动的影响

一个人所偏爱的休闲活动通常是同一阶层或临近阶层的其他个体从事的某类活动，他采用新的休闲活动往往也是受到同一阶层或较高阶层成员的影响。虽然在不同阶层之间，用于休闲的开支占家庭总支出的比重相差不大，但休闲活动的类型却差别很大。

3. 对信息接收和处理的影响

随着社会阶层的上升，消费者获得信息的渠道会随之增多。低层的消费者在购买过程中可能更多地依赖亲友提供的信息，中层消费者则比较多地从媒体上获取信息。不仅如此，特定媒体和信息对不同阶层消费者的吸引力和影响力也有很大的不同。电视媒体对越高层的消费者影响越小，印刷媒体则正好相反。

4. 对购物方式的影响

研究表明，消费者所处的社会阶层与某商店的社会阶层定位相差越远，他光顾该商店的可能性就越小。高社会阶层的消费者喜欢到高档、豪华的商店去购物，从而产生优越感，得到心理上的满足；而低社会阶层的消费者在高档、豪华的商店则会产生自卑、不自在的感觉。

当然，尽管同一阶层的消费者，在价值观念、生活方式以及消费习惯等方面都表现出基本的相似性，但因各个消费者在经济收入、兴趣偏好和文化程度上存在具体差别，因而在消费活动中也会表现出一定程度的差异。就企业而言，区分同一阶层消费者的差异，可以使企业的市场细分更加细致有效，从而使营销策略更有针对性。

9.3.3　我国的社会阶层与消费行为

在我国现阶段，社会阶层依然存在，它一般反映劳动者由于职业、收入、财产、受教育程度等不同所形成的差别。

1. 按职业划分的社会阶层

（1）农民。他们的消费需求对我国商品市场的发展影响很大。但由于长期以来农村经济的落后及农民消费观念的陈旧，在农村居民的消费结构中，商品性的消费所占的比重一直较低。随着农村经济的发展及农民收入的增加，农民的商品性消费将不断增长，精神文化方面的消费也呈稳步提升的趋势。

（2）工人及企事业单位中的普通职工。这部分人占城镇居民中的大部分。他们一般都有一定的文化素养，多数受过初中以上教育，他们收入虽然不太高，但相对来说比较稳定。他们购买的商品，仍以吃、穿、用等生活用品为主。随着住房制度改革的深入，住房方面的消费已占有较大的比重。城镇居民用于购买家用电器、家具等大件商品的支出占消费支出的比重相当大。由于他们的人均收入水平还停留在较低水平，因而文化、教育与娱乐方面的支出所占的比例还比较小。

（3）知识分子。包括教科文卫等系统的广大知识分子阶层。他们都受过专业教育，用科学文化知识为社会各行业服务。目前，多数知识分子的收入仍然不高，在消费方面，其收入的大部分用于对生存的需要，对专业书籍、报刊杂志等的需求较一般人要多得多，崇尚节俭、清淡的生活，对子女的教育及健康娱乐方面舍得投资。

2. 按消费水平划分的阶层

随着我国改革开放的不断深入及富民政策的贯彻，我国居民的收入有了较大的提高，尤其是允许一部分人先富起来的政策，鼓励人们各显神通，由此也逐渐形成了富有、富裕、小康、温饱和贫困五个层次。

（1）富有阶层。所占比重很小，主要由一些私营企业家、暴发户等所组成。高级轿车、豪华别墅等是其所追求的目标，常表现出明显的炫耀性消费。

（2）富裕阶层。所占比重较小，主要由演艺界的一些明星、公司经理、外企白领等所组成。这些人的消费特点是讲排场，追求时髦高档服装、用品等。

（3）小康阶层。大多数城市家庭、沿海等地较为发达的农村地区的农民，基本已步入小康阶层。其消费特点是追求高档家用电器、家具等，文娱用品等消费占消费构成中的比重逐渐增加，吃的方面所占比重已降至50%以下。

（4）温饱阶层。大部分的农村地区、部分城市居民属于这一消费层次。在其消费构成中，食品消费仍占相当大的比重。

（5）贫困阶层。由部分的城市失业人员及部分农民所组成。这部分人的收入极低，有时连吃饭、穿衣的问题都解决不了。

不同阶层收入的差别，造成了不同阶层消费上的差别，这种差别在一定时期内是必然存在的。

本章小结

人是社会人，是群体中的人，人不仅不能脱离社会群体而且社会群体对人的行为有明显影响，所以人的消费必定受到群体因素的影响。参照群体也称相关群体，是指对个人的行为、态度、价值观等有直接影响的个人或群体，分别可以分为正式群体与非正式群体、首要群体与次要群体、所属群体与渴望群体、自觉群体与回避群体、长期群体与临时群体、实际群体与假设群体等。本章介绍了参照群体对消费心理的影响及其影响方式，以及决定影响强度的因素。消费者群体规范中有成文与不成文两种表现形式。消费者往往通过内部沟通加速群体规范的形成，并对消费者个人的行为以及群体的共同行为产生重要影响。模仿、从众和意见领袖的存在是消费者群体内部沟通的结果，并直接影响群体的行为。

家庭是社会生活组织形式和社会构成的基本单位，它与消费活动有着极为密切的关系。影响消费行为的家庭因素有家庭结构、家庭收入、家庭消费计划等。家庭生命周期的不同阶段决定了消费的内容、数量和特点各不相同。不同家庭成员之间还存在着消费角色的合作与分工。家庭购买决策可分为五种类型，其形成由多种因素决定。

社会阶层是指某一社会中根据社会地位或受尊重程度的不同而划分的社会等级，具有等级分布、多维性、约束性、同质性、动态性、相对稳定性等特点。目前国际上一般划分为六层。社会阶层对消费行为的影响包括了对消费者支出模式、休闲活动、信息接受和处理的影响以及购物方式的影响。我国现阶段社会阶层可以按职业划分，也可以按消费水平划分，都有其明显的消费行为特点。

实践实训

实训课题 9-1

实训目的：在实践中学习，运用知识分析现象。

实训题目：同学们回到家里时，在空闲或节假日的时候，或者家庭成员及亲戚朋友聚集的时候，分别谈论一下自己在消费时最看重的是什么，根据什么来消费，为什么？

根据不同年龄、不同性别、家庭生命周期的不同阶段及不同收入阶层的人的谈论内容，将它们整理成文章，在班级中交流。

 练习与讨论

1. 影响消费者群体形成的因素有哪些？

2. 什么是消费者群体规范？消费者群体规范对消费行为有什么样的影响？

3. 现代家庭消费的基本特征有哪些？

4. 参照群体对消费心理的影响有哪些方面？

5. 家庭决策类型受哪些因素的影响？

6. 比较"已婚、年轻、无子女"、"已婚、年纪大、子女独立"和"未婚、单身"三个家庭生命周期中的不同阶段在住房、家电、家具、度假以及珠宝等产品的消费行为上有何差异？

7. 你认为怎样将人们划入不同的社会阶层？讨论社会阶层对消费心理行为的影响。

第 10 章

口碑传播、流行与创新扩散

学习目标

- 了解、认识口碑传播及其重要性；
- 了解口传产生的原因和口传的网络；
- 熟悉意见领袖具有影响他人态度的能力；
- 理解消费流行的规律、消费流行周期；
- 熟悉影响创新扩散的产品特征和扩散传播渠道；
- 掌握消费者对创新产品的采用过程；
- 掌握如何识别消费创新者。

案例导入

寻找意见领袖

倘若你是销售计算机的，那么邀请计算机专业媒体的记者来试用一下，通过他们的生花妙笔来传播产品信息，便可以较高的可信度征服消费者；如果产品的消费人群主要是青年学生，找到班上学习成绩最好的学生或者班长、班主任来体验你的产品，提供传播渠道帮助他们发布自己的使用心得、体会就是个不错的方法；要是你的企业主要是生产农作物种子，那么找农业科技人员、村长来讲述你的品牌故事和产品质量，就是个很好的主意。在 Web 2.0 时代，每个人都可能是一个小圈子里的意见领袖，关键是营销人员是否能慧眼识珠，找到这些意见领袖。

意见领袖是一个小圈子内的权威，他的观点能为人们广为接受，他的消费行为能为粉丝狂热模仿。全球第一营销博客、雅虎前营销副总裁 SethGodin 认为，口碑传播者分成强力型和随意型两种，强力型主导传播的核心价值，随意型扩大传播的范围。口碑营销要取得成功，强力型口碑传播者和随意型口碑传播者都不可或缺。

问题：

1. 调查市场选择 2～3 类产品，分析这几类产品的意见领袖。
2. 调查市场中某一热卖新产品的扩散渠道和方式。

中国有两句谚语，一句是"酒香不怕巷子深"，另一句是"货好还需会吆喝"，前一句强调了产品质量的重要，后一句突出了传播的关键作用。在产品极大丰富，买方占优的今天，后一句更符合现实并被商家所广泛接受。但许多怀揣好产品，能"吆喝"的商家还是在竞争中被大浪淘沙，惨然出局。失败的企业，也许有不同的失败原因；成功的企业，则一定会有相同的决定因素，良好的"口碑"就是其中之一。

10.1　口碑传播与意见领袖

10.1.1　口碑及其重要性

口碑会影响人们的认知、情感、期望、态度、行为意向和行为。口碑是指公众对某企业或企业产品相关信息的认识、态度、评价并在公众群体之间进行相互传播。口碑的内容包括三个层面，首先是体验层，即公众对企业或组织相关信息的认识、态度、评价。其次是传播层，即传播过程中的事例、传说、意见等传播素材。最后是公众对其的认可层面，即好恶。良好口碑的建立主要基于产品的质量、服务、环境等而带给用户的良好的使用体验。

口碑营销是企业有意识或无意识的生成、制作、发布口碑题材，并借助一定的渠道和途径进行口碑传播，以满足顾客需求、实现商品交易、赢得顾客满意和忠诚、提高企业和品牌形象为目的，而开展的计划、组织、执行、控制的管理过程。这种由"顾客告诉顾客"的口碑营销和其他传统营销手段相比，具有成本小、产出大、效率高、风险低等特点。企业在调查市场需求的情况下，为消费者提供需要的产品和服务，同时制定一定的口碑传播推广计划，让消费者自动传播公司产品和服务的良好评价，从而让人们通过口碑了解产品、树立品牌、加强市场认知度，最终达到企业销售产品和提供服务的目的。

口碑传播对消费者购买行为产生着重要影响，具有相当大的说服力和影响力。经过学者调查消费者对 60 种不同产品的购买，询问消费者是受何种信息渠道的影响而做出购买决定的。结果显示，口碑传播所解释的购买次数是广告的 3 倍。另一项研究发现，搬进某一社区的新居民中，三分之二的人是通过与他人交谈获得信息而找到他们现在所熟悉的社区医生的。口碑传播较其他传播方式对消费者的影响更大。一项研究表明，口传的有效性是广播广告有效性的 3 倍，是人员推销的 4 倍，是报纸和杂志广告的 7 倍。这说明口传的重要性，在信息获取多样性的今天，口传也是非常重要的。口碑传播对消费者影响的一个重要原因是口传信息更具有活力，更容易进入消费者的记忆。另外，相对于其他传播方式，口传信息受其他干扰的影响比较小。

口碑传播不仅是传达正面信息，同样，它可传达负面信息。通常，负面口传较正面口传对消费者影响更大，所谓"好事不出门，坏事传千里"，恐怕从一个侧面反映了这种情况。因为没有对消费者的一篇关于电脑质量存在缺陷的博文及时做出反应，Dell 电脑 2005 年业绩因此受到冲击。口碑营销的主要工作之一与其说是将好的口碑传播出去，不如说是管理坏口碑。遗憾的是，世界上还没有管理口碑的万能工具，但这不妨碍营销人士朝这个目标努力。口碑是一把双刃剑，既可以为企业带来正面的建设力量，也会由于负面口碑的自发传播带来极大的破坏力，更有数据统计负面口碑的传播速度是正面口碑的十倍，因此负面口碑的处理绝不能放松。总结来说，口碑的作用主要包括两方面。

1. 对于企业的作用

（1）促进销售。口碑可以补充广告等大众媒介传播的不足，几乎所有的口碑研究者都赞同正面口碑可以增加产品购买的几率。

（2）降低营销成本，提升企业品牌。正面口碑不仅可以减少企业营销费用，吸引新顾客，提高企业信誉，对于企业树立和强化品牌具有重要意义。

（3）改进产品与服务。负面口碑尽管对企业营销会起到反作用，但是企业由此能够客观地了解自己的不足，及时予以改进。

（4）支持顾客信息与关系管理。企业通过收集与分析口碑信息，不仅可以促进负向口碑向正向转化，而且可以控制口碑传播频率和数量。

互联网发展到今天，企业通过自有网络或者第三方网络，现在能为消费者提供便捷、低廉的口碑沟通渠道，还能通过跟踪口碑传播过程，分析口碑传播内容，从而较为有效地把握消费者心理，理解消费者，更好地服务消费者，并且能够引导与控制口碑传播，降低负面口碑的影响，提高正向口碑的作用效果，通过顾客与企业的关系，实现 B→C→C。

2. 对于口碑接收者的作用

（1）扩展可靠信息来源渠道，降低信息获取成本。在做出购买决策之前，理性的消费者会对商品信息进行收集与评估。口碑信息大多来自亲朋好友、其他消费者或者独立的第三方团体，相对广告来说，其具有明显非商业属性，因此口碑的可靠度更高。

（2）降低购买风险和认知失调可能性。由于口碑信息获取方便且渠道可靠程度高，这样不仅会降低接收者的搜索成本，还会降低顾客购买过程中的感知风险、购买不确定性和购后认知失调程度。

（3）提升接收者的购买经验和学习能力，通过信息搜索过程，口碑接收者间接获得他人经验，积累购买常识，并且会逐渐掌握相关产品等的知识。

（4）支持决策，引导消费。以往的研究多数认为口碑对个体消费者购买决策有较强的指导作用，从整体上，口碑会起到引导消费潮流和方向的作用。

置身于市场竞争漩涡中的企业，必须认真考虑如何将自身利益、公众利益和传媒的公信力协调一致，并在最短的时间内以最恰当的渠道传播给公众真实而客观的情况，以挽回企业品牌的良好口碑，将企业损失降至最低，甚至化被动为主动，就势借势，达到进一步宣传和塑造企业口碑的目的。在消费者眼里，大多数产品都是比较好的，不好的产品在所有出售的产品中占的比重很小。一旦出现关于产品的不好的信息，这一信息将会更加引人注目，消费者会比较容易记住这一信息，并在做出购买决策时加重它的属性权重系数。

口碑实质上是市场价值规律的一种反映方式。具有良好口碑的企业往往能够基业常青，如一些传统老字号和知名品牌，而负面口碑会导致或加速不良企业及其产品被大浪淘沙。网络口碑的出现和发展，呈指数倍地放大了口碑的市场作用，尤其是一个企业的负面口碑，会在瞬间为世人所知。这样的口碑传播速度和范围远非人们可以想象。网络口碑传播，是在企业利益相关体的网络中传播，不仅会影响营销业绩，也会影响采购和企业声誉，甚至招聘和内部管理。

10.1.2　口碑传播产生的原因

口碑传播产生的原因需要从信息传播方和信息接收方的角度分别考察。从口传信息传播方看，通过提供信息影响别人的购买行动，主要是从四方面考虑。首先，实现情感、经验的共享和交换。口碑传播者在从事利己行为的同时，如追求心理安慰的诉说、发泄不满和表达产品带来的愉悦、满足，为其他人提供了借鉴和警示，降低了他人的风险和搜索成本，可以获得权利和声望。其次，减轻对自身所做购买决定的疑虑或怀疑。通过信息提供，动员他人购买与自己相同产品减轻购后不协调感，并为购买决定的正确性提供新的支持力量。再次，增加与某些人的社会交往，促进群体互动。人们存在着社会交往、归属与认同的需求，而此需求需要通过互动来实现。口碑传播扩散过程同时也是人们互动的过程，网络的出现与发展，不仅加快了接收者获取口碑信息速度，减少时间与经济投入，而且口碑信息量超前丰富，内容多样，更重要的是促进了人们互动的频率。

从口传信息的接收方看，从朋友、同事或其他消费者处获取购买信息与建议，主要是出于三个方面的考虑。首先，信息比卖家所提供信息值得信赖。事实上，卖家所提供的信息可能不充分，甚至不真实，因为出于促销目的所提供的信息，往往只有正面信息而无负面信息，由此使消费者难以根据这些信息做出正确的购买决策。其次，口传信息在大多数消费者看来是一种更真实、更客观的信息类型。一般而言，当购买的产品很复杂，或者当产品很难用某些客观的标准进行检验来判断其品质的好坏时，消费者可察觉知觉购买风险较高。此时，他除了从大众传媒获取信息外，还会积极地从口传渠道搜寻信息。再次，可以减少信息搜寻时间。从周围的熟人、朋友或其他消费者处获取信息，既方便又省时，在很多购买情形下是一种非常有效的信息获取方式。

10.1.3　口传的网络

在服务行业，一些服务性产品的提供者，如医生、律师、理发师虽然很少做广告和从事其他促销活动，但他们的业务却相当地繁忙和兴旺。这些服务产品周围，往往已经形成了一个颇具规模的客户或顾客口传网络。

图 10-1 是存在于某公司中的一个简单的口传网络。网络中传递的信息是关于对某位发型师的推荐。图中带箭头的直线表示信息由谁传递给谁的路径，不带箭头的直线表示两个人之间的社会关系，即两个人之间的联系程度。这种联系可以非常紧密，比如两个人经常接触；也可以是非常脆弱，如只有简单的点头之交。如果两个人没有任何联系，即互不相识，在图中则没有任何直线相连。从图中可以看出，关于发型师的信息始于 A，A 与 B 和 I 有很强的个人联系，她将此信息告诉 B、E 和 F。B 然后将其从 A 处获得的信息，告诉她的朋友 C 和 D。I 是从 H 处获得此信息的，后者则是从朋友 G 那里了解到这一情况的。G 又是从 F 处得知该信息的。

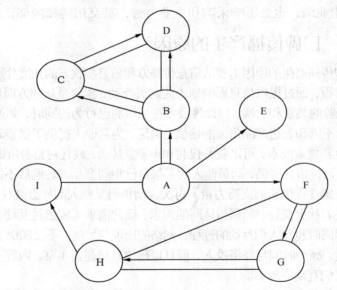

表示两个人之间具有紧密联系
表示信息流向

图 10-1　简单的口传网络

有研究表明，在群体内部，人员之间的紧密的联系更有可能激发信息的流动。原因是，越紧密的朋友关系，意味着越频繁的社会接触，由此会增加彼此之间互通信息的机会。口碑营销每一个必经步骤都是营销人员可以发挥才能展示的地方。好的用户体验才会激发用户评论，这是口碑营销的基石。那些要进行口碑营销的广告主，首先要做的功课就是为消费者提供非常好的产品与服务。经研究表明，如果消费者对产品、服务不满，只有 4%的人会向厂商抱怨，而高达 80%的人则选择向亲戚朋友倾诉。产品、服务的任何一点瑕疵都可能在市场上引起一场口碑风暴。

在提供好的产品与服务之外，营销人员还可以帮助消费者方便快捷地获取商品，发布评论，传播观点，放大良好口碑的影响力，尽可能地让口碑为刺激购买服务。

10.1.4　意见领袖

"意见领袖"是传播学者拉扎斯费尔德在 20 世纪 40 年代提出的。他认为，大众传播并不是直接"流"向一般受众，而是要经过意见领袖这个中间环节，再由他们转达给相对被动的一般大众，即在传播过程中存在两级传播。其模式如下：大众传播→意见领袖→一般受众。

所谓意见领袖，是指在人际传播网络中，经常为他人提供信息、观点或建议并对他人施加个人影响的人物。意见领袖作为媒介信息和影响的中继和过滤环节，对大众传播效果产生重要的影响。事实上，这种传播方式不仅只是在两个层次间进行，而且常常是"多级传播"，并由此形成信息的扩散。

意见领袖具有影响他人态度的能力，他们介入大众传播，加快了传播速度并扩大了影响。意见领袖通常限定在某特定的产品领域或特定的购买情境。比如，某位消费者被认为是电子产品的行家，在电子产品领域有丰富的知识和经验。于是，其他消费者在购买电子产品时就会向他请教，或取得他的意见与建议。而在服装、家具等产品方面，该消费者不一定是意见领袖，其他人在购买这些产品时并不征求他的意见。

但也有的消费者在多个领域成为意见领袖。这样的消费者被称为多面意见领袖。调查表明，在经济技术发达文化背景下，单一意见领袖占主导地位，而在另外一些文化背景下，多面意见领袖占主导地位。一般认为，在传播技术比较发达的社会里，单一意见领袖比较盛行，在传播技术欠发达的社会里，多面意见领袖则较为盛行。

市场营销人员一直试图找出人群中的意见领袖所具有的共同特征。因为一旦能根据这些特征识别意见领袖，那么，企业就可将信息传播的重点放在意见领袖上，并通过意见领袖将所要传达的信息扩散到目标消费者中，可使传播效果更为有效。

所以"广告常不能直接影响消费者，而用意见领袖则能有效地扩展及加强计划周延的广告运动之效果"。

在传播中，对其有影响的主要参照群体有家庭、朋友和正式社会群体等。

家庭是一个非常重要的群体。家庭成员彼此有着相当固定的关系，生活在一起，而且接触频繁，能经常进行面对面的交流。家庭的消费行为中，家庭成员往往承担不同的角色，包括倡议者、影响者、决策者、购买者和使用者几个角色。在不同的消费领域，角色有互换的倾向。要利用家庭的影响，必须找出决策者和主要影响者，并针对他们施加影响。尤其是家庭消费品和儿童消费品的广告中，更应重视家庭作为参照群体的巨大影响。

朋友也是不可忽视的参照群体。寻找和保持友谊是人类的基本驱动力之一，也是相对成熟和独立的标志。根据马斯洛的需要层次理论，人都有一种归属需要，朋友这一群体就是归属需要的一个重要方面。在某些消费品上，如服装、化妆品、饮料等，朋友的意见将对消费者的购买决策起着决定性作用。由于朋友这一群体所造成的从众心理，更能带动群体内部成员的趋同性消费习惯。

还有一种参照群体是正式社会群体。正式群体是指有明确的目标和固定的组织形式的群体，如企业、学校等。正式群体有共同的目标和行为规范，它会对群体中的个体造成一种无形的压力，这就是规范压力。规范压力常常导致从众行为，即个体与群体保持态度和行为的一致性。这一点与朋友这种非正式群体有相似之处。广告对正式群体诉求，利用正式群体成员的规范压力而导致人际的消费扩散，也有利于加强广告效果。

10.2　消费流行

10.2.1　消费流行的概念

消费流行，是指在一定时期和范围内，某种消费品或某种消费样式，一段时期内得到人们不约而同的认同和追捧，在短时期内形成群起仿效的消费现象。消费流行既是社会经济和物质生活变化的风向标，又是引导人们转变消费观念、更新消费方式、促进社会消费的推进器。离开消费流行潮起潮落的变幻，现代商业社会就会失去它特有的魅力和活力。

（1）流行的含义。流行是指一个时期内社会上流传很广、盛行一时的大众心理现象和社会行为。从日常生活中的行为方式到人们的思维方式，从生产、消费活动到文学、艺术领域，都可发现流行。"流行歌曲"、"流行词"、"流行服装"、"流行发式"、"流行生活方式"，社会生活中的流行现象不胜枚举。

（2）流行的分类。流行可以从多种角度分类。从流行的内容看，可以分为以下三种：①购买物的流行，如新潮家具、时装、健康食品的流行。②行为的流行，如搓麻将、打太极拳、街舞、扭秧歌等。③思想的流行，即某些思想方法、某种专门思想的流行。如尼采热、存在主义热、后现代主义热等。

（3）消费流行的成因。消费流行往往是建立在一定的消费习俗的基础上，是消费习俗的变异；消费习俗则是消费流行的巩固化、稳定化。形成消费流行的原因主要有两个。①商品生产者和销售者为了自身的利益，有意制造出种种吸引人的消费气氛，诱导消费者进入流行的节奏中。法国巴黎是世界时装的窗口，这里发布的时装款式信息，经常代表下一季度世界时装流行的趋势。而这些流行趋势，主要是时装生产者和销售者为了扩大经营，借助巴黎这一国际时装中心的权威性影响，引导和推动众多消费者追随形成的。②由于消费者具有某一共同的心理需求造成的，表现出模仿和从众消费心理现象。在这种现象影响下，许多消费者主动追求某种新款商品或新的消费风格，从而自发推动了流行的形成。此外，社会文化发展水平及媒体传播对消费者流行的产生也有深刻的影响和巨大的推动。

┃ 小案例 ┃

如今的消费者越来越强调自我与个性，款式单一的家具已越来越难以满足现代人对家居空间的需求。个性张扬的年轻一代在追求舒适、便利的同时，也不放弃对于个性设计的执着。现代繁忙的都市生活让人们对家居环境的要求已不仅仅是舒适和实用，对美好家居生活的向往、对高质量家居品位的不懈追求使得家具行业不断发展。

2011 年家具设计流行趋势求实用、重设计、讲外在、追内涵，在保证家具实用的基础上，新款家具更注重设计与讲究文化内涵。整体卧房概念悄然兴起。软床设计的另一个看点是床头的设计，通过多功能可调节的床头，让消费者在卧室内可以有多样化的睡姿、坐姿和靠姿，更满足了消费者在卧室内阅读、休息、看电视等多样化的功能。

10.2.2　消费流行的规律

对企业来讲，由消费者心理活动促成的消费流行，既是市场营销的机会，又是企业营销的"陷阱"。所以，把握消费流行规律是企业掌握市场动态与方向的重要一环。消费流行与其他社会经济现象一样，有其自身的发展变化规律，主要有以下两个方面的内容。

（1）消费流行的地区传播规律。消费流行按其地区范围的大小，可划分为地区性流行、业界性流行、全国性流行和世界性流行几种类型，这些类型所反映的是流行的地域特性。其流行的规律主要表现为：①从发达地区向不发达地区传播。由于消费的基础是经济发展水平，市场商品的多样化促成消费行为的多样性，商品更新换代的速度影响消费行为的转换速度，因此消费流行总是由经济发展水平较高的国家或地区开始，而后向经济欠发达的国家或地区扩展和延伸。②波浪式传播。消费行为表现为短期内爆发式的向外扩展与延伸，当一种消费流行由发达地区兴起并传播到欠发达地区时，随着欠发达地区流行的兴起，发达地区的流行趋势一般随之而下降，又会酝酿新的流行。这种波浪式运动的传播趋势，是由于消费者对原有流行产生厌倦心理的结果。波浪式的传播在时间上表现为继起性，具有从发达地区向欠发达地区顺序转移的基本特点。我国国内形成的消费流行，一般是从京、津、沪及沿海发达地区开始，逐渐向中部地区转移，而后进入西北地区，或是从中原地区向西北地区波浪式逐渐推移。

（2）消费流行的人员结构规律。消费流行作为人类的社会行为，反映出消费者消费需求的阶段性和阶层性的变化。消费者群体的构成形式及按群体层次的传播方法，形成了消费流行的人员结构规律。一般来讲，可形成以下三种基本的流行形式：①滴流，即由上向下扩展延伸。这种形式多是由社会上层、领袖人物、影视明星、社会名流等人物带头提倡，从其自身行为或因某种需要的活动开始，最终向下传播，形成社会时尚或消费流行。②横流，即横向扩展延伸。这种形式是由于社会生活环境变迁、消费观念的变化，某种商品或消费时尚由社会中的某一阶层率先使用，而后向其他阶层蔓延、渗透，进而流行起来。这种流行与社会经济发展的关系极大。例如，近年来外资企业中白领阶层的消费行为经常向其他社会阶层扩展，从而引发流行。③逆流，即由下而上扩展。它是从社会下层的消费行为开始，逐渐向社会上层推广，从而形成消费流行。例如牛仔服原是美国西部牧人的工装，现在已成为下至平民百姓、上至美国总统的风行服装。

10.2.3   消费流行周期

流行不同阶段的采用者，一般具有较大的心理与个性差异。尽管流行的内容不同，流行的时间有长有短，但这一过程基本都要经历初期—成长—高潮—衰退四个阶段。通常这一过程都呈周期性发展。在不同的阶段，消费者的心理、态度及行为表现是不一样的。研究消费流行周期及各个阶段上的流行特点，并采取相应的市场策略，对于企业具有重要意义。

（1）初期阶段。指某种新产品刚投入市场，通过广告宣传及消费"带头人"的购买使用，开始为消费者所知晓的阶段。因流行商品鲜明的特色、优越的性能吸引了有名望、有社会地位或具有创新消费心理的消费者，他们对商品的使用产生了强烈的社会示范效应，从而引起赶时髦者的模仿消费。这一时期的时间一般较长，要进行一系列的意识、观念以及舆论上的准备。企业可以通过预测，洞察消费者的需求信息，做好宣传引导工作，以吸引有影响力的消费者，从而树立商品形象。

（2）成长阶段。指相当规模的消费者对某种流行商品有所认识，开始接受，由羡慕、赞赏到模仿消费，产生大量需求的阶段。此时，消费流行迅速蔓延，消费者争相购买，市场出现供不应求或抢购的局面，竞争者纷纷加入，产品开始推广普及。与一般商品的市场增长阶段不同，处于成长期的流行商品几乎呈直线增长趋势，对市场形成巨大的冲击。企业在这个阶段应迅速扩大生产能力，并严格按原有样品生产，增加销售场所，方便消费者大量购买。在大量生产的基础上，可以考虑适当降低售价。

（3）高潮阶段。指某种商品在市场中普遍流行的阶段。此时流行商品已失去了新潮的意义，在市场上大量普及，流行范围扩大，但势头已开始减弱。购买者多为经济收入较低、信息反馈较为迟缓的消费者。因为此时产品已趋向大众化，消费者认为产品已经成熟稳定、风险小、价格低，既迎合了随大流的需要，又节约了开支。

（4）衰退阶段。指某种消费流行已经进入过时或被淘汰阶段，人们对商品的新奇感消失，消费"带头人"转向追求另一种流行式样，消费者对商品的需求急剧下降，商店开始廉价抛售，企业销售额、利润大幅度下降。当然，与消费流行相关联的商品并未因其时尚感不复存在而完全退出市场，消失的只是它的时尚地位。一般来说，流行商品的市场高潮期十分短暂，步入高潮的同时即意味着衰退期的到来，高潮期与衰退期交织在一起。企业在这个阶段应迅速停止扩大生产，抛售库存，逐步淘汰老产品，并开始向新流行产品转移。

消费流行周期不同于市场营销中所研究的产品生命周期。前者主要从心理角度分析消费者对流行商品的接受程度，而后者是从企业角度分析商品在市场上销售程度和获利状况。另外，还应看到，随着经济发展和产品更新的加速，消费流行的周期会越来越短，因此企业应及时调整营销策略，以适应流行变化节奏越来越快的要求。

10.2.4　流行的特征

（1）流行是追随者众多、流传甚广的现象，具有社会普遍性。流行是在较大范围内为大多数人所追求、所仿效的现象，这一点与时髦有所不同。一般认为，时髦流行于社会上层极少数人中间，而且它通常是以极端新奇的方式出现的，没有广大的追随者。比如，在西方上流社会，一些人以修建室内游泳池、购置豪华游艇和直升机为时髦，而这些行为对普通民众是可望不可及的事，不可能有大批的追随者，因而也不可能在社会上流行。

（2）流行具有时期性。流行一般在一定时期内风行一时，过了这段时间便不再流行。流行时间有长有短。有的产品或行为，如"呼拉圈热"，表现为当时期人们对这些事物的狂热追求，短时期内即在大多数人中间风行，但它们往往是昙花一现，来得快，消失得也快。另外一些产品或行为，如前面所说的牛仔裤，流行的时间则相当长。也有一些流行现象，如服装的款式，具有循环往复的特性。

（3）流行具有自发性。人们对流行的追求具有很大的自主性，不参与流行，不去追求流行现象，虽然在某些场合会被另眼相待，但不会受到社会的谴责和惩罚。在这一点上，流行与习俗、习惯和其他带有强制性规范的群体制度是不同的。

（4）流行具有反传统性。流行的最主要特征是与传统相悖，只有新奇、与众不同才会形成流行。长时间固定不变，或是约定俗成的东西即使为大多数人所采用，也不是流行。一些心理学家将流行看做是人们对于现行社会形式的束缚与制约的反叛情感的一种表达方式。从这一角度看，只有与传统不符或相悖的事物才能充分地表达这种反叛情感。

对于流行的追随，在不同性别、不同年龄、不同性格的人群中会表现出较多的差异。从强度上看，女性较男性更热衷于流行，青年人较老年人有虚荣心、好奇心也更容易参与流行。从内容上看，不同性别、不同年龄和性格的人也会表现出不同。比如，青年人中流行穿时尚服装、染烫发、KTV 等，而老年人中间则流行打太极拳、养生食品保健疗法等。流行还存在地区、文化上的差别。城市与乡镇、南方与北方、沿海与内陆都有差别。

10.2.5　流行形成及流行消失的过程

流行是如何形成及消失的过程主要从以下三个方面进行讨论。

（1）流行以一定社会的政治、经济、文化条件为基础。流行是人类社会发展到一定阶段才出现的现象。在一个生产力发展水平很低、封闭而又缺乏变动和变化的社会里，流行很少见到。如在原始部落、农业社会和等级社会中，几乎没有现代意义上的流行现象。只有当人们有了闲暇时间，有了一定的经济条件和选择自由之后，才可能去追随流行，并通过流行表现自我。流行最初多兴起于上层社会，甚至成为一种贵族现象，就说明流行离不开一定的社会经济和文化条件。当普通百姓还处在食不果腹，整日为柴米油盐而忧心的时候，是无暇问津上流社会视为时髦的那些东西的。

流行是一定的社会状况、社会心态的表现。什么东西能够流行，什么东西不能流行，都有其社会原因。20世纪80年代初，男青年中喇叭裤、花衬衣、太阳镜的流行，则从一个侧面反映当时在逐步打开国门、走向对外开放的环境下，很多青年人对外面世界的惊异和试图追上时代潮流的复杂心境。

流行的产生、普及和消退与大众传媒息息相关。如果没有大众传媒的参与，个别社会名流的服饰、发型、生活方式，不可能如此迅速和广泛地被普通民众所知晓，从而可能丧失成为流行对象的机会，或者需要比现在漫长得多的时间才能流行。大众传媒对促进流行具有三方面的重要作用：第一，促进流行产生。大众传媒通过大量地和同时地向公众提供同一信息，动员人们采用新的消费与生活方式。如很多流行歌曲，是由唱片、电视、广播等多种大众传媒立体地提供信息，才使之广泛流行的。第二，促使流行的普及。大众传媒不仅提供新的信息，而且还报道流行采用的实际情况，让人们得知新方式被哪些人在何种程度上采用了，以及其他社会反馈信息。由此，会在人们周围形成一种社会环境和社会压力，促使虽关心流行但还没有采用的人们参与流行。第三，促退流行。一方面，大众传媒不断发布新的信息，促成环境的变化和带来人们对先前流行现象的不满，即鼓励人们形成"喜新厌旧"的心态。另一方面，大众传媒对流行对象的反面评论与批评，会加速流行现象的衰退。

（2）流行是人们满足心理需要的方式。流行是对于现行社会形式的束缚、制约的反叛情感的一种表达方式。有些人会要求以超出现行社会形式而又为社会所允许的新奇形式来宣泄情感，来重新发现自我，而流行恰恰是手段之一。流行既是逃避无聊和厌倦的重要方式，又可提供嬉戏和异想天开的刺激，给平淡的生活增添新的色彩。同时，还可使人体验由于冒险、新奇所带来的激动心情。

流行是声望群体的竞争形式。在一个存在阶层的开放社会中，社会精英阶层力图用一种明显的标识，如服饰、生活方式等使自己与别的阶层相区别。下层阶级的成员也想借用这些标识来抬高自己的地位。当下层阶级大部分人都采用了这些最初为上层社会所采用的标识时，精英阶层必须引入新的区分标识，于是，又会兴起新的竞争潮流和新一轮事物的流行。因此将流行看做是一循环过程，看做是精英阶层为区分自己的社会地位而发起的一种运动。这的确为流行为何会引入社会以及它是如何扩散和传播到社会中并最终消失提供了解释。

人是社会人，从属于某一团体，并受所属社会团体中的规范所制约。只有这样人才能保持自己在所属团体中的地位，才能与团体中的大多数成员保持协调与一致，也才能安心、平静地生活。另一方面，人又是一个活生生的个体，有表现自我、体现个性和追求差异性的需求与欲望。表现人们对流行的追求与仿效。总之，人们采用流行，一方面是出于模仿他人、适应社会的"协调性愿望"，以体现人的社会性要求，另一方面，采用新的产品和新的行为方式，又包含着希望区别于他人的"差异性愿望"，以体现人的个性。"协调性愿望"促使人们不能远离流行，要加入或参与到流行中去；"差异性愿望"，促使人们不安于现有流行而不断追求新的流行。

（3）流行的普及性与新奇性推动着流行。流行的变迁无不打上生产力发展状况和人们思想与精神面貌的烙印。虽然社会条件的改变是流行变迁的根本性原因，然而，流行的变迁实际上比社会状况的变迁更为频繁和多样。之所以如此，更直接的原因是流行本身存在普及性与新奇性的矛盾，当一种事物或现象在社会大多数成员中流行开来，即它具有广泛的普及性的时候，它的新奇性就不再存在。即使它仍与当时的社会状况相适应，人们也会慢慢对它失去兴趣并寻求更为新奇的事物来替代它。当某种曾经流行的服装款式不再流行时，并不意味着该种款式的服装有违当时的社会经济或文化发展状况，唯一的原因可能只是有更加新颖的流行款式取而代之。

10.2.6　流行与消费者行为的关系

流行在一定程度上可以促进消费者在某些商品消费上的共同偏好。不同阶层在产品和服务的消费上会呈现很大的差异性，流行则可以打破地位、等级和社会分层的界限，使不同层次、不同背景的消费者在流行商品的选择上表现出同一性。这种同一性不仅与现代社会化大生产条件相适应，而且也有助于增加社会的同质程度和增加社会的凝聚力。

流行促进了人们在商品购买上的从众行为。从众实际上就是在思想上、行动上与群体大多数成员保持一致。人们之所以产生从众行为，一个主要原因是认为群体的意见值得信赖，群体可以提供自己所缺乏的知识和经验。流行虽然是一种自发的行为，但它毕竟在消费者周围营造了一种不容忽视的环境，传媒对流行事物的大量传播，朋友、同事和其他相关群体对流行现象的谈论和热衷，都将进一步强化消费者原已存在的从众心理，并促使其采取从众行为。

流行以满足一定的社会和心理需要为基础。满足这类需要的方式很多，流行只是其中的一种方式而已。"流行提供了一种很好的方式，使人们得以发挥自己异想天开和反复无常的天性而又无害于社会与他人，得以用温和的方式逃避习俗的专制，可以在社会认可的范围内尝试新奇的东西，使精英阶层可以实现他们那种令人生厌的阶层分界努力，也允许地位低下者与地位高贵者进行外在的、虚假的认同。"流行的上述功能，实际上折射出它满足消费者某些社会与心理需要的能力。

10.2.7　消费流行的影响力

（1）消费流行对消费者行为的影响。消费流行不仅影响人们的思想意识、价值观念，也影响消费者的购买行为。例如在超市里，消费者习惯买各种小包装食品，继小包装的食糖、食盐、各种袋装小吃后，各类袋装瓜果蔬菜也流行起来。

（2）消费流行对文化生活的影响。消费流行可分为物质流行和精神流行，而文化生活中的消费流行则是两者共同作用的产物，是一种较高层次的流行，是社会文明程度提高的反映。例如，在许多家庭的室内装饰布置中，书籍、字画成为一景；各种文艺形式的流行，促进了人们欣赏水平和层次的不断提高。

10.2.8　企业引导消费流行的策略

消费流行往往能带来广阔的市场和巨额的利润，因此，跟随与引导、创造流行成为重要的经营策略。企业可以通过多种方式，直接或间接地影响消费流行。

（1）充分市场宣传。要想在现代社会生活中引导消费流行，就不能不重视市场投入和广告创意、创作。广告创意、创作的重要依据是利用消费者的求新、求奇、求好的心理和商品本身的品质与性能。成功的商品广告不仅要准确地显示出商品的优点和特征与竞争产品的差异，引发消费者兴趣，更要打动消费者的心，使消费者产生购买的欲望。

（2）利用模特示范效用。模特的示范既可以让消费者全面了解商品，又能借助模特本身的知名度和流行度，巧用社会从众和模仿心理，造成商品的流行趋势。

（3）巧用政策激励。在中国，国家相关政策对人们的影响力是巨大的，这种影响可以延伸到生活的方方面面。一种商品如果与政策一致，符合政策倡导和扶持，如低碳环保产品，企业稍加努力，就可以畅销流行。

当然，无论采用什么措施来倡导流行，最主要的还是把握好消费者的消费动态和倾向。

10.3　新产品创新扩散

10.3.1　创新扩散的含义

创新扩散是指某种新的产品、新的服务、新的观念或者新的实践通过一定的媒介逐步传播到消费者中的过程。对市场营销人员来说，非常重要的一个问题是创新信息如何在群体内或一个大的消费者环境下进行传播的。

传播的媒介可以是大众媒体、销售人员或者人际间非正式的交流。依据这一定义，扩散过程包括四个基本要素，即创新、传播渠道、社会系统或群体以及时间。

1. 创新的含义

管理大师彼得·德鲁克认为创新是使人力和物质资源拥有新的、更大的物质生产能力的活动，创新是创造一种资源。他甚至还说"企业管理的根本任务只有两条——创新、营销"。因此任何改变现成物质财富，创造潜力的方式都可以成为创新。

2. 营销创新的类型

营销创新具有营销观念创新、营销方式创新、营销要素创新及营销组织创新四个方面，其中营销观念创新包括社会营销观念、关系营销观念、绿色营销观念、服务营销观念等；营销方式创新包括合作营销、品牌营销、体验营销、定制营销、网络营销；营销要素创新包括产品创新、价格创新、渠道创新、促销创新等；营销组织创新包括组织结构创新和营销组织类型创新。

在实践中有很多方法归纳起来，可以区分为四种方法：企业导向方法、产品导向方法、市场导向方法和消费者导向方法。

大多数研究人员认为消费者导向方法是新产品或产品创新最合适的方法。根据这种方法，对于任何产品，只要被消费者看做是"新"的，就是新产品。换言之，新与否的标准是消费者的感知，而不是产品的有形特征或市场中的事实。

10.3.2　影响创新扩散的产品特征

并不是所有的"新产品"对消费者来说都具有相同吸引力。如傻瓜相机，似乎一夜之间就变得家喻户晓，并在消费者中间广泛流行；有些新产品、服务，可能要花很长的时间，才能最终赢得消费者的认同和普遍接受；还有一些新产品，如垃圾压缩机，则似乎从来就没有赢得过消费者个人的广泛认可。因此，如果营销人员能够预见消费者将如何对他们的新产品作出反应，产品营销的不确定性就有可能大大地降低。例如，如果营销人员知道产品固有的某种属性或特征可能会妨碍消费者的接受，营销人员就可以采取一定的促销策略弥补产品的不足，或者决定不将这种产品投放市场。

尽管目前尚无精确的方法可以用来评估消费者接受新产品的可能性，但研究人员还是发现了五种产品特征对消费者是否接受新产品具有重要的影响。这些产品特征包括相对优势、兼容性、复杂性、可试用性以及可观察性。

1. 相对优势

相对优势是指潜在顾客认为一种新产品优于现有的替代品的程度。例如，移动电话方便，它可以让用户随时与需要通话的对方联系，正是拥有这种相对优势，移动电话业务就高速地成长了起来，而传呼业务逐步走向没落。

再例如传真机。1988 年，在美国只有 120 万部传真机在使用，这个数字是 1 年以前的 2 倍。到 1995 年，美国人购买了大约 400 万部传真机。是什么原因使传真机的扩散如此迅速？显然，它的相对优势是明显的。一份文件可以在 15～18 秒的时间内以极小的成本传递。如果使用隔夜快递公司运送，同样一份文件则要等到第二天早晨才能送达，成本还要高出传真机的 10 倍以上。如果是国际邮件（如欧洲与美国之间的邮件），即便是像联邦快递或 DHL 这样的知名快递公司提供的服务，也需要耗时 2 天，而传真则几乎是实时服务。

2. 兼容性

这里的兼容性是指潜在消费者认为某种新产品与他现有的需求、价值观和行为相一致的程度。现在许多男人喜爱一种更先进的剃须系统，如吉列感应式剃须刀（Gillette Sensor）。在这种剃须系统中，刀头是可以扔掉的，把柄则是永久性的。这些变化完全是与许多男人已经确立的每天刮胡子的"仪式"是一致的。然而，我们却很难想象，男人们会喜欢为脱掉脸部毛发而发明的脱毛膏。尽管使用起来更简便一些，但是脱毛膏与目前大多数男人有关刮胡子的价值观却是不兼容的。一项有关购买者的研究也表明，妨碍新产品采用的关键因素是产品与消费者现有价值观的不兼容和糟糕的产品质量。

3. 复杂性

复杂性是指一种新产品难以理解或使用的程度。显然，如果某种产品理解和使用起来越容易，它就越有可能被消费者接受。例如，一些方便食品，如速冻饺子、方便面以及其他一些真空包装的加热即可食用的产品，在消费者中越来越受欢迎，重要原因便在于这些食品准备起来非常方便，能够帮助消费者节省时间。尽管在大多数美国家庭中能看到 VCR，但他们中的数以百万计的人在使用 VCR 录制自己喜欢的电视节目时却需要帮助。认识到这种需求的存在，VCR plus + 设计才赢得了巨大的成功。

就高科技产品而言，复杂性问题的重要性更显突出。例如，四种技术恐惧症会对新产品的采用起到阻碍作用：（1）害怕技术的复杂性；（2）害怕很快被淘汰；（3）害怕被社会拒绝；（4）害怕伤害身体。研究发现，技术复杂性在消费创新者中存在最广泛的担心。

4. 可试用性

可试用性是指一种新产品在一定条件下是否可以试用的情况。试用某种新产品的机会越多，消费者越容易对新产品作出评价并决定是否采用它。一般来说，经常购买的家用产品的试用要方便一些。例如，许多超市中销售的商品，消费者要试用某个新品牌，都可以先少量地购买，试用以后再决定是否大量购买。实际上，厂商可以提供相对较小的包装，以刺激新产品的试用。如一些小家电产品的可试用性还可能对消费者的整个购买决策起到决定性的作用。

由于深知试用的重要性，超市商品的营销人员通常使用折价券或免费样品，鼓励消费者试用，让他们获得直接的产品体验。这些促销措施为消费者提供了几乎无风险或风险很小的新产品试用机会。另一方面，耐用商品，厂商有效的承诺，可以在一定程度上鼓励了消费者试用。

5. 可显示性

可显示性是指一种产品的属性或利益可以被潜在消费者观察、想象或表达的容易程度。社会可显示性很高的产品服装、汽车，要比私人用品牙刷容易扩散得多。类似地，有形产品也要比无形产品容易扩散一些。

上述五个方面的产品特征，都依赖于消费者的知觉（perception）。一种被感知具有明显的相对优势，能满足消费者的需求和价值观，容易在一定条件下试用，也容易理解和观察的产品，将比那些知觉上与之相反的产品更可能被消费者购买。研究消费者知觉、利用知觉对营销者来说有重要意义。

10.3.3　扩散传播渠道

创新的扩散在很大程度上依赖于企业与消费者之间以及消费者之间的沟通。创新扩散的研究人员，都特别注意产品信息在各种沟通渠道中的传播，以及信息和渠道本身对于新产品的采用或拒绝的影响。一个中心的问题是非人员传播（如各种大众传媒等）与人员传播（销售人员和人际）的相对影响。

现今各种新的传播渠道被开发了出来，企业应建立与自己品牌形象和营销目标相符的传播渠道系统。运用这些系统有效地向潜在消费者传递有关新产品和服务的信息。在互动营销中，消费者已经成了沟通的一个重要部分，而不再只是一个消极、被动的信息接收者。

1.　目标市场特征

每个消费者目标市场都有它自身的价值观和行为准则，这些价值观会影响其成员对新产品的接受或拒绝。如果这个目标市场（青年市场）具有"现代"的价值取向，创新的接受程度就可能是高的。比较而言，如果是一种"传统"取向，被看做是激进或者不尊重传统的创新就有可能被拒绝或回避。

社会价值观不管是现代的还是传统的，它可能是全国性的，对整个社会的成员都会有影响；也可能只是存在于某个地方层次，仅对生活在该地区的人们产生一定的影响。其关键在于：社会价值观能否会形成一种文化氛围，营销人员必须争取消费者对其新产品的认可和接受，最好形成氛围。例如，中年女性健康意识不断增强，由此形成了一种氛围，在这个氛围中，人们普遍认为肉类的脂肪和热量太高，是一种不利健康的食物。而与此同时，鱼类、水果产品的消费却呈现上升趋势，因为这些食物满足了许多人流行的营养价值观和信念。

2.　产品扩散时间

时间是扩散过程的一条分析主线。在创新扩散的分析中，主要有三个方面会涉及时间问题。

（1）购买时间。购买时间是指消费者从最初听说某种新产品或服务到购买或拒绝所花费的时间。购买时间是一个重要概念，因为消费者用某种新产品所需的平均时间是该产品获得广泛采用所需时间的"指示器"。如果个体消费者的购买时间较短时，我们一般可以推断该种新产品的总体扩散速度就会相对快一些。

（2）创新采用者分类。对于同一种创新产品，不同消费者采用的时间会有先后，有些消费者会较另一些消费者更早采用创新产品。可将创新采用者分为创新者（innovators）、早期采用者（early adopters）、早期大众（early majority）、晚期大众（late majority）和落后采用者（laggards）。

创新者是一群好冒险的人，他们渴望尝试新的观念，愿意挑战大的风险，具有非常广泛的社会关系，并且渴望与其他创新者进行交流，但他们只占所有采用者的 2.5%。

早期采用者是一群受尊敬的人，他们更深地融入到了当地的社会系统，在采纳某种新观念前会慎重考虑，并且往往是其他群体成员的榜样。这类采用者中包含了最大部分的意见领袖，他们约占采用者总数的 13.5%。

早期大众是一群深思熟虑的人，他们采用创新的时间刚刚早于平均的购买时间，在采用创新前会深思熟虑一段时间。他们很少属于意见领袖，这类采用者约占采用者总数的 34%。

晚期大众是一群怀疑论者，他们晚于平均时间采用创新，采用创新可能既是出自经济上的必要，也是对周围压力的一种反应。这类采用者对创新保持着高度的警惕，他们约占全部采用者的 34%。

落后采用者是一群守旧的人，他们最晚采用创新，传统导向，对所有事物抱以怀疑的态度，他们约占全部采用者的 16%。

（3）采用速率。采用速率涉及一种创新产品被社会成员采用所需时间的长短，即它被最终采用的人接受会有多快。一般认为，新产品的采用速度有逐渐加快的趋势。iPad 的扩散表明了这一趋势。全球的产品扩散也越来越快。其他电子产品的扩散模式提供了更强有力的证据，表明不同文化之间在产品的采用速率上的差距正在迅速地减少，而不是在扩大。

新产品营销的目标通常是尽可能快地赢得消费者对产品的广泛接受。他们希望实现快速的产品扩散或市场渗透，在其他竞争者采取有效行动之前迅速地建立自己的市场领导者地位。快速渗透策略往往采取相对较低的市场引入价格，以阻止潜在的竞争者进入市场。快速的产品采用也可以通过向营销中介机构（代理商和零售商）证明该产品是值得他们全力并持续给予支持的。但是，一些产品营销者并不希望自己的新产品被迅速采用。营销者会制定和实施一种市场撇脂策略，提升产品形象，通过较高的市场价格尽快补偿产品开发成本。首先以很高的价格向那些愿意并有能力支付高价格的消费者销售产品，然后根据市场销售情况分步骤地逐步降低价格，以吸引其他的细分市场。

10.3.4　消费者对创新产品的采用过程

创新产品采用过程是指消费者个体在做出是否试用、继续使用或放弃使用某种新产品的决策时所经历的一系列阶段。从本质上讲，它同于消费者的决策过程。与一般决策过程不同的是，新产品的采用涉及更大的风险，需要搜集更多的信息，因此决策过程相对更为复杂。

1. 创新产品采用过程的阶段划分

一般认为，消费者在决定购买或拒绝一种新产品时要经历五个阶段。

（1）知晓。消费者获得某种新产品的展露，但这种展露在一定程度上是中性的，因为消费者还没有足够的兴趣搜寻更多的有关该产品的信息。

（2）兴趣。消费者发展出对该产品或产品种类的兴趣，开始搜寻有关创新如何给其带来利益的信息。

（3）评价。基于已获得的信息，消费者得出有关创新的结论或确定是否有必要进一步搜寻信息。评价实际上是一种"心智试用"（mental trial），如果评价是满意的，消费者就会实际试用创新产品；如果心智试用的结果不满意，产品就会被拒绝。

（4）试用。在这一阶段，消费者将有限制地使用创新产品。从使用中获得的经验为消费者提供了做出继续使用或拒绝该产品的决策所需的关键信息。

（5）采用（或拒绝）。基于试用和有利的评价，消费者就可能决定全面和经常地，而不是有限地使用该产品；或者决定拒绝该产品。

最近的一项研究表明，在试用和采用之间可能还会出现两个阶段，即直接的产品体验（结果）和产品评价（确认）。图 10-2 描述了调整后的创新采用过程。这个采用过程从知晓创新开始，依次经历兴趣和评价。创新在购买之前或之后可能被拒绝或试用。试用提供了直接的产品体验，而体验的结果则被用来确认产品评价。如果产品评价是积极的，或者得到直接体验的确认，则会导致最后的采用；否则，则会导致拒绝。图 10-2 是调整的创新采用过程模型。

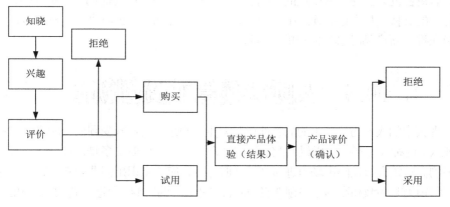

图 10-2 调整后的创新采用过程

采用过程模型提供了一个分析框架，它可以帮助营销人员确定在特定的决策阶段，哪一种信息源对于消费者来说是最重要的。例如，某种产品的采用者他们首先是从大众媒体（杂志和广播）知晓了这种产品。然而，最后试用前的信息一般来自与个人来源所进行的交流。关键是大众媒体对于建立最初的产品知名度可能是最有价值的；然而，随着购买决策过程的进一步展开，这些信息来源的相对重要性趋于下降，而人际交流来源（朋友、销售人员和其他个人）的相对重要性则趋于上升。

这种采用过程模型对于消费者研究人员是有用的，但它存在以下的局限性：（1）在知晓阶段之前，还可能存在一个认识需要的阶段；（2）在试用之后，消费者可能拒绝产品；（3）评价会发生在整个决策过程中，而并不仅仅出现在评价阶段；（4）各个采用阶段并不总是按照特定的顺序发生，而且有些阶段可能被消费者跳过去；（5）该模型并没有包括购买评价。

2．消费者的创新决策过程

为了克服上述局限，传统的采用过程模型被修改为更一般化的决策模型，即创新决策过程模型。这个被修改过的采用过程模型包括 5 个阶段：（1）知识（knowledge），即消费者知道某种创新的存在，并对它的功能有所了解；（2）说服（persuasion），即消费者形成对该创新的积极或消极态度；（3）决策（decision），即消费者从事一些活动，由此导致采用或拒绝该创新的选择；（4）执行（implementation），即消费者使用创新；（5）确认（confirmation），即消费者寻求支持其创新决策的信息，但是，如果获得的产品信息是冲突或矛盾的，消费者也可能改变原来的决策。

感觉到的需要和社会系统的准则以及决策者特征（如社会经济地位和个性因素等）在知识阶段影响着消费者对有关创新产品信息的接收。在说服（即态度形成）阶段，消费者进一步受到传播渠道（信息源）及其对于创新特征的知觉的影响。在决策阶段，额外的信息将使消费者能够评价并决定采用或拒绝创新。在执行阶段，消费者通过使用创新和其他传播渠道获得更多的有关该创新产品的信息。在最后的确认阶段，消费者也会受到传播渠道的影响。这一阶段，消费者评价他们的购买经验，寻求其行为的支持，并决定继续或中止使用该产品。总体而言，创新决策过程更接近营销人员在推广新产品时必须面对的一些现实问题。

10.4　人际影响与消费创新者

现实中的人们与社会中的的其他成员发生着联系，他们既受到他人的影响又影响到他人。这种人际影响可以以观察、模仿等方式发挥作用但更多是通过口碑的形式来实现的。营销人员在向市场引进新产品或服务时，应注意识别消费创新者，并通过一定的营销策略刺激和影响这些创新者，进而借助人际的影响，促进创新的采用和扩散。

10.4.1　人际影响

所谓人际影响，这里是指消费者之间在价值观、信念、态度和行为上的相互影响。在市场营销领域，美国在 20 世纪 50 年代对口传网络的研究中最早强调了人际影响的重要性。人际影响一直对消费者购买行为产生着重要影响。一些研究表明，口传的有效性是广播广告的 3 倍，是人员推销的 4 倍，是报纸和杂志广告的 7 倍。其原因主要在于：第一，口传的信息源可信度高；第二，口传不像一般的广告那样是单向的信息传播，而是双向的交流；第三，口传信息更具有活力，更容易进入消费者的记忆；第四，相比其他传播方式而言，口传信息受干扰的影响比较小。那么，创新信息是如何以口传方式在消费者中间进行传播的呢？现有的理论提出了多种解释。

1．涓流效应理论

这种理论认为，某种新产品、服务或观念，最先是由富裕阶层所采用。他们率先采用创新，主要是想将自己与较低社会阶层的成员区别开来。出于模仿和效仿，较低社会阶层的人也会逐步采用这些创新。这样，新的产品或观念就由富裕阶层传递到较低阶层，并扩散到社会上的大部分民众中。涓流效应理论虽然也能解释某些创新扩散现象，但它忽视了两个方面的问题：首先，现实当中，同一社会阶层成员之间较不同社会阶层人员之间的接触、交流要频繁得多，而不同社会阶层之间的沟通相对而言是很少的，涓流效应理论对这一点没有做出充分的说明。其次，在现代社会，借助于大众传媒，有关时尚的信息可以同时和大量地传播到世界的每一个角落，因此，信息的交流更像洪水般的潮流而不像涓流。

2. 两步流传模型

该模型认为，大众传媒首先影响群体中的意见领袖，再由后者影响创新产品的追随者。和涓流效应理论不同，该理论不是将人际影响视为不同社会阶层之间的垂直影响，而是将其视为发生在同一社会阶层内，视为同一阶层内成员之间的水平影响。两步流传模型假定，在每一群体或阶层内，都存在着意见领袖，根据这一模型所提出的理论，创新信息在传播过程中，最重要的是找出不同消费者群体中的意见领袖，并将大众传媒的焦点对准这些意见领袖，以便通过他们将信息扩散到普通大众。两步流传模型的不足之处是它本身过于简化，现实中消费者从意见领袖那里获取信息并不是完全处于一种被动状态。因为消费者会主动寻找各种信息，此外，对于不同的产品，会存在不同的意见领袖，而且要识别这些意见领袖现实中有时是很困难的，由此也在一定程度上限制了这一模型的运用。图 10-3 是创新信息的传播过程。

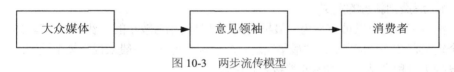

图 10-3　两步流传模型

3. 口传网络模型

人际关系交流是非常重要的，很多信息大多是通过同事、朋友、和邻居传播的。人际关系是口传的出发点，也是口传的制约因素。两步流传模型没有充分考虑口传的人际关系特点。为克服这种局限性，口传网络模型从人际关系角度或网络角度对人际影响的信息传播提出一种不同的解释。

例：图 10-4 中描述的是存在于某一社区的家庭主妇中的一个简单的口传网络。

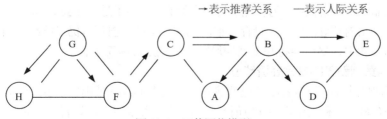

图 10-4　口传网络模型

最近刚搬迁来的一位家庭主妇 A 从同住一个小区的同学 B 那里得到有关某位儿科大夫的推荐信息。B 不仅把这位大夫介绍给 A，而且也介绍给了邻居 D 和 E。B 是从同住一个小区的表姑 C 那里得知这位大夫信息的，而 C 从一位老乡、教师 F 了解到这位儿科大夫的情况。儿科大夫 G 就是这位教师的朋友。外贸公司工作 H 则是那位儿科大夫的邻居，曾经带孩子请那位儿科大夫看过病，也是教师 F 的爱人的朋友。

该图中的节点代表消费者，连杆是消费者之间的关系。消费者之间的关系有两种状态：一是推荐关系，由带箭头的直线来表示；一是人际关系或社会关系，由不带箭头的直线来表示。推荐关系是有关那位儿科大夫的信息被口头传播的路径。人际关系是指消费者之间社会联系的紧密程度，根据密切程度形成小的群体。在这里，有三个小群体，即 GHF，ABC 和 BDE。在口传网络中，个体之间联系的强弱不同，恰恰有可能为信息在不同群体之间的流动架起传播的通道。有研究表明，在群体内部，成员之间更亲密的联系有可能激发信息的流动。原因在于，更紧密的朋友关系，意味着更加紧密的社会接触，由此会增加彼此之间互通信息的机会。

10.4.2　消费创新者

营销人员在向市场推出新产品或服务时，一定要首先识别和影响消费创新者，这样才有助于创新信息在目标群体中的传播。那么，什么是消费创新者，他们与其他消费者（如晚期大众和落后采用者）相比具有哪些特征以及如何达到和影响这些创新者呢？创新产品的营销人员必须解决好这几个关键性的问题。

1. 消费创新者的定义

消费创新者可以被定义为"最早购买新产品的相对较小的消费者群体"。然而，这个定义存在一个问题，即"最早"是一个相对的概念。一般来说将某个地理区域内最早购买这种产品的占 10%的消费者看做是创新者。

2. 消费创新者的个性特征

消费创新者往往比其他消费者的经验丰富，对产品变化的态度比较积极，他们的成就动机与教育水平较高，有超前经济倾向和热情，避免思想僵化，不满足其现有的生活状况。创新者对新产品非常感兴趣，积极认同新思想，对他们自己作为创新者有清楚的认识，渴望自己及其孩子们能进入较高的社会阶层。

根据冒险性可能比其他个性特征更容易将消费者区分为创新者和非创新者。创新者无论是购买耐用商品，还是时尚商品，都比较愿意冒险。创新者在购买汽车时具有明显的内部导向；他们的行为表现了其个人价值观，而不是其社会群体的共有价值观。当创新者采用内部导向时，尽管存在很高的客观风险，创新者仍可能购买新产品，并在决策和行动中，尽可能将知觉到的风险和不确定性减至最低。

3. 消费创新者的社会经济地位

大量研究表明，创新者比其他消费者拥有更多的收入或财富。生活标准和与之相关的特征（如教育和文化水平）与创新倾向具有正相关性。创新者在职业、社会地位、教育和特权上都有别于他们所属社会群体的其他成员。例如，购买触摸式电话的创新者在收入和财富的知觉上，与非创新者相比有较大的差异：他们较少关心费用，但是即使在其所属的社会等级内他们享有更多的"特权"，也并不意味着他们属于更高的社会阶层，或者比非创新者拥有更多的收入。在一般日用品和汽车的消费中能发现类似的现象，创新者倾向于向较高的社会阶层流动。

4. 消费创新者对产品的知觉和评价

新产品的特征与其在市场中的推广速度有密切关系。这些特征包括相对优势、兼容性、复杂性、可观察性和可试用性。然而，不仅这些特征与新产品的采用速度明显相关，而且创新者对这些特征的知觉也会影响到新产品在市场中的推广。一般来说，创新者更看重新产品的兼容性、相对优势和可试用性，不太注重复杂性。但是，在特定的产品领域内，消费者所重视的产品特征可能会不一样。有证据表明，对于包装食品、太阳能系统、高科技的创新产品等，创新者注重的是新产品的相对优势、兼容性、复杂性、可见性和可分性。

5. 消费创新者的购买和消费行为

创新者的购买行为和产品使用模式在某些方面不同于其他消费者。例如，创新者具有较少的品牌忠诚；也就是说，他们更易于转换品牌。这并不难理解，因为品牌忠诚与其尝试新产品的意愿是相违背的。对于营销者来讲，创新者也可能容易应付一些，因为他们更容易接受和使用诸如免费样品、折价券之类的促销品。

创新者也倾向于是某种产品的大量使用者。如咖啡、电话、彩电、电动牙刷、电动剃须刀、计算机等产品领域的研究均已证明了这一倾向的存在。创新精神与产品使用率有关，可能是因为"大量使用者具有较多的评估新信息的知识和能力。他们具有不同的知识结构或是联结不同知识的方式，因而能够较好地实现对产品消费结果的预期"。

➤ 本章小结

口碑传播、流行与创新扩散都涉及信息的传播。口碑是指公众对某企业或企业产品相关信息的认识、态度、评价并在公众群体之间进行相互传播。口碑传播对消费者购买行为产生着重要影响，具有相当大的说服力和影响力。

口碑传播较其他传播方式对消费者的影响更大。口碑传播不仅是传达正面信息，同样，它可传达负面信息；既可以为企业带来正面的建设力量，也会由于负面口碑的自发传播带来极大的破坏力。口碑传播产生的原因，从口传信息传播看，通过提供信息影响别人的购买行动；从口传信息的接收看，从朋友、同事或其他消费者处获取购买信息与建议，信息比卖家所提供信息值得信赖。所谓意见领袖，是指在人际传播网络中，经常为他人提供信息、观点或建议并对他人施加个人影响的人物。

意见领袖具有影响他人态度的能力，他们介入大众传媒，加快了传播速度并扩大了影响。消费流行是某种消费品或某种消费样式，一段时期内得到人们不约而同的认同和追捧，在短时期内形成群起仿效的消费现象，把握消费流行规律是企业掌握市场动态与方向的重要一环。主要有两个方面的内容。消费流行的地区传播规律和消费流

239

行的人员结构规律。消费流行周期基本都要经历初期—成长—高潮—衰退四个阶段，企业可以通过多种方式，直接或间接地影响消费流行。

在创新的采用和扩散的过程中，消费创新者作为意见领袖发挥着重要的作用，他们会影响其他消费者对创新的接受或拒绝，而这种作用主要是通过人际影响，特别是口传效应实现的。现有的理论对创新信息的传播过程提出了多种解释，主要包括涓流效应理论、两步流传模型和口传网络模型。营销人员的任务是识别并通过一定的营销策略影响消费者创新，激发他们的热情。要研究消费创新者的个性特征、消费创新者的社会经济地位、消费创新者对产品的知觉和评价、消费创新者的购买和消费行为。

➔ 实践实训

实践实训实训课题 10-1

实训目的：在实践中学习，运用知识分析现象。

实训题目：每 3～5 同学为一组，每组选择一类大家熟悉的商品，设计表格，请全班同学填写，然后归类、分析总结。找出产品的利益好处，他们获得信息的来源和口碑的影响力。消费流行的影响和创新消费者可能是哪些群体。

➔ 练习与讨论

1. 什么是创新扩散？
2. 简述消费者对创新产品的采用过程。
3. 简述人际影响、消费者创新在信息传播中的作用。
4. 创新采用者分类、影响创新扩散的产品特征有哪些？
5. 简述消费流行的影响力、消费流行的人员结构规律。
6. 在创新扩散中的时间问题应如何分析？

第 11 章

购物环境与消费心理

学习目标

- 了解购物地址选择与消费者心理；
- 了解商店招牌、标志与消费者心理；
- 熟悉橱窗设计的心理艺术；
- 熟悉柜台设置与商品陈列的心理效应；
- 熟悉商店内部装饰的心理效应。

案例导入

家乐福的有关情况

　　成立于 1959 年的家乐福集团是大卖场业态的首创者，是欧洲第一大零售商，世界第二大国际化零售连锁集团。现拥有 11 000 多家营运零售单位，业务范围遍及世界 30 个国家和地区。集团以三种主要经营业态引领市场：大型超市，超市以及折扣店。2004 年集团税后销售额增至 726.68 亿欧元，员工总数超过 43 万人。法国家乐福集团成立于 1959 年，是大型超级市场（Hypermarket）概念的创始者，于 1963 年在法国开设了世界上第一家大型超市。家乐福于 1995 年进入中国后，采用国际先进的超市管理模式，致力于为社会各界提供价廉物美的商品和优质的服务，受到广大消费者的青睐和肯定，其"开心购物家乐福"、"一站式购物"等理念已经深入人心。家乐福在国外店铺数已经比沃尔玛国外店铺还多。

一、选址

（1）开在十字路口。Carrefour（法文意为十字路口）第一家店是 1963 年开在巴黎南郊一个小镇的十字路口，当时生意非常火暴，大家都说去十字路口，把店名给忘了。十字路口成为家乐福选址的第一准则。

（2）3～5 公里商圈半径。这是家乐福在西方选址的标准。在中国一般标准是公共汽车 8 公里以内的车程，时间不超过 20 分钟。

（3）聘请专业公司进行市场调研。一般需要分别选两家公司进行销售额测算，两家公司是集团之外的独立公司，时间不超过 20 分钟。

（4）地理位置的特点。家乐福的门店一般只占两层空间，不开三层。

二、组织结构

开店前最重要的工作是选址。开店后有三件事要做，即建立机构，树立经营理论，进行现场管理。

（1）建立简洁的机构。家乐福店铺由店长负责管理，店长有了，然后指定一个处长负责。另外有值班经理（处长或服务部门科长）。

（2）树立家乐福特有的经营理念。家乐福经营理念有 5 条，即一次购足、超低售价、免费停车、自助服务、新鲜品质，想成功就要把这 5 条做细。超低售价不是每种商品均如此，有的是零毛利，有的则可达 15%。超市不是百货店，也不是五星宾馆，但必须提供自助服务条件，为顾客提供便利。不用开口说话，就能找到商品和清楚价格。超市没有服务员，只有理货员。

（3）现场管理。家乐福店铺的现场管理主要表现为巡查管理。

① 巡查管理。用巡检表控制，可分好、差和有待改进三个标准。具体项目包括：卖场是否缺货，无条形码商品是否放在待加工区，照明是否浪费，以及是否卫生安全等。

② 商品部经理每日必做：详细巡查货架；条形码是否与价格相符；商品是否缺货；检查系统报告；促销品单独订货；依据每月报告制定促销、订货策略；检查价签和说明书；根据总部计算机指导改变陈列面，销售额大的加大陈列面；100 个品种不超过 3 次补货；检查安全和清洁。

③ 细致巡查项目：清洁、缺货与订货、重要商品、促销区、陈列标准、扫描测试、安全等。

三、防损意识

1. 日常损失防范措施

（1）三米原则：每个员工在三米之内就问候顾客，做贼者会因担心而放弃偷窃，非贼者会认为有礼貌。

（2）后仓管理：不许有开箱、不许有代用箱；高于商品平均价、高单价商品锁上，并有保安见证。

（3）条形码管理：条形码掉失是造成损失的重要原因。

（4）收银管理：每月允许 40 元以内长短额。

（5）磁码原则：纺织品、鞋、酒等都贴上磁码。

（6）提包控制原则：采取存包制度。

（7）提供防盗包，女士背包随便。

2．周期盘点

作出不流动商品报告、负库存报告和进行免费赠品控制。

3．审计制度

定期对商场日常营运中的主要环节进行核查。不向店长汇报，向总裁汇报。实际上最大的损耗是由商场制度没有被执行造成的。因此，家乐福每天把空箱登记，进入系统作为当日损耗；每天顾客打翻的瓶子，进入系统作为当日损耗；生鲜食品 1.5%～2%损耗，进入系统作为当日损耗。

问题：

1．家乐福的营业场所内部环境满足了哪些消费者心理？

2．你认为家乐福的服务环境怎样？哪些方面有待改善？

消费者的购买行为通常都是在一定的购物场所或环境中实现的，购物环境的优劣对消费者心理感受及其购买过程具有多方面的影响。一个好的购物环境会给消费者留下美好的第一印象，引起消费者的购买欲望，进而起到促进消费者购买的作用；反之，原本有购买欲望消费者也可能会因恶劣环境影响心情，从而打消购买的念头或者到其他地方选购。

11.1　营业地址选择与消费者购买心理

购物环境，是指购买行为发生的主要场所。人们所消费的商品主要分有形实物商品和无形的劳务性服务商品，购物环境因此也分为两类。①提供实物商品的商业营业场所。这类营业场所一般具有固定的地点，如百货商场、市场、仓储式商场等。但随着互联网技术的发展及现代物流配送系统的完善，非固定场所经营实物商品的网上营业环境也在蓬勃发展。②提供劳务服务的营业环境。如旅游、饭店、休闲、文化艺术等消费中的营业环境，这一类营业环境可能拥有相对固定的场所，如音乐厅、饭店、旅游景点等。

一般地讲，一个营业场所环境可分为外部环境和内部环境。前者包括商店的类型、地理位置、店门设计、招牌、橱窗、霓虹灯、标识等；后者主要指店堂内部的设施、柜台摆布、商品陈列、装饰风格、照明、音响等。以上因素的综合效果即构成商店的整体购物环境。受营业环境种种因素的影响，消费者的心理及其购买行为可能随之改变。有些因素对消费者购买行为起促进作用，而有些因素会起消极的阻碍作用。所以，营业环境的质量与形象会改变消费者态度，并进一步影响消费者购买后的评价。

243

营业外部环境表现为一个商店的外观或外部容貌。它们是消费者在购买活动中首先加以感知的营销场景，往往给消费者以极为深刻的第一印象。尤其是营业场所地理位置的优劣，是能否把消费者吸引来店的首要因素。俗话说天时不如地利，我们以商场为对象，研究营业地址对消费心理的影响。

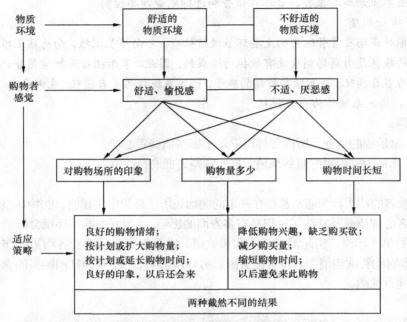

图 11-1　物质环境对购物者的影响

11.1.1　商圈的含义及其分析

当消费者在一处营业场所购买商品时，可能同时会到附近的营业场所游览、消费，并产生购买行为，这样的购买行为就是营业环境中的规模效应（也叫马太效应）。这些营业单位地理位置接近，营业性质比较接近或相互兼容，消费者就会在这个商圈内保持较高的消费动机。

1．商圈的含义

商圈，是指商品交换所涉及的地理范围。从商店营销的角度来讲，商圈是指商店能够吸引消费者来店购买的区域。无论大商场还是小商店，他们的销售总是有一定的地理范围。这个地理范围就是以商店为中心，向四周辐射至可能来店购买的消费者所居住的地点。

一个商店的商圈可以划分成三部分，即核心商圈、次级商圈和边缘商圈。

（1）核心商圈，是指最接近商店的区域，在这个区域的消费者来店购买商品最方便。一般地讲，小型商店的核心商圈在 0.8 公里之内，顾客步行来店在 10 分钟以内；大型商场的核心商圈在 5 公里以内，无论使用何种交通工具来店不超过

20 分钟。

（2）次级商圈，是指核心商圈的外围区域，在这个区域的消费者来店购买商品比较方便。一般来说，小型商店的次级商圈在 1.5 公里之内，顾客步行来店在 20 分钟以内；大型商场的次级商圈在 8 公里以内，无论使用何种交通工具来店，平均不超过 40 分钟。

（3）边缘商圈，是指次级商圈以外的区域，在这个区域的消费者来商店购买商品不方便。一般来说，小型商店的边缘商圈在 1.5 公里之外，顾客步行来店 20 分钟以上；大型商场的边缘商圈在 8 公里以外，无论使用何种交通工具来店平均在 40 分钟以上。

以上对商圈三个部分的划分不是绝对的。因为现代商店类型众多，各类商店经营规模、所处地区和经营商品的种类的不同，在商圈范围和具体形态上会有较大差异。由于各种因素的影响，商场的商圈大都表现为不规则多角型，而其范围与形态也不是固定不变的。为了理论研究的方便，在商业教科书上，一般将商圈由里向外分为核心商圈—次级商圈—边缘商圈。

2. 商圈分析

商圈分析是对商场特定商圈内的构成、特点和影响商圈规模变化的各种因素进行综合性的研究。对商场来讲，商圈分析有重要的意义。它有助于企业合理选择店址，在符合设址原则的条件下，确定适宜的设址地点；有助于企业制定开拓市场目标，明确哪些是本商场的基本顾客群和潜在顾客群，不断扩大商圈范围内客流来源；有助于企业有效地进行市场竞争，在掌握商圈范围内客流来源、客流类型的基础上，开展有针对性的营销活动。商店在对商圈进行分析时，要考虑以下因素。

（1）人口数量及特点，包括居住人口数量、工作人口数量、过往行人数量、居民户数和企事业单位数及其年龄、性别、职业和收入水平构成等。

（2）建设状况，包括公共交通、通信设备、金融机构、供电状况等，对商店营销的方便程度。

（3）社会因素，包括地区建设规划、公共设施（公园、公共体育场所、影剧院、展览馆）以及本地区的人文因素等，是否有利于商店的发展。

（4）商业发展潜力。在对商业发展潜力分析时，应计算该地区的商圈饱和度，以了解这个地区内同行业是过多还是不足。在商圈饱和度低的地区建店，其成功的可能性较大。商圈饱和指数的计算公式为：

$$IRS = \frac{C \times RE}{RF}$$

式中：IRS——某地区某类商品零售的饱和指数；

$\quad\ C$——某地区某类商品的潜在顾客人数；

$\quad RE$——某地区某类商品的人均购买额；

$\quad RF$——某地区某类商品的商店营业面积。

11.1.2　商店地区选择与消费者购买心理

商场地区选择是在商圈分析中进行的。通过商圈分析，营销者了解到某一区域是否具备设置商场的有关条件，特别是了解在该区域建立商店是否符合消费者的购买心理和购买规律。

1.　购买类型与地区选择

消费者购买商品在地区的选择上是有一定规律的。在对消费者购买行为研究中，我们把消费者对商品的购买分为三种类型，即经常性购买、间歇性购买和考察性购买。这三种类型的购买，在地区的选择上是不一样的。

（1）经常性购买的地区选择。经常性购买的对象是消费者普遍需要的日用生活必需品。这类商品选择性不强，价值较低，购买频繁。消费者的购买愿望是求便利，花费尽可能少的时间就可以买到。因此，这种类型的购买在商店地区的选择上会是 0.5公里以内的商店，步行到店时间最好不超过 10 分钟。

（2）选择性购买的地区选择。选择性购买的对象是消费者根据自己需要进行挑选的非日常生活用品。这类商品价值较高，品种差异性大，挑选性强，购买频率较低。消费者的购买愿望是购买到适合自己需要的商品，舍得花费较多的时间，走较长的路程。因此，这种类型的购买在地区的选择上范围较大，购买走向是商业中心和专业商业街。

（3）考察性购买。考察性购买的对象是长期使用的耐用品或其他特殊商品。这类商品价值高，品牌差异大。消费者的愿望是购买到信誉高，质量有保证的名店名牌商品，不怕花费时间，不计较距离的远近。因此，这种类型的购买在地区的选择上更广泛，购买走向是商业中心和专业商业街。

与消费者购买在地区选择上的习惯相适应，一个城市的商业网点一般都按照"方便消费者购买和经济效益最大"的原则，分三级进行设置，即市级商业中心、地区商业中心和居民区商业中心。

2.　市级商业中心

一般来说，市级商业中心（商业网点群）处于城市中心和繁华地区，交通便利，人口密集，客流量大，各种商店数量多而且集中，类型齐全，功能配套，商品种类繁多，并以中高档为主，同时建有各种娱乐餐饮场所，因而对消费者有较强的吸引力，可以同时满足人们购物、观光、娱乐、就餐等多方面的需要。选择市级商业中心作为商店的设置地点，可以借助其优越的地理位置，浓厚的商业气氛，完备的综合功能，便利的交通条件，提高商店的地位和知名度，吸引更多的消费者光顾。同时，激发消费者求名、求全的购买动机，促成对商品的连带式购买。

3.　地区商业中心和居民区商业中心

地区商业中心和居民区商业中心空间分布广泛，地理位置与所在区域的消费者十分接近，经营类型以小型、大众商店为主，经营商品多为消费者日常生活必需品。将商店设置在这类网点群中，可以借助深入居民、方便生活、价廉物美、综合服务的优势，激发消费者求廉、求便的心理需要和惠顾性购买动机，促成习惯性购买行为，以保持稳定的目标顾客群和销售量。

11.1.3　商店地理位置与消费者心理

商场所在地理位置对顾客的消费心理与商场的经营业绩有极大的影响。

1. 顾客对商店所在地点的心理感受

（1）重视著名商业街区商店的购物心理。大中城市常有若干个著名的商业街区，在这些商业区汇集了许多大店、名店、专业店。它们的商品质量上乘，品种齐全，款式新颖、时尚，服务优质，信誉较高。各类商店组合配置合理，布置气派豪华，体现出名店、大店风范，因而名扬四海，吸引无数国内外顾客前来购物、观光。上海南京路和淮海路、北京王府井大街、美国纽约曼哈顿原世界贸易中心地区与时报广场等，都是世界著名的商业街区。商店若能选择在各地的著名商业街区开设，往往能取得显著的效益。然而，在这些地方开设商店也必然要付出高昂的地价、商场租赁费用及装潢、广告等各类设施的费用。且这些地方的商店位置可能早已被捷足先登者所占据，要想在那里占有一席之地颇有难度。当然，在这些街区设立的商店，其商品的质量、服务质量、信誉等多方面均应与其知名度相一致，这对商店的业务水准和管理水准也提出了很高的要求。

（2）追求就近方便的购物心理。许多顾客在购买日常生活的普通消费品、副食品等商品时都有就近购买的心理。顾客到这类商店购买的频率较高，这样可以节省许多精力与时间。因此，在居民小区周边或街道开设商店，可以满足顾客求便的要求。

（3）喜爱专业商品销售汇集地的购物心理。我国改革开放以后，出现了一些专业商品销售集散地，它们分布在大中城市的周边地区，也有的在城市中心某些地区，如江苏常熟的服装市场、浙江义乌的小商品市场、平湖羊毛衫市场、海宁的皮衣市场等。这些市场汇集了相当多的经营同类商品的商家，既搞批发，又搞零售，商品种类、款式繁多，价格各异，可以进行价格商洽，吸引了许多顾客和中间商。这里的商品良莠不齐，档次各异，顾客挑选的范围较宽，识别能力较强的顾客常可以买到价廉物美的商品，当然，也存在买到质量差、价格高的商品的风险。因此，对这类市场加强管理，采取切实措施维护顾客利益，能增强这类市场的功能，更好地满足顾客的需求。

（4）习惯在交通枢纽地区购物的心理。有许多顾客习惯在上下班车站附近，或者出差、旅游时在车站、码头等交通枢纽地购买商品。这些地方往来的顾客人数较多，需求商品数量较大、品种较多，因此在这些地方设置商店可以给顾客带来许多方便，也可以给商店增加效益。国外有许多特大型购物中心开设在高速公路的交汇处，以方便过客购买商品。

2. 商店类型的心理影响

现代商店类型众多，按经营规模，可以分为大型、中型、小型商店；按经营商品的种类，可以分为综合商店、专业商店；按经营方式，可以分为百货商店、超级市场、连锁商店、货仓式商店、便利商店；按经营商品及购物环境的档次，可以分为高档精品店、中低档大众商店等。现代消费者的需求复杂多样，对商店类型的要求和选择也不相同。相应地，不同类型的商店，由于经营特色不同，对消费者的购买心理也有不同的适应性。

大型百货商场具有经营广泛、品种齐全、设施优良、服务完善、地处繁华商业中心、拥有良好信誉等诸多优势，具有较强的综合功能，可以满足消费者求全心理、选择心理、安全心理等方面的购买心理需求，同时适应各种职业、收入、社会阶层的消费者的心理需求，因而对大多数消费者具有较大吸引力，是消费者集中选购多种商品、了解商品信息乃至享受购物乐趣、感受时代潮流的主要场所。一些知名度较高的大型百货商店，如北京王府井百货大楼、上海第一百货商店、大连万达购物中心、巴黎春天商店、青岛利群商厦等，往往代表着所在城市的经济发展水平，成为消费者判断该城市繁华程度的窗口。

专业商店因其专业化程度高而能更好地满足消费者对某种特定商品的深层需求，因而在选购单一商品如汽车、电器、办公用品、钟表眼镜时，经常成为消费者首先选择的商店类型。专业商店有很好的发展潜力。

超级市场采取敞开货架、顾客自选的售货方式，使消费者能够亲手选择比较商品，亲身体验使用效果。与其他类型的商店相比，可以为消费者提供较多的参与和试用机会，满足消费者在购买过程中的参与感、主动性、创造性的心理需要，同时减少与销售人员发生矛盾的可能性。因此，超级市场一经出现，便受到消费者的喜爱。

连锁商店因具有统一经营方式、统一品种、统一价格、统一标识、统一服务标准、分布广泛、接近消费者等特点，而在众多商店类型中独具特色，受到消费者偏爱。在连锁商店购物，可以使消费者减少风险防御心理，节省挑选时间，缩短购买过程。特别是一些连锁快餐店、便利店，如麦当劳、肯德基、马兰拉面、永和豆浆等，以其方便、快捷、便于识别等优势，满足了现代消费者求快、求方便的心理需要。

近年来，货仓式商场在各种类型的商店中异军突起。这种商店一反传统销售方式，将零售、批发和仓储各个环节合而为一，并采用小批量如成盒、成打的形式出售商品，因而可以最大限度地节约仓储、包装、运输等流通费用，进而大幅度降低商品的零售价格。所以，尽管这类商场购物环境较差，服务设施简陋，但因价格低廉的突出优势，迎合了中低收入阶层的消费者求实、求廉的购买动机，因此对这一阶层的消费者有很强的吸引力。

高档精品店以其经营名牌商品、质量优良、环境设施讲究和高水准服务而见长。这类商店主要以高收入阶层、社会名流等为服务对象，满足其显示财富、身份、社会地位的心理要求。高档精品店多与世界知名品牌生产商相结合，以专卖店的形式出现，如"皮尔·卡丹"、"梦特娇"、"金利来"、"鳄鱼"等，从而满足部分消费者求名、炫耀的购买动机，并以此赢得稳定的消费者群。

总之，商店类型不同，对消费者购买心理的影响和适应程度也有所不同。消费者通常在购买活动开始之前，根据自身的消费需要和购买习惯对商店类型进行选择。因此，零售企业在店址方位确定时，要选择确定理想的商店类型，要考虑周围商店的类型。实践证明新建商店与邻近商店销售的商品种类协调一致，相互补充，可以方便消费者购买，促进商品销售；如果与邻近商店销售的商品种类反差太大，则会产生消极的影响。

3. 交通条件的心理效应

交通条件的优劣决定着消费者能否便利地到达商店购买商品。因此，商店的地点选择，必须对该地区或地段的交通条件进行认真分析，如公共汽车的路线、车站的位置、人行横道的远近，以及对车辆的限制和有无停车场地等。同时，还要分析人们行走习惯。因为交通条件和光照情况的影响，在一条街道上，两侧的客流量并不均衡，不同地段的客流量也有很大差异。例如，北京前门大街西侧客流量大，东侧客流量小；北段客流量明显大于南段客流量。由于市政建设对商店的销售前景有很大影响，因此要结合城市规划，选择有发展前途的地段建立商店。

11.2　商店招牌、标志与消费者心理

招牌是指商店的名字，是用以识别商店、招徕生意的牌号。从营销广告角度看，招牌是重要的广告形式，是用文字描绘的商业广告。最早充当招牌的是商品本身。例如，中世纪的欧洲，鞋匠在店门口挂一只鞋模，面包铺的老板则在门口挂一个面包。后来逐渐被文字和象征性造型所取代。设计精美、由著名书法家书写、具有高度概括力和吸引力的商店招牌，不仅便于消费者识别，而且可以形成鲜明的视觉刺激，对消费者的购买心理产生重要影响。

11.2.1　商店招牌与消费心理

招牌是商店名称的标志，是供顾客识别的标志，是招徕顾客的牌号，具有明显的指示与引导功能。顾客对商店的认识，最初是从接触商店的招牌开始的，顾客通过商店招牌了解商店的性质、经营商品的范围及自己所需选择的购物商场。因此，设计精美、吸引力强、独具特色的商店招牌不仅能易于顾客识别，也能给顾客良好的视觉刺激，在心目中留下一个深刻的印象。商店的店名与招牌设计应注意以下几个问题。

1. 商店招牌命名的心理策略

俗话说："店有雅号，客人自到。"商店取名历来备受商店重视。店名首见于商店的招牌。商店命名除了应具备商品命名相类似的有关策略外，还应注意以下几点。

（1）反映出商店的主要经营内容与特色，使顾客一目了然。例如"全聚德烤鸭

店"、"吴良材眼镜店"、"享得利钟表店"等。这样，既方便顾客识别，引导顾客前来购物，也有利于企业创名牌。

（2）采用寓意深刻、别开生面的独特命名以吸引顾客注意。商店命名能采用别具一格、独具匠心、形象生动、耐人寻味的名称、招牌会产生极大的吸引力，激发顾客的好奇心。广州的"陶陶居饮茶店"，采用"陶陶"两字给人以"乐也陶陶"之感。上海的"稳得福烤鸭店"给顾客吉祥、幸福必定来到的寓意。

（3）充分利用传统老字号，展示民族文化特色。我国商业发展过程中有许多著名的商店名称给人们留下极为深刻的印象。如"胡庆余堂国药号"、"六必居酱菜园"、"冠生园食品店"、"老正兴菜馆"、"王开照相馆"等，这些具有上百年或数十年历史的老店、传统典雅的字号，再配以名家题写的匾额，不仅能给人一种怀旧的联想，而且使人感受到浓郁的传统文化，引发顾客对店史的追溯与探寻，激发他们进店购物的愿望。

（4）用名人或名牌商标或者吉祥的事物做商店的命名与招牌。如"拿破仑餐厅"、"希尔顿酒店"、"喜来登酒店"、"家乐福超市"、"皮尔·卡丹服装专卖店"、"麦当劳快餐店"。专营珠宝首饰的"戴梦得"在华贵中透出高雅；"荣宝斋"的店名与所售的名人字画在文雅的气氛中显得极为和谐。能引起消费者上述感觉的招牌，会激发消费者的享受购买动机和自我表现购买动机，对消费者具有极大的吸引力。

（5）以寓意美好的词语和事物命名，迎合消费者的喜庆吉祥心理。追求喜庆吉祥是各民族消费者受其民族文化传统影响而形成的一种重要的心理需求，各国人民都喜欢喜庆吉祥，说明这种心理需求有着世界性特征。以寓意美好的词语、数字或事物命名，可以给消费者以吉祥如意的心理感受，增添一份对商店的好感。例如，"咸亨酒店"的"咸亨"二字含义是大家都时运通达；"康宁药房"，给患者一种药到病除的祥兆；而北京的"盛锡福"、"瑞蚨祥"、"春和楼"等老字号，因其美好的命名而给几代人留下美好印象，经久不衰。

2. 招牌表现方式的心理策略

不同类型的招牌会给顾客留下不同的印象，商店应选择适当的招牌。

商店可采用的招牌种类很多，主要有以下四种。

（1）广告塔式招牌。它通常设立在商场、超市的顶部，使人远远就能望见，吸引顾客的注意。

（2）横置招牌。装在商场正面的招牌，是商场的主力招牌，加装各种装饰如彩灯、泛光灯和霓虹灯等，对顾客吸引力更大。

（3）立式招牌。放置在商场、超市门口街道上的招牌，通常采用灯箱、模型或人物造型等方式来增强对行人的吸引力。

（4）遮篷式招牌。在商场的遮阳篷上印有文字、图案，在遮挡阳光、风雨的同时起到宣传的作用。

此外，还有壁面招牌、突出招牌、悬挂式招牌等。商场可以根据具体情况做出合理、科学的选择。

3. 招牌放置位置与艺术表现的心理策略

招牌设置应选择适当的位置才能起到良好的宣传作用，还必须考虑招牌的大小、招牌上文字书写的形式、色彩等相关因素。为了能给顾客以较大的视觉冲击力，招牌的造型、构图、字体、色彩、风格等诸方面应力求设计精巧、表现完美。广告风格别致，品味高雅，感染力、吸引力强，能收到良好的效果。

11.2.2　商店标志与消费者心理

许多名店、大店专门设计了商店的标志。商店标志，是以独特的造型、图案、色彩或塑像附设在商店的招牌上与建筑物之上，或者放在店门口，形成一种特殊的宣传表现形式。有的企业也采用自己的著名品牌与商标作为标志。这些标志与招牌合理地组合在一起，交相辉映，相得益彰，形成一种艺术氛围，能给顾客以极深的印象，如麦当劳快餐店上的 M（双峰）型标志、肯德基快餐店门前的山德士上校塑像等。这类标志体现出商店的特点，顾客容易识别。这类广告也具有十分丰富的内涵，成为企业形象、精神、经营特色的外在表现形式，能给顾客以适当的视觉刺激，吸引顾客的注意，增强顾客的记忆。标志设计应新颖别致，易于识别，寓意准确，名实相符，造型优美，有艺术感染力。

1. 商店标志具有的心理功能

（1）标志是一家商店与其他商店的区别所在。由于标志通常设计独特、个性鲜明，为一家商店或企业所独有，因而成为商店的主要识别物。消费者通过标志即可辨认和区别各种商店。特别是在由多家商店组成的连锁经营方式中，标志更成为连锁商店的统一代表物，无论时间、地点、环境如何变化，消费者都能根据统一的标志加以辨认。

（2）标志是商店或企业形象的物化象征。现代商店标志往往具有丰富的内涵，是商店或公司经营宗旨、企业精神、经营特色等理念与识别形象的高度浓缩和象征。通过标志的视觉刺激，可以向消费者传递有关企业理念的多方面信息，给消费者留下较深刻的印象。

（3）标志具有重要的广告宣传功能。标志同招牌、橱窗等外观要素一样，还具有重要的广告宣传功能。设计新颖、独具特色、醒目鲜明的标志，本身就是良好的形体广告。它通过不间断地强化消费者的视觉感受，引起过往以及一定空间范围内的众多消费者的注意和记忆，从而成为招徕顾客的有效宣传手段。

2. 商店标志设计的心理要求

（1）独特。避免相同或雷同是标志设计的最基本要求。对于消费者来说，一家商店的标志应当是独一无二的。为此，在设计商店标志时，应力求做到构思巧妙，独具匠心。

（2）统一。一般地讲，连锁店或企业集团内各个分店或分支机构的标志必须是统一的。不仅如此，标志的字体、造型、色彩等还应与企业的形象识别系统（CIS）相统一。不仅要与其中的视觉识别系统如标准色、标准字等保持一致，而且应尽可能体现理念及行为识别系统的内涵与要求，以便于消费者从标志中感知到商店的整体形象。

（3）鲜明。标志的色彩应力求鲜明，以便形成强烈的视觉感受效果，给消费者留下深刻印象。色彩的设计可以采用同一色调，如大红、淡蓝、淡黄等，也可以采用反差强烈的对比色，如麦当劳快餐店的红黄对比，肯德基快餐店的红白对比，希福连锁店的蓝白对比等，均因对比鲜明而产生良好的视觉效果。

（4）醒目。除造型独特、色彩鲜明外，标志在形体大小和位置设计上还应做到醒目突出，能够为消费者迅速觉察。为此，标志的形体在与商店外观保持协调的前提下，应以大型为宜。一般应树立在建筑物顶端或商店门前。例如，日本的大百货店建筑物顶端常竖有葵花、和平鸽等巨型标志，数公里之外清晰可见。反之如果标志物太小，位置不醒目，就难以从周围环境中突出显示出来，不能发挥其应有的心理效用。

11.3　橱窗设计与消费者心理

252

橱窗是商店外观的重要组成部分，也是商店的广告栏，它的直接用途是展示、宣传商品，向消费者传递信息。有特色的橱窗设计不但能令人驻足观赏，更能烘托出商品的卓越品质。因此，橱窗又是广告媒体的一种重要表现形式，是面对面直接吸引消费者的重要手段。

构思新颖、主题鲜明、风格独特、造型美观、富于艺术感染力的橱窗设计，可以形象直观地向消费者展示商品，起到激发消费者购买欲望的作用。

为充分发挥橱窗的心理效用，橱窗设计要注意以下问题。

1．注意橱窗的整体效果，给消费者以统一协调感

（1）橱窗的大小、高矮、位置及数量要与商店的建筑形式保持协调。小型商店建筑一般设一两个橱窗，大型建筑则可设十几个至二十个橱窗。

（2）橱窗本身的装饰性要略高于商店建筑外装饰的水平，在不破坏商店外观的前提下突出橱窗的装饰感，即橱窗本身应给整个商店的外装饰增添色彩，成为商店外观中最醒目的部分。

2．选择适当的橱窗形式，迎合消费者的心理需要

橱窗按建筑结构可分为独立橱窗、半透明橱窗、透明橱窗；按商品陈列方式可分为特写橱窗、分类橱窗、综合橱窗。在橱窗形式的设计中，商店应根据营业性质、售货现场布置、商店的外观及消费者心理需要等因素进行综合考虑和选择。

（1）独立橱窗。只有一面透明，其他侧面均呈封闭的橱窗称之为独立橱窗。独立橱窗不仅与商店内部的售货现场隔离，在商店外观中也自成一体，保持相对独立。独立橱窗线条明快，便于设计者充分展示商品，突出宣传效果，吸引消费者的注意力。

（2）半透明橱窗。除正面透明以外，侧面或背面也部分透明的为半透明橱窗。

这种形式若运用得当，可以形成与内部售货场所的紧密联系，但容易分散消费者对橱窗的注意力。

（3）透明橱窗。透明橱窗与商店内部连为一体，可以使消费者直接看到售货现场，获得对商店外观和内部状况的整体感受。小商店和综合商店经常采用这种方式。它可以加大商店的景深感，减少橱窗的内装饰，从而节省费用。但是，由于里外透视，很难取得橱窗的艺术感，消费者的视线容易分散，不易突出商品本身。

（4）特写橱窗。这种橱窗只陈列某一种商品，或虽有其他商品，但都处于从属地位，陈列它们的目的是为了烘托主要商品。特写橱窗常用于介绍新产品，或是准备推销的、具有特色的、可能流行的商品。采用这种橱窗，可以充分发挥设计者的艺术才能，突出商品的特点，给消费者以深刻的印象。

3. 注重橱窗设计的艺术手法，激发消费者的心理反应

橱窗的设计原则要通过设计手法体现。设计者应灵活地运用样品、视线、层次、色调、摆放位置、灯光、道具等手段，力求使橱窗主题鲜明，构思巧妙，富于艺术感染力，从而激发消费者的购买欲望，迎合消费者的购买心理。

（1）样品。在样品的选择上，任何一种橱窗，摆放的必须是商店所经营商品的实物样品，给消费者以真实感和信任感。用于橱窗陈列的实物样品，应当选择货源充沛、库存较多、需要大力推销的商品；反映本商店经营特色的商品；能引起消费者购买欲望的款式新颖的新花色、新品种；在换季前需要提醒消费者及时购买的季节性商品。

（2）摆放位置。橱窗内陈列商品的最佳部位，一般在人们的视平线一带，过度上仰或俯视都会给消费者一种不舒适的感觉，特别是小件商品，更应当注意陈列的部位。同时，应把所宣传的商品摆放在突出、显眼的中心位置，然后围绕这一中心，对其他陪衬物进行布置、点缀，从而加大主题与背景的对比度，使商品更加醒目集中，能够迅速引起消费者的注意。

（3）灯光。橱窗内应有充足的照明设备。灯头的分布要均匀，数量要充足；灯光要明亮而不刺眼，亮度集中而不强烈。特别是在夜间，无论从远近、左右、正侧各个角度看橱窗，都能得到恰到好处、舒适的光度，使商品外形轮廓清晰可见，同时借助光和影的渲染，增强消费者视觉的立体感，引人注目。

11.4　商店内部装饰与购买者心理

商店内部装饰包括店门、销售设备与商品和货架的陈列、购物场所的音响、商场的灯光照明及色彩调节等内容，这是构成商店内部环境的主要因素。顾客一进入商店，立刻会对店内环境布置形成一定的印象，这对其购物心理将产生很大的影响。理想的店内装饰，可以使消费者在观赏和选购商品的过程中，始终保持积极的情绪，在优雅、舒适和友善的环境气氛里得到心理上的愉悦并使购物顺利实现。

11.4.1 商店内部装饰心理

1. 商店店门

店门是商店内部与外部的分界线，也是消费者进入商店的必经之路。对店门形式与大小的选择，不仅应利于消费者出入，还要从内部装饰的角度考虑对消费者购买心理的影响。店门按开放程度可分为以下三种类型。

（1）封闭型。封闭型店门，是指商店在营业时，消费者必须自己开启才能出入的店门。封闭型的店门常用深色玻璃或雕花玻璃，从街上看不见商店内部。封闭型店门可以使商店内部的购物气氛显得安静、高雅。经营珠宝玉器、金银首饰、古玩字画、高级皮货的专业商店经常采用这种形式。

（2）开放型。开放型包括两类：一类是设有橱窗；另一类是不设橱窗，将商店前面全部开放，消费者在街上便可直接看到商店内部全貌。开放型店门的共同特点是营业时间无店门，顾客出入方便。由于南方与北方的气候不同，南方的店铺开放型的店门较多。经营食品、水果、蔬菜、土产、家具等商品的商店，店门采用这种形式，便于消费者购买和挑选。

（3）半开放型。有些大型商店，根据季节和客流量变化调节大门的开放度。还有的商店，第一道门是敞开型，第二道门是封闭型，我们把它们均称为半开放型。

2. 照明设施

商店照明主要是利用人工光源。科学配置照明，能够吸引消费者的注意力，使消费者的视觉感官舒适。营业厅明亮、柔和的照明，可以充分展示店容，宣传商品，吸引消费者的注意力；可以渲染购物气氛，调节情绪，为消费者创造良好的心境；可以突出商品的个性特点，增强刺激强度，激发消费者的购买欲望。所以，讲求灯光照明的科学化、艺术化，是商店内部装饰的重要环节也是促销的一种手段。

商店内部照明方法分为以下四种。

（1）自然照明。这是商场中的自然采光，通过天窗、侧窗接收户外光线来获得。自然光柔和、明亮，使消费者心情舒畅，是最理想的光源。但自然光受季节、营业时间和气候的影响，不能满足商场内部照明的需要，因此要有人工制作的其他照明相补充。

（2）基本照明。以在天花板上配置荧光灯为主的一种照明方式，为整个营业场所而设置。这种照明灯光模拟自然光的光谱频率，光色比较柔和，只是紫光的成分比较多，但一般消费者也乐意接受。照明光度的强弱，要视商店的经营范围和主要销售对象而定。一般而言，质地精密、色彩多样且挑选性较强的商品，光度要大些；结构简单、色彩单调且挑选性不强的商品，光度可小些；主要销售对象是老年顾客的，光度要强些；主要销售对象是青年顾客的，光度可弱些。商店不同位置的照明度也有别，营业厅前部可适当弱些，使消费者进店后有一段短暂的视觉适应过程，越往里，光度逐渐增强，使消费者的视线本能地转向明亮的地方，吸引消费者向商店内部行走。

（3）特别照明。是以增加柜台、货架的光度以突出商品而配置的，多采用聚光灯、探照灯等定向照射。对于一些名贵、精密的商品使用特别照明，便于消费者观看欣赏、挑选比较，并能显示出商品的华美、贵重，激发消费者对商品的喜爱和向往。

（4）装饰照明。大多采用彩灯、壁灯、吊灯、落地灯和霓虹灯等照明设备。这类照明有美化店容、渲染气氛的作用，会使消费者感到轻松愉快、情绪兴奋。照明设备必须与商店建筑结构相协调，强弱对比不宜过大，彩色灯光和闪烁灯光要适度运用，如果过多、过杂或光线变化剧烈，会破坏店内环境。还需注意不能乱用灯光，以免影响商品自身的颜色效果。

3. 色彩调配

在购物现场，色彩的有效使用具有普遍意义。因为色彩与环境、商品搭配得是否协调，对顾客的购买行为有重要影响。不同色彩能引起人的不同联想，产生不同的心理感受。因此，在商场环境布局中，应注意运用色彩变化及顾客视觉反映的一般规律。比如，红色有助于吸引消费者的注意和兴趣，然而在有些情况下它也令人感到紧张和反感；较柔和的颜色（如蓝色）虽然有较少的吸引力和刺激性，但能使人平静、凉爽，并给人正面的感觉。另外，在不同的季节和不同的地区，要恰当使用不同的颜色。比如，在炎热的夏季，商店的色调应以淡蓝色、淡绿色为主体，给顾客以凉爽、舒适的感觉；在冬季，应以暖色调为主体，给人以温暖如春的感觉。因此，当一个商店内部装饰运用色彩调配时，应注意色彩对消费者心理所具有的影响作用，如表 11-1 所示。

由于商店的颜色对于增强消费者的吸引力有相当重要的作用，因此，最好使用在视觉上显得清新鲜明的颜色，这本身也是促销的一种手段。在设计时，应根据商店周围环境、经营性质、商品特点、顾客层次等进行颜色的选择和搭配。同时，还需要注意在墙壁、天花板、地板、陈列用具、灯具、商品等项要素之间做主色与副色的安排。如表 11-2 所示，是国外商店色彩设计资料，可供参考。

表 11-1　　　　　　　　　色彩设计中的色彩感觉与色彩情感

色彩种类	色温	色彩情感	营销应用（示例）
红色	热	刺激、激动、喜庆、热烈、强壮	喜庆的礼服、红色罐装的咖啡被认为"浓"、可口可乐"应用"红色、女性较喜欢红色
绿色	凉	安静、安全、自然、放松、环保	绿色食品、"绿箭"口香糖、环保事业
蓝色	较冷	较刺激、清洁、清爽、权威	IBM 的标题颜色、洗衣粉、低热量脱脂乳
橙色	暖	较刺激、强大、不拘礼节	能很快吸引注意力、橙汁、成熟
黄色	稍暖	较刺激、谨慎、新奇、温暖	黄色罐装的咖啡味道"淡"、警告、交通阻塞
金色	稍暖	较刺激、高贵、财富、庄严	昂贵的产品、皇室用品
银色	冷	稍安静、高档次、精美、金属、坚固、纯粹	高品质、高价格的产品
白色	较冷	较安静、纯洁、干净、精美、优雅、善良	婚纱、干净的浴用品、奶制品
黑色	暖	较安静、老成世故、坚固、成熟、稳重、神秘	庄重的服装、高技术的电子产品

表 11-2　　　　　　　　　　　不同行业的商店常用色彩设计表

店铺种类	主色	第一副色	第二副色	地板	天花板	墙壁	用具	灯具	目的
高级女装	茶	白	深蓝	深蓝	白	白	茶	黑	欧式
年轻女装	灰	银	白	巧克力	巧克力	灰	银灰	黑	冷淡现代
男士西服	深茶	白	灰	灰	淡灰	白	深茶	白	英式
女士饰品	乳色	橘	白	橘	白	乳色	乳色	白	快乐感
婴儿用品	天蓝	白	粉红	天然色	白	白黄	白蓝	草色	可爱感
寝具	橘	黄	淡蓝	橘	白	白黄	茶	淡蓝	快乐感
鞋店	茶绿	红	白	红	白与茶绿	同左	茶绿	黄	华丽感
药店	青草	白	橘	青草	白	茶绿	白	乳色	健康感
化妆品	淡紫	茶	白	灰褐	淡紫	淡紫	茶	粉红	纤细感
文具	深蓝	茶	白	深蓝	白	白	茶	白	丰富感
钟表眼镜	深蓝	茶	白	深蓝	白与蓝	白	银	黑	精致感
珠宝	深蓝	金	白	深蓝	白与蓝	白	金	金	奢华感
家用电器	黄	橘	白	黄	白	白	茶	黄	快乐感
运动器材	翠绿	乳白	白	翠绿	乳白	白	白	白	运动感
玩具	橘	淡蓝	白	橘	白与橘	淡蓝	橘	白	快乐感
面包	黄	茶	白	黄	白	乳白	茶	白	明亮感
水果	翠绿	黄	橘	翠绿	白	白	翠绿	橘	新鲜感
美容院	淡紫	茶	白	淡紫	白	淡紫	茶	白	柔顺感

4. 软环境设施

商店具有舒适的环境、先进的设施，既是消费者和营业员生理上的需要，也是心理上的需要。

（1）气味。气味刺激消费者的嗅觉。商店中的气味直接影响消费者的心理感受。清新芬芳的气味吸引消费者欣然前往；而强烈刺鼻的异味会使消费者生理上引起反感，无疑是起消极作用。

（2）音响。广义的音响包括店堂内播放的背景音乐、广播播出的语音信息和一些柜台营业员为顾客演示商品性能供人试听而发出的各种声音。只有和谐的音响、柔和的音色和适中的响度才能令人感到舒适。商店在营业时间内声音嘈杂是不可避免的，但如果过度，会使消费者不愿留步，并使营业员工作效率下降，因此要注意以下几点。①在店堂内播放的背景音乐，题材要适合特定场所的购物环境。若商场现代气息比较浓郁，可播放一些现代轻音乐；若商场的艺术色彩比较浓厚，可播放一些古典音乐；若主要消费对象是青年人，可播放一些流行音乐；而若以中老年顾客为主，可播放那些怀旧金曲。总之，要使顾客的情绪在音乐的映衬下能与商场的主体风格产生共鸣。②商品广告信息、各种提示、寻人启事等属于语音信息的播放，音色要比较柔和，使人有亲切舒适的感觉。由于语音较容易受到周围噪声的干扰和掩盖，会影响人们对信息的接收，因此要求清晰度高，音量略大于背景音乐。③其他声音发送要控制好音量大小。例如，挑选电视机和组合音响等，供人试听时发出的各种声音非常难以掌握。噪声强度若超过 60 分贝，会严重影响人与人之间的交谈；噪声强度若超过 80 分贝，会使人产生痛苦的感觉。商家应严格控制此类噪声和其他噪声，尽可能排除噪声音源，降低音量，以创造一个相对宁静的购物环境。

5. 空气

在现代商业环境条件下，商场中的气味对顾客的影响一般是正向的、积极的，大多不会形成负面影响。而且，越来越多的证据表明，气味能对消费者的购买行为产生正面的影响。比如，国外的一项研究发现，有香味的环境会使消费者产生再次造访该店的愿望，会提高对某些商品的购买意愿并减少费时购买的感觉。还有的超市应用带有新烤面包香味的空气喷雾器，来营造一种温暖安全的感觉，从而促进超市中面包的销售。

当然，气味有时也有消极的一面。这不仅是指商场装修中各种材料的不良气味，也包括各种香味混合后产生的某种怪味，甚至也包括不同的人有不同的香味偏好，例如，对某人是令人愉快的香味而对其他人来说却令其觉得厌恶。因此，在商店的布局中要充分考虑到这一点。保持商店空气清新宜人，温湿度适中，才能保证消费者产生舒适、愉快的心理感受。空气污染是商场需要重视和加以解决的问题。

257

┃ **小案例** ┃

美国学者研究了音乐对超市顾客行为的影响。他进行了三种处理：没有音乐、慢节奏音乐和快节奏音乐。研究的基本假设是这三种状态将对以下三个方面产生不同的影响：一是超市顾客在商场内的流动速度；二是消费者的日购买总量；三是顾客离开超市后，表示对超市的背景音乐有印象的人数。

研究发现，背景音乐的节奏影响着消费者行为。商场内顾客流动的速度在慢节奏音乐中最慢，而且，选择慢节奏音乐可以提高销售额，而在快音乐节奏环境中顾客流动速度则最快。有趣的是，购物后的询问调查表明，很多消费者根本没有留意商场中所播放的音乐。

分析提示：因为在慢节奏环境中，消费者在商场内徘徊浏览的时间加长了，因而就有可能购买更多的商品。而很多消费者注意力在商品，很少留意商场中所播放的音乐，表明音乐很可能是在潜意识的情况下对消费者的购买行为产生影响的。

11.4.2 柜台设置方式与购买心理

柜台与货架是陈列商品的载体。柜台及货架的设置方式直接影响消费者的购买心理效应。不同的设置方式会对消费者产生不同心理效应。

1. 两种售货方式不同的柜台

按照售货方式不同，柜台可分为开放式和封闭式两种。

开放式柜台采取由消费者直接挑选商品的方式，消费者可根据自己的需要任意从货架上拿取和选择、比较商品，从而最大限度地缩短与商品的距离，增强亲身感受和体验；消费者可以获得较大的行为自由度，充分发挥个人的主观能动性，产生自主感和自信感，可以减轻消费者的心理压力和其他因素的干扰，在自由挑选商品中形成轻松愉悦的情绪感受；还可以使消费者感受到商店对自己的信任和尊重。这些都会进一步激发消费者的购买欲望，促成购买行为。因此，开放式柜台受到广大消费者的欢迎。书店、鲜花商店、家具商店、大型百货商场、超级市场、专卖店等多数商店普遍采用开放式柜台。

封闭柜台是依靠营业员向消费者递拿、出售商品的设置形式。与开放式柜台相比，这种形式增加了消费者与商品接触的中间环节，扩大了距离感，降低了个人的行为自主性，同时增加与营业员产生矛盾的可能性，因而对消费者心理的负面影响较多。但诸如珠宝首饰、钟表、化妆品等不宜或无法直接挑选的商品，宜采用封闭式柜台。

2. 两种摆放方式不同的柜台

按照柜台的摆放方式，可以分为直线式和岛屿式。

直线式柜台是将若干个柜台呈直线摆放。这种方式便于消费者通行，视野较开阔深远，但不利于迅速寻找和发现目标。一般小型商店常采用这种柜台设置方式。

岛屿式柜台是将一组柜台呈球状摆放，形成一个"售货岛屿"。这种摆放方式可以增加柜台总长度，扩大商品陈列面积，还可以按经营大类划分和集中陈列商品，以便于消费者迅速查找和发现所要购买的商品。这种方式还有利于营业现场的装饰和美化，通常为大型商场采用。

3. 商店的柜台设置

商店的柜台设置，应按照经营商品的性质及消费者的需求和购买特点，选择不同的设置位置。对于人们日常生活必需、价格较低、交易频繁商品，如牙膏、糖果、调味品等，应摆放在出入口附近，以满足消费者求方便、求快捷的心理；对于一些价格较高、交易次数少、挑选性强的商品，如时装等，应相对集中摆放在宽敞明亮的位置，以便消费者观看、接近、触摸商品，从而满足消费者的选择心理。对于一些高档、稀有、名贵、价格昂贵的特殊商品，如彩电、相机、珠宝首饰、工艺品、古董等，可以摆放在距出入口较远的、环境优雅的地方。

11.4.3 商品陈列与购买心理

商品陈列对于商店经营者来说，主要是展示商品、引导消费、方便购买和有力保管四项主要功能。

一个好的商品陈列，不仅要从经营者角度去考虑，更重要的是从顾客角度去考虑，才能真正抓住顾客的心，全面达到商品陈列的目的。

1. 商品陈列的基本原则

今天"陈列就是沉默的推销"已成为商店管理的至理名言，"成功的商品陈列就是优秀的无声推销员"已被越来越多的人接受。因此，营销人员在掌握这把营销钥匙时，必须了解商品陈列的基本原则：

（1）美观整洁、吸引顾客，具有时代感和艺术性；

（2）意图明确，要能让顾客了解商品的特点和用途，帮助他们下决心去购买；

（3）重点突出，连带性强，要能让顾客既看到重点促销的商品，又能联想到其他相关商品；

（4）营造店内气氛，诱导顾客进入商店深处；

（5）方便顾客的购物活动和售货员的销售活动，便利商品的进出；

（6）有利于提高商品库存管理的效率。

2. 商品陈列的"三易原则"

商店为了让顾客方便购买，在商品陈列上还应根据人体的高度，科学地摆放商品，掌握使顾客易看、易摸、易挑选的"三易原则"。

（1）易看。商品要让顾客容易看见，必须使陈列的高度与人眼睛的高度大致相等。一般来说，男性距地面 150 厘米，女性距地面 140 厘米，在这个高度上下最方便人看见物体，也最容易引起人的注意，商店经营者应把最主要的商品陈列在此高度范围中。例如，国外有人做过试验，将销路差的商品移到同顾客眼睛平行的货架上，可以多销售两成。但有些商场为了加速资金流转、获取更多利润，会把价格贵、利润高的商品放在与顾客眼睛平行的货架上。

（2）易摸。商品不仅要让顾客容易看见，还要让顾客抬手就可以摸到。这样会给顾客一种亲切感，增加他们的购买欲望。特别是在自选商场，除非是易受损伤、小件易掉或昂贵的商品，一般应尽量采用让顾客容易摸到或容易拿到的陈列方式。人手最容易触摸到的高度是从地面算起约 80～120 厘米之间的高度，这一高度被称为"黄金位置"。一般而言，顾客观看和拿取商品的有效范围是离地面 30～180 厘米。如按容易的程度来排列，60～150 厘米为"第一有效区"，商场应该把最主要的商品陈列在此高度范围中，以便顾客拿取。30～60 厘米和 150～180 厘米为"第二有效区"。1～30 厘米和 180～200 厘米为"第三有效区"，这一区域较少用来陈列商品，通常作为存货空间或留作空白。以上这些高度数据，可以在决定商品陈列的位置时作参考。

（3）易选。商品整理分类，让顾客一眼就能明了，这就是"易挑选"。这不仅是要把商品的种类区分开来，摆放得便于顾客挑选，而且对商品的大小、款式、用途及适用对象的年龄等也要做明确的分类，并注意到相关的问题。

3. 商品陈列布置法

商品的陈列有一定的章法，若无章法地乱放，是不能抓住顾客心理的。既要展现商品的特性，又要借美观的陈列设计，把商品动人心弦的魅力表现出来。商品的陈列要把重点放在顾客的视觉感观上，合理调整摆放高度。一般情况下，消费者进入商店后，首先会有意或无意地环顾商店内的货位分布、商品陈列等，获得一个初步印象。而商品摆放的位置高低会直接影响消费者的视觉注意和感受范围及程度。据瑞士学者塔尔乃教授的研究，消费者进店后无意识展望高度为 0.7～1.7 米，上下幅度为 1 米左右，与人的视线本身大约成 30°角以内的物品最容易被消费者感受到。因此，商品摆放高度要根据商品的大小和消费者的视线、视角来综合考虑。一般地讲，摆放高度应以 1～1.7 米为宜，与消费者的距离约为 2～5 米，现场宽度应保持在 3.3～8.2 米。在这个范围内摆放，可以提高商品的能视度，使消费者较易清晰地感知商品形象。商品的陈列布置主要有以下几种方法。

（1）主题陈列法。它是结合某一特定事件、时期或节日，集中陈列展示应时适销的连带性商品，或根据商品的用途在特定环境时期展示的陈列方法。例如，中秋节、春节商店中的月饼、酒类陈列专柜。它能使商店创造一个独特的气氛，吸引消费者的注意力，进而购买这类商品。

（2）整体陈列法。它是将整套商品完整地向消费者展示的陈列方法。例如，将全身服饰作为一个整体，用人体模型从头至脚完整地进行陈列。整体陈列形式能为消费者做整体设想，便利消费者的购买。

（3）分类陈列法。它是根据商品的类型、质量、性能、特点、产地和使用对象等进行分类，并向消费者展示的陈列方法。分类陈列法是一种广泛使用的方法，它便于消费者集中挑选、比较，也有利于反映商店特色。

（4）垂直陈列法。它是将同一类型或同一种类的商品，在货架上一层层上下垂直陈列的方法。这种方法方便消费者在不同式样、不同质地、不同型号之间进行挑选。

（5）关联陈列法。它是将不同种类但相互补充的商品陈列在一起的方法。运用商品之间的互补性，可以使消费者在购买某商品后，顺便购买与该商品互补的商品。例如，买台灯，顺便就买了灯泡。这种方法增加了消费者购买商品的概率，有利于满足消费者的求便心理。

（6）悬挂陈列法。它是将商品展开悬挂或安放在一定的支撑物上，使消费者能直接看到商品全貌或触摸到商品的方法。这种方法适用于布匹、绸缎、呢绒、高级服装、家庭装饰用品等商品展示。这种方法可以增强消费者对商品的感性认识，激发购买欲望的产生。

（7）艺术陈列法。这是通过商品组合的艺术造型进行摆放的陈列形式。各种商品都有其独特的审美特征，如有的造型独特，有的色泽艳丽，有的款式新奇，有的格调高雅，有的气味芬芳，有的包装精美等。在商品陈列中，应在保持商品独立美感的前提下，通过艺术造型使各种商品巧妙组合，相应生辉，达到整体美的艺术效果。为此，可采用直线式、立体式、图案式、对称式、折叠式、形象式、均衡式、艺术字式、单双层式、多层式、斜坡式等多种方式进行组合摆布，赋予商品陈列以高雅的艺术品位和强烈的艺术感染力，以求对消费者产生较强的吸引力。

4. 营销企业争取最佳陈列点

一个产品如果陈列不力，就可能使一个本来很有前途的产品在某个角落蒙灰，给销售带来极大影响，还可能使一个本来有几年生命周期的产品在一年甚至更短时间内走完生命里程。因此，陈列正日益受到广大企业的重视，广大经销商为争取到一个好的陈列位置使出了浑身解数。

在便利店、杂货铺等传统小店与超市中，因一些不同的具体情况，最佳陈列点也有所不同。下面将这些陈列要点分别列出，以方便企业借鉴使用。

（1）传统小店的最佳陈列点：柜台后面与视线等高的位置；中靠左的货架位置；靠收银台的位置；离老板最近的位置；柜台上的展示位置。

（2）超市的最佳陈列点：与目标消费者视线尽量等高的货架；人流量最大的通道，尤其是多人流通道的左边货架位置，因为人有先左后右视的习惯；货架两端或靠墙货架的转角处；有出入通道的入口处与出口处；靠近大品牌、名品牌的位置；改横向陈列为纵向陈列，因为人的纵向视野大于横向视野。

（3）专卖店的最佳陈列点：对新产品或重点推介的产品可以采用突兀的陈列方法；在畅销产品的位置要结合陈列滞销产品。

总之，在企业营销实践中，上述方法可以经常灵活组合，综合运用。同时要适应环境变化和消费者需求变化，不断调整，大胆创新。科学的、独具匠心的商品陈列方法，可以使商品富有生命、发出光彩，收到极佳的效果。

本章小结

消费者的购买行为通常是在一定的购物环境中实现的，尽管现在的销售方式多种多样，但是商店还是消费者主要购买商品的场所，商店环境的优劣对消费者购买过程中的心理感受具有多方面的影响。

商圈，是指商品交换所涉及的地理范围。从商店营销的角度来讲，它是指商店能够吸引消费者来店购买的区域。商店在对商圈进行分析时，主要分析人口数量及特点、建设状况、社会因素和商业发展潜力等。商店的店址，不仅要选择适当的地区，而且要设置在有利的方位上，并结合市政规划，选择有发展前途的地段。在消费者购买不同种类商品时，商店的类型和地理位置对他们购买商品的影响很大。

除此以外，商店环境还包括内外环境设施等硬件系统。外部环境包括招牌、橱窗等；内部环境包括店门柜台的设置、商品的陈列、灯光、色彩、气味等。适应消费者的心理和行为特点，提供良好的购物环境，是企业扩大商品销售必不可少的条件。

实践实训

实训课题 11-1

实训目的：了解影响消费者心理的消费环境组成因素。

实训题目：调查大型商场或超市，根据实际情况（商场位置、交通便利、店门的舒适感、色彩与灯光搭配、商店陈列、商店气味、服务人员态度、店内喧哗等）进行分析并提出改进建议。

 练 习 与 讨 论

1. 自己购买不同种类的商品，经常愿意去哪种类型的商店？
2. 消费者对商店所在地点的心理感受有哪些？
3. 商店内部设计主要考虑的内容是什么？
4. 为什么许多超级市场中将口香糖、巧克力等放在收银台附近？请说明原因。
5. 商店命名与招牌设置的心理策略有哪些？